SONDERZAHL

Alfred Pfabigan

Thomas Bernhard

Ein österreichisches Weltexperiment

SONDERZAHL

Gedruckt mit Unterstützung des Bundesministeriums für Unterricht, Kunst und kultur und des Bundesministeriums für Wissenschaft und Forschung

© 2009 Sonderzahl Verlagsgesellschaft m.b.H., Wien
Schrift: Minion Pro
Druck: REMA*print*, Wien
ISBN 978 3 85449 311 2

Umschlag von Thomas Kussin

Inhalt

Einleitung

Der Bernhard-Konformismus

Auch heute, zwei Jahrzehnte nach dem Tod des Thomas Bernhard, ist der Blick auf sein Werk immer noch von unterschiedlichen, aber allgemein akzeptierten Deutungen verstellt. Der Bernhard-Konformismus, an dessen Enstehung der Autor, ein Mann mit vielen Masken und gleichzeitig ein erfolgreicher Manipulator der Rezeption seines Werkes, tatkräftig mitgewirkt hat, hat das Werk sozusagen kommunizierbar gemacht und damit die Voraussetzung seines internationalen Ruhms geschaffen, bildet aber gleichzeitig immer noch das zentrale Hindernis jeder Rekonstruktion jener »Geistesarbeit«, die Bernhard ein lebenslanges Anliegen war.

Wer versucht, das eigenartige Verhältnis zwischen Bernhard und seinem Publikum zu beschreiben, stößt wohl als erstes auf die glatte, leichte Vertrautheit der Leserschaft und der meinungsführenden Interpreten mit den gelegentlich exzentrischen Artikulationen dieses Autors und seinen außeralltäglichen Phantasieprodukten. In der Bernhard-Welt ereignen sich wie im Märchen grelle, widersprüchliche, ja bizarre Vorkommnisse; das in ihr herrschende Regelsystem spricht jener Alltagsvernunft, die Leser und Interpreten leitet, offenkundig Hohn, verzerrt und parodiert sie. Doch das Publikum versteckt seine affektgeladene Irritation, scheinbar ist ihm alles selbstverständlich, und es nimmt bei der Lektüre häufig die Haltung der Zuschauer gewisser Talk-Shows ein, die mit liberaler Unverbindlichkeit die vorgeführten Exzentrizitäten konsumieren.

Doch ungeachtet dieser deutlichen Weigerung des Publikums, sich auf ihn »einzulassen«, hat dieser Autor, der eigentlich für eine »Lektüre mit Handschuhen« disponiert ist, es verstanden, viele seiner typischen Leser in Teilstücke seiner exzentrischen Welt derart hineinzuziehen, daß zwischen ihm und seinem Publikum zeitweilig eine klebrige Intimität herrschte. Trotz der unübersehbar autistischen Komponente im öffentlichen Auftreten Bernhards bestanden zwischen ihm und seinen Lesern tief abhängige Beziehungen. So koexistiert ein offenkundiger öffentlicher Zwang, sich zu Thomas Bernhard zu äußern, mit der Bestrebung, lieber doch nicht näher hinzuschauen und bloß vorschnell die eigene Gewißheit zu protokollieren. Scheinbar hat Bernhard ja ohnedies alles offengelegt, die literarischen Vorbilder, die eigene Biographie, die sein Denken leitenden Philosophen. Die Bernhardsche Geschwätzigkeit wird als Garant dafür genommen, daß hinter der sich selbst unendliche Male kommentierenden Außenseite der Texte nichts liegt: Ein Autor, der so viel spricht und sogar das Tabu des Todes im Konversationsstil bricht, hat wohl nichts mehr zu verbergen.

»Ich spreche die Sprache, die nur ich allein verstehe, sonst niemand, wie jeder nur seine eigene Sprache versteht, und die glauben, sie verstünden, sind Dummköpfe oder Scharlatane.« (KE 156) Die vorschnellen Intimisierungsstrategien, die sich in der Durchführung gelegentlich höchst komplexer Mittel bedienen, ignorieren diese stolze Selbstcharakterisierung des Autors und sein Bekenntnis zu einer »Geheimsprache« ebenso, wie den Status des Außenseiters, den er für sich reklamierte: wer auch immer »wir« sind und aus welchem Gruppengefühl heraus Bernhard gelesen wird – dieser Autor wollte aus zahlreichen noch zu behandelnden Gründen nicht zu »uns« gehören.

Dieses Wissen soll aber nicht davon ablenken, daß die Mißverständnisse des Bernhard-Konformismus den Intentionen des Autors nur teilweise zuwider laufen. Zum Gesamtbild dieses Künstlers gehört eine tiefe Ambivalenz gegenüber der eigenen öffentlichen Rolle, die er genossen hat und von der er sich gleichzeitig eingeengt und bedroht gefühlt hat. Gegen prinzipielle Fehldeutungen seines Werkes hat sich Bernhard nicht gewehrt; er hat es statt dessen vorgezogen, mit der Idee des prinzipiellen Mißverständnisses zu spielen und es lustvoll in den Aufbau seines öffentlichen Image einzubauen: »Die Dichtung/ ist dem interpretierenden Volk / unerreichbar.« (BER 202) Eine stark sadistisch eingefärbte Komponente gehört zur Beziehung Bernhards zu seiner Leserschaft: daß »sein« Publikum außerstande war, in seine Phantasiewelt »einzudringen«, hat er offen kundig genossen und hat darin seine Vorstellungen vom eigenen hierarchischen Platz in der »Geisteswelt« bestätigt gefunden. Die Idee der Mediokrität von Publikum und Kritik war ein wichtiger Bestandteil des »apollinischen Rausches«, des Bildes von der eigenen Nähe zum »Höchsten«, das ja auch in »Holzfällen« und im »Untergeher« in durchaus zweideutiger Weise thematisiert wird.

Der zentrale Ort der Verbreitung des Bernhard-Konformismus sind immer noch die Massenmedien. Was wir heute »Thomas Bernhard« nennen, ist *auch* eine mediale Kunstfigur, deren »Eigenes« unter einer Flut von Simplifikationen zerstört worden ist. Bernhard, der große Rebell gegen die Macht der Mütter, hat es verstanden, die Medien in eine mütterliche Instanz zu verwandeln: nährend, aber gleichzeitig verweigernd und den Rahmen möglicher Aktion reduzierend. Mit einer Vielzahl von diskursiven Strategien hat Bernhard den öffentlichen Teil seiner Person und sein sperriges Werk dem Kommunikationsstil der Massenmedien adaptiert. Damit wird nicht nur auf die entscheidende Rolle der Massenmedien im Prozeß der Skandalisierung dieses literarischen Werkes angespielt, auf jene zahlreichen aufsehenerregenden öffentlichen Affairen, die rund um den Dichter eine polarisierte Atmosphäre geschaffen haben, die er zwar genossen hat, unter der er aber gleichzeitig in durchaus lebensbedrohender Weise gelitten hat. Es geht vor allem um jene einfachen, griffigen Formulierungen, auf denen das öffentliche Bernhard-Bild basiert und die von den Massenmedien aus auch den akademischen Diskurs okkupiert haben. Pauschal betrachtet kann man zwei »Rezeptionsgenerationen« unterscheiden. Die erste konzentriert sich auf die »einzigartige Negativität«, mit der vor allem das Frühwerk Angst, Ekel, Verzweiflung, Gleichgültigkeit, Grausamkeit, Krankheit, Wahnsinn, Schuld und Tod behandelt. Bernhard sei, so Marcel Reich-Ranicki stellvertretend für eine Rezeptions-Generation, »der deutschen Literatur düsterster Poet und bitterster Prophet … hartnäckiger Sänger der Krankheit und der Auflösung, des Unterganges und des Todes«. (Reich-Ranicki 45) Heute sind wir Zeugen eines Paradigmenwechsels und einer immer stärker werdenden öffentlichen Konzentration auf den »Humoristen« Bernhard.

Tatsächlich hat Bernhard, der ehemalige Lokalreporter und eifrige Zeitungsleser, für seine Erkenntnisse eine Darstellungsweise gefunden, die der Verarbeitungsweise von Wirklichkeit durch die Medien entgegenkommt. Ein nicht geringer Teil seines Werkes wird von grellen Botschaften dominiert, die er nicht nur in »Auslöschung« als »Übertreibung« charakterisiert hat. Vorweggenommen sei, daß hinter dem Verfahren die Erfahrung steht, daß das Extreme sich selbst ein eigenes Klima einer hochgespannten Rezeption schafft, das mit der von den Massenmedien vorgegebenen Weise der »Anschauung« eng verbunden ist, und daß Bernhard versucht hat, diesen Effekt künstlerisch zu meistern. Er zählt zudem zu jenen Schriftstellern, die die mediale Rezeption ihrer Texte im Schreiben offensichtlich taktisch reflektieren: Wir werden noch zeigen, wie die Rezeption mit schöner Regelmäßigkeit so abläuft, daß sie die Lehre der Texte zu bestätigen scheint.

Die Übertreibung, deren in der österreichischen Tradition stehender Kunstcharakter hier nicht extra besprochen werden muß, hat aber auch eine »nach innen« gerichtete Funktion. Daß die im Titel einer Erzählung gestellte Frage »Ist es eine Komödie? Ist es eine Tragödie?« über dem Bernhardschen Werk schwebt, ist bekannt, doch die intellektuelle Herausforderung, die darin liegt, daß die beiden Gattungsarten zumindest der Alltagsvernunft unverwechselbar sind, wird kaum aufgegriffen. Das Feld, auf dem »Tragödie« und »Komödie« einander begegnen, ist ja tatsächlich benennbar. Schon Egon Bleuler, der Erfinder des Begriffes »Ambivalenz«, hat in seiner glänzenden Beschreibung dieses Phänomens und seiner intellektuellen und affektiven Seite festgehalten, daß es ein »normales Charakteristikum jeglicher menschlicher Existenz [sei], da das Realitätsprinzip außerstande ist, uns absolute Lust, noch absolute Unlust zu bescheren«. (Caruso 61) Den Figuren, die die Bernhard-Welt bevölkern, der Femme fatale, dem Sündenbock, dem Doppelgänger oder dem Suchenden, eignet häufig eine den Leser involvierende archetypische Qualität. Doch herrscht ihnen gegenüber und in ihren Beziehungen zueinander keine Eindeutigkeit, sie sind allesamt ambivalent, wenn auch viele von ihnen diese Ambivalenz hinter eindeutigen Artikulationen verbergen, die einer genauen Lektüre nicht standhalten. Der Verlust der Eindeutigkeit, so es sie je gegeben hat, gehört zur »Moderne« mit ihrem psychoanalytisch bestimmten Weltbild und hat eine schwer aushaltbare, ja unser Selbstbild beschädigende Dimension. Bilanzierend betrachtet sind die Figuren Bernhards in ein zielgerichtetes Spiel rund um »Eindeutigkeit« und »Ambivalenz« verstrickt, an dessen Ende die Akzeptanz der Ambivalenz als Lebensbedingung der Moderne steht, Teil jener relativen »Erlösung«, die das Spätwerk beschreibt.

Rund um die »Übertreibung« existiert eine hochgespannte Artistik. Das häufig artikulierte Bekenntnis zur »Übertreibungskunst«, das die Inhalte der übertriebenen Aussagen relativiert, führt ja die Ambivalenz neuerlich ein, setzt sich aber mit der ebenso oft artikulierten Behauptung, daß alles viel schlimmer sei, in ein spielerisches Spannungsverhältnis. Das Spiel verschafft dem Autor und dem Publikum artistischen Genuß, es mündet häufig in die lustvolle Demontage der Sinnhaftigkeit der Aussagen von Bernhards redenden Protagonisten: das Gespräch über den Tod entpuppt sich als eines über das Leben und seine Gestaltungsprinzipien und der gequälte Monolog über Einsamkeit hat manchmal dialogischen Charakter. Die so entstehende Verwirrung hat grundlegenden Charakter und erinnert an eine Bemerkung Jean Genets über Dostojewskis »Brüder Karamasow« aus dem Jahr 1986: der Roman sei bedeutend, weil er sich selbst zerstöre, weil jeder Behauptung widersprochen und jede Wahrheit umgestoßen werde. Genet hat diese Beobachtung verallgemeinert: jeder Roman, der »sich nicht selbst als Schießbude etabliert, in der [er] eines der Ziele ist«, sei ein Schwindel. (White 142) Wenn Genet Dostojewski einen Schalk nennt, dann trifft diese Bezeichnung wohl auch Bernhard.

Doch Thomas Bernhard war auch ein der apollinischen »Kälte« verpflichteter, äußerst präziser Denker. Dieser Intention gegenüber erweist sich die Übertreibung als eine durchaus fatale Strategie: Sie erleichtert zwar die Rezeption, zerstört aber gleichzeitig die tatsächliche Komplexität des Charakters der Figuren und macht die Ergebnisse der »Geistesarbeit« des Autors zunichte und erschwert eine differenzierte Rezeption. Wie die Bilanz des Thomas Bernhard aussieht, bleibe hier einstweilen unerörtert. Vielleicht überwiegt der Nutzen den Schaden, der darin liegt, daß ein Autor sein »Eigenes« verloren hat; vielleicht ist eine Figur wie etwa Murau in »Auslöschung« in ihrer ganzen Subtilität gar nicht massenfähig; vielleicht brauchen die Texte zu ihrem außeralltäglichen Erfolg die zugespitzten Vereinfachungen.

Der Schaden, den die Konzentration des Publikums auf die Bernhardschen Übertreibungen angerichtet hat, ist jedoch augenfällig. Der sich an den »Übertreibungen« entzündende Kampf zwischen den Bernhard-Anhängern und den Gegnern hat die absurde Konsequenz gehabt, daß uns tatsächlich eingeredet wurde, »Heldenplatz« sei ein *einfaches* und ein *politisches* Stück. Für die österreichische und die bundesrepublikanische Selbstreflexion ist die Orientierung an den Bernhardschen Übertreibungen absolut kontraproduktiv. Mutig hat Bernhard zentrale moralische Probleme der beiden ehemals nationalsozialistischen Länder angesprochen, hat seinen Artikulationen mit der fatalen Strategie der Übertreibung höchste Aufmerksamkeit gesichert – und gleichzeitig in die eigene Leistung entwertender Weise durch diese Übertreibungen der dumpfen Apologetik des Status quo zahlreiche Schlupflöcher offengelassen. Auch hat die vereinfachend-polarisierende Rezeption dem öffentlichen Bild des Autors seine subtile Kohärenz genommen. Quasi unvermittelt stehen die »Masken« dieses Dichters in der Rezeption nebeneinander: der realistische Kritiker der Glücksverheißungen der Moderne und der heilige Thomas, der Verwalter unser aller suizidärer Neigungen; der strenge Kritiker der politischen Kultur der beiden postfaschistischen Länder und der Rabauke und begnadete Schimpfer, eine Art Prä-Haider, der die Mitglieder der politischen Klasse mit manchmal recht rohen Witzen vorführt; der souveräne, auf die eigene Selbstperfektionierung setzende Meister des Absurden und der jede zielgerichtete Sinnhaftigkeit argumentativ zertrümmernde »Humorist«. Doch wo besteht der Zusammenhang zwischen diesen Positionen, von denen jede in der jeweiligen Situation von den Protagonisten der Texte so vorgetragen wird, als ob sie einander inkompatibel wären, und wo besteht der zwischen der manchmal offenkundigen Todeslust der Texte und der häufig kolportierten Lebenslust dieses Mannes?

Eine wesentliche Rolle in diesem Prozeß der Simplifizierung Bernhards spielen die zahlreichen Interviews, die der angeblich der Öffentlichkeit gegenüber so spröde Autor bewundernden Journalisten mit offensichtlichem Vergnügen gegeben hat. Bernhard tritt hier häufig als eigene literarische Figur, als Schauspieler selbstverfaßter Texte, auf. Messen wir sein Verhalten an den noch darzustellenden Verhaltensregeln für »Geistesmenschen«, dann tritt er als eine in der Hierarchie der »Geisteswelt« recht tief stehende Figur auf. In dem zum Teil eher unangenehmen Humor gewisser Gespräche und ihrer schenkelklopfenden Selbststilisierung fehlen die Subtilität und die intellektuelle Strenge mancher Protagonisten der Romane völlig. Mit seinen zahlreichen skurrilen Diskursen über Gott, Welt, den Selbstmord und die Frauen gibt Bernhard hier den verachteten Medien den »Kasperl«, den sie brauchen, oder agiert wie einer, der »wieder einmal in [seiner] eigenen Komödie gefangen« ist. (BET 117f.) Man kann diese Interviews als zielgerichtete Bestandteile der Öffentlichkeitsarbeit eines geschäftstüchtigen Autors lesen oder auch versuchen, sie als ironisches Spiel mit einem selbstgeschaffenen Bild zu begreifen, doch bleibt bilanzierend der Aspekt der Selbstentwertung der stärkere. Obwohl der Kunstwert mancher Texte unbestreitbar ist, bleibt es ein peinliches Ereignis der Pressegeschichte, daß sich unter den zahlreichen Interviews mit einem der wichtigsten deutschsprachigen Schriftsteller kaum eines befindet, das dessen Arbeitsperspektive präzise thematisiert.

Die Interviews und gewisse Leserbriefe stützen die Auffassung, daß Urteile wie das, die Welt sei ein Schweinestall (Dittmar 1991, 149), die dem Autor und seinen Figuren gemeinsame Weltsicht enthalten. Doch diese Selbstdarstellungen koexistieren mit einem massenweisen Material zu einer Metatheorie des öffentlichen Auftretens des Propagators dieser schlichten Weltsicht. In »Über allen Gipfeln« entschlüsselt der Großschriftsteller Meister, trotz oder wegen seiner zeitweiligen Lächerlichkeit eine Personifikation des Dichters, das Geheimnis von dessen öffentlichen Auftreten: »Das Dargestellte ist eine Fälschung/Wenn das Werk lacht/weint der Dichter/und umgekehrt/ und alles immer wieder umgekehrt/und falsch ...« (ÜBER 249) Meister, einer der wenigen Bernhardschen Figuren, die Arbeitsperspektiven von Schriftstellern kommunizierbar machen, ist der Gedanke eines spielerischen Umgangs mit den Bedürfnissen des Marktes keineswegs fremd: »Sie wollen einen düsteren haben/also muß ich der düstere sein.« Der Bernhard-Konformismus hat aus der unentwegten Wiederholung der großen negativen Botschaft, deren erster wichtiger Verkünder der Maler Strauch in »Frost« ist, auf eine besondere Nähe zur Bernhardschen Mentalität geschlossen; doch gleichzeitig zeigen diese Wiederholungen, daß die Unglücksbotschaft unter einem permanenten Begründungszwang steht und daß ihr jene Selbstverständlichkeit abgeht, die die Bernhard-Protagonisten reklamieren.

Was der Strauch-Botschaft jene die Bernhard-Rezeption lange bestimmende Eindringlichkeit gibt, ist jener »neue Ton« Bernhards, ein »hypnotischer Tonfall, der Proselyten machen muß. (...) Aber dieser Rhythmus und diese Atemtechnik und dieses fortgesetzte Repetieren mit dem Einfügen weniger Neuerungen innerhalb der Repetition – das ist ein Sog, der zieht hinein.« (Grond 123). Die Bernhardsche Sprachkunst hat in der Rezeption häufig die intellektuelle Seite seines Werkes er drückt. Immer noch gibt es den Typus des Bernhard-Lesers, der ob der unbestreitbaren »Musikalität der Sprache« in rauschhafter

Lektüre auf die endlose Wiederholung der traurigen Urbotschaft konzentriert, sozusagen den Verstand in der Garderobe abgibt und seinen Beitrag zum Thema »Dummheit in der Literatur« leistet, einem Parallelphänomen zu der von Hans Eisler angeprangerten »Dummheit in der Musik«. Es gibt Anlaß zur Annahme, daß Bernhard von gewissen treuen Verehrern ab einem bestimmten Punkt seiner Karriere nicht mehr gelesen wurde, sondern daß diese nur mehr rauschhaft zwischen der Todesbotschaft und den Österreichbeschimpfungen »gezappt« sind – zumindest gibt es Kenner des Werkes unseres Dichters, die nicht imstande sind, über den manchmal recht komplizierten Handlungsverlauf seiner Texte Auskunft zu geben.

Daß die eindringlichen Reflexionen der Figuren Bernhards einen anderen Stellenwert haben, als ihnen die Rezeption zuschreibt, wird noch breit belegt werden. Vor allem im Kontext der Strauch-Botschaft gehört zum Bernhard-Konformismus ein gewisses freundliches Lächeln, ja eine Art wohlwollendes Schmunzeln über die Weltsicht des Autors, mit dem sich eine selbstzufriedene Normalität »naturgemäß« artikuliert und mit angemaßter Souveränität die Wahrheit seiner Erkenntnisse abzuschwächen sucht: daß Kindheit häufig unglücklich ist und ihre negativen Folgen lebenslang zu spüren sind; daß Frauen anders sind als Männer und daß diese Andersartigkeit von Männern häufig als Bösartigkeit erlebt wird; daß Frauen als Mütter und Gattinnen die Erwartung ihrer Männer und Söhne nicht erfüllen; daß die Entscheidung für ein kulturorientiertes Leben nur zeitweilige Entspannung von der allgemeinen Misere bringt; daß Österreich eine belastete Vergangenheit hat und heute noch zahlreiche geistfeindliche Züge trägt; daß Leben zum Tode führt.

Das Element von »Abwehr«, das also am »Bernhard-Konformismus« beteiligt ist, ist unübersehbar. Thomas Bernhard hat seine Erkenntnisse in einem Beschreibungsfeld artikuliert, das mit all seinem Wahnsinn, der Verzweiflung, den Atemstörungen, dem Schleim und den Geschwüren jenen Beschäftigungsverzicht provozieren muß, der sich auch als Geschwätzigkeit äußern kann. Wie der von ihm beschriebene Vater in »Verstörung« ist dieser Autor ein Meister der Konfrontation mit den Humaniora: mit eiternden Wunden, dem Gestank einer sterbenden Greisin, Mord und Totschlag. In der Rezeption solcher Autoren, die es in eindringlicher Weise verstehen, »soziale Schmerzpunkte« zu berühren, ist es ein häufiges Phänomen, daß ihnen die Zuwendung einer präzisen Auseinandersetzung, die ihr »Eigenes« meint, ohne es der literaturwissenschaftlichen Verfremdung zu unterziehen, verweigert wird. Man kann die von Bernhard provozierten Skandale auch als eine Strategie der Eindringlichkeit lesen, die erfolgreich versuchte, das mit seinen Themen verbundene kollektive Beschäftigungstabu zu unterlaufen.

Eine wichtige argumentative Stütze des Bernhard-Konformismus ist etwas, was ich die »Ein-Buch-These« nennen möchte. (Pfabigan 1992 a) Es handelt sich dabei um eine nicht nur in der frühen Rezeption verbreitete Sichtweise, die sich manchmal mit pointierter Offenheit artikuliert, manchmal verdeckt recht komplexen Deutungsmodellen zugrunde liegt. Extrem zugespitzt geht diese Sichtweise dahin, daß Bernhard »eigentlich« nur »einen« Roman geschrieben hätte, daß es also ein Konstrukt von Handlungselementen und Personen, aus Konflikten und ihren Lösungen gäbe, daß der Autor in geradezu manischer Weise wiederholt hat. Die »Ein-Buch-These« trägt zahlreiche Masken, sie wird überall dort praktiziert, wo über den »ganzen« Thomas Bernhard mit einem Satz, mit einer Formulierung, mit einer Theorie gesprochen wird. Sie kann in einer quasi aphoristischen Formulierung über das Verhältnis von Idee und Realität im Werk des Dichters auftreten oder in einer ideengeschichtlichen Herleitung, die alle Figuren erfaßt. Eine ihrer regelmäßigen Auswirkungen ist es, daß dem Werk häufig immer noch jene ansonsten übliche Teilung in – etwa themenspezifische – Werkblöcke verweigert wird. Bernhard avanciert in dieser Entwicklungen und Differenzierungen leugnenden Sichtweise zum Paradefall des nicht nur von Lawrence Kubie beschriebenen neurotischen Dichters, der nie das Wachsen und Sichwandeln wahrer Kreativität vollzieht, sondern in monotoner Wiederkehr unablässig die gleichen Themen umkreist. (Kubie 137–143)

Die Ein-Buch-These ist in der Auseinandersetzung mit dem Frühwerk entstanden. Marcel Reich-Ranicki hat sie 1968 mit der Konstanz der Artikulationen der Bernhardschen Figuren und ihrer autobiographischen Dimension verknüpft: »Doch mehr als die Tatsache, daß Bernhards Reflexionen meist zwar radikal, aber zugleich banal, daß sie kühn, aber nicht unbedingt ernst sind, beunruhigt mich ihre nahezu komplette Austauschbarkeit: ob er in seinem epischen Universum junge oder alte Menschen auftauchen läßt, einen Fürsten oder einen Studenten, einen Maler oder einen Juristen – sie müssen alle ähnliche, wenn nicht sogar gleiche Ansichten äußern. Sie sind Bernhards unmittelbare Sprachrohre, was sich leicht nachweisen läßt, weil sich eben diese Ansichten auch in seinen publizistischen und essayistischen Äußerungen finden.« (Reich-Ranicki 6) Tatsächlich gibt die bis ins Spätwerk reichende unmittelbare Präsenz des Autors im Text, das Netz von Anspielungen auf eigene Erlebnisse und auf die – reale oder phantasierte – Familiengeschichte der Ein-Buch- und der mit ihr verbundenen Sprachrohr-These eine scheinbare Evidenz. Doch selbst wenn man Leben und Werk als identisch ansieht, dann muß man doch wohl davon ausgehen, daß auch das Leben unter der Gesetzmäßigkeit von Ambivalenz und Entwicklung steht: Strauch ist Bernhard, ist nicht Reger; Reger ist Bernhard, ist nicht Murau; Murau ist Bernhard und so fort.

Sicher gibt es vieles in den Romanen Bernhards, das zur »Ein-Buch-These« einlädt: Kontinuitäten in der Lebensphilosophie der Helden, die Präsenz von »Irren« und Selbstmördern, die Kulisse der Schlösser mit ihren teilweise seit Generationen pathogenen Familiensystemen, die mehr oder minder selbstschädigenden »Abschenkungen«, die kontinuierliche Auseinandersetzung mit dem eng zusammenliegenden Problemfeld Natur – Tod – Frau und schließlich die mehr oder minder erfolgreichen Privatgelehrten, die all das in »Studien«, an denen sie meistens scheitern, zu bewältigen trachten. Doch gerade der einprägsamste von allen »identischen« Handlungskomplexen, der der Umgangsweise von Erben mit Schlössern und dem damit zusammenhängenden gigantischen Grundbesitz gewidmet ist, zeigt einer akribischen Lektüre, wie sie hier geplant ist, eine durch »Geistesarbeit« der Protagonisten gestützte »Entwicklung«, die am Ende zu einer in »Auslöschung« demonstrierten »Lösung« des Problems führen wird.

Nur der Zweitrangige, heißt es in den »Berühmten«, verändere sich ununterbrochen, daß Genie sei immer dasselbe: »Diese Beobachtung machen Sie/an allen bedeutenden Künstlern/ sie schaffen alle immer nur ein einziges Werk/und verändern es immer in sich ununterbrochen unmerklich.« (BER 177) Bernhard war wohl auch ein »Wiederholungskünstler«, doch »Wiederholung« und »Veränderung« koexistieren in raffinierter Weise, die Mischung steht unter einem selbstgesetzten Imperativ, den er in seinem ersten erhaltenen Interview verkündet hat: »Ich möchte geistig immer mehr zunehmen und immer klarer werden, und da ich in der Zeit lebe, entspricht das, wie ich dann denke, wahrscheinlich vollkommen dieser Zeit, in der ich lebe.« (Dreissinger 31) Wer sich von den unbestreitbaren, doch segmenthaften Ähnlichkeiten in der Weltsicht Strauchs und Regers verführen läßt, »Frost« und »Alte Meister« für austauschbar zu halten, spricht Bernhard die Realisierung dieses auf seinen »apollinischen Willen« gestützten experimentellen Lebensprojektes ab.

So ist es eine heillose Konstellation, daß die Spielregel der Bernhard-Rezeption von einer Kritikergeneration in der Auseinandersetzung mit dem Frühwerk entwickelt wurden. Selbst für sensible Rezensenten war jenes Bernhardsche Gesamtprojekt, über das wir hier berichten werden, damals noch nicht wirklich erkennbar. Bernhard hat es mit sanften Variationen und Nuancierungen vorangetrieben und es ist nachvollziehbar, daß etwa Rezensenten bei der Lektüre des »jährlichen« Bernhard ihre Aufmerksamkeit stärker auf die vertrauten Konstellationen und Reflexionen richteten.

Was der »Ein-Buch-These« auf den ersten Blick opponiert, ist die im Werk des Thomas Bernhard an durchaus verschiedenen Orten agierende Vielfalt an sozialen Typen. Vom heruntergekommenen Dorf Weng im erstpublizierten Roman »Frost« bis zu der noblen Wohnung Muraus in Rom, dem Saurauschen Schloß Hochgobernitz und der Wiener Innenstadtwohnung des »Untergehers« Wertheimer spannt sich ein Bogen, in dem Wirt/innen, Kraftwerksbauer, Ingenieure, Wasenmeister, Künstler, Politiker, Juristen, Millionäre, Papiermacher, Aristokraten, Ärzte, Studenten, Amateurgelehrte, Juden und Nazis, eine Perserin, ein Italiener etc. agieren. Vom »Personal« und den sozialen und geographischen Orten her gesehen, sind wir eigentlich gehalten, das Romanwerk als eine Comédie Humaine der Zweiten Österreichischen Republik zu lesen. Das allerdings heißt, den Schwerpunkt der Lektüre auf die Bernhardschen »Geschichten« zu richten und gerade in diesem Feld gibt es ein scheinbar vom Autor durch eine Selbstaussage gestütztes Beschäftigungstabu.

Mit einer folgenschweren Bemerkung hat sich Bernhard selbst als »Geschichtenzerstörer« (I 152) charakterisiert. Scheinbar sind seine Texte von der »Handlung« emanzipiert und unterliegen einem zweckfreien künstlerischen Wollen und der Souveränität des Autors, der sich dem philosophischen Prinzip der Nichtdarstellbarkeit komplexer Verhältnisse verpflichtet weiß und in einer musikalischen Sprachkunst einen Ausweg gefunden hat; scheinbar kommt der von den Figuren angestellten Reflexion die zentrale Bedeutung zu. Der Thomas Bernhard von »In der Höhe – Rettungsversuch – Unsinn« war tatsächlich ein Geschichtenzertrümmerer: Hier ist alles Fragment und die »Urgeschichte« konsequent verdeckt und nur ansatzweise rekonstruierbar. Doch Bernhard hat sich von seinen experimentellen Anfängen weitgehend gelöst, nicht zufällig steht am Ende der Publikationsreihe die vollendete Studie »Auslöschung«. Das gutgläubig aufgenommene, vieldeutige Etikett vom »Geschichtenzertrümmerer« beschreibt die die konventionellen Regeln des Erzählens mißachtenden Operationen, die Bernhard mit seinen Geschichten vorgenommen hat, nur unzureichend. Was wir über Franz Josef Murau, geboren in Wolfsegg 1934, geflüchtet nach Rom, gestorben 1983, wissen, ist durchaus eine Geschichte, und zwar eine lehrhafte.

Die Sorglosigkeit Bernhards im Umgang mit seinen »Geschichten«, die unzähligen »Schlampereien« in der Chronologie der Handlung, ja der Genealogie der Figuren, werden uns noch oftmals beschäftigen und wir werden lernen, sie nicht nur als »geschichtenzerstörende« Operationen zu lesen, son dern werden in den Notwendigkeiten der »Geschichte« ihre Auflösung finden. Widersprüchliche Chronologien etwa verbergen einen Widerstand der erzählenden Figur gegen präzises Rückerinnern, nicht eine Schlamperei des Autors. Die »Zerstörung« der Geschichte entspricht einer inneren Notwendigkeit des berichteten Vorganges und der Sichtweise des Autors, sie hat ein Ergebnis, und der Prozeß der Entstehung dieses Ergebnisses ist nachzeichenbar.

In Bernhards Überlegungen zum »Geschichtenzertrümmern« wird – auch – die Situation zeitgenössischen Erzählens reflektiert: Bernhard ist Zeitgenosse des Zerfalls herkömmlicher Formen des Erzählens und als Zeitgenosse mit einer Unzahl von Techniken konfrontiert, die von der automatischen Schreibweise der Surrealisten bis zu den »Cut-up«-Montagen des William Burroughs reichen. Wahrscheinlich sind seine Texte fortlaufend an der Schreibmaschine entstanden, doch manches liest sich wie eine imitierte Montage. Was uns Bernhard über die Lebens- und Denkbedingungen seiner Protagonisten mitteilt, gibt diesen Verfahren eine Begründung, die sie mit den Lebensbedingungen der Moderne verknüpft.

»Geschichten« wie jene des Thomas Bernhard enstehen nur aus einer phantasierten Intimität des Autors mit seinen Figuren. Es ist beeindruckend zu verfolgen, mit welcher Intensität Bernhard eben diese Phantasiearbeit, das Zusammenleben mit seinen Figuren, ein zwingend integrierter Bestandteil schriftstellerischer Arbeit, verhüllt und dementiert:»Ich weiß auch den Inhalt meiner Bücher gar nicht mehr, weil s' mich gar nicht mehr interessieren. Also, so ungefähr weiß ich's schon, nur weiß ich oft nicht, ist das im ›Kalkwerk‹, wo die gelähmt ist, oder ist's in der ›Verstörung‹.« (Hofmann 29) In seinen Interviews legt Bernhard eine bewußt falsche Spur und stellt die – häufig parodistisch entstellte – Reflexion seiner Figuren ins Zentrum, jene unendliche Male wiederholte »kontrollierte« Version ihrer Innenwelt, jenen Teil, den Bernhard sozusagen »freigegeben« hat. Die Affekte, die seine schriftstellerische Arbeit bei ihm ausgelöst hat, hat er regelmäßig dementiert – beim Schreiben und Korrekturlesen von »Frost« etwa will er gelacht haben.

Der Freund Wieland Schmied erklärt die regelmäßige Flucht Bernhards in Kasperliaden mit der Idee eines sozusagen apollinischen Tabus:»Literatur war ihm das Allerwichtigste, und deswegen hat er mit den wenigsten darüber gesprochen, weil ihm nichts so sehr verhaßt war wie Geschwätz oder Drumherum-Reden.« (Fleischmann 1992, 14) Doch die von Bernhard beschriebenen Figuren erzählen eine andere Geschichte: sie fürchten die Präzision mehr als das Geschwätz. Auch Meister in »Über allen Gipfeln ist Ruh« begründet seine Unfähigkeit, sein Werk außer durch Andeutungen zu erklären, mit der Furcht, dieses könnte zerstört werden:»Wissen Sie wenn ich darüber sprechen würde/.../zerfiele mir noch im nachhinein meine Konzeption.« (ÜBER 259) Hier artikuliert sich auch eine fast magische Angst vor Enteignung, die letztlich in einen Geiz gegenüber dem Publikum mündet. Das Geheimnis der Bernhardschen Texte, das, was der Autor zu verstecken trachtete, liegt in der gefährdeten »Konzeption«. Mit einem vielfältigen Gewaltakt hat der Autor so sein Werk gegen jede Interpretation abgedichtet, die sich nicht auf die in den endlosen Monologen der Figuren enthaltene »Reflexion« stützt.

Das Selbstbild vom »Geschichtenzertrümmerer« hat mitgeholfen, das Schwergewicht der Bernhard-Rezeption in die Reflexion seiner Protagonisten, eine Reflexion, der philosophische Qualität attestiert wurde, zu verlegen. Vor allem in seinen frühen Jahren hat Bernhard ja gerne als poeta doctus posiert. Diesem spielerischen Renommieren hat ein Interview aus dem Jahr 1982 ein gutes Dementi gegeben:

»Bücher werden's bei mir kaum finden. Ich kenn' niemand, der so wenig liest wie ich.« (Dreissinger 94) Das stimmt wohl nicht, doch die »Bibliothek« von Ohlsdorf enttäuscht wohl viele Erwartungen von Besuchern, die die Bibliotheken der Bernhard-Figuren als Maßstab setzen. Und schon im ersten erhaltenen Interview reagiert Bernhard auf den Versuch Victor Suchys, ihn zwischen Kant und Wittgenstein zu plazieren – einen Versuch, der zahllose Nachfolger gefunden hat –, mit der charakteristischen Antwort: »Ich glaube, festlegen kann man's nicht.« (Dreissinger 32)

»Bernhard und die Philosophie« bzw. die Philosophen – das ist ein großes Thema der Interpreten, die sich dabei scheinbar in Übereinstimmung mit dem Autor befinden. Anspielungen, Fragmente, getarnte Textpassagen, die Umsetzung philosophischer Ideen in Handlungen durchziehen das Werk. Doch ungeachtet dessen verläuft Bernhards Reflexion nicht in den Bahnen, die der philosophische Kanon vorgibt. Die Festlegung auf diesen oder gar auf einen einzelnen Philosophen ist trotz der Unterstützung, die die Lektüre dabei finden kann, eine Überforderung der intellektuellen Kohärenz dieses Mannes; auch wäre er nie bereit gewesen, sich intellektuell einer etablierten Denkweise unterzuordnen. Der Rückgriff auf den philosophischen Kanon gehört zu den Masken Bernhards und die Selbstaussagen sind unvollständig und verzerren. Außer Streit gestellt sei, daß für die Grundstimmung zahlreicher Bernhard-Protagonisten Schopenhauer die Formel geliefert hat, daß alles Leben Leid sei und daß dieses sich mit Zunahme der Erkenntnis noch vergrößere. Neben dem ostentativ herausgestellten Schopenhauer artikuliert sich untergründig und dennoch einflußreich Nietzsche; auf die Nennung weiterer Namen sei hier verzichtet. Doch vieles, was aus der Philosphie stammt, ist tatsächlich bloßes Spielmaterial in der Erzählung und gehört zu jenem noch zu behandelnden System der Beschreibung einer Person, dessen sich Bernhard bedient. Oft wird Philosophie zwar »gesprochen«, aber tatsächlich im Kontext der Handlung kritisiert und entlarvt: als Bemäntelung eines schlecht gelebten Lebens und als Rationalisierung. Freuds Bemerkung über die Philosophen, die einen Baedeker für die Lebensreise brauchen, und der Vergleich mit dem seine Ängstlichkeit im Dunkeln durch Gesang verleugnenden Wanderer hat etwas durchaus »Berhardeskes«. Vor allem verdeckt die Konzentration auf die »Philosophie« zwei andere Eigenarten der Denkweise Bernhards:

seine enge Verhaftung mit dem Zeitgeist und seine Qualitäten als
»Psychologe« vor allem innerfamiliärer Emotionen und als »Analytiker« pathologischer Weltbilder.

Thomas Bernhard schreibt »von außen« über den alltäglichen
Wahnsinn seiner Figuren. Der Bernhard-Konformismus liest dieses
Produkt kluger Strategien der Selbstbeobachtung und der Selbstbe-
herrschung als persönliche Konfession, legt den Autor auf ein seine Kunst bestimmendes persönliches Leiden fest und versucht, die
»Anzeichen einer pathogenen Störung« zum interpretativen Univer-
salschlüssel des Werkes zu ernennen. Bernhard sei, so Joachim Schon-
dorf in seiner Rezension der »Ursache«, »einer der großen psychopa-
thischen Fälle der Weltliteratur«, sein Werk »eine reiche Fundgrube«,
an der kein Psychiater vorbeigehen solle. (Schmidt-Dengler/Huber
1987, 76) Bei den Gegnern des Thomas Bernhard, den kleinen Intelli-
genzen aus der Leserbriefspalte, die sich gedrängt fühlten, Normalität
und Bürgersinn in den Bernhard-Skandalen zu verteidigen, hat diese Sichtweise in der Regel eine hoch aggressive Qualität. So schreibt
der Stammtisch an die »Zeit«: »Viele, oder die meisten Schriftsteller
sind Kranke oder Gescheiterte; ich fand noch bei keinem eine solche
hemmungslose Zerstörungswut. Ich meine, für Thomas Bernhard ist
Schreiben nur ein Suizidersatz. Weil er schreibt, bringt er sich nicht
um. Auch das kann Literatur sein – aber bei Thomas Bernhard wirkt
es immer unglaubwürdig, ja lächerlich.« Dahinter steht ein hanebü-
chenes Modell schriftstellerischer Produktivität, und Bernhard wird
zum Vehikel einer Feindschaft gegen Künstler und Intellektuelle, deren Auftreten in gewisser Weise Thesen seines Werkes bestätigt.

Dort, wo man Bernhard wohl will und auf einem höheren Niveau
argumentiert, wird unter Berufung auf die Psychoanalyse das bio-
graphisch unbestreitbar zentrale Trauma zum bestimmenden Faktor
des Werkes ernannt. Es scheint, als ob sich die Interpreten hier im
Gleichklang mit dem Selbstbild des Autors befinden würden, und
solche Koalitionen stehen wohl a priori unter Vernebelungsverdacht.
»Immer könne man von später in einem Menschen eingetretenen
Katastrophen auf frühere, meistens sehr frühe Schädigungen seines Körpers und seiner Seele schließen« (V 53), heißt es in »Verstörung« und wird unzählige Male wiederholt und als Bestandteil der
Bernhardschen Selbsterkenntnis in den autobiographischen Texten
am eigenen Beispiel demonstriert. Nicht zufällig wird die dissidente

Psychoanalytikerin Alice Miller, deren Buch vom »Dilemma des begabten Kindes« in vielen Bücherschränken nicht weit von Bernhards autobiographischem »Ein Kind« steht, als Referenzautorin bemüht. (Laemmle 2)

Wird das »Eine Buch« Bernhards als autobiographische Konfession gelesen und mit der beträchtlichen Masse an psychoanalytischen Texten in Bezug gesetzt, dann tritt das »Eine Buch« als Sprachrohr des Traumas auf, das dem Autor und seinen Figuren die Antriebskraft liefert. Pathographische Überlegungen zu Thomas Bernhard bedienen sich häufig einer »Doppellektüre«: sie legen sozusagen den autobiographischen Text, das sonstige Werk und analoge Konstellationen behandelnde psychoanalytische Texte »aufeinander« und ernennen jene Teile, die sich dabei als deckungsgleich erweisen, zu den bestimmenden. Diese scheinbar prächtige Ergebnisse erzielende Verdoppelung des analytischen Textes im Werk mag in der Pionierphase einer psychoanalytischen Kunstbetrachtung ein fruchtbares Verfahren gewesen sein. Heute gehören psychoanalytische Erkenntnisse von jener Tiefe, wie sie zu Bernhard artikuliert werden, zur Folklore, haben öffentlichen Charakter und sind damit der von Bernhard erzählten »Geschichte« genauso vorgegebenes Spielmaterial wie die »Philosophie«. Wir haben derzeit kaum unverstelltes, authentisches Material für eine denkbare »Analyse« des Thomas Bernhard. Nicht nur aus diesem Grund können solche Gegenüberstellungen von psychoanalytischen und Bernhardschen Texten mit ihrer Festschreibung von Leben und Werk auf frühkindliche Traumata und Defizite keineswegs die Autorität des analytischen Verfahrens für sich reklamieren: Zentral für ein solches Unterfangen ist auch die Sensibilität des selbsternannten Analytikers, seine Bereitschaft, eigenen spontanen Assoziationen qualifiziert nachzugehen und nicht die letztlich konformistische Verdoppelung eines Teils der Selbstilisierung eines Autors.

Die Faszination des Traumas gehört zum Zeitgeist der sechziger und siebziger Jahre, in denen sich ganze gesellschaftliche Utopien auf dem Konzept der Traumenvermeidung gründeten. Das ostentative Leid Bernhards und seiner Figuren und die daraus resultierenden Anklagen gegen Familie und Gesellschaft sind in gewisser Weise »kompatibel« mit dem »Betriebssystem« der Linken, mit denen unser Autor sonst wenig zu schaffen hatte. Der große Egozentriker und Kommunikationsverweigerer hat es verstanden, sein persönliches

Leid durch eine verengende Darstellung kommunizierbar zu machen und ihm einen exemplarischen Charakter zu geben, in dem sich unzählige Leser wiedererkannten. Das Werk spiegelt das kollektive Wundenlecken der durch Faschismus, Krieg und Wiederaufbau gequälten Generationen, das ja gelegentlich recht bizarre Artikulationen fand. Doch gleichzeitig beschreibt es einen Sonderfall, der dennoch parallel zum Zeitgeist den Paradigmenwechsel hin zur neuen Härte und Egozentrik der achtziger Jahre vollzieht. Das Trauma schwächt und die Schwäche hat nicht die eindringliche Stimme des Thomas Bernhard. Wenn es eine Lehre gibt, die im Zusammenhang mit dem Trauma aus dem Werk Bernhards gezogen werden kann, dann geht sie dahin, daß der Einfluß des Traumas zwar lebenslang besteht, daß seine das Leben determinierende Kraft aber durch benennbare Strategien modifizierbar ist.

Der pathographische Ansatz ist außerstande, jene rätselhafte Energie zu beschreiben, die Schreiben – und vor allem ein derart diszipliniertes, wie das des Thomas Bernhard – ermöglicht. Er teilt dieses Defizit mit allen am Trauma orientierten psychoanalytischen Versuchen, die jenen triebhaften und dämonischen Charakter des Kindes, der für Freud zentral steht, vernachlässigen. Das Verhältnis von Trauma und Schreiben ist ja in »Korrektur« von Roithamer dahingehend bestimmt worden, daß »Aufschreiben von höchstem Unglück höchstes Glück sein kann.« (K 245) Doch was erzeugt dieses höchste Glück, was macht die »Erregungen«, die mit dem Schreiben verbunden sind, und warum wird mancher Bernhard-Protagonist niemals »fertig«?

Die schon mehrfach angesprochene Abstinenz Bernhards gegenüber der Arbeitsperspektive des Schriftstellers muß jetzt relativiert werden: dieser Satz bezieht sich nur auf die »hohe« Ebene. Über das Schreiben im allgemeinen und über den Prozeß des Schreibens haben er (und seine Figuren) oft gesprochen, allerdings eher auf der »niederen« Ebene. Wer diese Äußerungen sammelt und im Kontext ordnet, wird feststellen, daß sich der Autor dabei in der Regel eines anal eingefärbten Vokabulars bedient. Die Rede übers Schreiben gleitet oft hinüber in die Rede über das Verdauen und bedient sich einer entsprechenden Terminologie. Die Produktion von Interviewbänden wird einmal so beschrieben: »Es kommt eine unerträglich stinkende Wurscht unten heraus. (…) Wie aus einem After kommt das heraus, und das Ganze zwischen Buchdeckel.« (Hofmann 18f.) Bücher sind diesem Autor »Toilettepapier«. (Fleischmann 1991, 236) Scheinbar harmlose Bemerkungen wie die, daß »ganze 4 Bände herausgekommen« seien (Dreissinger 97), daß nicht »alles, was man macht, in der Luft hängt« und daß der Schriftsteller unter Druck steht (Dreissinger 86f.) bekommen angesichts der Bemerkung, entscheidend sei, was unten herauskommt, einen anderen Stellenwert. »Wenn man Schreiben will, ist es ähnlich, wie wenn man Wasser abschlägt.« (Hofmann 26)

Auch die in der Rezeption als »verzweifelt« etikettierten Teile des Bernhardschen Weltbildes haben eine unübersehbare anale Komponente. Ein autobiographischer Text resümiert die Lebenslehre des geliebten Großvaters, die Sicht der Welt »als Kloake, in welcher die schönsten und die kompliziertesten Formen sich entwickelten, wenn man lange genug hineinschaut, wenn sich das Auge dieser mikroskopischen Ausdauer ausliefert«. (KÄ 68) Darin steckt eine tiefe Ambivalenz, die nie aufgelöst wird: Die Aussage, daß alles Kot ist, verliert ihre Eindeutigkeit angesichts des Umstandes, daß wir nicht bewerten können, ob Kot nicht tatsächlich etwas Großartiges ist.

Vieles im Werk und in der Biographie des Thomas Bernhard verweist in das von den traumenorientierten Pathographien ignorierte Feld der analen Problematik. In der analsadistischen Phase figuriert der Darminhalt als Reizkörper, wird als dem eigenen Körper zugehöriger Teil behandelt und stellt das erste Geschenk dar, durch dessen Verweigerung der Trotz des kleinen Wesens gegen seine Umgebung ausgedrückt werden kann. Mit dem Kot, so Karl Abraham und Geza Roheim, »diesem Stoff, welcher ihm soviel Vergnügen bereitet, ›bezahlt‹ das Kind die von der Mutter gespendete Milch oder es gibt Kot für Milch zurück, dem organischen Vorgang entsprechend«. (Harsch 89) Das assoziative Potential das rund um diesen Vorgang möglich ist, den Geza Roheim als Prototyp des Handels deutet, hat Bernhard voll ausgeschöpft.

In seiner Arbeit »Zur narzißtischen Bewertung der Exkretionsvorgänge in Traum und Neurose« betont Karl Abraham die infantile narzißtische Überschätzung der Exkretionen und die Phantasien rund um die »Allmacht der Blasen- und Darmfunktionen« und deutet sie als eine ontogenetische Vorstufe zur Phantasie von der »Allmacht der Gedanken«. (Harsch 116) Die enorme, »Natur besiegende« Disziplin des Sauberwerdens findet im Werk Bernhards ihre Entsprechung in der Disziplin des sich perfektionierenden Künstlers: »Körperdisziplin/Kopfdisziplin«. Diese Disziplin wird gefeiert, doch auch hier macht sich Ambivalenz breit: Die zahlreichen tyrannischen Männer in Bernhards Werk, die, wie weiland der als Schriftsteller erfolglose Großvater, eine oder gar zwei Frauen seinem »Geistesprodukt« untertan machen, erweisen sich als Widergänger eines Säuglings, der mit seiner Verdauung die Umgebung tyrannisiert. Viele von ihnen sind von jener »analen Wut« geleitet, die auch Gerhard Lampersberg, ein »Opfer« Bernhards, als dessen unmittelbaren künstlerischen Antrieb denunziert hat.

Es paßt in diese generelle Disposition, daß das augenfälligste Symptom der großen Kindheitskrise des Thomas Bernhard nach der Trennung von den Großeltern und dem Beginn des Zusammenlebens mit der Mutter, deren Gatten und den Geschwistern, das nächtliche Bettnässen bzw. Bettkoten war. Sicher war das der Protestschrei eines leidenden Kindes, es war aber auch eine perfekte Zentrierungsstrategie in der innerfamiliären Rivalität um Aufmerksamkeit, wenn auch um negative. Mit seinen Ausscheidungsprodukten regierte das Kind das mütterliche Verhalten, das täglich zum Trocknen ausgehängte Leintuch verschaffte ihm eine – wenn auch negative – Berühmtheit und machte die innerfamiliäre Schande der ganzen Straße bekannt. Alles drehte sich um die Ausscheidungen des kleinen Thomas, des Nestbeschmutzers. Es ist ein eigenartiger Zufall, daß seit der Direktion Peymann am Wiener Burgtheater der Titel des gerade gespielten Stückes auf großen, leintuchartigen Gebilden ausgehängt wird – so wurde die »Schande« des »nestbeschmutzenden« Autors von »Heldenplatz« auf ähnliche Weise, wenn auch mit positiver Intention, dem Publikum kundgemacht, wie weiland von der Mutter. Es fällt in diesem Zusammenhang auch auf, daß die »Strafe«, die Bernhard zweimal gegen seine unbotmäßige Heimat verhängt hat, in der Verweigerung seines »Geistesprodukts« bestanden hat: 1984 in einem gesamtösterreichischen Auslieferungsverbot für seine Bücher und 1989 in seinem Testament in einem generellen Aufführungs- und Publikationsverbot auf dem Staatsgebiet der Republik.

Ein hermeneutisches Experiment

Die Zentrierung auf die Bernhardschen »Übertreibungen«, die »Ein-Buch-These«, die Übernahme des zeitweiligen Selbstbildes Bernhards vom »Geschichtenzertrümmer«, die Konzentration auf die in der Reflexion vorgetragene Weltsicht der Figuren, die Identifikation derselben mit dem Autor und die Dominanz des Traumas sind die »Säulen« des Bernhard-Konformismus. Aus ihrer kritischen Beschreibung schimmern bereits die Ansätze einer denkbaren Neustrukturierung der Bernhard-Lektüre, eines »reframing« im Sinne Paul Watzlawiks, eines »architektonischen« Blicks auf das Werk als abgeschlossenes und wohlgeordnetes Ganzes, das seine großen Linien zeigt.

Das Geheimnis der Bernhard-Figuren, das ihnen selbst, zahlreichen selbstsicher vorgetragenen Reflexionen zum Trotz, nicht bekannt ist, liegt für eine solche Lektüre in ihrer uns häufig nur fragmentarisch und versteckt mitgeteilten Lebensgeschichte. Bernhard bedient sich regelmäßig raffinierter Techniken zur Irreführung des Lesers: Vor allem ist der Beginn des Textes nicht selten dem Schicksal der Figur gegenüber willkürlich und liefert nur den Anlaß zur verschachtelten Rekonstruktion der eigentlichen Geschichte. Zentral ist also die langsame und behutsame Nachzeichnung Bernhardscher »Geschichten« und ihrer Nutzanwendungen. Die Auflösung der raffinierten Verschachtelung der Zeitebenen in den Reden der Protagonisten, die der verborgenen Sprache der *Erzählung* den Primat vor der Rede der Figuren zuerkennt, und die damit verbundene Erstellung einer einfachen Chronologie, die mit der Geburt der Protagonisten beginnt und mit dem Tod endet, verändert in manchen Fällen die Figuren bis zur Unkenntlichkeit. Es wird sich erweisen: Wer dem Maler Strauch seine Lebensgeschichte zurückgibt, die dadurch zerstört ist, daß wir ihn in den Wochen vor seinem Tod kennenlernen und daß die Chronologie seines Monologs situationsbedingt eine wirre ist, erhält tatsächlich ein »offenes« Bild dieser scheinbar »geschlossenen« Figur. Es ist ein banales Mittel, das die Bernhard-Lektüre auf der Suche nach der Ordnung des Textes fruchtbar macht, ein Mittel, das diskreditiert ist durch den Schulunterricht, es ist die einfache Nacherzählung mit dem Ziel der Erfassung der gesamten Geschichte. Mit diesem Verfahren wird die Aussage einer Figur über ihre momentane Befindlichkeit und über die quasi philosophischen Konsequenzen, die sie daraus zieht, zur Kenntnis genommen, ihr Ursprung allerdings wird einstweilen als »Lücke« verbucht.

Bernhards Werk und vor allem die in ihm sich artikulierende Geistesarbeit geht allerdings über die zahlreichen »Einzeltexte« hinaus. Es gibt einen schillernden Widerspruch zwischen dem »Einzeltext« und dem »Gesamttext« und eine deutliche Hierarchie zugunsten des letzteren. Der »Gesamttext« ist mehr als die bloße Summe der »Einzeltexte«, die weder beziehungslos noch in der Aussage ident sind, sondern in verschlungener Weise ineinander greifen, zwischen denen es ein System von Zusammenhängen gibt und in denen sich Charaktere und Handlungsteile von einem Buch zum anderen derart überlappen, daß die Schriften letztendlich in sich zusammenhängen, wie die geplanten physiognomischen Studien in den »Billigessern«. Der »Gesamttext« weiß mehr als die »Einzeltexte«; der Ort, an dem jene oben angesprochenen »Lücken« geschlossen werden, die die Reflexion der Figuren im »Einzeltext« erklären, ist der »Gesamttext«.

Der »Einzeltext«, der den Eindruck erweckt, als ob er seine Entstehung einer zufälligen Konstellation verdanken würde, täuscht und macht in gewisser Weise die Selbsttäuschung seiner Protagonisten zu einer kollektiven, die auch das lesende Publikum erfaßt. Isoliert gelesen hat er häufig eine andere Bedeutung, als sie ihm als integriertem Teil des »Gesamttextes« zukommt, und propagiert eine hermetische Ausweglosigkeit, die sich absolut setzt, tatsächlich aber die Konsequenz eines im »Gesamttext« katalogisierten, benennbaren »Fehlverhaltens« einer Figur ist. Wir werden sehen, daß es Konstellationen gibt, in denen das spätere Werk das frühere erklärt, kommentiert und das Verhalten der Protagonisten kritisiert. Der Gesamttext bildet eine Entwicklung ab, in deren Verlauf nach einem von den Bernhardschen Figuren getragenen »trial and error«-Verfahren Probleme benannt und »Lösungen« gefunden werden. Eine Lektüre, die den »Gesamttext« als Schlüssel zu den »Lücken« des »Einzeltextes« begreift, enthält auch die systematische Suche nach dem Ort, an dem entweder die generelle Übertreibung ihre spezielle Begründung erfährt, oder aber an dem der Übertreibung eine benennbare, manchmal gegen den Übertreiber sprechende Funktion in der Erzählung zugewiesen wird, oder wo gar die beschriebene Situation die Übertreibung völlig dementiert. Der Umstand, daß der »Gesamttext« eine Entwicklung beschreibt, daß »Auslöschung« und »Alte Meister« die Auflösung der

Probleme eines jeweiligen Werkteils enthalten, legt nahe, dem stärker »pessimistischen« Frühwerk die Schlüsselrolle in der Interpretation abzusprechen und es konsequent vom stärker »optimistischen« Spätwerk her zu lesen.

Das Zentrum jener »Geistesarbeit« unseres Autors, die sich im »Entwicklungsprinzip« des »Gesamttextes« ausdrückt, sind neben den quantitativ geringfügigen, in ihrer Bedeutung aber unterschätzten theoretischen Auslassungen jene Texte, die Romane zu nennen sich eingebürgert hat. (»Ich habe nie einen Roman geschrieben, sondern einfach mehr oder weniger lange Prosatexte, und ich werde mich hüten, sie als Romane zu bezeichnen, ich weiß nicht, was das Wort bedeutet.« (Dreissinger 107) Das Verhältnis der Theaterstücke zu den Romanen ist ein schier unerschöpfliches Thema. Hier interessieren die Stücke nur insoweit, als sie die aus den Romanen vertrauten Problemlagen kommentieren, illustrieren, sie gelegentlich parodieren, ein Problem von der »anderen« – etwa der weiblichen – Seite zeigen, sich auf ein Detail konzentrieren, es übersteigern oder gar Erkenntnisse der Romane ad absurdum führen. Manchmal nähert sich Bernhard auch in den Stücken der Art von Reflexion, die in den Romanen vorgenommen wird (Pfabigan 2001b), doch weitergetrieben in jenem Sinn, der dem noch zu entwickelnden Deutungsmodell zugrunde liegt, hat Bernhard die Reflexion in der Prosa. Den autobiographischen Texten soll die eigenständige Bedeutung keineswegs abgesprochen werden, für das hier unternommene Projekt kommt ihr allerdings ebenfalls eher ein illustrierender Charakter zu.

Dem »Gesamttext« eignet eine spezielle Architektur, zu deren Erfassung es hilfreich ist, wenn wir innerhalb der nicht distinkt autobiographischen Prosa Bernhards zwei thematisch abgegrenzte Werkblöcke unterscheiden. Murau und Reger sind die idealtypischen Endfiguren der beiden Werkblöcke, Strauch steht in gewisser Weise am Anfang beider, Konrad kann ebenso als Ausgangsfigur des zweiten Werkblocks gesehen werden. In der Abfolge der Publikationen gibt es Phasen, wo die beiden Blöcke – etwa bei »Korrektur« – ineinander verschlungen sind, und solche, wo mehrere aufeinanderfolgende Bände die Problematik eines Werkblocks vorantreiben. Zum ersten Block, er sei ob der Dominanz »naturhafter« Konstellationen der »chthonische« genannt, rechne ich prominente Texte wie »Frost«, »Verstörung«, »Ungenach« und »Korrektur« – die Texte über den unheilvollen Einfluß von Natur, Weiblichkeit insbesondere in ihrer mütterlichen Form, der unglücklichen Kindheit, der Familie und dem in Schlössern und Krankheiten symbolisierten Erbe, der Heimat inklusive der belasteten österreichischen Zeitgeschichte und dem Staat. Allmählich kommen die Figuren in diesem Werkblock, den ich fast ausnahmslos parallel zur Chronologie der Publikation rekonstruiere, zum Bewußtsein ihrer Situation, verwerfen die Pauschalisierungen der Anfangsfiguren, experimentieren mit Lösungen und meistern letztendlich in »Auslöschung« diese Situation. Zwischen den Figuren läuft dabei eine Art »inneren Dialogs«, in welchem ihre verschiedenen Lösungsversuche einander korrigieren und kommentieren. Murau ist der »Held« dieses Werkblockes, er »erbt« die Ergebnisse der Versuche seiner Vorgänger und liefert gleichzeitig den Maßstab, sie als unzureichend zu kritisieren. Seine Lösung – Weggehen, »Abschenken«, Aufschreiben und sich selbst als »Geistesmensch« wählen – sei die »apollinische Lösung« genannt.

Die Lebensform der »Geistesmenschen« wird in den zahlreichen »Studien« des »Apollinischen Werkblocks« abgehandelt. Entgegen Muraus idyllisierendem Konzept ist die Lebenswelt der »Geistesmenschen« gelegentlich genauso drückend wie die der Opfer von Kindheit, Erbschaft und Zeitgeschichte. In einem umfangreichen Werkteil, der neben den Prosawerken auch zahlreiche Theaterstücke umfaßt, und dessen Zentrum die »Apollinische Trilogie«, bestehend aus »Untergeher«, »Holzfällen« und »Alte Meister«, bildet, wird dieser Problemlage nachgegangen. Wie im ersten Werkblock steigert sich allmählich der »Wahnsinn«, um dann in »Alte Meister« in den Lebenskonzeptionen Regers seine Alternative zu finden – eine optimistische und glücksorientierte übrigens.

Die scheinbare wirre Bernhard-Welt stellt sich einer solchen Lektüre als geordnete dar. Allmählich gibt sich eine überraschende »Philosophie« zu erkennen, die einfacher und »alltäglicher« konzipiert ist als die auf den Kanon referierende Reflexion der Protagonisten. An Stelle des vertrauten Markennamens für Weltschmerz und Österreichbeschimpfung tritt ein geradezu pädagogisches Projekt, das sich zwar der Erinnerung an den Tod bedient, doch gleichzeitig den menschlichen Willen zum Glück ernst nimmt und lebenskünstlerisch zu fördern trachtet. So führt die »Reise« der Bernhard-Figuren aus den tiefsten Niederungen des Dörfchens Weng in die Weltstädte Rom und New York und in die schöpferisch anregende Welt der Wiener Kaffehäuser und Museen. Es wird also hier versucht werden, einen präzise denkenden Autor zu beschreiben, der in einem quasi experimentellen Verfahren Probleme definiert und Lösungen vorgeschlagen und verworfen hat und so dem Vorsatz seines Jugendwerkes, »immer tiefer in diese Zustände hinein(zu)gehen« (IDH 20), treu geblieben ist. In seiner »Geistesarbeit« hat sich Bernhard einem »wilden Denken« verschrieben, dessen zentraler Ort nicht die Rede der Figuren ist: Wenn man die Perspektive der redenden Bernhard-Protagonisten bricht, erweist sich, daß diese Rede nur deren ihnen selbstverständliches, in seinen »Ursachen« benennbares Weltverhältnis ausdrückt, das trotz unleugbarer Überschneidungen in jedem Fall enger ist als das des Erfinders, der Alternativen kennt und sie auch zeichnen wird.

Bernhard denkt in den von der Rede seiner Protagonisten weitgehend emanzipierten sozialen und sonstigen Konstellationen, in denen er seine Figuren agieren läßt. In dem von ihm konstruierten wohlorganisierten Kosmos erschließen sich die Ordnungsprinzipien erst nach mehrfacher, »physiognomische« Merkmale katalogisierender Lektüre. Es gibt eine Hierarchie der Figuren, die von ganz unten, vom Papiermacher etwa, bis ganz hinauf zur unbeschreibbaren Figur eines Glenn Gould reicht, und es gibt eine Hierarchie von diesen Figuren auferlegten Problemstellungen. Es gibt eine wohlgegliederte Typologie von Söhnen: erbberechtigte Söhne und zweite, »Weggeher«, Rückkehrer und solche, die zu Hause bleiben, »Untergeher« und Erfolgreiche, Muttersöhne und Vatersöhne; es gibt böse Frauen und gute, sexualisierte und mütterliche, starke und schwache. Manche Bernhard-Figuren praktizieren Sex, andere enthalten sich, es gibt Frauen, die tot sein müssen, um geliebt zu werden, und solche, die schon zu Lebzeiten der Liebe der Protagonisten wert scheinen. Es gibt authentisches Handeln und es gibt das »Präparat«, es gibt das wirkliche Durchschauen des menschlichen Verhaltens und es gibt das in der Rede angemaßte, es gibt Verfolgung und es gibt Paranoia. Nicht unterschätzt werden darf die Typologie von Accessoires, deren bloße Nennung eine Figur ohne weitere Reflexion charakterisiert: alpenländische, englische oder italienische Anzüge etwa, freudlose Zimmer in London und prächtige römische Palais. Mit diesem System von Abbreviaturen bauen sich in der Abfolge des Gesamttextes allmählich Ordnungen auf, die der Rede der Protagonisten nicht bewußt sind.

Der Blick auf den »Gesamttext« zerstört in gewisser Weise die Einmaligkeit mancher Texte Bernhards. Doch daß er zahlreiche Zuspitzungen Bernhards entschärft, wirkt befreiend. Der Lohn der »Entzauberung« der »Einzeltexte liegt aber vor allem im Erlebnis der zeitweiligen wunderbaren Kohärenz der in einer »Geheimsprache« gezeichneten Bernhardschen Bilderwelt. Der »Gesamttext« als solcher gelesen, begünstigt eine spekulative neue Sichtweise auf die Bernhard-Welt, die rückblickend auf einmal wie ein von langer Hand geplantes Literaturunternehmen wirkt.

ERSTER TEIL

I. Tod in Weng

Die Krise eines Heranwachsenden

In Weng, das mit dem realen Dorf im Salzburger Pongau nur den
Namen gemeinsam hat, und dem Maler Strauch in »Frost« (1963)
als schreckenerregender Todesort dient, öffnet sich zum ersten Mal
der Baukasten aus Figuren, sozialen Konstellationen und Konflikten,
aus dem Thomas Bernhard seine epischen Werke zusammensetzen
wird: der gescheiterte Künstler, die Wirtin, der ratlose junge Mann,
die feindlichen Brüder, der Arzt und der Kraftwerksbauer, der düstere Exzentriker, der wehrlose Protokollant, der Selbstmörder und der
Überlebende.

Erzählt werden die ineinander verflochtenen Geschichten vom
traurigen Schicksal des Malers Strauch und eines namenlosen jungen Mannes, der dieses Schicksal für uns protokolliert und dabei
möglicherweise bleibenden Schaden nehmen wird. Die Masken der
Bernhardschen Protokollanten variieren genauso wie die sozialen
Konstellationen, von denen sie berichten: sie können als Versicherungsvertreter, als bewundernde Schulfreunde oder als potentielle
Rivalen auftreten; das Objekt ihrer Beobachtung kann ein Gatten-
mörder, ein autodidaktischer Gelehrter oder ein Klaviervirtuose sein;
der Bericht kann ihre Befreiung oder ihre Zerstörung dokumentieren.
Doch schon dieser erste Bericht, der Vorläufer gewisser »Studien«,
wird ein Grundgesetz der Bernhard-Welt bekräftigen: Der Berichterstatter ist der Überlebende und sein Text steht damit im Zeichen des
Lebensprinzips Eros, auch wenn Thanatos scheinbar triumphiert.

Die Mühelosigkeit, ja Unbeteiligtheit, mit der der junge Mann seine
Prüfungen an der Universität der Hauptstadt absolviert hat, verdeckt
tatsächlich eine tiefe existentielle Krise: ist es nicht, wie sein Bruder
meint, Phantasielosigkeit, was ihn Medizin studieren läßt? Glückliche Bewohner der Bernhard-Welt finden in der Krise einen Mentor,
hier ist er ein älterer Kollege, scheinbar eine Randfigur, dem aber die

seltene Ehre der Namensnennung erwiesen wird. Er rät dem jungen Mann zu einer Famulatur am Provinzkrankenhaus Schwarzach. So tritt der Ich-Erzähler seine erste Reise an, aus der schützenden Zivilisation mit ihren unverbindlichen Erfolgen in die naturbelassene Provinz. Als erstem Bernhard-Protagonisten ist ihm die metaphorisch aufgeladene Konfrontation zwischen der städtischen und der ländlichen Lebensform auferlegt. Dieser »Weggeher« verläßt auch den geschützten Raum einer in der Bernhard-Welt seltenen behüteten, ja idyllischen Kindheit. Die Logik der Erzählung behandelt die glückhaften persönlichen Lebensumstände des jungen Mannes geradezu als Defekt: Bisher hat er in einer Scheinwelt gelebt, in der ihm eine schützende Familie den Anblick des menschlichen Leidens und der irdischen Vergänglichkeit erspart hat. Was er im Studium theoretisch und am toten Objekt kennengelernt hat, erlebt er in Schwarzach, dem Reich des leidenden Fleisches, als Realität: Krankheit, Schmerz, Tod. Doch das Spital gestattet die apollinische Konversion der Humaniora – Leid wird zum Anlaß von auf Heilung zielender Technik: »Interessante Operationen«.

Von nun an ist der junge Mann der dienende Gehilfe eines Arztes und trägt den Titel »Famulant«. Auf der mythischen Ebene ist Schwarzach der letzte Außenposten der Zivilisation, unser Famulant ist der Diener eines mächtigen Medizinmannes und die Geschichte, die er erzählt, ist die seiner – erfolgreichen oder gescheiterten – Initiation. Der Mentor des jungen Mannes im Schwarzacher Spital wird nur mit seiner Funktion als »Assistent« bezeichnet. Er ist der erste apollinische Hierarch des Gesamttextes: ein Mann der Vernunft, ein Techniker des leidenden Fleisches, der den Zögling dessen Realität lehrt. Den grauenerregenden ersten Teil seiner Initiation, das Fleischliche, das »abgesägte ganze und halbe Beine und Arme über die Schulter in den Emailkübel werfen« (F 7) meistert der Famulant ähnlich erfolgreich, wie ehedem seine Prüfungen. Doch Zögling und Mentor wissen, daß eine Famulatur »auch mit außerfleischlichen Tatsachen und Möglichkeiten rechnen« muß (F 7): Eine Initiation muß den Zögling an die Grenze führen, muß ihn mit der Unberechenbarkeit des Extremen konfrontieren und schließt seinen symbolischen Tod ein.

So wird dem Famulanten ein Auftrag erteilt, der mit Schrecknissen verbunden ist, die über die Teilnahme an Amputationen hinausgehen. Der Assistent, ein dem Leben zugewandter Mann, sendet ihn zu seinem Feind, seinem »von allem Anfang an« selbstmörderisch veranlagten Bruder, dem Maler Strauch. Der Auftrag ist weder von brüderlicher Sorge diktiert, noch dient er einem medizinischen Zweck. Als Mensch in der Verwandlung soll der junge Mann mit der letzten Verwandlung konfrontiert werden: »Die Eigenschaften der Jugend und die Eigenschaften des Alters sind dieselben Eigenschaften.« (F 205) In Initiationsgeschichten gibt es häufig ein Tabu, hier deckt es sich mit der fixen Spielregel der Bernhard-Welt für Protokollanten: dem Famulanten ist der aktive Eingriff verboten. Nichts anderes als die Beobachtung und Beschreibung des Malers ist ihm aufgetragen: »Beschreibung seiner Verhaltensweisen, seines Tagesablaufes; Auskunft über seine Ansichten, Absichten, Äußerungen, Urteile.« (F 12) Gehorsam läßt er den Geschehnissen gelegentlich reflexionslos ihren Lauf: »Man darf nicht nachdenken!« (F 8) Doch der Auftrag des Assistenten ist tückisch, denn die Unmöglichkeit, eine Figur wie den Maler Strauch bloß zu beobachten, wird sich schnell erweisen.

Der Maler Strauch – Fragmente einer Biographie

Der Maler Strauch ist eine programmatische Figur des »Gesamttextes«, sein in »Frost« rätselhaft bleibendes Elend wird im Verlauf der »Studien« der Nachfolger des Famulanten entschlüsselt werden und allmählich werden sich Alternativen zu seinem elenden Schicksal entwickeln. Die Figur kombiniert Elemente des Selbstbildes des Autors mit solchen aus seiner realen oder phantasierten Familiengeschichte und ist, wie es auch ihrem Erfinder nachgesagt wird, ein Meister des ichbezogenen Monologs; Schweigen ist dem Maler fremd und es eignet ihm eine hohe Bereitschaft zur Darstellung seiner aktuellen Leiden und seiner Weltsicht. Gerne läßt er sich beobachten und die Aufmerksamkeit, die ihm der junge Mann entgegenbringt, erachtet er für selbstverständlich. Gespräche mit ihm sind Kämpfe um das, was später in »Verstörung« die »Anschauung« genannt wird. Der scheinbar Hinfällige verfügt über eine kommunikative Stärke: schnell involviert er den Famulanten durch seine magischen Sprachspiele. Seine Sprachkraft ist eine destruktive und verdunkelt die Gedankenwelt des Famulanten und der Leser; im Verlauf der Initiation wird Strauch mit seiner »Charakterstärke, die zum Tod führt« (F 18) immer mächtiger, der Famulant dagegen verliert in der dunklen Bilderwelt des Malers die Kohärenz seines Ichs.

Die »einzigartige Negativität« der »Strauch-Botschaft« galt lange Zeit als Trademark Bernhards. Schier unerschöpflich sind die Argumente des Malers dafür, daß Leben als solches keinen Wert in sich trägt, daß es »ein Prozeß (ist), den man verliert, was man auch tut und wer man auch ist. Das ist beschlossen, bevor der Mensch da ist. Dem ersten Menschen ist es schon ergangen wie uns. Auflehnung führt in eine noch tiefere Verzweiflung.« (F 207) Nichts kann eindeutiger klingen, doch Vorsicht, bei umfassender Betrachtung wird sich herausstellen, daß der Maler als charakteristische Bernhard-Figur mit den dazugehörigen kommunikativen Strategien komplexer ist als seine Rede.

Die Figur ist bei der ersten Begegnung rätselhaft, unheimlich und unbegreiflich, sie lädt zu zahlreichen Assoziationen ein, die ebenso ins Feld psychiatrischer Krankheitsbilder reichen wie in das philosophisch begründeter Lebenshaltungen; doch gleichzeitig gerät sie immer wieder ins Feld des Banalen und scheint die eigene Verzweiflung zu parodieren. Seinem eigenen Eingeständnis nach regiert »Anarchie im Hirn« die Reflexionen des Malers: sie sind sprunghaft, widersprüchlich und inkonsistent. Auf seiner manchmal verzweifelten Suche nach einer angemessenen Definition seines Zustandes ist er rettungslos der Schnelligkeit und Beliebigkeit seiner wechselnden Assoziationen ausgeliefert: »Schneller, als der Körper will, gehen seine Bilder vor ihm her.« (F 113) Jede Beobachtung wird sofort verallgemeinert und zugespitzt, das aus einer konkreten Situation sprechende »Ich« verwandelt sich schnell in ein »Man« und verkündet das allgemeine Gesetz von der Welt als Hölle: »Alles ist die Hölle. Himmel und Erde und Erde und Himmel sind die Hölle. Verstehen Sie? Oben und Unten sind Hier die Hölle! Aber es grenzt naturgemäß nichts an etwas. Verstehen Sie? Es gibt keine Grenze.« (F 164) Im Gesamtergebnis ist alles Gespaltenheit, Auflösung und Zerfall, ein Fragment, das Totalität sein will, und seinen eigenen Charakter wegen des ihm innewohnenden Bezugs aufs Ganze nicht zuläßt. Der Erzähler in »Wittgensteins Neffe«, einem jener Bücher des Spätwerks, in denen »Lösungen« angeboten werden, wird versuchen, den Zusammenhang zwischen »Krankheit« und »Denktypus« in einer Strauch gegenüber kritischen Weise darzustellen. Einstweilen erfüllt die Figur den künstlerischen Imperativ, unter den Thomas Bernhard in jenen Jahren seine Arbeit gestellt hat: »Es darf nichts Ganzes geben, man muß es zerhauen.« (I 158)

Jedes anteilnehmende Gespräch mit dem Maler scheitert an dessen »entsetzlicher Lust, *eine Fragestellung* zu einer *verstümmelten Antwort* zu machen«. (F 305) Daß ihm jene Qualitäten der Selbstreflexion fehlen, die seine Nachfolger im Spätwerk auszeichnen werden – das Bewußtsein der eigenen Ambivalenz und die selbsterkenntnishafte Einsicht in die eigenen Übertreibungen –, ist dem Maler wohl bewußt, doch einstweilen gilt noch die entschuldigende Formel: »Klarheit ist etwas Übermenschliches.« (F 80)

Der Maler, der jüngere Bruder eines »Assistenten«, beschreibt sich selbst als »alten Mann«. »Alt« heißt sicher, um so viel älter als der Famulant, daß der in der Initiation notwendige hierarchische Abstand gewahrt bleibt; »alt« heißt auch »dem Tode nahe«. Gegen die Frage nach dem konkreten Alter Strauchs ist der deutlich im Erscheinungszeitraum plazierte Text sorgfältig abgedichtet, ja gelegentlich scheint es, als ob der Autor mit der vorhersehbaren Frage des Lesers spielen würde. Die Kindheitsgeschichte des Malers – Kernstück der Selbstdarstellung späterer Bernhard-Helden – wird nur knapp angedeutet, das vorherrschende Gefühl in ihr ist die Erinnerung daran, wie düster »immer« alles gewesen ist. Wie sein Schöpfer ist auch der Maler, ein frühbegabtes Kind, bei den Großeltern aufgewachsen. Zu ihrer Charakterisierung wählt Bernhard einen damals schon eigenartigen Ausdruck, der wohl auf immer seine Unschuld verloren hat: »Herrenmenschen«. (F 31) Ihr Tod wird vom Maler als »allergrößter Verlust« seines Lebens beschrieben, als ein existentiell determinierendes Urtrauma, das in seiner Lebensgeschichte allen folgenden Katastrophen vorgelagert ist. Von nun an sei er einsam gewesen: »Von vierzehn an habe ich für alles selber aufkommen müssen. Für alles! Auch für das Geistige.« (F 73)

In zahlreichen Berufen gescheitert, wird Strauch Hilfslehrer – die erste von zahlreichen Anspielungen auf die Biographie Ludwig Wittgensteins im Leben eines Bernhard-Protagonisten. Auch er ist seinen Schülern nicht gewachsen, fühlt sich von ihnen beherrscht und wehrt sich mit Schlägen: »Die meisten waren verhätschelt, und ich trieb ihnen, was an ihnen verzogen war, aus.« (F 174) – im Gegensatz zu Wittgenstein fühlt er sich allerdings nicht zur Entschuldigung gedrängt (Monk 394), sondern wird sich seiner Rohheit noch Jahrzehnte später rühmen. Dieser Registrator der eigenen frühkindlichen Verletzung wird dort, wo ihm Macht über Kinder zuwächst, zum Verteidiger einer »schwarzen Pädagogik«: »Kinder sind Ungeheuer … Wie Ungeheuer mächtig und grausam.« (F 170)

Allmählich bändigt Strauch sein existentielles Chaos, Erfolg stellt sich ein und er führt das Leben eines wohlhabenden Mannes. Daß seine Bilder »Meisterwerke« genannt werden, hilft seinem Selbstwertgefühl nur wenig: »Meine Bilder wurden immer gut kritisiert, nur von mir selbst nicht.« (F 132) Was zieht einen wohlhabenden, erfolgreichen Künstler in das heruntergekommene Weng und in das schmutzige Wirtshaus, das schon immer von der Art war, wo man »notgedrungen« nur ein einziges Mal übernachtet? Der Maler datiert seinen ersten Besuch in jene mythische Zeit, die von nun an als »Krieg« bezeichnet wird. (Pfabigan 2001a) Von seiner Schwester begleitet, hat er den abstoßenden Ort besucht und schon bei der ersten Begegnung dessen magische Anziehungskraft erlebt, die ganz offensichtlich mit der Sexualität verbunden ist. Die Urkraft verschont Strauch und attackiert die Schwester, aus der plötzlich »so etwas wie eine immer zurückgehaltene Wildheit zum Vorschein gekommen« war. (F 197) »Hinter der Kirchenmauer« schwängert ein »Brunnenmacherlehrling«, ein Vorläufer des »Weinflaschenstöpselfabrikanten«, der in »Auslöschung« Muraus Schwester heiraten wird, die Schwester des Malers. Das ist wohl die erste der zahlreichen Anspielungen auf die Zeugung des Autors – dieses »Kind« stirbt allerdings kurz nach der Geburt. Der Aufenthalt in Weng wird für das Geschwisterpaar lebensentscheidend: Von nun an wird die Schwester unter ihrer Wildheit leiden, die sie letztlich nach »Mexiko« treiben wird, den späteren Fluchtort der Ehebrecher in der Bernhard-Welt. Strauch hingegen wird diese Wildheit zunächst domestizieren und das touristisch uninteressante Weng »nach dem Krieg« in seine Sommerfrische verwandeln.

Ähnlich »versachlichend« wird der Maler auch mit seiner Sexualität umgehen: Als einem der wenigen Protagonisten der Bernhard-Welt ist ihm das Chthonische nicht fremd. Die Einsamkeit der letzten Jahre hat er mit einer Haushälterin geteilt, einem fünfundvierzigjährigen »Mädchen vom Land«, einer perfekten Dienerin, die ihm »auch für sogenannte ›Körperansprüche‹ (genügte), die andere pausenlos ›schamlos ausnützen‹, zu denen er aber immer weniger Beziehung hatte«. (F 66) Ein solches soziales Arrangement verzichtet wohl auf »Gemeinschaft« ebenso wie auf »Ekstase«, und stellt dennoch in seiner Art eine fragmentierte Idylle innerhalb der prinzipiellen Entfremdung dar. Doch an einem magischen Tag erweisen sich die »Versachlichungsstrategien« des Malers als unzureichend, die apollinische Panzerung bricht und die Anziehungskraft von Weng reißt ihn aus seinem bequemen Stadtleben. Es ist der Tag der großen Klarheit, der inneren Konfrontation mit »Natur«, der Tag, an dem ihm seine »Todkrankheit« bewußt wird. Da »sperrte er alles zu und sperrte zuletzt die Haushälterin hinaus. ›Sie hat geweint‹, sagte er.« (F 67) In seiner Krise muß Strauch in den von der Wirtin beherrschten Ort, wo einst die Schwester ihre »Wildheit« entdeckte. Die Rückkehr, ja Heimkehr, in die Stadt, zur Geliebten, ist ihm unmöglich: »Es erschiene mir, wie ein Gerümpel aufsuchen.« (F 67)

Zustände und Ansichten des Malers

Wie so viele Autoren Bernhardscher Berichte und Studien zweifelt auch der Famulant an der Sprache: »Kein Aufgeschriebenes stimmt. Kann nichts für sich beanspruchen. (…) Immer höchstens weniger falsch. Aber falsch. Anders. Unwahr also.« (F 129) Lange Zeit scheint es, als ob jeder Bericht der unentwegten, grundsätzlichen und ihn letztlich zerstörenden »Korrektur« bedürfe, doch am Ende der Entwicklung der Bernhard-Helden steht jene klare, präzise Studie, die Murau in »Auslöschung« vorlegen wird.

Der seiner Umgebung gegenüber scheinbar so gleichgültige Maler ist in seiner Exzentrizität dennoch stark auf diese bezogen und provoziert zahlreiche Reaktionen. Der Protokollant sammelt die Urteile der Umwelt über den Maler, sie sind unzureichend, widersprüchlich und trotzdem ein Bestandteil des Gesamtbildes. Der Famulant erprobt zunächst am Maler die ihm zugängliche Variante des apollinischen Blickes, die medizinische Diagnose. Der Versuch steht im Einklang mit der Sichtweise der kleinen Leute im Dorf, die Strauch schlicht für verrückt halten, diese Verrücktheit aber auf die jüngste Zeit datieren. Introversion an der Grenze zum Autismus, sexuelle Zwangsvorstellungen, Gehörshalluzinationen und paranoide Züge sind dem Maler tatsächlich nicht fremd. Doch die Vorgänge in einer Initiation entwerten solches billiges Wissen. Schnell wird der Famulant in die Welt des Malers hineingezogen, in eine Welt, in der die »Wahnsinnsgrenze«, deren Bedeutung Bernhard in »Gehen« und »Wittgensteins Neffe« diskutieren wird, nicht gilt: »Da mir der Begriff des Wahnsinns nicht klar ist, er ist mir nur ein geläufiger, kann ich nicht sagen, ob Ihr Bruder wahnsinnig ist. Er ist *nicht* wahnsinnig! (Verrückt?) Nein, auch nicht verrückt.« (F 306)

So unterliegen die Prinzipien der »Anschauung«, die der Famulant aus Elternhaus, Alltag und Spital mitgebracht hat, der Fähigkeit des Malers, Unglück im Erleben und in der Wiedergabe zu potenzieren und zu Aussage über die conditio humana zu verdichten: »Für den Maler ist alles entsetzlich.« (F 167) »Frost« zelebriert das egozentrische »Anschauungsmonopol« des Leidenden und gestattet ihm die subjektivistische Verallgemeinerung seines Zustandes. Am Ende steht die Konstatierung der »größten aller A-Wahrheiten, (…) alle Wahrheiten zusammen« und das ist »Die Kälte« (F 254) und die mit ihr verbundenen Visionen vom Kältetod des Universums.

Es ist unmöglich, ein vollständiges Register der Ängste und Verzweiflungszustände des Malers zu erstellen, vor allem angesichts von dessen Angewohnheit, alle Ereignisse auf sich zu beziehen und ihnen eine aggressive Qualität zu unterlegen: »Lauter Verschwörungen gegen mich.« (F 169) Am einprägsamsten ist der Beschwerdekatalog des Malers dort, wo er ihn um seinen »Schmerz« gruppiert und das daraus abgeleitete Wissen von der »Todeskrankheit«: »Aber Sie haben ja keine Vorstellung von der Ungeheuerlichkeit meines Schmerzes.« (F 42)

Hier wird ein Feld beschritten, wo der Maler dem angehenden Arzt tatsächlich eine wesentliche Erfahrung weitergeben kann und wo der »Sprachzweifel« seine Berechtigung hat: die Unzulänglichkeit der Sprache als Medium zur Kommunizierbarkeit von Schmerzerlebnissen. Anfänglich gerät der Maler im Kampf um die »Anschauung« beim Famulanten ob der unkommunizierbaren Intensität seiner Schmerzerlebnisse in den Verdacht der Hypochondrie, gibt er doch eine lästige, aber harmlose Schleimbeutelentzündung als »die Krankheit« aus. Doch allmählich wächst ihm in der Beschreibung seines Schmerzes eine unbesiegbare Sprachgewalt zu: »Denken Sie sich eine Flüssigkeit in Ihrem Kopf, wie siedendes Wasser, die ganz plötzlich zu Blei erstarrt und gegen ihre Schädeldecke saust. Jetzt habe ich das Gefühl, dieser Kopf hat nirgends mehr Platz, nicht einmal in der Landschaft. Nur Schmerzen. Nur Finsternis.« (F 45) Das Wort »Schmerz« erhält jetzt, losgelöst von allfälligen stechenden, ziehenden und kreisenden Qualitäten, ein exklusives existentielles Gewicht. Die medizinische Betrachtungsweise, die Waffe des Famulanten im Kampf mit dem Maler, ist schnell ausgeschaltet, die ungeheuren Kopfschmerzen, von denen wir ausdrücklich hören, daß sie rezenten Ursprungs sind, erhalten jetzt metaphorischen Charakter und werden im Kontext eines Mißverhältnisses von Kopf und Körper gesehen, einer quälenden Dominanz des Kopfes gegenüber der Schwächlichkeit der Beine: »Mein Kopf ist so aufgeschwollen, daß ich meine Schuhe nicht sehen kann. (…) Mein Kopf ist so schwer, daß ihn ein Dutzend kräftiger Männer gar nicht hochheben könnten, … und meine Beine, diese winzigen Beine, bringen das zustande.« (F 87)

Diese den Beinen zugeschriebene Schwäche, die den Maler im Lebensvollzug keineswegs an stundenlangen Märschen im Schnee hindert, steht für seine generelle Unfähigkeit, den Anforderungen des (sozialen) Lebens gerecht zu werden. Seine Nächte sind ruhelos, und seine chronische Schlaflosigkeit ist mit phantasierten Angstbildern verbunden, die ihn, wie wir noch lernen werden: charakteristischerweise, »von hinten« überfallen.

Eine zentrale Position in der Verzweiflung des Malers nimmt das »Gefühl endgültiger und unwiderruflicher Einsamkeit« ein, für Maurice Halbwachs »die einzige Ursache des Selbstmordes«. (Minois 464) Rund um das Wort »Einsamkeit« gruppiert sich die grundlegende Ambivalenz der Bernhard-Figuren gegenüber jeder Vergesellschaftung. »Einsamkeit« ist gleichzeitig »Adel« und »Fluch«. Vom Maler erfahren wir, daß er »so für sich allein (ist), daß keiner ihn jemals versteht« (F 231), daß er »oft in fremden Höfen auf einem Treppenstein saß und vor Übelkeit glaubte, sterben zu müssen.« (F 32) Er sucht gelegentlich erfolgreich die Geselligkeit und preist gleichzeitig die Zarathustrasche »Heimat Einsamkeit«: »Auf der einen Seite möchte ich nicht allein sein, auf der andern sind mir alle zuwider. Weil mir alles zuwider ist.« (F 89)

Die Urteile des Malers über das Leben gehen jeder möglichen Vergesellschaftung voraus und ziehen gleichzeitig die Bilanz aus deren negativer Erfahrung: »Ich investierte noch in die Menschen, als ich schon wußte, daß sie mich hintergehen, längst wußte, daß sie es darauf abgesehen haben, mich zu töten.« (F 20) Die konkrete Erlebnisformation, die diese Erfahrung begründete, wird uns allerdings vorenthalten, das ist einer der Bereiche, wo die Selbstreflexion des Malers der seiner Nachfolger unterlegen ist. Alles ist einmal geschehen und war gleichzeitig immer schon so. Nur scheinbar ist der Zustand des »Abgeschlossenhabens« der finale, tatsächlich ist er der permanente. Wie seinen egoistischen Nachfolgern dient auch dem Maler sein Negativismus als Rationalisierung seiner sozialen Unerträglichkeit, einer Zurückweisung jeder Verpflichtung außer der, »der Tiefe des eigenen Abgrunds« (F 111) gegenüber. Sätze wie: »Der Mensch ist eine ideale Hölle für den Menschen« (F 212), begründen bei zahlreichen Bernhard-Figuren ein soziales Programm, dem Mitgefühl und Hilfe fremd sind: »Den Menschen muß man mit dem Stock kommen, (…) mit dem Knüppel des Strafvollziehers.« (F 246)

Die rhetorische Kraft des Malers basiert zum guten Teil auf seiner obsessiven, notgedrungen ambivalenten Auseinandersetzung mit dem Tod, den er sucht und gegen den er gleichzeitig rebelliert. Der bejahte, ja als Erlösung gefeierte Thanatos spricht dort, wo Strauch den spannungslosen Zustand, »das Unendliche«, als letzte Hoffnung feiert: »Die Hoffnung ist nur an den Tod zu knüpfen, nur an die Zukunft.« (F 191) Der eigener Aussage nach kraftlose Maler verfügt über ungeheure Energien, die sich, Leben als Weg zum befreienden Tod bejahend, gegen Leben als angespannten, zielorientierten Zustand wenden. Doch auch diese Entwertung des Lebens steht »auf schwachen Füßen«: Leben ist wertlos, weil es den Tod gibt. Versucht man die beiden Argumentationsstränge des Malers zusammen zu ziehen, dann erhält man die zirkuläre Formel, daß der Tod als spannungsloser Zustand dem angespannten, aber die Erfüllung verweigernden Leben vorzuziehen sei, das zudem durch das Phänomen seiner Endlichkeit entwertet sei.

Der Tod soll, das nimmt sich der Maler vor, ihn nicht so unvorbereitet treffen, wie seinerzeit das Leben, und wiedergutmachen, was er im Leben versäumte. In einer letzten selbsttherapeutischen Maßnahme versucht Strauch, was uns Freud zufolge versagt ist: die Vorstellung des eigenen Todes. Diese Übung reklamiert wohl die Autorität von Montaignes Essay »Philosophieren heißt sterben lernen«: »Nehmen wir ihm [dem Tod, A. P.] seine Fremdheit, machen wir mit ihm Bekanntschaft, gewöhnen wir uns an ihn, denken wir an nichts so oft wie an den Tod.« (Greffrath 81) Doch ist es wirklich der »eigene«

Tod mit allen seinen Konsequenzen, der im Zentrum von Strauchs schier endlosen Reflexionen steht? Es fällt auf, daß die Todesreden des Malers intensiv auf Leben und Gemeinschaft bezogen sind. Unsere Anteilnahme am Leben basiert auf Phantasien von zielgerichtetem Handeln, die den Tod nicht denken. »Der Tod will nicht, daß man sich mit ihm beschäftigt« (F 165) – der Maler hält sein Memento mori zu Recht für eine subversive Botschaft, er rebelliert gegen die Schöpfung, indem er das Geheimnis von der Endlichkeit der Existenz aufdeckt. Dieses Wissen zertrümmert scheinbar soziale Ordnungsvorstellungen, tatsächlich wird hier eine neue Hierarchie unter Lebenden begründet, in der der Wissende sich selbst einen guten Platz zuschreibt. Ohne die große Formation »Tod« ist Strauch ein Nichts, im Umgang mit dem Famulanten, der in seiner Initiation an Grenzen gehen muß, gerät ihm sein Wissen zu einem Herrschaftswissen und sichert ihm seinen Platz im Leben.

Daß die Sprachgebilde, mit denen Strauch sein Elend und das des Kosmos beschreibt, malerische Qualität haben, überrascht nicht bei einem Autor, dem generell nachgesagt wird, daß seine Prosa »in vielen Zügen in den sechziger Jahren der Wiener Schule des Phantastischen Realismus näher (steht) als der zeitgenössischen Literatur« (Höller 58). Ansonsten spielt der Umstand, daß Strauch »Maler« ist, für die Handlung von »Frost« eine geringe Rolle. Darin unterscheidet sich der Maler von späteren Bernhard-Figuren, für die die apollinische Wahl zum »Geistesmenschen« und zum Künstler ein zentrales Differenzierungsmittel darstellt, dem auch eine hohe Lösungskapazität für jene Lebensprobleme zugeschrieben wird, die sich in Weng zur Unerträglichkeit verdichten. Strauch hingegen behandelt sein eigenes Künstlertum vollkommen undifferenziert von der sonstigen Misere des Lebens. Die Chancen, die in der apollinischen Wahl liegen, hat er nicht genützt – von allen Lüsten, die im Kontext der künstlerischen Selbstvervollkommnung denkbar sind, erinnert der entwertende Rückblick des Malers nur eine einzige: tagelange Fußmärsche durch die Stadt, »Gehen«, das Antidepressivum der Bernhard-Welt, als Vorbereitungsritual des Malens.

Offensichtlich brachte dem Maler seine Arbeit einige Berühmtheit, aber gleichzeitig hat sie ihn enttäuscht, so daß er sein Künstlertum auch pro praeterito dementiert: »Ich bin kein Maler, (...) ich bin höchstens ein Anstreicher gewesen.« (F 15) Die »Todeskrankheit«

des Malers steht in einem Zusammenhang mit diesem verleugneten Künstlertum, die Todesangst, die ihn so quält, spielt sich zwischen Ich und Über-Ich ab, dann nämlich, wenn »das Ich seine narzißtische Libidobesetzung in reichlichem Ausmaß entläßt« (Freud 1923, 324), und wir müssen nach der Quelle dieser Unzufriedenheit suchen. Mit einem anal eingefärbten Vokabular spricht Strauch über seine künstlerischen Produktionen: »Alltäglich erschien ihm, was aus ihm hervorging.« (F 32) Dieser Sprachgebrauch ist anderen Bernhard-Figuren mit ihrem Erfinder gemeinsam und hat sie keineswegs am Stolz auf ihre Hervorbringungen gehindert. Strauch hingegen war über seine Schöpfungen immer unglücklich: »Nichts, was man glücklich nennt. Weil immer die Sucht zum Außergewöhnlichen, Eigenartigen, Exzentrischen, zum Einmaligen und Unerreichbaren, weil überall diese Sucht, auch was die Folterungen des Geistes anbelangt, mir alles verdorben hat.« (F 34) Das »Höchste«, das gleichzeitig für die meisten das »Unerreichbare« darstellt, wird im Zentrum der »Apollinischen Trilogie« – »Untergeher« (1983), »Holzfällen« (1984), »Alte Meister« (1985) – stehen. Die Verleugnung des eigenen Künstlertums wendet Strauch in eine ziellose, aber sprachgewaltige Attacke gegen die Künstler. Ähnlich wie die Österreich-Beschimpfungen hat dieser Topos in der Bernhard-Welt Kontinuität, doch der hier die Künstler attackiert, ist letztlich als Künstler am destruktiven Ideal des Höchsten gescheitert. Dennoch bleibt die Attacke legitim und wird vom Musikwissenschafter Reger in »Alte Meister« in überraschender Weise begründet werden.

Geliebte Bauernerde

Weng, der nach Art gewisser Tiere vom Maler selbstgewählte Todesort, ist diesem »der düsterste Ort«, den er je gesehen hat. Das Dorf hat archaischen Charakter: Es liegt in einer Grube, die Eisblöcke in jahrmillionenlanger Arbeit gegraben haben, nicht weit entfernt von einem Tal, wo »die Natur ganz unbelästigt vom Menschen« ist. (F 14) Daß Weng, »eine Landschaft, die, weil von solcher Häßlichkeit, Charakter hat, mehr als schöne Landschaften, die keinen Charakter haben« (F 10), einem beherrschenden Prinzip unterliegt, das die Menschen vertiert, fällt dem anreisenden Famulanten schon im Zug auf. Anmut,

Schönheit oder Talent sind Weng fremd: »Hier sind die Menschen wie die Tiere …«(F 68) Die im Rausch gezeugten Säuglinge werden mit Alkohol beruhigt, als Kinder mißhandelt und bildungsfeindlich erzogen. Die Erwachsenen kann man »ruhig schwachsinnig nennen (…). Nicht größer als ein Meter vierzig im Durchschnitt, torkeln sie zwischen Mauerritzen und Gängen, im Rausch erzeugt.«(F 10) Die Bernhardschen Sprachbilder versetzen uns ins Kino der sechziger Jahre: eine Ingmar-Bergman-Szenerie mit einer Fellini-Personage, durchzogen von dem Gebell und Geheul der Hunde, von dem der Maler meint, daß es ihm den Tod künde. Strauch und der Famulant, zwei Stadtflüchter, die den Ort unverbindlicher Erfolge verlassen haben, sind keine repräsentativen Figuren der Bernhard-Welt, sondern befolgen mit ihrer Ortswahl das Gesetz des Todes und der Initiation. »Ihr« Weng ist sowohl das nach außen gewandte Abbild der inneren Landschaft des Malers, wie auch der schreckenerregende Ort der Initiation des Famulanten.

Weng ist aber gleichzeitig eine Ortschaft im Pongau und nicht nur Carl Zuckmayer hat der für die Bewohner kränkenden Bernhardschen Beschreibung Authentizität attestiert: »Wer die Landschaft der oberen Salzach kennt, den Pongau, mit seinen wie vom Zufall zusammengewürfelten kleinen Industriestädten, Rangierbahnhöfen, im ewigen Sprühregen ihrer Wasserstürze, mit seinen finsteren, schluchtartig eingeschnittenen Seitentälern, der weiß, mit welcher beklemmender Realistik der Autor ihren Farbton und ihr Klima trifft.«(Dittmar 1990, 53) Am Beispiel Wengs wird zum ersten Mal jener Basiskonflikt zwischen der städtischen und der ländlichen Lebensweise angeschnitten, dessen Lösung den Bernhard-Figuren aufgetragen ist. Dem Maler als »Geistesmenschen« ist Weng »Natur«, und seine Tiraden kommentieren Nietzsches »unerledigtes Problem«: den Kampf zwischen Rousseau und Voltaire um 1760. (Nietzsche 1959, 89/74) Obwohl es Bernhard angesichts einer »ungeheuer elementaren Sache« wie einer Blumenwiese »natürlich die Kehle zuschnür'n muß, wenn man daran denkt« (Dreissinger 1992, 93), artikulieren seine Figuren rund um den vielschichtigen Begriff »Natur« regelmäßig das berühmte »dritte Nein« Nietzsches. (Nietzsche 1959, 671)

Weng ist aber auch der Schauplatz eines Kampfes zwischen »Natur« und »Zivilisation« und nicht nur dieser Bernhardsche Text wird ihn bewerten: Nicht weit von der elenden Ortschaft entfernt liegt eine gigantische Baustelle, wo ein Kraftwerk Natur im Namen von sie meisternder Zivilisation grundsätzlich umgestalten und dienstbar machen wird. Wer wird gewinnen – »Beton«, die große antizivilisatorische Metapher des Bernhardschen Spätwerks, oder »Natur«? Trotz moderner Medizin leiden bezeichnenderweise »alle« im Dorf an der Tuberkulose: »Die Wirkung der neueren Medikamente, des Streptomyzins zum Beispiel, ist gleich null. (…) Man sagt, man kann sie heilen. Aber das sagt die Medikamentenindustrie. In Wirklichkeit ist die Tuberkulose heute genauso unheilbar wie immer.« (F 149)

Als Atavismus opponiert Weng dem Selbstbild der Zweiten Republik und ihrem Stolz auf das hausgemachte Wirtschaftswunder: »Hier ist gar nichts fortschrittlich, nein.« (F 69) Obwohl es einen Pfarrer gibt, ist der Ort heidnisch. Spurlos verschwinden Menschen und das ganze Land ist »voller Verbrecher. Voller Mörder und Brandstifter. (…) Auf dem Land sind immer die Wege voller Blut.« (F 187f.)

Dabei hat Bernhard dieses Land, die »Landschaft der Mutter« und die damit verbundene Lebensform, als junger Mann einst wortgewandt besungen: »Solange der Bauer sät und die Bäuerinnen die Kinder einwiegen vor der Nacht mit guten Weisen, solange braucht uns nicht bange zu sein um die Welt.« (LA) Dort, wo das lyrische Werk, in dem »Bierkrug, Buttertrog, Mostfaß, Truhe, vollgemolkene Kübel, Birnbaum, Sommerheu, Euter, Schwein, Speck, Selchfleisch, Schnaps« die »Grundsubstanz vieler Gedichte « bilden (Dittmar 1990, 24), das Landleben nicht besingt, entschärft es zumindestens die in »Frost« angeschnittenen Probleme auf der Basis der grundsätzlichen Wertschätzung der »geliebten Bauernerde«. (GG 24)

Die Klassifizierung Bernhards als eines »Mitläufers« der kulturpolitischen Restauration der fünfziger Jahre und dieses Werksegments als Produkt eines ästhetischen Opportunismus wird offensichtlichen Ambivalenzen nicht gerecht. »Frost« ist ein derart intensiver Gegentext zum journalistischen und lyrischen Frühwerk, daß wir eingeladen sind, dieses als Produkt der Verdrängung eines starken – aber damals noch verbotenen – Affekts zu lesen. Zwischen dem Frühwerk und »Frost« liegt auch das, was Bernhard in mehreren Texten voller Anteilnahme beschrieben hat: das »Weggehen«, die Erarbeitung einer eigenen, hier städtischen Wahrnehmungsweise. Der Stolz auf diese Leistung erlaubt die triumphierende Etikettierung des Landes als Symbol einer abgelehnten Rückständigkeit, als »Fundgrube für Brutalität und Schwachsinn, für Unzucht und Größenwahn, für Meineid und Todschlag, für systematisches Absterben«. (F 154)

Doch gleichzeitig erklärt die publizistische Vergangenheit Bernhards ein ganzes Stück weit die Attacken gegen jede Form von »Österreichertum« in seinem späteren Werk. Bernhard hat die ideologische Verführbarkeit durch regressive Idealisierungen der traditionellen Lebensform in den fünfziger Jahren am eigenen Leib kennengelernt und die Angriffe auf das dumpf-stumpfe Österreich haben den Charakter von Selbstbezichtigungen. Aus der Art, wie Bernhard mit seiner eigenen publizistischen Vergangenheit umging, können wir lernen, daß er zwar in hohem Ausmaß über die Gabe der Selbstdistanzierung verfügte, daß er aber derartige Revisionen – und wir werden noch weitere registrieren – kommentarlos vorgenommen hat.

Verführung zur Unzucht

Natur ist dem »Geistesmenschen« nichts Idyllisches, sondern »ein wimmelndes Hornissennest aus Aggression und verschwenderischer Überproduktion« (Paglia 45), angetrieben von jener Kraft, die anzieht, bindet und vermehrt; einer paradoxen Kraft, die den Fortbestand sichert und gleichzeitig zerstörerisch, ja verbrecherisch ist. Die Einwohner Wengs, wo schon »die Wegränder zur Unzucht verführen«, sind der Naturkraft ausgeliefert wie weiland die Schwester des Malers: »Man riecht ihre Geschlechtlichkeit. (…) Wie mit einem gut zugeschlagenen Stück Fleisch gehen die Männer mit ihren Frauen um und umgekehrt (…) Das Geschlechtliche ist es, das alle umbringt.« (F 17)

Die destruktive Kraft verunmöglicht nicht nur Kultur und Zivilisation, sie zerstört ganz unmittelbar den Körper, wie an den »grauen und fahlen« postcoitalen Gesichtern der Wirtin und ihres Geliebten sichtbar wird. Besonders ruinös ist die Auswirkung gelebter Sexualität auf die Männlichkeit. Der von der Wirtin verführte junge Gendarm, eine exemplarische Figur, ist jetzt »an jenem Punkt angelangt, wo das Männliche plötzlich von dem ganzen Organismus Besitz ergreife und die Jugend hinschwinde wie unter der Hand. Dieses schöne Gesicht, (…) wie lange ist es noch schön?« Sexualität zerstört die knabenhafte Schönheit, die in Bernhards sexualästhetischen Überlegungen eine untergründige Rolle spielt, und mit ihr beginnt die »allgemeine große Verunstaltung allen Lebens«. (F 179)

Lust reduziert aber auch den freien Willen und die Gestaltungsmöglichkeiten des männlichen Lebens, sie ist das Medium, durch das das weibliche Geschlecht das männliche zu versklaven sucht: »Unterleibskerkerhaft«. (F 273) Ein besonders erschreckender Aspekt der Sexualität liegt für den Maler im Instinkt der Arterhaltung. In Konfliktfällen versucht Sexualität sich im Namen der Arterhaltung über die individuellen Rechte des einzelnen »Ich« hinwegzusetzen und enthält damit vom Standpunkt dieses Ichs aus eine implizite Drohung der Auflösung. So sind die sexuellen Angstbilder des Malers nicht nur Ausdruck seiner individuellen Pathologie, sondern illustrieren in überspitzter Weise ein Element der conditio humana. Für Strauch sind Lebensekel und Sexualfeindschaft untrennbar ineinander verschränkt: Sexualität ist verbrecherisch, weil sie Leben bringt, Leben wird entwertet, weil es auf Sexualität basiert. Das ist eine ähnlich zirkuläre Denkfigur, wie sie der Maler rund um den Tod aufbaut.

Am Beginn von »Leben« steht daher ein Verbrechen, dem von nun an von den Protagonisten Bernhards schier unentwegt der Prozeß gemacht wird: das »Urverbrechen« der Zeugung. Die Bernhardsche Version der Erbsünde ist die unendliche Male wiederholte Sünde der Eltern. Diese Anklage hat wohl eine biographische Plausibilität, wenn man weiß, daß Bernhard Grund zu der Annahme hatte, daß er sein Leben einer Vergewaltigung verdankte. Der Maler bespricht dieses Verbrechen allerdings aus der Optik des Kindes: »Das ist ein großes Verbrechen, einen Menschen zu machen, von dem man weiß, daß er unglücklich sein wird, wenigstens irgendwann einmal unglücklich sein wird. (...) Der Antrieb der Natur ist verbrecherisch, und sich darauf berufen ist eine Ausrede, wie alles nur eine Ausrede ist, was Menschen anrühren.« (F 30) Hinter den Klagen des Malers kündigt sich die spätere Lösung an, die die Protagonisten der Bernhard-Welt dem Fortpflanzungsproblem geben werden: die Konstitution einer auf »Künstlichkeit« basierenden Welt, in der der kulturellen Selbstzeugung, der Initiation des Mannes durch den Mann, die wesentliche Rolle zugeschrieben wird.

Nicht nur in seiner Auseinandersetzung mit Alfred Adlers Sexualpsychologie ging Freud davon aus, daß alles, was libidinös ist, männlichen, was Verdrängung ist, weiblichen Charakter habe. So sprechen bei Bernhard nur die »sachlichen« Ärzte und Kraftwerksbauer, im Diskurs über Geschlechterrollen, den die »Geistesmenschen« führen, wird die Freudsche Annahme meist umgekehrt: Das böse Sexuelle ist weiblich, ja es ist die sexuelle Kraft, die den Frauen ihre Stärke gibt, sie sind das Ziehende, die Männer das Gezogene.

Das Apollinische ist das durch die weibliche Anziehungskraft gefährdete Reservat der Männer, Bernhards männlichen Protagonisten ist daher der bewußte Geschlechterkampf im Namen der Kultur aufgetragen, und voll Stolz gibt der Maler zu Protokoll: »Ich habe mich mein ganzes Leben lang wehren müssen. Gegen die Frauen vor allem.« In diesem Kampf ist Strauch mit sich identisch und zu einem direkten Ratschlag an seinen Schüler fähig:»Es ist ja nur der Schlußstrich unter eine gewaltige Szenerie von Gedanken, den ich mache: hüten Sie sich vor den Frauen, aber noch mehr vor dem weiblichen Teil in Ihnen, der darauf aus ist, aus Ihnen ein Nichts zu machen.« (F 217) Die Anima C. G. Jungs, der weibliche Teil des Mannes, den zu suchen ihm aufgetragen ist, stellt für Strauch den großen Kulturfeind dar. Thomas Bernhard ist bis in sein Alterswerk ein Autor der prinzipiellen Differenz der Geschlechter, die ihren Ursprung in »Natur« hat. Am Kampf der Geschlechter haben er und seine Figuren gerne teilgenommen, die misogyne Perspektive mit ihrer zentralen Aussage über die Unfähigkeit der Frau zur Kultur hat sich dabei im Laufe der Jahre abgeschwächt.

Das gilt bereits für den Maler: Seine stolzen, kulturbewußt-männlichen Artikulationen werden dadurch entwertet, daß die Lust dem Maler auch ein verstörendes Feld der Schwäche und der Überforderung bezeichnet. Vor allem aber enthält Sexualität ein Versprechen von Gemeinschaft, das leer ist angesichts der prinzipiellen Unerreichbarkeit der Frau:»Frauen seien Ströme, ihre Ufer unerreichbar ...« (F 250). Bei Bernhard gilt bis ins Spätwerk, daß Frauen enttäuschen; es gibt in der Erlebniswelt seiner Männer drei prinzipielle Gründe dieser Enttäuschung, die in rudimentärer Form an Hand der Wirtin von Weng vorgeführt werden.

Die Wirtin: Hure – Magna Mater – Madam La Mort

Frauen dominieren, so der Fürst in »Verstörung«, nicht nur ihre soziale Umgebung, sondern auch die Natur: »Die nervösen Zustände der Frauen durchdringen auch manchmal die ganze Landschaft.« (V 142) Auch in Weng färbt sich an einem gewissen Tag, dem fünfundzwanzigsten, der Fluß rot und prophezeit dem Maler so den Untergang. Es entspricht der Bernhardschen Anthropologie, daß das Kraftzentrum des Dorfes die Wirtin des heruntergekommenen Gasthofes ist, in dem Strauch und sein Schüler leben.

Im Gasthaus als matriarchalem Territorium geht es so rauh zu, wie es schon Bachofen der Herrschaft der Mütter nachgesagt hat. Jene weibliche Schwäche, Dummheit und Ungeschicklichkeit, über die Thomas Bernhard in seinen sexualpolitischen Interviews gerne gesprochen hat, fehlt der Wirtin völlig. Sie verkörpert das reine, schrankenlose chthonische Prinzip, die Rücksichtslosigkeit der Natur, die sich um jeden Preis ohne moralische Bedenken erhalten will. Wie der »Krieg« ist auch die heimliche Königin des Ortes als Zugereiste dem Dorf etwas Äußerliches; körperlich überragt sie wohl die Zwerge von Weng. Machtvoll regiert die große Hure des Wenger Provinzbabylons ihre schamlosen Untertanen; in zahlreichen Verhältnissen auch zu den Autoritätspersonen des Dorfes ist sie »die treibende Kraft«. Ihr Schoß ist ein zentraler Ort im Sozialgefüge von Weng, Begegnungspunkt des Totengräbers als Verwalter der spirituellen und des Gendarms als Repräsentanten der weltlichen Ordnung.

Die Figur der »Wirtin« wird im Spätwerk, etwa in »Ja« und im »Untergeher«, neuerlich auftauchen, und Bernhard wird die mit ihrer Person verbundenen Zuschreibungen allmählich verändern bis hin zu einer Wirtin als »rettender Frau«. Das negative Porträt dieser Frau in »Frost« ist insofern fragwürdig, als uns der Maler die Wahrheitsprobe für zahlreiche seiner Vorwürfe schuldig bleibt. Der Text konzentriert sich weit eher auf die Darstellung einer »Männerphantasie«, auf die fundamentale Besessenheit des Malers, dem die Wirtin lange Zeit ins Zentrum seines Weltverhältnisses rückt: So erfahren wir weniger über die Wirtin an sich und mehr über die Wahrnehmung der Männer und ihre Tendenz zur sozialen Geringschätzung dieser, ja jeder Frau.

Ganz offensichtlich geht von dieser Figur eine starke Anziehungskraft aus, die der Maler mit aller Kraft seiner Rede ständig aufs neue abwehrt, indem er ein möglicherweise verleumderisches Bild von ihr zeichnet. Ein nicht geringer Teil der »Lehren«, die der Maler seinem Zögling mitgibt, beziehen sich auf die Wirtin. Sie, die »für ihre Körpergefühle lebe« (F 64), zu beschreiben, zu verstehen und dann zu verurteilen ist ihm letztes Ziel geworden. Im später entwickelten Wertsystem der Bernhard-Welt wird eine solche Besessenheit gegen eine Figur sprechen.

Die Wirtin wird uns von Strauch als »Unmensch« vorgeführt, und das Urteil ist scheinbar wohlbegründet: Sie steht beim Maler im Verdacht, ihn zu betrügen, auszunützen, schlechtes Fleisch, ja sogar Pferde- und Hundefleisch, zu servieren; ihres gewalttätigen Mannes, eines Totschlägers, hat sie sich mit Hilfe des Staatsanwaltes entledigt; sie prügelt ihre Töchter und ist eine Ehebrecherin, die sich neben ihrem Verhältnis mit dem Totengräber-Wasenmeister wahllos Dorfbewohnern und Gästen hingibt. Das geschieht ganz offen, wie seinerzeit die Ehebrüche von Bernhards geliebter Großmutter (Huguet 84ff.): »Ihre größte Waffe war immer, daß sie nichts verheimlichte. Und an Abwechslung fehlte es ihr nie (…) Sie bog einfach vom Dorfplatz ab. Direkt in das Verbrechen. (…) In der Früh stieg sie wieder den Berg herauf, in der Dämmerung, gar nicht erschöpft, im Gegenteil, erfrischt.« (F 65)

Was die Männer zerstört, belebt die Frau, die ihre Sexualpartner »rücksichtslos strapaziert. Der Wasenmeister weiß nicht, daß sie einen Stock tiefer einen Gast auf dieselbe niederträchtige Weise unter ihre Brüste bekommt.« (F 23) Das eigenartige Sprachgebilde zur Beschreibung eines Liebesaktes ist eine höchstpersönliche Schöpfung Bernhards, die wohl in Analogie zum »unter die Fäuste bekommen« konstruiert wurde und hier das konventionelle männliche Angstbild vom »Verschlungenwerden« ablöst.

Auf die Analogien zwischen dem Diskurs des Malers (und auch gewissen öffentlichen Aussagen Bernhards über Frauen) und den Lehren des im Theaterstück »Die Berühmten« als »großer Charakterforscher« (BER 184) apostrophierten Klassikers des »Antifeminismus«, Otto Weininger, ist öfter hingewiesen worden. Weiblichkeit ist in »Mütter« (wie etwa Höllers Frau in »Korrektur«) und »Dirnen« einteilbar, die Wirtin ist amoralisch, lebt unbewußt und im Augenblick und personifiziert die Sexualität; (Weininger 42, 127, 191, 194) als Repräsentantin des Dirnentypus will sie von allen koitiert werden.

(Weininger 307) Bilanzierend betrachtet steht eine solche Frau noch unter einem minderwertigen Mann wie etwa dem Wasenmeister und stellt eine Bedrohung der Kultur dar.

Die Urteile des Malers stehen vor der Folie der Biographie eines Mannes, der die Frauen niemals geliebt haben will:»Nach der ersten Frau keine Zerstreuung mehr« (F 207), gibt er zu Protokoll und provoziert die große, von seinen Nachfolgern beantwortete Frage, wer jene »erste Frau« gewesen ist, neben der alle Nachfolgerinnen verblassen, und die vielleicht in der Wirtin eine verfolgenswerte Nachfolgerin gefunden hat. Die Wirtin, eine Frau Anfang Dreißig, wird entwertend als häßlich beschrieben, mit »Bäuerinnenbeinen, Wegmacherfrauenbeinen, Wäscherinnenbeinen. Fett und verwässert und blutunterlaufen.« (F 61) So verkörpert sie das Gegenteil des Selbstbildes des Malers, dessen schwache Beine nicht imstande sind, den überproportionalen Kopf zu tragen. Doch ob diese Häßlichkeit nicht eine Anziehung verbirgt, wissen wir nicht, denn gerade die abgewertete Frau zieht den Maler an:»Frauen haben mich in dem für solche Reizzustände aufgeschlossenen Alter, in solchen für sie geeigneten Zusammenhängen eher durch ihre Abwesenheit gereizt: ältere, die eher häßlich waren.« (F 79f.) Wenn wir von der als »schön« beschriebenen Mutter der Autobiographie absehen, kennt man lange Zeit in der Bernhard-Welt keinen positiv besetzten, erhaltungswürdigen Begriff von jugendlicher weiblicher Schönheit. Auch Reger in »Alte Meister«, der eine nicht vollendete Phase der Versöhnung mit dem Weiblichen einleitet, bindet sich an eine ältere Frau, wie sein Schöpfer, den H. C. Artmann einen »Frauenhasser, nur Greisinnen zugetan« nannte. (Artmann)

Obwohl prinzipiell offenbleibt, was in »Frost« auf der Ebene des Textes beschriebene Realität und was beschriebene Wahrnehmungsverzerrung einer pathogenen Persönlichkeit ist, stellt uns der Autor im Falle der Wirtin Realität einer höheren Stufe zur Verfügung: Auch dem von Strauch unbeeinflußten Protokollanten ekelt vor der Wirtin. Die Bernhardschen Männer haben ein äußerst sensibles Sensorium für das weibliche Begehren, und offensichtlich hat die Wirtin schon bei der ersten Begegnung Gefallen an der Männlichkeit des Famulanten gefunden:»Stillschweigend schien sie mich, noch im Türrahmen, etwas zu fragen, das nur eine Frau einen Mann blitzschnell fragen kann. Ich war überrumpelt. Es gab keinen Irrtum. Ich schlug ihr Angebot, ohne ein Wort zu sagen und nicht ohne plötzliche Übelkeit, aus.« (F 10) Dieser Ekel geht der Erfahrung voraus, wird durch sie bestätigt und kann letztlich nur durch den Tod der Frau gelindert werden: »Mich ekelt vor der Wirtin. Es ist derselbe Ekel, der mich als Kind vor offenen Schlachthaustüren hat erbrechen lassen. Wäre sie tot, würde mich – heute – nicht vor ihr ekeln – die toten Sezierkörper erinnern mich nie an lebendige Körper –, aber sie lebt, und sie lebt in einem faulen, uralten Gasthausküchengeruch.« (F 9) Die Misanthropie der Bernhard-Figuren begründet sich häufig durch quälende Geruchserlebnisse und der weibliche Geruch als zentrale Obsession löst einen Mechanismus aus, der der konkreten Erfahrung vorgelagert und mit Ekel verbunden ist. Sezieren würde der Famulant die Wirtin allerdings – und das heißt auch stehend in der Haltung des apollinischen Überlebenden die tote Frau als Beleg der eigenen Vitalität gebrauchen. In letzter Instanz geht es im Geschlechterkampf um die Ausrottung – der grausame Tod der Mutter in »Auslöschung« wird diese These belegen.

Daß der junge Mann von sich aus das Angebot der Wirtin ablehnt, nimmt den Maler für seinen Schüler ein: »Das muß so sein.« (F 21) Was die Wirtin betrifft, ist man sich einig. Am Ende dieser Initiation mag, wie es das Ziel von Initiation ist, die Autonomie von der Mutter stehen, aber nicht das Weib, das an ihre Stelle treten kann. Der hier beschriebene Initiationstypus richtet sich gegen die Frau und gegen das Chthonische, das sie verkörpert, und zielt auf die Errichtung eines Bundes von keuschen Männern apollinischen Zuschnittes. Die Bernhardschen Männerbünde sind oft lächerlich, doch schützen sie ihre Mitglieder vor der unerträglichen Sphäre der Weiblichkeit. Seine Verwirklichung im Text findet dieser Bund, wenn der Maler, der Famulant und der Ingenieur beisammensitzen – Kunst, Wissenschaft und Technik, Kultur und Zivilisation in höchster Vollendung. Alle drei Männer haben die Wirtin abgewiesen, wie weiland Odysseus die Kirke, und sprechen unbeteiligt über ernste Dinge, während jene daneben eine bis in die Morgenstunden dauernde Orgie kommandiert und mehrere Männer durch Tritte auffordert, »zu ihr in ihr Bettzeug zu kommen«. Die kleine Szene illustriert die für die Bernhard-Welt grundlegende Unterscheidung zwischen »Apollinisch« und »Dionysisch«: »Dionysos bedeutet Identifizierung, Apollon Objektivierung. Dionysos ist Empathie, die sympathetische Emotion, die uns in andere Menschen, an andere Orte, in andere Zeiten versetzt. Apollon ist das unerbittlich Kalte, das Trennende der westlichen Person und des westlichen kategorialen Denkens. Dionysos bedeutet Energie, Ekstase, Hysterie, Promiskuität, Emotionalität – Rücksichts- und Wahllosigkeit im Denken und Handeln. Apollon dagegen ist fixe Idee, Voyeurismus, Idolatrie, Faschismus – ist Frigidität und Agressivität des Blicks, die Versteinerung der Objekte.« (Paglia 127) So bleibt die Reaktion des Malers auf die Orgie, deren Zeuge er wird, abstinent-kommentierend: »Ein übler Geruch.« (F 86)

So ist die Wirtin mehr als die schmutzige, abgewertete potentielle Geliebte, in ihr bündeln sich für Strauch die drei Frauen, die es Freud zufolge im Leben des Mannes gibt, die Mutter, die Geliebte und die Todesfrau. Als mächtige Mutter tritt sie uns mehrfach im Text entgegen, als Zitat aus der präödipalen Phase der beiden Protagonisten, Erinnerung an jene »erste Frau« im Leben des Malers. Als pflegende Frau darf sie sich dem Leib des Malers nähern, sie darf ihm »Zugsalbenumschläge« machen und nach anfänglichen Widerständen löst diese Betreuung in Strauch ein solches Entzücken aus, daß er zum ersten und einzigen Mal im Buch lacht.

Als mütterlich pflegende Frau darf die Wirtin auch die sonst bedeckte Blöße der beiden Männer sehen. Naß und verfroren kommen die beiden ins Wirtshaus und entledigen sich zunächst ihrer Oberkleidung: »Auch unsere Hosen zogen wir aus und schließlich, weil die Wirtin uns dazu aufforderte und der Maler gar nichts dagegen zu haben schien, auch unsere Unterhosen.« Eine lustvolle Regression setzt ein, nackt mit dem Gesicht zur Wand, wie später die Brüder in »Amras«, stehen die Männer da und genießen die »warme Luft des heißen Ofens hinter unserem Rücken«. In dieser Szene triumphiert die Wirtin. Beim Maler allerdings stellt sich schnell ein Gefühl der Ambivalenz ein, er fühlt sich überrumpelt und dementiert sogar das Ausmaß seiner Nacktheit: »Wie konnte ich nur so dumm sein, ihre Befehle auszuführen, mich hier in der Küche auszuziehen, mich hier vor ihr lächerlich zu machen. Das ist doch lächerlich, da halb ausgezogen an der Wand zu stehen.« (F 278)

Diese offenkundige Bedürftigkeit dem Weiblichen gegenüber und die Bereitschaft, sich von ihm manipulieren zu lassen, spricht nach dem später entwickelten Wertmaßstab der Bernhard-Welt gegen den Maler. Die Zuwendung der Wirtin bringt nur kurzzeitig Erleichterung, viel eher öffnet sie ein Faß ohne Boden: Die Bedürftigkeit des unselbständigen Mannes nach pflegender Weiblichkeit ist enorm, und eine »Wirtin« gibt hier wohl noch weniger als eine »Haushälterin«. All das macht sie zu einer programmatischen Figur: Die Suche nach einer adäquaten Beschreibung der »schlechten Mutter« wird von nun an die Romane Bernhards füllen.

Schon Bachofen hat den Tod als Rückkehr in den Mutterschoß beschrieben. Über die in unserer Kultur verbreitete allgemeine Assoziation von Weiblichkeit und Tod hinaus weist vieles in der Geschichte der Wirtin, der Gattin eines Totschlägers, Geliebten des Wasenmeisters-Totengräbers und leidenschaftlichen Begräbnisbesucherin, auf den Tod. Der Übergang in den spannungslosen Zustand Tod hat für den Maler auch eine sexuelle Dimension: Gerne räsoniert er über die »Unzucht der Auflösung« und nennt den Tod den »allerletzten stupiden, hämisch verklausulierten Geschlechtsverkehr«. (F 290) Aufgabe von Weiblichkeit ist auch, die letzte Entspannung zu verschaffen. Doch auch diese »Männerphantasie« wird die Wirtin enttäuschen: Um seinen einsamen Tod zu erreichen, wird Strauch wohl – im weitesten Sinne des Wortes – selbst Hand an sich legen müssen.

Zögling – Mentor – Initiation

»Auslöschung« beschreibt die Initiation des Franz Josef Murau als einen schmerzlosen und befreienden Akt und feiert in der Gestalt des Onkel Georg den Mentor. Diese Initiation ist ein glücklicher Ausnahmefall, anderen eignet in der Bernhard-Welt ein Element von Mißbrauch und sie zielen häufig auf möglicherweise irreparable »Verstörungen« des Zöglings. Lange Zeit bleibt unklar, ob es der »natürliche« Tod ist, der den Maler bedroht, oder ob wir Zeugen eines Selbstmorddituals werden. Strauch selbst hat den Ort der Handlung gewählt und die lebensbejahende Stadt verlassen; die Entwertung der Vergangenheit und die Entfremdung von früheren Beziehungen – Elemente seines »sozialen Todes« – sind Ausdruck seines freien Willens und damit seiner Souveränität. Doch dann beginnen die Zeichen in geheimnisvoller Weise, diese »Wahl« zu bestätigen, und zweimal »atmet der Maler die Luft eines Toten«: »Ich brachte diesen Geruch, diesen Totengeruch, nicht mehr aus mir heraus.« (F 228) Seine »Wahl« des

Todes wird von einem über ihn verhängten »Todesurteil« eingeholt, das er wohl selbst vollstrecken wird. Das Verhältnis von »Selbstmord« und »Todesurteil« wird Bernhard noch in mehreren Texten beschäftigen.

Die Todespädagogik des Malers lähmt den Zögling, abgesehen von kleinen medizinischen Handreichungen und spekulativen Deutungen des »Bruderkomplexes« des Malers, ist er nicht einmal zu einer medizinischen Initiative diesem gegenüber imstande. Fragen, die der Strauchsche Diskurs eigentlich herausfordert, bleiben ungestellt. Zu zweit ziehen Maler und Famulant durch Schnee und Eis, ein absurdes Paar, das scheinbar ganz dem Räsonnement des Älteren hingegeben ist und den Bezug zur konkreten Welt längst verloren hat; Wiedergänger des spazierenden Paares aus Großvater und Enkel der Autobiographie.

Die schützende Abstinenz im Umgang mit dem Maler, die der Assistent dem Famulanten verordnet hat, wirkt nicht mehr. Der Widerstand des jungen Mannes gegen den überwältigenden Einfluß der Strauchschen Weltsicht wird immer schwächer, zunächst opponiert er der Entwertung der eigenen Vergangenheit durch Erinnerung an positive Erlebnisse, doch allmählich wird das, was er als sein Ich erlebt, zersetzt: »Nein, nein, ich bin nicht mehr ich, dachte ich.« (F 281) Auch damit, mit diesem Registrieren des zerstörenden Einflusses eines »Kranken« auf einen »Gesunden«, ist ein Thema angeschlagen, das Bernhard weiter beschäftigen wird. Hier geht er so weit, daß der Arzt sich ansteckt und zum Kranken wird: »Jetzt aber fühle ich mich von seiner, von dieser konsequent vorgehenden Krankheit erfaßt.« (F 305) Der Famulant verliert den Status eines Zeugen und wird zum Bewohner der Wahnwelt des Malers: »Jetzt weiß ich, daß sie [die Wirtin, A. P.] mit Hundefleisch kocht, dachte ich. Der Maler hat es ja gesagt. Es ist wahr.« (F 242)

So ist der Totentanz ein gemeinsamer geworden. Am fünfundzwanzigsten Tag sieht der Maler ein klassisches Vorzeichen der Apokalypse: der Bach färbt sich blutrot. Am siebenundzwanzigsten Tag bittet der Famulant brieflich seine Eltern, ihm, der Kälte wegen, seinen Mantel zu senden: »Jetzt kann ich nicht fort.« (F 313) Die Aufzeichnungen dieses Tages enden mit einer letzten Schmerzensklage des Malers.

Die Chronologie der folgenden Tage enthält eine Lücke, die mehrere Tage umfaßt. Solche Lücken sind charakteristisch für Bernhard und haben ihm den Ruf der »Schlamperei« eingetragen. Allerdings werden diese »Lücken wohl bewußt offengehalten: Das »Entscheidende« bleibt rätselhaft und unbeschrieben, und der Autor überläßt es der Phantasie der Leser. So auch hier: Offensichtlich hat der Famulant seinen Vorsatz, zu bleiben, nicht erfüllt, er kehrt nach Schwarzach zurück und liest dort in der Zeitung, daß man die Suche nach dem seit »Donnerstag vergangener Woche« im Schnee verschollenen Strauch eingestellt habe. Katastrophen erfahren die Betroffenen in der Bernhard-Welt regelmäßig aus der Zeitung, ähnlich wie das erzählende Ich der Autobiographie die Nachricht vom Tod des Großvaters und der Mutter. Doch was ist an jenem Donnerstag tatsächlich geschehen, ein Unglücksfall oder ein Selbstmord? Und welchen Anteil hat unser Protokollant an den Geschehnissen? Hat es einen Streit gegeben? Ist er vor dem finalen Zustand des Malers geflohen? Wo hat er die Tage seit jenem Donnerstag verbracht? Was hat er dem Assistenten berichtet? All das bleibt Geheimnis, wir erfahren nur, daß der junge Mann gegen seine früheren Vorsätze seine Famulatur beendet und in die Hauptstadt zurückkehrt. Ist die Initiation gescheitert, oder hat unser Famulant die vielen seiner Nachfolger gemeinsame Erfahrung gemacht, daß die einzig mögliche Rettung im »Weggehen« liegt?

Was auch immer mit dem jungen Mann geschehen ist, er ist der Überlebende und sein Leben geht weiter. Wird er seine Studien beenden und Arzt werden? Ein erfolgreicher Arzt, wie der Vater in »Verstörung«, oder ein gescheiterter, wie der elende Protagonist von »Watten«? Die dominante Figur des Malers Strauch soll uns nicht davon ablenken, daß es ja die höchstpersönliche Geschichte dieses jungen Mannes war, deren Zeuge wir wurden, und daß auch er uns in zahlreichen Verkleidungen auf einer langen Reise durch das Österreich der Nachkriegsjahre noch oft begegnen wird: sein Vater wird ihn zum Fürsten nach Hochgobernitz mitnehmen und er wird uns noch viele Berichte geben und allmählich wird sich die Spaltung in einen Beobachter und einen Beobachteten aufheben, die beiden werden in eine Person verschmelzen und der Protokollant in »Auslöschung« wird die Schreckensgestalt in sich selbst finden, die eigene Geschichte erzählen und in Rom sterben.

So ist Weng der Ausgangspunkt einer Reise auf der Suche nach Alternativen, an deren Ende größere Klarheit stehen wird. In »Frost« erleben wir diese Klarheit nur fragmentarisch, der Text wird dominiert von ihrer Simulation, der Vernebelung von Ereignissen unter der Vortäuschung universeller existentieller Prinzipien. Der Maler Strauch hat ja einbekannt, es würde ihn nicht wundern, »eines Tages einzusehen, daß ein ganz anderer er gewesen sei«. (F 270)

Es wird eine lange Zeit dauern, bis die Bernhard-Figuren lernen, die richtigen Fragen zu stellen, und in der Einheit aus Zeit- und Familiengeschichte den Schuldigen an ihrer Misere erkennen werden. Ist der Ursprung der Verwundung aber einmal geklärt, beginnt ein anderer Gedanke die Bernhard-Welt zu regieren: Die Frage nach der angemessenen Lebensform und damit nach der konkreten Verantwortung für das eigene Leben, die Strauch nicht kennt.

Letalanalysen

Eine Sentenz aus Bernhards Rede zur Verleihung des Staatspreises für Literatur 1967 hat sein öffentliches Bild nachhaltig geprägt: »Es ist nichts zu loben, nichts anzuklagen, aber es ist vieles *lächerlich*; es ist alles lächerlich, wenn man an den *Tod* denkt.« Plötzlich sind wir im Wirtshaus von Weng, der Autor verwandelt sich in seine eigene Figur und verkündet einem illustren Publikum, darunter dem damaligen Unterrichtsminister Theodor Piffl-Percevic, die »Strauchbotschaft«: »Es ist alles eine zuhöchst philosophische und unerträgliche Vorgeschichte (…) Leben (ist) Hoffnungslosigkeit, an die sich die Philosophien anlehnen, in welcher alles letztendlich verrückt werden *muß*.« Die zersetzende Kraft des Memento mori höhnt selbst jener Republik, die den Schriftsteller ausgezeichnet hat: »Wir brauchen uns nicht zu schämen, aber wir *sind* auch nichts und wir verdienen nichts als das Chaos.« (WAR 349) Gerne und mit immer neuen Übertreibungen ausgeschmückt (MP), berichtet Bernhard von dem ungeheuren Skandal, den die Rede provozierte: Der auszeichnende Minister hätte ihn einen »Hund« genannt, ihn ins Gesicht geschlagen und türenzerschmetternd, gefolgt von seinen Höflingen, den Mandarinen des Wiener Kulturlebens, den Saal verlassen. Diese Übertreibungen sind eine gute Illustration der subversiven Kraft, die Bernhard selbst seiner, jeder Todesbotschaft zugeschrieben hat.

Bernhards »Geistesarbeit« ging allerdings weiter: Die Staatspreisrede ist nur der »Trailer« einer zweiten aus Anlaß der Verleihung des

Wildgans-Preises der österreichischen Industrie. Weil die zweite Rede nie gehalten wurde, ist ein von Bernhard offensichtlich beabsichtigter Effekt verlorengegangen. Zwischen den beiden Reden, die sich ja an ein teilweise identisches Publikum richteten, herrscht eine intensive Dialektik und in ihrer Gesamtheit stellen sie einen Selbstkommentar Bernhards dar. Nur scheinbar variiert der assoziativ aufgebaute wesentlich umfangreichere zweite Text den ersten; tatsächlich baut er ein Begründungssystem auf, das die argumentativen Strategien der Bernhardschen Beschäftigung mit dem Tod offen legt und dadurch dem ersten Text den apodiktischen Charakter nimmt. Die beiden Reden korrespondieren miteinander wie gewisse aufeinanderfolgende Bernhard-Texte, von denen der erste ein Problem so darstellt, daß eine Lösung unmöglich erscheint, während der zweite genau diese Lösung anbietet. Die beiden Reden in ihrer Gesamtheit zeigen die immanenten Entwicklungsmöglichkeiten der Bernhard-Figuren, sie sind konformistisch und subversiv, und der Redende ist gleichzeitig ein verstörter Clown und ein souveräner Weiser.

In der ersten Rede artikuliert sich ein gewissermaßen naturalistisches Todesverständnis. Lustvoll mißachtet sie das gesellschaftliche Ritual, sie nützt die Subversion und das provokatorische Element des Memento mori und richtet ihre Spitze durchaus auf den Minister. Die Verweigerung des Zeremoniells einer Staatspreisverleihung findet nicht zufällig im Jahr 1968 statt, zeitgleich mit den »Uni-Ferkeleien« des Wiener Aktionismus im Hörsaal 1, einige Jahre, nachdem der Wiener Maler Friedensreich Hundertwasser einer Kulturstadträtin in ähnlicher Weise die Humaniora präsentierte, indem er sich vor ihr entkleidete. Wie in der 1966 publizierten »Politischen Morgenandacht« gibt sich der Künstler auch hier einen hierarchischen Platz, der über dem des angesprochenen Politikers liegt: Das Ich, das sich in der »Morgenandacht« auf die Autorität des »Höchsten« berufen wird, borgt sich hier sein Ansehen von der Majestät des Todes – das kennen wir von Strauch.

Die zweite Rede dagegen ist eine philosophische Rede, die davon weiß, daß der Tod, weil er außerhalb des Erfahrungsbereichs sprechender Subjekte liegt, stets kulturell konstruiert ist. Der Tod ist nicht der apriorische Ausgangspunkt dieser Rede, die sich als Beitrag zur »Wahrheitssuche« definiert; die Rede rekonstruiert eine Stimmung, kommentiert sie und bietet letztlich einen Ausweg, trotz dieser Stimmung zu leben, den Strauch nicht kennt. Wir besitzen, heißt es hier, eine »Erfahrung, ein Metaphysisches, vor welchem wir, wenn wir Zeit haben für die Angst, Angst haben …«. Diese »Erfahrung« gibt dem Leben Inhalt, »wenn wir ein Ziel haben, so scheint es mir, ist es der Tod« und entwertet »Leben als eine fortwährende Begriffeenttäuschung«. Soweit laufen die beiden Reden parallel, doch wird hier das Projekt von »Letalanalyse … wenn wir vom Leben sprechen« verkündet, das im Ergebnis dem Todessystem Bernhards den ihm zugeschrieben Charakter der Geschlossenheit nimmt.

Was auch immer Bernard in seiner Rede antippt – und die Spannweite ist bewußt unendlich und reicht von Henry James und der »Unmöglichkeit des Staates« bis zum »gefürchteten China« –, regelmäßig landet er beim Tod: »*Ich deute das Leben an und spreche vom Tod.*« Doch im Unterschied zur ersten Rede durchschaut der Sprecher den metaphorischen Charakter seiner Rede und weiß, daß er über nichts »*wirklich*« spricht, weil er ja »nur« über den Tod spricht. Tatsächlich wäre es ja äußerst bequem, wenn uns der Tod als argumentatives Zentrum zur Verfügung stünde. Doch der Tod entzieht sich in seiner faktischen Unvorstellbarkeit jeder Verwertung, er macht buchstäblich jede Teleologie unmöglich, auch eine auf ihn konzentrierte. *Der Tod als Tod*, als Scheitern der Sinnzuschreibung und Sinnbildung, opponiert genau jener quasi industriellen Verwertung, die man Bernhard oft unterstellt hat. Das Reden über den Tod ist ein inhaltsloses, »der Tod ist nichts anderes als ein Mißverständnis und daß ich da bin, *hier* vor Ihnen stehe und spreche, ist auch ein Mißverständnis, genauso wie der Tod, von dem ich die ganze Zeit spreche …«. So etabliert Bernhard kein Zentrum der Reflexion, sondern er bespricht eine Wechselbeziehung. Hierin liegt die – nach Strauch – überraschende Pointe der zweiten Rede: »Der Tod ist mein Thema, wie auch ihr Thema der Tod ist … also rede ich über das Leben.« (WAR 348)

Wenn der Maler durch seinen Diskurs über den Tod eine fragile Stabilität gewinnt, bedient er sich einer in unserer Kultur weitverbreiteten Technik. Die Todesreden in ihrer Gesamtheit fusionieren die beiden Sichtweisen des Todes, die naturalistische und die metaphorische, zu einem im Lebenszusammenhang untrennbaren Ganzen. Auch sie stabilisieren gleichzeitig Kultur und weisen auf die beängstigende Realität jenseits der Sprachsysteme mit sprachlichen Mitteln hin.

Weil sich der Tod dem quasi naturalistischen Diskurs wegen seiner

– allen von Montaigne inspirierten Übungen zum Trotz – faktischen Unvorstellbarkeit entzieht, sind Aussagen wie »das ganze Leben ist nichts anderes als der Tod«, oder »alles wird immer über den Tod gesprochen« sowohl auf das Leben wie auch auf den Tod bezogen inhaltslos. Damit markiert das weder Verhandel- noch Veränderbare, das »Tod« genannt wird, eine Denk- und Schreibgrenze, die für Bernhard eine offenkundige Herausforderung darstellt. Er nützt zwar in der ersten, einem Minister gehaltenen Rede den hierarchischen Status desjenigen, der das Geheimnis des Todes nicht verschweigt, sondern offenlegt, doch der Gestus der zweiten Rede ist bescheiden und selbstkritisch und bestreitet in gewisser Weise seine eigene Berechtigung, ausgezeichnet zu werden.

Bernhards Beitrag zur Sprache des Todes speist sich aus der Arbeitserfahrung als Lokal- und Gerichtssaalreporter. Er amalgamiert die Sprachen der Behörden, Journalisten und Ärzte, die verwinkelte Sprache der Wiederholungen, Übertreibungen und Einseitigkeiten – herzlos und mit dem Effekt journalistischer Sprache, der Zerstörung von Einfühlungs- und Vorstellungsvermögen, spielend. Dem Reporter ist alles selbstverständlich, Tod, Mord, Zurücksetzung, Folter und Grausamkeit liefern ihm am Ende eine gut honorierte Pointe. Er ist den Geschehnissen ganz nahe und dennoch abstinent und über den Dingen stehend, darin ist er den Bernhardschen Protokollanten überlegen. Bernhard hat sein eigenes Sprechen über den Tod bis dicht an die Grenze seiner eigenen Existenz praktiziert: Sein letzter publizierter Text war jener berüchtigte Zusatz zum Testament, der in seiner Art den letzten Triumph des »Geistesmenschen« über die Materie, des Ichs über die es-hafte Natur darstellt. Der Tod wird nicht als eine das Selbst treffende Katastrophe behandelt, sondern in seinen Auswirkungen primär als Verarmung für die Zurückgelassenen gedacht. Wie Murau in »Auslöschung« selbst das Ende seiner Familie und der Besitzung Wolfsegg verfügt hat, bestimmt auch hier der Sterbende das Ausmaß des Verlustes, den die schuldigen Überlebenden erleiden: Er nimmt ihnen seine Werke und damit sich selbst.

Ein Turm in Zeiten des Krieges

Der Maler Strauch, der seine Autorität aus seiner Position am Beginn des Werkes bezieht, spricht zwar als Erster, doch seine Rede ist gleichzeitig eine ausformulierte These in einem langwierigen dialektischen Prozeß. Die Antithese ist nicht so detailfreudig ausgemalt, wie die Welt des Dörfchens Weng, doch findet sie sich an ähnlich prominenter Stelle: es ist der erste Text jenes Werkes, das – hätte Bernhard nicht das im Satz befindliche Manuskript zurückgezogen – »eigentlich« die erste Prosaarbeit in Buchform dargestellt hätte, nämlich der »Ereignisse«. Dieser titellos Text, er sei von nun an »Turmtext« genannt, protokolliert gemeinsame Flucht, Leistung und eine glückhafte Begegnung der Geschlechter.

Es herrscht Krieg und es gibt einen »frostigen« Turm, den Vorläufer zahlreicher ähnlicher Bauwerke – hier dient er der Verteidigung. Ein junges Paar, das sich auf der Flucht befindet, besteigt den Turm, dessen Kälte sie taumeln läßt: »Nun zeigt sich, daß das Mädchen durch ihre Phantasie größere Schnelligkeit betreiben kann als der geistig beschränkte junge Mann und es ist wichtig, festzustellen, daß das Mädchen, obwohl es acht oder zehn Treppen hinter dem jungen Mann, ihrem Liebhaber, emporsteigt, in Wahrheit ihm um fünfzehn oder zwanzig Treppenlängen voraus ist.« (ER 7)

Es ist nicht die Perspektive des Malers, aus der hier erzählt wird: Flucht, Paar, Liebhaber, der Text betrachtet all dies mit neutraler Sympathie – in »Frost« ist »Liebhaber« ein negativ besetztes Wort. Die unterschiedlichen Anlagen der Geschlechter werden differenzierter betrachtet als in »Frost«, das Mädchen verfügt über benannte Qualitäten, die sie dem jungen Mann überlegen machen, ihre Energie ist nicht die der Wirtin. Die geistige Beschränkung des jungen Mannes datiert vor der geschlechtlichen Begegnung und ist auf keinen Fall ihre Folge.

Das Paar erreicht sein Ziel, das hier nicht der Tod ist: »Als sie endlich oben angekommen sind, ziehen sie sich aus und fallen sich nackt in die Arme.« (ER 8) Trotz Kälte, sozialer Feindseligkeit und unterschiedlicher Begabung werden die vielfältigen Aufgaben des Lebens in diesem Text, einer traumhaften Wunscherfüllung vom siegreichen Eros, gemeistert. Der Turm wird ambivalent beschrieben, er ist kalt, doch bietet er Schutz und läßt sich bezwingen. Die sexuelle Begegnung wird nicht beschrieben, doch nichts lädt dazu ein, anzunehmen, daß das Mädchen den Mann »unter die Brüste nimmt«. Die Zukunft des Paares bleibt offen, jener triebhafte Wille, der die Geschlechter zueinander zieht, wird hier ohne Rücksicht auf die Folgen gefeiert. Die Beschreibung dieser Begegnung und das damit angerissene Lebensprojekt liefern die Antithese, die bis ins Spätwerk jeder denkbaren »philosophischen« Feststellung von der Notwendigkeit des Unglücks opponiert. »Frost« und der »Turmtext« sind untrennbar miteinander verbunden und konstituieren jenes Spannungsverhältnis, das von nun an als Motor der Bernhard-Welt dienen wird. »Frost« konfrontiert uns mit Thanatos in konzentrierter Form, der »Turmtext« dokumentiert die anthropologisch verankerte Präsenz von Eros – beide Texte haben leitmotivische Qualität.

Strauch wird Wiedergänger finden, die sich nahezu deckungsgleich artikulieren werden, der »Turmtext« wird in seiner Art einzigartig bleiben, und die Utopie, die er skizziert, wird bei den Versuchen ihrer Realisierung arge Abstriche erleiden. Was hier angedeutet ist, wird nie ausformuliert werden: Im Werk des Thomas Bernhard wird kein Hans seine Grete finden, nur ein Wasenmeister eine Wirtin auf der Ofenbank. Glückliche Beziehungen zwischen den Geschlechtern sind in der Bernhard-Welt allerdings nicht so selten, wie häufig angenommen wird. Gewiß, das eheliche Glück des Tierpräparators Höller ist ein »unzeitgemäßes« und das des Musikwissenschafters Reger steht am Ende des Werkes und ist das Ergebnis eines langen Klärungsprozesses. »Krieg« wird immer sein, doch jene Jugend, die eine Pause zu einer glückhaften Annäherung nützt, wird der Autor nicht beschreiben.

Auch die Figuren in »Am Ziel« sind letztlich positiv bewertete Illustrationen des Glücksimperativs des »Turmtextes«. Allesamt sind sie typische Bewohner der Bernhard-Welt: Depression, Alkoholismus, unglückliche Kindheit, ein behindertes Kind, Kampfehe, Einsamkeit und elterliche Tyrannis sind Bestandteile ihrer Biographie. Doch in dieser total verfahrenen Situation, auch sie eine Variante von »Krieg«, ereignet sich ein magischer Moment: ein erfolgreicher Schriftsteller wird eingeladen, die tyrannische Mutter und ihre verblühende Tochter ins Haus am Meer zu begleiten. Am Ende wird er zum Bleiben eingeladen, und antwortet mit jenem »Ja«, das einem der traurigsten Bücher Bernhards den Titel gab.

II. Österreich – Vom Wirtshaus zum Bordell

Eine Herablassung ins Politische

Bernhards Figuren leiden unter dem Zwang, ihren Zuhörern und Protokollanten ihre politische Weltsicht aufzudrängen. Obwohl sie uns als urbane »Geistesmenschen« vorgeführt werden, imitieren ihre kritischen Kommentare zur österreichischen (und abgeschwächt: deutschen) Politik die Argumentationsweise des ländlichen Stammtisches. Über Politisches wird pauschal gesprochen, Sachfragen spielen ebensowenig eine Rolle wie dezidiert ideologische Positionen. Es ist ein begrenzter Kanon von Vorwürfen, der in der Regel an persönlichen Eigenschaften von Mitgliedern der politischen Elite festgemacht wird.

Strauch hilft, das Gesamtwerk zu verstehen, weil er eine grundsätzliche Kritik jeder staatlichen Vergesellschaftung artikuliert, die Platos unerreichten und unerreichbaren Staat, eine Erziehungsanstalt zum höchsten sittlichen Ideal, als Norm setzt: Der Staat »sei so, wie ihn Plato entworfen habe, oder er sei kein Staat«. (F 265) In seinen rigiden, autoritären Ordnungsvorstellungen erweist er sich als ländlicher Reaktionär, wie später der Advokat Moro in »Ungenach«: »Den Menschen muß man mit dem Stock kommen, (...) mit dem Knüppel des Strafvollziehers.« (F 246) Einer der merkwürdigsten Parteigänger des »Stockes« ist der »Präsident« des gleichnamigen Theaterstücks, der ein Land diktatorisch regiert, in dessen Geschichte das Jahr 1934 eine wichtige Rolle spielt und in dem Politiker von Terroristen getötet werden, die Namen wie Taus (zeitweiliger Obmann der Österreichischen Volkspartei) und »Friedrich ... Peter« (Obmann der Freiheitlichen Partei) tragen: »Wenn es dem Volk zu gut geht/wird es größenwahnsinnig/ und die Verrückten/zünden den Staat an.« (PR 113)

Österreich und die Zweite Republik genügen dem Platonischen Ideal nicht, es ist »kein Staat mehr«. Es scheint, daß es »früher« den platonischen Zustand gegeben hat, heute ist »unser« Staat »ein Hotel der Zweideutigkeit, *das* Bordell Europas mit einem ausgezeichneten überseeischen Ruf«. (F 266) Es paßt zwar nicht zur gemeinten Person, aber gut in diesen Zusammenhang, daß der Bundeskanzler, seit 1961 der beinamputierte Alfons Gorbach, als »Naschmarktzuhälter« bezeichnet wird. (F 265) Was ist ein Bordell in der Vorstellungswelt des Malers und welche geheimnisvoll-bedrohlichen Wunscherfüllungen können dort realisiert werden? Die Frage bleibt unbeantwortet, doch mit diesem sexualisierten Bild avanciert der österreichische Staat zu einer Verlängerung des Imperiums der Wirtin, ihr Gasthof repräsentiert die Essenz der Republik.

Genauer trifft die Benennung des Bundespräsidenten Adolf Schärf als »Konsumvereinvorsteher«, ein Bild, das Bernhard gerne zur Beschreibung sozialdemokratischer Politiker verwendete. Die Glanzlosigkeit der politischen Elite entwertet die österreichische Demokratie insgesamt: »Das Volk könne wählen zwischen Schlächtermeistern, Spenglergehilfen, stupid aufgeschwemmten Kuttenträgern, nur zwischen Leichenfledderern und Leichenfleddererstellvertretern. (…) Wissen Sie, dieses Piepsen, das gegen das Fauchen, gegen das große Fauchen nichts mehr zu melden hat.« (F 265f.)

»Früher« gab sich die politische Elite offensichtlich glanzvoller und hatte die Fähigkeit zum »großen Fauchen«. Zwar kann das Land »trotz aller Mißstände, doch immerhin von sich behaupten wohlhabend zu sein« (F 94), doch haben »wir« bankrott gemacht, und zwar auf einer anderen Ebene als der der Vermögenswerte. Zu diesem Bankrott sieht der Maler als politischer Kommentator der Zweiten Republik keine Alternative. Es gibt keine politische Kraft, mit der er sich identifizieren könnte, ein zeittypischer Zustand nach der langen Periode der großen Koalition, aber gleichzeitig ebenso typisch für alle Protagonisten der Bernhard-Welt: »Es gibt fast nur Mißstände (…) aber man kann sie nicht abschaffen. Die Opposition, die allgemeine Opposition, ein Kennzeichen der Jugend, läßt nach.« (F 112) Die kräftigen Lebenszeichen dieser gepriesenen jugendlichen Opposition nach 1968 blieben in der Bernhard-Welt nahezu unkommentiert.

Die einzige Gegenkraft, die der Maler auszumachen vermag, löst bei ihm fundamentale Ängste aus: der Kommunismus. »Da unten«, in der Zellulose-Fabrik, sind fast alle Arbeiter Kommunisten und diese regionale Besonderheit wird vom Maler auf die ganze Welt projiziert: »Der Kommunismus ist ja, wie Sie vielleicht nicht wissen, die vorläufige Zukunft der Menschen der ganzen Welt. Der Kommunismus wird alles beherrschen, selbst das entlegenste Tal der Welt.« (F 211) Der seiner Zeit angeblich so fern stehende Maler zitiert hier für die Periode des »Kalten Krieges« typische Bedrohungsbilder, die der notorischen Schwäche des österreichischen Kommunismus, der seit 1959 ohne parlamentarische Vertretung war, nicht gerecht werden. Wer die »Männerphantasien« des Klaus Theweleit gelesen hat, wundert sich nicht, daß im Alptraum des Malers die Arbeiter von »unten« kommen und die Ortschaft »überschwemmen«. Der drohende Kommunismus verkündet dem bäuerlichen Weng den Untergang. Das Proletariat hätte sich zu Rechten aufgeschwungen, die noch vor einigen Jahren unmöglich durchzusetzen gewesen wären: »Der Katholizismus hat ausgespielt. Wenigstens hier. Der Kommunismus schreitet weit aus. In ein paar Jahren gibt es hier nur noch den Kommunismus. Und Bauerntum ist dann nur noch ein Traum.« (F 109)

Die große, dramatische, manchmal bis in einzelne Formulierungen identische Österreich-Beschimpfung zieht sich zwanzig Jahre durch Bernhards Werk: »Eine gespenstische Symmetrie der Minderwertigkeit und der Ausweglosigkeit aus der Minderwertigkeit ist unsere Verfassung geworden. Unser Volk ist ein Volk ohne Vision, ohne Inspiration, ohne Charakter. Intelligenz, Phantasie sind ihm keine Begriffe. Ein Volk von Schleichhändlern und Dilettanten, zeugt es sich in jedem Augenblick in seinem alpenländischen Exklusivschwachsinn fort.« (PM 12) In »Heldenplatz« heißt es: »Österreich selbst ist nichts als eine Bühne/auf der alles verlottert und vermodert und verkommen ist/eine in sich selber verhaßte Statisterie/von sechseinhalb Millionen Alleingelassenen/sechseinhalb Millionen Debile und Tobsüchtige/die ununterbrochen aus vollem Hals nach einem Regisseur schreien.« (HP 89)

Ähnlich wie in der Haltung zu den Frauen hat Bernhard in zahlreichen Interviews das offenkundige Bedürfnis verspürt, als seine eigene Figur vor geschockten Interviewern zu posieren. Oft scheinen seine Invektiven anlaß- und begründungslose Artikulationen jenes österreichischen Selbsthasses zu sein, den Friedrich Heer wegen seiner weiten Verbreitung »Morbus Austriacus« nannte. Doch tatsächlich hat Bernhard in seiner in ihrer Bedeutung bis heute nicht ausreichend gewürdigten »Politischen Morgenandacht« schon 1966 seine grundsätzliche Haltung zu Österreich und seiner Politik fixiert. Was folgte, etwa die Attacken gegen die »Die Kleinbürger auf der Heuchelleiter«

oder gegen den »Pensionierten Salonsozialisten« Bruno Kreisky und die bewundernden »Staatskünstler« Gerhard Roth und Peter Turrini, variiert Positionen der »Morgenandacht« und verzichtet auf jede weitere Begründung: Diese Predigt wurde nur einmal gehalten.

Bernhard ignorierte den Anlaß des Textes, eine Umfrage über das bevorstehende Ende der großen Koalition und legte statt dessen das Manifest einer ästhetischen Weltanschauung vor. Die extremen Formulierungen der »Morgenandacht« täuschen Präzision vor und bewirken gleichzeitig, daß der Text in einem Feld spricht, wo ernsthafte Argumentation und Parodie einander zu berühren scheinen – diesen Gestus wird Bernhard in seinen politischen Artikulationen beibehalten.

Das gleiche gilt für die letztlich ästhetisch begründete Feindschaft gegenüber der glanzlosen politischen Elite des Landes, »eine Gesellschaft der in allen Farben schillernden Dummköpfe, die im Schutz von tausendfältigen sogenannten demokratischen Blasphemien (…) endlich alles, was Anspruch auf den entschieden klaren Begriff von Ruhm haben dürfte, restlos vernichten wird.« (PM 13) Bernhard schreibt in einem Feld, wo die Feindschaft zwischen dem »Künstler« und dem »Politiker« selbstverständlich ist. Selbst die keineswegs positiv beschriebenen Künstler in den »Berühmten« dürfen sich rühmen, die Politiker zu durchschauen »und durchschauen nichts als Dummköpfe/aufgeblähte Dummköpfe«. (BER 171) Im »Präsidenten« wird allerdings klargestellt werden, daß Politiker – und zwar solche, die sich im faschistischen Portugal wohl fühlen und es wegen seiner Gefängnisse preisen – auf dem für Bernhard so wichtigen Feld der Energie und Willenstärke mit Künstlern einiges gemeinsam haben.

Der erste und gewissermaßen letzte Schritt Bernhards als politischer Kommentator besteht in der Konstitution eines Ichs und eng damit verbunden in der Klärung der Hierarchiefrage. Nachdrücklich versichert uns der Autor, daß er von einem Standpunkt aus schreibt, wo sich die eigene Existenz »und sie mag eine noch so verabscheuenswürdige Existenz sein, ohne den Begriff der Kultur nicht auszahlt, und daß ich, wenn ich den Begriff der Kultur gebrauche, die höchsten, die allerhöchsten Maßstäbe anzusetzen gedenke, anzusetzen habe immerfort, bis an mein Lebensende …«. (PM 12) Damit ist der im apollinischen Wertsystem zentrale Begriff vom »Höchsten« als Maßstab auch zur Bewertung politischer Phänomene etabliert. Das hat eine nicht zu unterschätzende programmatische Bedeutung, denn dieser Maßstab ist jeder künftigen Reflexion künstlerischer oder politischer Fragen vorgeordnet, gibt ihr eine eigene Färbung und verweist zahlreiche vorgeblich bedeutenden Fragen in das Reich der Scheinfragen. Jener alltägliche politische Diskurs, wie er von den anderen Beiträgern der Umfrage betrieben wurde, die Fragen der Ablösung der Regierung eines Kleinstaates unter dem Etikett der »nationalen Visionen« diskutierten, wird mit diesem Maßstab prinzipiell entwertet. Die Teilnahme an einer Diskussion über die Endphase der großen Koalition ist eine Herablassung: »Wenn ich mich jetzt aus dem Denken, das *ich* denke, von dem dünnen Seil, an dem ich geschult bin, herablasse in die Alltagsarena …« So hat also die Einladung der Redaktion von »Wort in der Zeit« hierarchische Regeln mißachtet, denn dieses eingeladene Ich denkt in einer »Höhe, die (die Landsleute) verabscheuen«.

Der Text blieb folgenlos, doch sein Verfasser rechnete damit, »des verbrecherischen Hochmuts, des Landes- und Volksverrats sowie der Verblendung und Lächerlichkeit« bezichtigt zu werden; »einige werden beim Lesen das Gefühl haben, ich sei ein Verbrecher und ich gehöre in einen (in welchen?) Kerker, einige das Gefühl, ich sei verrückt und gehöre in eine (in welche?) Irrenanstalt«. Fast zwanzig Jahre später hat der sozialdemokratische Unterrichtsminister Herbert Moritz mit seinen Bemerkungen über den Dichter, der »zunehmend zu einem Thema der Wissenschaft werde, wobei ich nicht allein die Literaturwissenschaft meine« (Dittmar 1990, 295), diese Ahnung bestätigte. Die gleichzeitig angstbesetzte und lustvolle Phantasie von der Verfolgung durch die Gesellschaft in einem geistfeindlichen Land, wo »Schreiben allein genügt« (Dreissinger 69), um Anlaß von Angriffen zu werden, ist jeder Erfahrung Bernhards mit der Rezeption seiner Texte vorgelagert. Man kann darin seine persönliche Verarbeitung des Mythos vom Kampf der »Masse« gegen die gesteigerte Existenz sehen. Tatsächlich hat es Bernhard, der nicht nur in seiner innerfamiliären Rolle als »Kind« offensichtlich einer negativen Aufmerksamkeit den Vorzug vor der Nichtbeachtung gab, geschafft, daß diese Phantasie Realität wurde: Man kann die »Politische Morgenandacht« auch als Bewerbungsschreiben um eine Rolle in der österreichischen Gesellschaft lesen, die er später, als die »Bernhard-Skandale« geradezu zu einem regelmäßigen Bestandteil der kulturpolitischen Folklore Österreichs wurden, tatsächlich einnehmen wird. Bernhard hatte erkannt, daß die vor allem kulturellen Phänomenen gegenüber hohe Wahrnehmungs schwelle der Massenmedien durch extreme Artikulationen leicht übersteigbar ist. Damit ist eine narzißtisch befriedigende Rollenwahl verbunden: allein gegen den Staat, als einziger gegen mächtige Politiker. So dient die Verfolgungsphantasie dem sprechenden Ich als Instrument der Stabilisierung: »Aber diese Aussichten stören mich nicht. Sie bewirken im Gegenteil, daß ich der Aufrichtigkeit, und das heißt, meinem Selbstbewußtsein, die höchste Ehre erweise.«

Die Auseinandersetzung mit Österreich hat keinerlei pädagogischen oder reformistischen Impetus – Bernhard schreibt nach der Katastrophe. Es scheint, als ob das einzig Erhaltungswürdige, das, warum schreiben noch lohnt, das Ich des Autors wäre.

Die »einzig duldsame und verantwortliche Weise«, die Bernhard als Norm einer österreichbezogenen politischen Reflexion einmahnt, benennt gleichzeitig Zeitpunkt und Ursache der Katastrophe und liefert den Maßstab, der von nun an den kritischen Betrachtungen Österreichs zugrunde liegen wird: jeden Augenblick soll das Bewußtsein präsent sein, »von was für glänzenden, den ganzen Erdball überstrahlenden Höhen sie [die österreichische Politik, A. P.] im Laufe von nur einem einzigen halben Jahrhundert in ihr endgültiges Nichts gestürzt ist.« Politisches Denken in der Republik ist nur legitim als demütiges Wissen um die Diskrepanz zwischen »früher«, der Welt der Donaumonarchie, der Strauchschen Großeltern (»Herrenmenschen«) und »heute«, dem endgültigen Nichts.

Friedrich Heer, der Bernhard einen »österreichischen Patrioten« genannt hat, hat festgestellt, daß dieser konservative Traditionalist »nicht darüber hinweggekommen (sei), daß dieses Land, als Welt-Bühne, so herabgekommen ist, unfähig, sein großes Erbe zu betreuen, geschweige denn, es darzuleben«. (Dittmar 1990, 11) Bernhard selbst hat immer wieder darauf hingewiesen, daß bei ihm nur »sichtbarer als bei anderen« sei, daß »uns« die Habsburger-Vergangenheit prägt und daß diese Prägung in einer Haßliebe zum heutigen Österreich resultiert. (Höller/Heidelberger-Leonard 16) Nicht nur die »Politische Morgenandacht« belegt die Kontinuität der traumatischen Erfahrung des Untergangs eines Weltreichs im Bewußtsein der Nachgeborenen. Die »sachlichen« und »fortschrittlichen« Intellektuellen der Zweiten Republik, die diese Kontinuität nur in der Form lächerlicher Restaurationsversuche kennengelernt haben, haben sich entschieden, dieses

Trauma nicht mehr zu kommentieren: Bernhard denkt hier im Bereich eines Tabus.

Liest man Bernhards Attacken auf Österreich »gegen den Strich«, dann bietet er allerdings eine Strategie zur Restitution der verlorenen Größe Österreichs an: Der unbedeutende europäische Kleinstaat verwandelt sich in seinen »Übertreibungen« in ein Zentrum des gesamteuropäischen Bösen. Der Bernhardsche Begriff »Österreich« verliert immer mehr seine Kongruenz mit jenem real existierenden mitteleuropäischen Kleinstaat, der seine Heimat war, und verwandelt sich in eine zentrale, überzeitliche Metapher für Probleme moderner Vergesellschaftung. Diese Umdeutung schließt Vaterlandsliebe nicht aus. Noch im letzten Kurz-Interview lesen wir: »Jeder mag sein Land. Ich auch. Nur den Staat mag ich nicht.« (Dreissinger 1992, 157)

Die »Morgenandacht« kennt auch den Verursacher jener großen Zerstörung: Die Donaumonarchie war das bedauerlichste Opfer der »doch wohl verheerenden und vernichtenden Menschheitsentwicklung, der proletarischen Weltrevolution. (…) Die Saat der Revolution ist uns als unser eigener Ruin aufgegangen, wir werden (Leichenfledderer) als die Generation ohne Genie in die Geschichte eingehen.« Die Wurzeln der russischen Revolution reichen allerdings tief in die europäische Geistesgeschichte bis zur Formulierung des republikanischen Prinzips: die »republikanische Idee überhaupt (wenn man ihre schwächlichen Beine nicht übersieht!) insbesondere Kommunismus und Sozialismus (seien) von jeher vage und völlig unrealisierbare Begriffe, poetische Wunschträume einzelner nicht begreifender Unbegriffener, im 19. Jahrhundert unglücklich in die Welt und in ihre hochkultivierte Struktur verliebter Schizophrenieerkrankter mit Starkstromgehirnen (…), die durch katastrophal-nationale Kurzschlüsse die ganze Welt unter Strom zu setzen versuchten und schließlich auch unter Strom setzten und in Brand steckten«. Hier artikuliert sich ein Exponent einer »heimatlosen« Rechten, die in der österreichischen Gesellschaft kaum in Erscheinung tritt.

Thomas Bernhard hat oft davon gesprochen, daß man ihn zu einer Mitgliedschaft in der SPÖ gedrängt habe (Hofmann 44), über seine Mitgliedschaft beim Bauernbund und damit indirekt bei der ÖVP hat er dagegen bis an sein Lebensende geschwiegen. Tatsächlich sollte man diese Mitgliedschaft, die seit 1974 bestand und 1987 endete, weil er seinen Mitgliedsbeitrag nicht gezahlt hatte, nicht überbewerten:

Das war wohl eine Konzession an die selbstgewählte Reserve-Identität als »Bauer«. Bernhard hat sich in dieser Partei politisch nicht beheimatet gefühlt und konnte mit Recht sagen: »ich hasse alle Parteien usf.« – also auch die eigene.

Zwischen der Bernhardschen Variante des »Höchsten« und der politischen Linken herrscht Feindschaft: Besonders in der Periode der Übernahme der Regierungsverantwortung durch die SPÖ avancierten die Sozialisten zu seinen Hauptgegnern. Sehen wir von Kurt Waldheim ab, dann hat Bernhard kaum Politiker der ÖVP angegriffen und sicher nicht mit jener Vehemenz, mit der er den »Höhensonnenkönig« Bruno Kreisky attackierte. Zwar ist auch dem Sozialismus im Spätwerk ein positives »früher« attestiert worden und auf der Suche nach Alternativen zur österreichischen Misere wird Bernhard vor allem im »Italiener« und in »Verstörung« seine Protagonisten in ein positives Naheverhältnis zur Befreiungstheorie des Sozialismus bringen. Doch das Gesamturteil ist negativ. Der verrückte »Kant«, der ja immerhin für Engels und Lenin als »Ahnherr« des Sozialismus gilt, bringt die Bernhardschen Ambivalenzen auf den Begriff: »Der Sozialismus/ist tödlich/Die Gesellschaft hat den Selbstmord/begangen/indem sie den Weg des Sozialismus gegangen ist/die Gesellschaft hat den Sozialismus/vollkommen mißverstanden/Ich bin Sozialist/der wahre, der tatsächliche Sozialist/alles andere ist ein Irrtum/Und der Kommunismus/ist eine Modetorheit/Marx ein Tunichtgut/ der arme schwachsinnige Lenin/hat mich total mißverstanden/Alle diese Leute/waren nichts als geborene Romanschriftsteller/die ihr Talent/die ihr eigentliches Genie nie ausgeübt haben.« (KA 288f.) So kommt auch der Sozialismus aus einer apollinischen Anstrengung und seine Protagonisten sind gescheiterte Apolliniker – »Untergeher« also. Doch im Gegensatz zu Wertheimer, dem Protagonisten des gleichnamigen Romans, richten sie ihre destruktive Energie nicht auf eine ihnen ausgelieferte Schwester, sondern auf beklagenswerte Länder, die sie ruinieren.

Beim späteren Bernhard sind Sozialisten moralisch legitimiert, so sie dem Faschismus opponieren. Clara, die Schwester des Gerichtspräsidenten und ehemaligen SS-Mannes Rudolf Höller in »Vor dem Ruhestand«, gilt als »Sozialistin«. Doch Clara ist gelähmt, unbeweglich, bar jener Energie, Rücksichtslosigkeit und Willenskraft, die in der Hierarchie der späteren Bernhard-Welt einen so wichtigen Platz einnehmen. Der Politik der Linken, des »Amerikanismus« und des Wohlfahrtsstaates mit seinen »Konsumvereinsvorsitzenden« fehlen diese Qualitäten, die Rudolf eignen und die auch der »Präsident« hat. Gerade die Kreisky-Ära wird dafür kritisiert, daß in ihr alles »eingeschlafen« sei. Die Zielvorstellungen der Linken interessieren nicht und sind wohl dem Schopenhauerianischen Weltbild Bernhards zufolge unrealisierbar. Was Aufmerksamkeit beansprucht, ist das energiegeladene Spiel der machtbewußten, exzentrischen Einzelgänger – und die finden sich eher auf der Seite der Rechten. Minetti etwa, der Protagonist des gleichnamigen Stücks, spielt »gegen das Publikum und gegen die Menschenrechte«.

Es gibt dort, wo die Misanthropie Bernhards angesprochen wird, die fromme Legende, er habe mit seinen pauschalen Verurteilungen nicht alle gemeint, habe immer Ausnahmen gemacht, und die wichtigsten unter diesen Ausnahmen seien die einfachen Leute, darunter auch die Arbeiter, gewesen. Immer wieder lädt der Text zu dieser Illusion ein: »Arbeiter und Arbeiterinnen (…) ihnen galt sofort meine Sympathie.« (F 8) Tatsächlich ist das Muster um einiges komplexer und wird uns noch beschäftigen. Die »Politische Morgenandacht« konstatiert einen unüberwindbaren Gegensatz zwischen Arbeiterschaft und Kultur: »Und daß die Proleten (das muß sein!) keine Kultur haben, und daß das Proletariat keine Kultur hat, und daß Proleten wie Proletariat die Kultur gar nicht wollen, weil die Kultur mit dem Begriff des Proletariats überhaupt nicht vereinbar ist usf., usf., ist eine unwiderlegbare Tatsache.«

Das ist wohl eine Ohrfeige für die damals noch lebendige Tradition des organisierten Austromarxismus, der sich bemüht hatte, die Arbeiterbewegung aus einer interessengeleiteten Klassenbewegung in eine allgemeinen Menschheitszielen verpflichtete »Kulturbewegung« zu verwandeln. Bernhards Text praktiziert unverhüllten Klassenkampf und verteidigt den kulturellen Alleinvertretungsanspruch einer begrenzten sozialen Gruppe aus Bürgertum, Aristokratie und Intelligenz. Dem international gerühmten Experiment des »Roten Wien«, auch das ein Bestandteil der »verlorenen Größe« des Landes, spricht er jede Berechtigung ab.

Strauch: Krieg und Frieden

»Frost« und die »Politische Morgenandacht« sind in jenen Jahren erschienen, die der Schriftsteller Ralph Giordano die Periode der »Zweiten Schuld« nennt, die Periode der systematischen Eliminierung der Verbrechen des Nationalsozialismus aus dem Selbstbild der österreichischen und der bundesrepublikanischen Gesellschaft. Der Bernhardsche Gesamttext teilt diese Einschätzung: »Das Schweigen dieses Volkes ist das Entsetzliche, dieses Schweigen ist noch entsetzlicher als die Verbrechen selbst ...« (AL 459), heißt es in »Auslöschung«. Die Wirtshausgespräche von Weng bieten eine erste Annäherung an diesen zentralen Topos der Österreich-Kritik Bernhards.

Wenn der Maler den Famulanten die große, alles determinierende »A-Wahrheit« vom »Frost« als immerwährendes Prinzip lehrt, dann denkt er aus dem Lebensgefühl der allerletzten Lebensphase und versucht auf notgedrungen maßlose Weise, die akute Extremsituation mit einigen wenigen einfachen Bestimmungen und Zuspitzungen auf den Begriff zu bringen. Doch daneben heißt es: »Heute existierten keine wirklichen Menschen mehr, nur Totenmasken von wirklichen Menschen.« (F 248) Wer von »heute« spricht, provoziert die Frage nach dem »früher«, und ob es damals anders war. »Ja, ich habe meine Zeit nie haben wollen« (F 28) – mit solchen Sätzen wird der Maler unzählige Male seine gefühlsmäßige oder gar triebhafte Beteiligung an der Vergangenheit dementieren. Doch der Bericht des Wasenmeisters widerspricht diesem Selbstbild energisch: früher habe der Maler »alles« mitgemacht, gelacht habe er, getrunken wie ein Einheimischer, Geschichten aus dem Krieg habe er gerne gehört und »Blutwürste« gegessen.

Wie alt auch immer der stocktragende Maler ist, sein »früher« hat eine unbestreitbare zeitgeschichtliche Dimension und beinhaltet in jedem Fall die österreichische Variante der Geschichtskatastrophe des Jahrhunderts, Austrofaschismus, Nationalsozialismus und Weltkrieg. Die Frage nach seiner Haltung zum »früher« ist legitim, denn Strauch ist ja keineswegs weltfremd, wie die beiden Jünglinge in »Amras«, sondern ein leidenschaftlicher Zeitungsleser, der den Famulanten auf politische Nachrichten verweist und bei seiner »viele seiner Theorien« bestätigenden Lektüre »zur Auseinandersetzung mit sich selber gezwungen« (F 83) wird.

Über den »Krieg« – und das meint im ländlichen Sprachgebrauch nicht nur diesen, sondern auch die nationalsozialistische Herrschaft – wird in Weng viel gesprochen, »Kriegsgeschichten« werden erzählt und der Maler stellt »Fangfragen« – doch wen will er wobei »fangen«? Seine eigenen »Kriegsgeschichten« verwenden ein intensives Vokabular und sind dennoch an zentralen Stellen inhaltslos und verraten uns vor allem nichts über die eigene emotional Beteiligung am historischen Geschehen: »Vage, alles ist vage!« (F 195) Der Maler kennt Weng aus der Kriegszeit, doch was hat er hier erlebt? »Alles, jeder Geruch, ist hier an ein Verbrechen gekettet, an den Krieg, an irgendeinen infamen Zugriff ...« (F 53) Der Krieg war ihm ein Erkenntnisgewinn und »hat ihm ermöglicht zu sehen, was Leute, die den Krieg nicht kennen, niemals sehen«. (F 31) Die Ernte dieses Erkenntnisgewinns sind allerdings allgemeine Reflexionen über den Krieg als »unausrottbares Erbgut (...) das eigentliche Dritte Geschlecht«. (F 54) Wird dem Famulanten hier Aufklärung über Krieg und Nationalsozialismus geboten – oder erweist sich unser Maler wie im Fall von »Natur« und »Frau« auch hier als Maulheld, der allerlei verschweigt? Vor allem: respektiert Strauch, daß er als Mitglied einer schuldigen Population spricht? Der Krieg, so lehrt der Maler, produziert Extremsituationen: »Der Hunger macht die Menschen zu Bestien.« (F 138) Aber dieser Krieg war ein agressiver Angriffskrieg und verdient nicht nur in der übertreibenden Terminologie des Malers die Bezeichnung »Verbrechen«.

Genau hier kommen wir an einen Punkt, wo der beredte Maler in seiner Wortwahl recht sparsam ist: an Mord, so klärt er uns auf, hätten die Soldaten nicht gedacht, das sei »ein Handwerk ›für die dunklen Elemente aus dem Osten gewesen‹«. (F 138) Wer kann mit dieser Bezeichnung gemeint sein, wenn nicht die sowjetischen Soldaten, die im Pongau nicht eingesetzt waren, oder die Kriegsgefangenen, die bei heimischen Bauern Sklavendienste verrichten mußten? In einem »Hohlweg lag eine Gruppe von Grenadieren mit abgeschnittenen Zungen, denen der Penis im Mund steckte«. (F 139) Woher kamen diese »Grenadiere«, an denen ein derart furchtbares Verbrechen begangen wurde? Trugen sie keine Uniform, an denen man sie hätte identifizieren können? Wer hat sie derart verstümmelt? Am Wirtshaustisch von Weng fehlt jede Bereitschaft, diese Fragen zu beantworten.

Strauch ist kein Einzelfall: Die Dorfbewohner behandeln den Krieg und die nationalsozialistische Zeit als etwas Fremdes, das von außen über sie gekommen ist und sie zu »Opfern« gemacht hat – so reproduzieren die Gespräche am Wirtshaustisch das Selbstverständnis der Zweiten Republik, jene kollektive Abspaltung, die es Österreich ermöglichte, seinen eigenen Schuldanteil zu leugnen und sich als erstes Opfer der Hitlerschen Aggression zu verstehen. Auch der Wasenmeister spricht von den »Verbrechen«, die hier geschehen sind, doch die Schuldigen, die er nennt, sind die Befreier vom Faschismus: »Und stellen Sie sich vor: die Franzosen haben die Häftlinge aus der Strafanstalt gelassen, und die haben das ganze Land überschwemmt, und es hat in jedem Ort Mordfälle wegen einer Decke oder wegen einem alten Pferd gegeben.« (F 98) »Früher«, als die Strafanstalten, ein wichtiger Teil des nationalsozialistischen Repressionsapparates, intakt waren, herrschte noch »Ordnung« im Pongau.

Zweihundert erschossene Pferde und hundert getötete Reiter sind einmal im Wald entdeckt worden und der Wasenmeister/Totengräber hatte die Kadaver zu entsorgen. Deutsche? Alliierte? Wer hat sie getötet? Die Ahnungslosigkeit des Wasenmeisters trägt parodistische Züge: »von irgendwo her geritten« kamen die Soldaten. »Man weiß nicht, von woher, und man weiß nicht, wer sie erschossen hat. Man vermutet, französische Maschinengewehre ... Ja, das vermutet man.« (F 99)

So kommt es zu einer geradezu idyllische Einigkeit zwischen dem Maler, den Dorfbewohnern und dem Famulanten als Vertreter einer »jungen« Generation. Denn auch dieser reine Tor verschont den Maler mit Fragen nach dem Zusammenhang zwischen dessen Leid und der Zeitgeschichte, dem großen Thema des späteren Bernhardschen Werkes. Wenn er die Klarheit der historischen Reflexion des Malers preist, dann liest sich dieses Lob aus einer Sicht, die über das Gesamtwerk disponiert, als reiner Hohn: »Die Erinnerung, die so klar sein kann wie die Luft an einem der Ewigkeit gehörenden Augusttag, befähigte ihn zu erstaunlichem Geist und zu erstaunlicher Welterfahrung. Die Geschichte durchforschte ihn, und er tat dasselbe mit der Geschichte – und Einklang herrschte.« (F 75)

Bernhards Weng ist in diesem Punkt ein realistisches Abbild des Nachkriegsösterreich mit seiner dunklen Rede vom »Krieg«. (Pfabigan 2001a) Am Wirtshaustisch in Weng spricht Österreich sich selbst frei; der Maler schützt trotz seiner Anklagen gegen die Republik deren

Selbstbild in einem zentralen Bereich und respektiert die stillschweigende Übereinkunft der österreichischen Gesellschaft jener Zeit: daß über den Nationalsozialismus und seine immer noch spürbaren Folgen nicht gesprochen werden darf. Strauch ist hier eindeutig nicht Bernhard: daß der Holocaust schon dem Bernhardschen Frühwerk Begriff und Problem war, belegt die vielzitierte Passage aus »In der Höhe …«: »zuerst die schönen Menschen: zu Tausenden, Zehntausenden, Millionen, nackt, blutverschmiert, mit langen Nägeln, langen Haaren, riesigen Bäuchen, aufgedunsen, mit Striemen auf den Rücken, auf den Brüsten: das Gas hat ihre Köpfe aufgeblasen, ihnen die Gehörgänge verstopft …« (IDH 51) Im Spätwerk erleben wir Bernhard häufig als plumpen, übertreibenden »Aufdecker« der Nachwirkungen des Nationalsozialismus in der Zweiten Republik. Die »Unschuld« der Wenger Wirtshausgespräche wird jetzt ins Gegenteil gekehrt: »Gehen Sie in irgendein Restaurant in Salzburg. Auf den ersten Blick haben Sie den Eindruck: lauter brave Leute. Hören Sie ihren Tischnachbarn aber zu, entdecken Sie, daß sie nur von Ausrottung und Gaskammern träumen.« (Dreissinger 1992, 111) Der Gesamttext zeigt allerdings, daß Bernhard am »Aufdecken« und »Anklagen« weniger interessiert war, als häufig angenommen wird. Von »Frost« bis »Auslöschung« und »Heldenplatz« reicht das schriftstellerische Projekt eines Autors, dem die Verbrechen des Nationalsozialismus selbstverständlich sind, und der zeigt, wie seine durchaus repräsentativen Figuren in einem Zeitraum von mehr als zwanzig Jahren mit diesem Wissen umgehen.

Ein Kraftwerksbauer

In der politischen Erziehung des Famulanten bildet der leitende Ingenieur des nahe gelegenen Kraftwerkbaus die Gegenfigur zum melancholischen Reaktionär Strauch; oberflächlich betrachtet wiederholt sich hier die Konstellation Naphta–Settembrini aus dem »Zauberberg«. Doch anders als bei Thomas Mann sind die beiden Figuren bei Bernhard keineswegs gleichberechtigt. Der Maler, die zentrale Gestalt, spricht mit hoher Eindringlichkeit, der Ingenieur, eine Nebenfigur, mit fast gleichgültiger Sachlichkeit, er ist kein Mentor, involviert den Famulanten nicht und ob er verstanden wird und seine Ideen akzeptiert werden, ist ihm gleichgültig. Hier ist Naphta überlebensgroß und Settembrini dient ihm nur als Folie, vor der er seine Weltsicht ausbreiten kann.

Ablehnung und Respekt wechseln einander im Verhalten des Malers gegenüber dem Ingenieur, einem der »bestbezahlten Leute im ganzen Land« (F 157), ab. Der Kraftwerksbauer verdient diesen Respekt, denn er meistert die dem Maler übermächtigen Kräfte der Natur und verkörpert seinen Arbeitern gegenüber ein erfolgreiches, sachlich-autoritäres Leitungsprinzip: »Hat seine Belegschaft gut ihn der Hand. (…) Es scheint, als habe der Ingenieur alles im Kopf. (…) Mit ungeheurer Kraft scheint der Ingenieur gegen das Ungeheure vorzugehen.« (F 26)

Den beiden Männern ist einiges gemeinsam. An beiden ist die Wirtin »abgeprallt« (F 112), allerdings aus unterschiedlichen Gründen. Dem Ingenieur ist jene regressive Sehnsucht nach dem Weiblichen, die im Maler Bedrohungsbilder auslöst, fremd. Als Mann der aufgeklärten Sachlichkeit repräsentiert er ein zivilisatorisches Niveau, in dem Frauen »naturgemäß« keine Rolle mehr spielen. So ist er dem Famulanten Anlaß zu einer Reminiszenz an seinen ersten Lehrmeister, den Assistenten: »Im Operationssaal wird nicht nachgedacht, nur gehandelt. (…) Keine Frauen.« (F 200)

Auch sind beide Männer vom »Frost« in ihrem Lebensvollzug bedroht: »Der Frost frißt alles auf« (F 247), heißt es beim Maler. Dem Ingenieur ist derart metaphorische Sprache fremd: Die Frage der Temperatur ist ihm eine unmittelbar praktische Frage, denn bei »Frost« kann man nicht betonieren. Sein Bau zielt auf die Gewinnung wärmeproduzierender Energie, das gibt ihm einen prometheischen Charakter. Zwangsläufig ist er ein Lichtbringer: Die dunklen Nächte des Tales behindern die vierundzwanzigstündige Bautätigkeit – also läßt der Ingenieur das Tal nachts mit Scheinwerfern erhellen. Ähnlich sachlich meistert er die destruktive Seite der Sexualität: Baracken für Frauen und Kinder werden aufgestellt, das verringert die Komplikationen mit der alkoholbegünstigten Promiskuität der Arbeiter. Es sind nicht die Lehren Otto Weiningers, die der Ingenieur verkündet. Wie ein anderer »sachlicher« Protagonist der Bernhard-Welt, der Vater/ Arzt in »Verstörung«, schreibt auch er in der Sexualität den Männern die aktive und kontrollbedürftige Rolle zu: »Wo viel Arbeiter sind, werden auch viel Kinder gemacht. (…) Sie hängen jeder Frau und jedem Mädchen, das ihnen dazu paßt, ein Kind an.« (F 216)

In den Gesprächen am Wirtshaustisch wird das Kraftwerk als Mittel gefeiert, die verlorene österreichische Größe wiederzugewinnen: »in alle Länder Europas« werde es Strom liefern, es gäbe schon »Tausende solcher Kraftwerke in unserem Land«, aber dieses sei das »größte derartige Projekt, das jemals ausgeführt« worden sei. Angesichts der Größe des österreichischen Verlusts, der in der »Morgenandacht« beschrieben wurde, ist das ein recht klägliches Mittel der Restitution. Bezweifelt wird, ob der Staat sich das Projekt leisten könne, die Antwort überrascht: »Der Staat ist reich. Wenn er nur immer sein Geld in so große und so nützliche und von aller Welt bewunderte Projekte hineinstecken würde. Aber der Staat verschwendet das meiste Geld!« (F 91) Die Österreich-Kritik des Ingenieurs speist sich aus anderen Quellen als die des Malers und verzichtet auf übertreibende Pauschalisierungen: Er kämpft gegen Mißwirtschaft, gegen die Repräsentationslust der Elite und gegen die politische Bevorzugung von Lieferanten minderwertiger Qualitäten.

Überraschenderweise verzichtet der Maler darauf, gegen das Kraftwerk auf jener prinzipiellen Ebene zu argumentieren, auf der er sonst brilliert. Auf einmal ist ihm die Beeinträchtigung der »schönen« Seite von Natur durch das Bauwerk ein Problem: »Schon ist das halbe Land durch Kraftwerkbauten verunstaltet. Da, wo blühende Wiesen waren und herrliche Ackerkulturen und die besten Wälder, da sind jetzt nur noch Betonklötze zu sehen.« (F 92) In seiner nicht gehaltenen Wildgans-Preis-Rede 1968 ist Bernhard deutlicher geworden: »geschmacklose und geldgierige Ingenieure« ruinieren unsere schöne Landschaft. (WAR) In der Gesamterzählung wird die Auseinandersetzung um »Beton« als den modernen Baustoff par excellence weitergeführt (Pfabigan 2002), und in »Ja« werden wir Zeugen der moralischen Delegitimierung eines Nachfolgers des Ingenieurs, des »Schweizers«.

Obwohl der Maler am zukunftsträchtigen Charakter des Kraftwerkes zweifelt, beeindrucken ihn die vom Ingenieur disziplinierten Arbeiter und er wertet sie als neue Menschen, als »Menschen auf dem richtigen Weg« und damit als angenehmer Kontrast zu den vertierten (und potentiell kommunistischen) Arbeitern der Paperfabrik. Im historischen Kontext gelesen steckt in dieser Wertung eine gute Portion Hohn. Der Kraftwerksbau spielt eindeutig auf das schon vor der Datierung des Romans vollendete Kraftwerk Kaprun an. Kaprun, so heißt es in einem Trivialroman, stehe an der Wiege der Republik, seine Geburt sei die »Wiedergeburt Österreichs«. Tatsächlich offenbart Kaprun die ganze Ambivalenz des Wiederaufbaus. Das Projekt reicht weit in die düstere Erste Republik zurück, den ersten Spatenstich hat Hermann Göring vorgenommen und heute noch erinnert ein Denkmal an 87 tote russische Zwangsarbeiter. Die nationalsozialistischen Vorgänger des Ingenieurs wurden nach dem Ende des Krieges in das Lager Glasenbach gesperrt. Die von Strauch gepriesene Arbeiterschaft galt als »Nazibrutstätte«, »Kaprun: Die Nazis sind wieder da« lautet eine zeitgenössische Schlagzeile, die wohl die nationalsozialistischen Umtriebe bei den Betriebsratswahlen kommentiert.

Der Ingenieur verkörpert auf der Ebene der Konfrontation mit der Vergangenheit das zukunftsorientierte Ich des Wiederaufbaus, dem aufgrund der Überzeugung von der Wichtigkeit seiner vierundzwanzigstündigen Arbeit jede Reflexion über die Zeitgeschichte fremd ist. Er repräsentiert tatsächlich eine Kraft der Zukunft, doch eine, von der der Famulant nur wenig lernen kann: Er vermittelt einen hektischen Wiederaufbau ohne Besinnung; derealisiert, wie der Maler, was die Beziehung zur Vergangenheit betrifft, fixiert auf eine Zukunft im Wohlstand, aber nicht mehr.

III. Der Turm als Schutz und Gefängnis

Eine poetische Studie

Das Wesen der Krankheit sei so dunkel als das Wesen des Lebens, sagt das Novalis zugeschriebene Motto von »Amras« (1964). Im Vergleich zu den apodiktischen Aussage des Malers Strauch ist das eine offene Position, die Fragen nach dem »Wesen des Lebens« zuläßt. Mit »Amras« beginnt jene Serie qualvoller und dennoch erkenntnisfördernder »Studien«, die in »Auslöschung« ihren triumphalen Höhepunkt finden werden. Obwohl die Rede der Protagonisten nicht dem dogmatischen Pessimismus des Malers huldigt, ist »Amras« auf stille und poetische Weise ein radikalerer und entschiedenerer Text der Lebensverneinung als »Frost«, hinter der Sanftheit der Erzählung liegen grelle, böse Erkenntnisse, die ihre Evidenz häufig daraus gewinnen, daß sie dem Leser zur Verfügung stehen, nicht der Figur – ein erzähltechnisches Verfahren, das dem persuasiven des Malers entgegengesetzt ist. Was dieser in seinen lärmenden Anklagen für sich erfolglos imaginiert hat, gelingt hier mit eleganter Selbstverständlichkeit: die Konstruktion von Figuren, die schon von Anfang an, vor jeder »Geschichte«, so beschädigt sind, daß sie diese nicht mehr wahrnehmen können. »Amras« stellt gegenüber »Frost« einen Erkenntnisfortschritt dar, weil der Text den Ort der fundamentalen Traumatisierung kennt, der dem Maler noch fremd war: Familiengeschichte ist hier eindringliche erste und einzige Realität. Im Vergleich mit dem gegen die Schöpfung rebellierenden Strauch markieren die von Anfang an resignierten Protagonisten von »Amras« allerdings auch einen Rückschritt.

Während »Frost« unübersehbare Zeichen der österreichischen Zeitgeschichte trägt, wird in »Amras« eine zeitlose Fabel in einem scheinbar geschichtsfreien Raum mit äußerster Konzentration abgehandelt. Doch Vorsicht: auch »Amras« gehört zur Vorgeschichte des Jahres 1968.

Wieder ist ein ärztlicher Auftrag der Auslöser des Berichts, den wir lesen: ein Psychiater mit dem auf einen bekannten Wiener Arzt anspielenden Namen Hollhof hat ihn erbeten und damit ein geschlossenes System aufgebrochen und im Namen von »Leben« und »Vernunft« den ungeheuerlichen Charakter der Geschehnisse, in die K., unser Protokollant, verwickelt ist, klargestellt. Wieder schreibt ein Überlebender, doch sein Schicksal ist von den Geschehnissen stärker determiniert als das des Famulanten: In der letzten Zeile wird er die »beschämenden Zustände« in den heimischen Irrenhäuser erwähnen. Die Ausgangssituation des Berichtes ähnelt der von »Auslöschung«: Ein Mann hat seine Familie, Eltern und Bruder, verloren. In »Auslöschung« wird diese Konstellation die Voraussetzung der endgültigen Befreiung Muraus bilden. In »Amras« gibt es keine glückliche Zukunft nach dem Ende der Familie – unser Überlebender wird dieses Ziel wohl nicht erreichen.

Der Text verzichtet weitgehend auf Analyse und Räsonnement und beschränkt sich auf die Beschreibung einer vielfältigen Katastrophe aus der naiven Perspektive eines unschuldigen Zwanzigjährigen, eines »gescheiterten Studenten«. Die Redseligkeit, die so viele Bernhard-Figuren auszeichnet, fehlt diesem Protokollanten völlig. Sein Bericht erreicht auf weiten Strecken nicht einmal den Status des Fragments, sondern bleibt Andeutung. Gleichzeitig entfaltet das eingestandene Lieblingswerk des Thomas Bernhard, in dem die Perspektive der Schönheit des letzten Blickes aufs Leben dominiert, eine Poesie des Extremzustands, und die Sprache Bernhards weist hier in eine andere Richtung als die der späteren Hauptwerke. Obwohl oberflächlich betrachtet durch die Betonung ekelerregender Krankheitsbilder offenkundig »entästhetisiert« wird, bestehen hier zwischen Leid und Schönheit geheimnisvolle und gefährlich trostreiche Verbindungen, die in enger Weise mit dem Verzicht auf Rebellion, dem untergründigen Thema von »Amras«, zusammenhängen.

Selbstmordpakt Familie

Der Grundsatz des Malers Strauch von der Härte und Kälte der Welt, wird in »Amras« respektiert. Doch der Text kennt zwei Lebenssphären, die Welt außerhalb und innerhalb der »Familie«, und die Frage nach dem Verhältnis der beiden Sphären zueinander ist ihm aufgegeben. Die Familie unseres Protokollanten ist zu Beginn der Erzählung bereits zerstört und wird uns nur mehr in der Rückblende vorgeführt. Das große gemeinsame Projekt, an dem sie gescheitert ist, hatte tödliche Qualität: gemeinsam haben die Eltern und die beiden minderjährigen Söhne mit Gift eine scheinbar freiwillige »Auslöschung« versucht. Die »Familienverschwörung« wird zwei Stunden zu früh entdeckt, und die Söhne, Walter und der Erzähler K., werden gerettet. Der Retter ist eine ambivalente Figur: Zwar fungiert er offenkundig als Repräsentant des Prinzips Leben, doch ist er gleichzeitig ein »Gläubiger« des Vaters, der eine »Schuld« einzutreiben sucht, wie später der Fuhrmann in »Watten.« Ambivalent agiert auch der zweite Retter, ein Onkel, der zwar die Brüder vor dem drohenden Zugriff des Staates schützt, doch gleichzeitig das katholische Gesetz der Verächtlichmachung des geretten Selbstmörders wider alle medizinische Fürsorglichkeit vollstreckt: »Völlig nackt, in zwei Roßdecken und in ein Hundsfell gewickelt«, werden sie »noch in der gleichen Nacht und *in noch bewußtlosem Zustand*« (A 7f.) in den (tatsächlich existierenden) Turm von Amras gebracht und vegetieren zweieinhalb Monate als Gefangene in dem unwirtlichen Gebäude.

Zunächst ist es nur ein Wort, das uns als Erklärung für das grauenvolle Geschehnis angeboten wird: auf der Familie lastet die »Tiroler Krankheit«, eine spezielle Epilepsie, an der die Mutter und Walter leiden, die aber »ansteckend« ist, wie das Leiden des Malers. Das von diesem angeprangerte »Urverbrechen der Zeugung« erfährt hier durch die Existenz einer »Erbkrankheit« eine Spezifikation. Es ist eine »mütterliche« Krankheit, die während der zweiten Schwangerschaft ausbrach, »von einem Augenblick auf den andern, nachweisbar auf dem Höhepunkt eines Tanzfestes in einem Wiltener Herrenhaus« (A 13). Welch ein Bild: eine tanzende Schwangere, deren Ekstase sich plötzlich in einen epileptischen Anfall verwandelt! Wenn Dionysos kommt, rasen die Mütter, und die Söhne nehmen Schaden. Sofort, »auf ihre Umwelt sogleich erschütternde Weise«, verändert sich die Mutter und ihre und Walters Krankheit dominiert von nun an mit erschreckenden Anfällen jede Lebensäußerung der Familie.

In der ersten Erinnerungsschicht leugnet unser Protokollant den allen Bernhard-Figuren gemeinsamen Ausgangspunkt, daß »Hölle war«, und will eine idyllische Kindheit mit einer besonders innigen Verbindung zwischen den Eltern und den »frei und dadurch streng«

aufwachsenden Kindern erlebt haben. Doch das sind Phrasen, die dem unerhörten Geschehnis nicht gerecht werden. Der Vater jedenfalls reagiert auf die traumatisierende Familiensituation mit trotzigen und destruktiven Bekundungen seines Lebenswillens: mit Verschwendung, Alkoholismus und Spielsucht. Am Ende der zwanzigjährigen Krankheitsgeschichte der Mutter steht der wirtschaftliche Ruin der Familie: »niemand im ganzen Inntal ist so verschuldet gewesen wie unser Vater«. (A 28) Was den Bernhard-Söhnen später zumindest kurzfristige Erleichterung bringen wird, das Exil in England, wird durch Geldmangel und Krankheit nach kurzer Zeit beendet.

Der Turm als Verlängerung der Familie und als Ort subversiver Reflexion

Anders als in den »Ereignissen« dient der Turm nicht als die Bühne einer gemeinsamen zielgerichteten Aktivität der Protagonisten, er wird auch nicht »bestiegen«, sondern wird passiv hingenommen. Das ambivalente Bauwerk, dessen Fenster in den Tod und dessen Ausgang ins Irrenhaus führt, dient gleichzeitig als Schutz und als Gefängnis: ein Ort, wohin man flieht, und einer, vor dem man flieht. Die Übel kommen scheinbar von außen, doch das ist die Ideologie, die solche »Türme« legitimiert – dieser ist gegen das »Verbrechergesindel« abgesichert wie später Konrads »Kalkwerk«. Befreiende Potenzen eignen ihm nur insofern, als er der historische Ort ist, wo das große Projekt der Bernhard-Protagonisten seinen Ausgang nimmt, jener Ort, wo – wie in der nicht zufällig »Montaigne« betitelten Erzählung – »Familie« reflektiert wird. Strauchs Annahme, daß Erinnerung krank macht, kann wohl mit Recht über den Bericht unseres Protokollanten gesetzt werden, doch leitet er einen Prozeß ein, der letztendlich in der Erfahrung seiner Nachfolger vom beglückenden Charakter des Aufschreibens einer unglücklichen Vorgeschichte mündet.

Der Onkel als Herr des Turmes verbietet den Neffen, diesen zu verlassen, das geschieht zu ihrem Schutz, wie alles, was in »Familie« geschieht. Als erfolgreicher Politiker und Geschäftsmann repräsentiert er das Gegenbild zum erfolglosen Vater, er liquidiert die Reste des Familienvermögens und agiert als Abwickler des Unterganges und am Ende der Erzählung wird er das Urverbrechen der Zeugung paraphrasierend wiederholen und K. in die Freiheit setzen – ungeschützt und daher zum Scheitern verurteilt.

Bald beginnen die Brüder, sich in ihrem Gefängnis heimisch zu fühlen. Orale Freuden mit Äpfeln, Speck und Wein werden protokolliert und Schrecknisse wegen eines allzuscharfen Messers »aus Augsburg« – eine deutliche Anspielung auf Dostojewskis epileptischen »Idioten«. Die poetische Regression, die im ganzen Text »Familie« unterstellt wird, regiert auch den Turm. Die Brüder, geruchsempfindlich wie die meisten Bernhard-Figuren, berauschen sich am faulen Geruch der Strohsäcke, »Natur« regt sich und das Bauwerk wird zum Schauplatz einer merkwürdigen sexuell eingefärbten Begegnung der beiden, »völlig nackt, Körper an Körper« stehen sie hier wie Strauch und der Famulant. Wieder wirkt der berüchtigte Bernhardsche Föhn als Katalysator und löst orgiastische Zustände aus, in denen die Brüder »sprachlose Exzesse« betreiben. Im Turm entdeckt K. die morbide Schönheit des Bruders und seiner kranken Haut, eine Schönheit, die ihm zugefallen ist und die er sich nicht durch eine Leistung verdient hat, wie der junge Mann im »Turmtext«.

Der Turm von Amras als Ort verbotener Spiele verhilft den eingesperrten Brüdern zum Bewußtsein ihrer selbst und wird gleichzeitig zum Ort der Trauer um die verlorene reale Familie. Mit einer atemberaubenden Geschwindigkeit, die der Notar Moro aus »Ungenach« bewundern würde, sind die Besitztümer vom Onkel liquidiert worden: »Alles auf ein paar Grabsprüche auf dem Wiltener Friedhof zusammengeschrumpft.« (A 79) Die ersten Weihnachten »ohne uns« stehen bevor (A 91) – diese Kinder meinen alles verloren zu haben. Sie sind »allein gelassen«, »uns selbst überlassen« und haben die »Kindheit verloren«. »Verfinstert, hintergangen« ist ihre »Natur«, und tatsächlich haben hier Eltern versucht, ein Naturgesetz zu umgehen: daß nämlich »Kind« das ist, was »Eltern« in der Regel überlebt. »Familie« ist hier so stark von den Eltern dominiert, daß deren Tod, der Tod eines Teiles, als der Tod des Ganzen gedacht wird. Das gescheiterte Todesprojekt verrät eine andere Gesetzlichkeit der totalitären, den Zusammenhalt bis zum Inzest treibenden Bernhardschen Familien, die Rudolf in »Vor dem Ruhestand« ausspricht: »Wir werden zusammenbleiben/ganz gleich wie lange/das habe ich geschworen/Wir müssen uns aushalten mein Kind.« (VDR 59) Die Bildersprache des Textes stellt klar, daß das Überleben der Söhne ein Akt des Ungehorsams war – die Eltern rufen die Kinder, wie weiland die Hunde den Maler Strauch. So zerbrechen diese »Kinder« am Tod der Eltern – doch damit wird nicht eine grundsätzliche lebensfeindliche Erkenntnis formuliert, sondern auf benennbare Strategien von »Eltern« hingewiesen, die im Gesamttext allmählich klarwerden.

Bilanz

Allmählich entsteht im Turm ein neues Bild von der Kindheit unserer Protagonisten, das Bild eines totalitären Familiensystems, das so stark auf die frustrierenden Elternfiguren konzentriert war, daß die beiden Söhne nie jene geheimnisvolle Fähigkeit erwerben konnten, die Kinder befähigt, innerfamiliäre Defekte durch Kontakte zu anderen Menschen auszugleichen. »Sohn sein« heißt hier, von der Mutter die Krankheit und vom Vater die Schulden erben. Dieser erste, vorläufige Befund entlastet das Elternpaar und führt sie nicht wie in »Auslöschung« als dämonisches Paar vor, sondern als Leidende. Nicht »Liebe«, sondern die von »Natur« vorgegebene »Krankheit« schafft die Bindungen in der Familie, destruktive Bindungen, deren Effekt der Erzähler in dem berüchtigten Bernhard-Wort »naturgemäß« bündelt: »Unser aller Leben war durch die Todeskrankheiten der Mutter und des Bruders unerträglich geworden …« (A 31)

Die Krankheit, an der die Mutter leidet und die sie weitergibt, gilt im Volk als heilige. Doch gegen die Annahme, daß an einer Mutter etwas »heiligmäßiges« sein kann, werden die Bernhard-Texte von nun an rebellieren. Die Krankheit äußert sich in angsterregenden Anfällen, die der Mutter Macht geben und sie zum familiären Lebensmittelpunkt machen, »wenn auch sanft«. (A 32) Diese Sanftheit der Mutter, ihre »stille Verheimlichung einer Hölle« (A 18), wird zwischen den Generationen weitergegeben; sie läßt den Kindern nur zwei eng miteinander verbundene Auswege: die Poesie, eine eigene Technik in der Handhabung der Muttersprache im Text, und den Tod. Doch langsam setzt die Erkenntnis ein, daß sich hinter der sanft leidenden Mutter eine machtbewußte, von sadistischen Impulsen angetriebene Matriarchin verbirgt: »Unsere Mutter verursachte uns unsere größte Qual, *ihre* größten Qualen, nichts als unausgesetzte Qualen, bis in die kleinen und kleinsten Einzelheiten hinein … genau vorausberechnete (von ihr vorausberechnete) Qualen ...« (A 74) »Amras« öffnet eine Tür für spätere Bernhard-Protagonisten, die die Gefühlskultur von Kindheit und Jugend erforschen: Sie werden nie wieder mit einer Mutter konfrontiert werden, die sich derart undurchschaubar gemacht hat, undurchschaubar, wie es wohl auch Bernhards leibliche Mutter war. Die »klassischen« Bernhard-Mütter, den Vater zerstörende »Frauen von unten«, werden von den Söhnen zunächst einmal als »böse« wahrgenommen: ostentativ verweigernd, herrschsüchtig und brutal ihre Söhne prügelnd, ist ihnen jede Sanftheit fremd.

Aber die Erinnerungsarbeit im Turm, dem Ort der Wahrheit, verändert das Erinnerungsbild dramatisch; Familien organisieren sich nicht »demokratisch«, sondern »autoritär«. Allmählich wächst in K. die furchtbare Einsicht, daß er einem ungeheuerlichen elterlichen Mißbrauch ausgesetzt war: es war kein »Entschluß«, sondern Gehorsam gegenüber dem Todesurteil, das der Vater ausgesprochen hatte, wie weiland Abraham oder der Vater in Kafkas »Urteil«: »Wir hatten ganz auf das Urteil unserer Eltern vertraut, unserem Vater gehorcht.« (F 30f.) Damit stellt sich erstmals die dem System Familie gegenüber subversive Frage eines Kindes nach dem *eigenen* Anteil an seinem Leben und an seinem Todeswunsch.

Familie

»Amras«, eine Geschichte vom tödlichen Mißbrauch der Söhne durch die Eltern, antizipiert die große Familienkritik der Achtundsechziger. David Coopers seinerzeit heftig diskutierte Bestimmung der Familie als von einem »heimlichen Selbstmordpakt« beherrschter »ideologischen Einrichtung zur Konditionierung«, als lebensverhindernder Ort, der »jede Begegnung zwischen zwei Menschen blockiert« und »uns allen ein Opfer abverlangt«, ist dem Text nicht fremd. (Cooper 7) Die Idyllik des familienbejahenden Frühwerkes wird von Bernhard explizit dementiert, im Laufe der Jahre wird er sich zu einem der wichtigsten Sprecher antifamiliärer Tendenzen entwickeln. Die Kritik Bernhards ist eine politische, die das Lebensrecht der Kinder/Söhne ins Zentrum stellt. Die mögliche Funktion der Familie als Spender von »Geborgenheit« wird höhnisch zurückgewiesen: »Familie« konstituiert eine Scheinwelt und lebt von der Behauptung, daß es »draußen«

rauh ist und »schlecht riecht«, aber mit sanfter Repression schafft sie mehr Probleme, als sie zu lösen vorgibt.

Familie ist auch der Ort der verkannten Begabungen, die auswärts nur Schwierigkeiten erleben. Das Leben draußen wird abgewertet, der innerfamiliäre Totalitarismus legitimiert sich durch die dünkelhafte Zuschreibung von nicht ausgewiesener Größe und Begabung an die Familienmitglieder. Das Hochschulstudium etwa befriedigt die beiden begabten Söhne nicht, Universität, so hören wir, vernichtet Kreativität. »Universität« bedroht »Familie«, die hier siegreich bleibt. So erleben unsere gehorsamen Söhne die kurze Universitätszeit als »schlimmste Zeit, kaum eine Lebenszeit«: »denken Sie nur an das wochenlange Durchpflügen und Durcheggen riesiger, von unseren eigenen Professoren verfaßten Schriften und Bücher, in deren üblem Geruch uns das Hören wie Sehen verging ...« (A 39) So ist der faulige Familiengeruch des Turmes dem universitären Büchergestank vorzuziehen.

Das Schicksal dieser überlebenden Söhne ist zeittypisch und führt uns in die Sozialisationsgeschichte jener Generation, die 1968 rebellierte: Wegen der Okkupation der Eltern mit ihren später anders beschriebenen »Krankheiten« und den daraus resultierenden »Schulden« wurden vitale Bedürfnisse der Heranwachsenden ignoriert. Zwischen den Generationen sind die Rollen vertauscht: Es sind die Eltern, auf die Rücksicht genommen werden muß. Ihre faktische Undurchschaubarkeit hat den für die Ablösung funktionalen Haß der Pubertät, ein großes Thema des Bernhardschen Diskurses, außer Kraft gesetzt. Was die späteren Bernhard-Helden *tun* – »Auslöschung« und Auflösung des Haushaltes – *geschieht* dem berichtenden Jüngling. Die »übertreibenden« Reaktionen des Zoiss in »Ungenach« oder Muraus in »Auslöschung« finden in der Widerstandslosigkeit der Brüder aus »Amras« ihre Rechtfertigung.

Immer wieder regt sich der Lebenswille der Söhne, und die vom Schuldgefühl der Überlebenden belastete Zeit nach dem Tod der Eltern wird mit Phantasien vom möglichen Leben angefüllt. Doch das erbarmungslose familiäre Gesetz der Lebensbeschränkung regiert auch die Restfamilie und setzt diesen Phantasien ihre Grenzen: Der leidende Walter übernimmt dem Bruder gegenüber die Rolle der Mutter: »Walters Epilepsie beherrschte uns ... Kein Schritt ohne Walter ... kein Gedanke mehr ohne Walter ...« »Durch Walters Krankheit war unsere Abneigung (zueinander) Zuneigung (gegeneinander) geworden.« (A 41ff.)

Vor allem im »apollinischen« Teil seines Werkes hat sich Bernhard immer wieder mit der besonderen Gefährlichkeit der »Schwachen« und ihrem Wunsch, die »Stärkeren« zu zerstören, beschäftigt. Auch K. lernt jetzt: »Jede Hilfestellung für Walter schwächte mich.« (A 50) Der unglückliche Walter kann dem Bruder gegenüber die Macht der mütterlichen Krankheit nicht nützen, seine Strategien sind durchschaubar und der Lernprozeß seines Bruders wird ihn in den Tod treiben. K. überlebt ein zweites Mal, doch er wird sich seines fragwürdigen Sieges nicht freuen – diese Geschichte kennt kein Happy-End.

Holzfäller und die Schrecknisse des Lebens

Neuerlich greift der Onkel ein, neuerlich findet ein Ortswechsel statt, und K. wird ins tätige Leben, ins Fortshaus Aldrans, gebracht. So bleibt der Überlebende Objekt innerfamiliärer Entscheidungen, die zudem zu spät getroffen werden. Trotz eines »Fräuleins«, mit dem er Friedhöfe besucht, bleibt das Glück von Aldrans Fragment, K. ist von den Geschehnissen definitiv geschwächt und erkennt vor allem, daß der Tod Walters keineswegs ein Ende des innerfamiliären Zwangssystems bedeutet: »Walter *ist* (…) der Tod unterbricht ja nicht.« (A 75) Die Pietätlosigkeit, ja Herzlosigkeit im Verhalten späterer Bernhard-Figuren nach dem Tod naher Angehöriger findet in dieser Erfahrung eine überzeugende Erklärung.

In Aldrans gibt es keine Wirtin, es ist nicht das Fräulein, das K. ängstigt, sondern seine Zwangsvorstellungen konzentrieren sich auf Männer: während er einen Fremden ein Stück Weges begleitet, quält ihn die Vorstellung, der Unbekannte, Personifikation eines auch triebhaften Lebens, sei unter dem Pelz nackt. Die Schrecknisse des Lebens bündeln sich für K. in den »Holzfällern«, die er zu lieben meint und die ihm allmählich zu einer furchterregenden Figur verschmelzen. Sein Bericht aus Aldrans beginnt mit der Begegnung mit dem archetypischen »Holzfäller« der Bernhard-Welt: »zuerst glaubte ich, ein Tier …, dann aber ganz deutlich, ein Tier, das ein Mensch ist«. (A 73)

Schnell macht der junge Mann eine erschreckende Beobachtung, die er dem Onkel mitteilt und die für das Spätwerk Schlüsselcharakter hat: »Höre: der älteste und der jüngste Deiner Holzfäller schlafen, nicht nur in der Nacht, miteinander … es ist *nicht wider*natürlich (ja, wie die Natur widernatürlich) nein, aber da noch andere in dem Schlafsaal sind, glaube ich, solltest du den Alten doch zu den Lärchen hinaufversetzen …« (A 76f.) »Holzfäller« ist eine Vokabel der »Geheimsprache« Bernhards und heißt »Homosexuelle«; (Pfabigan 1995, 2000, 2003) in dem skandalträchtigen Text mit dem zunächst unschuldigen Titel »Holzfällen« wird die autobiographische Dimension der Episode aus »Amras« sichtbar werden, der alte »Holzfäller« wird hier den Namen »Auersberg(er)« tragen und sein junger Geliebter wird als Ich-Erzähler auftreten. Der Onkel befolgt den Rat, zu spät allerdings, denn der junge Holzfäller leidet bereits wie der spätere Ich-Erzähler aus »Holzfällen« unter einer schmerzhaften Wunde, die nicht heilt. Er beschreibt sie so, daß ihm »plötzlich im Fuß warm geworden« sei (A 87), doch wird klargestellt, daß es sich um die Folge einer Penetration handelt: »Die Wunde, die der alte Holzfäller dem jungen zugefügt hat, schmerzt den jungen immer dann am ›furchtbarsten‹, wenn der alte bei dem jungen *in Wirklichkeit* eintritt, in sein Gehirn eintritt, in den nach allen Seiten offenen Vorhof seines Gehirns.« (A 83)

Die Konfrontation mit den »Holzfällern« überfordert den durch tiefe Angst geschwächten K. Die beginnenden Anklagen der Familie enthielten ein gewisses Befreiungspotential, doch K. ersetzt sie durch solche gegen jene Heimat, die der »Familienkrankheit« den Namen gab: »Unsere Existenz, darüber besteht kein Zweifel, ist von dieser tirolischen Landschaft und Atmosphäre hervorgerufen worden …« (A 92) Die Krankheit, können wir K. entgegenhalten, ist trotz ihres Namens international. Die Anklagen gegen »Tirol« höhnen ein wenig den Erkenntnismöglichkeiten der Geschichte, vielleicht hat K. sie schon im Irrenhaus artikuliert, haben aber dennoch programmatischen Charakter. »Krankheit« gehört zu der von Strauch attackierten Sphäre der »Natur«. Der Naturbegriff erfährt in »Amras« eine wesentliche Ausweitung und Präzisierung: Von nun an hat auch die kulturelle Institution »Familie« naturhaften Charakter. Das Wort von der »Tiroler Krankheit« bündelt dabei erstmals »Familie«, insbesondere Mutter, und »Heimat« zu einer todbringenden Einheit: Erforschung der Familie und des Landes sind von nun an zwingend verbunden.

Krankheit

Dem Leser der autobiographischen Pentalogie Bernhards ist die Geschichte jener »Todeskrankheit«, an der er jahrzehntelang litt, wohlvertraut: beim Abladen von Erdäpfeln im »Keller« des Lebensmittelhändlers Podlaha hat sich dessen achtzehnjähriger Lehrling seinem autobiographischen Bericht zufolge eine sogenannte »nasse Rippenfellentzündung« zugezogen, die als Vorform einer Tuberkulose gedeutet wird. Bernhard hat in mehreren Fällen gegen behandelnde Ärzte den Vorwurf des Kunstfehlers und der unzureichenden Medikation erhoben und vor allem seine Tuberkulose als eine »von außen kommende« Krankheit beschrieben, die er sich erst durch eine Infektion in der Lungenheilanstalt Großgmain zugezogen habe. Eine medizinische Studie widerspricht dieser Vermutung vehement mit dem Hinweis auf die extreme Seltenheit einer »spezifischen Superinfektion«. (Kohlhage 34) Bernhards im Ergebnis »befreiender« Lebensbericht schützt im Gegensatz zu den »rücksichtslosen« Studien seiner Protagonisten oft die Familie. Diese Version der Entstehung seiner Krankheit ignoriert, daß Lungenkrankheiten *die* Familienkrankheit waren, sozusagen die Freumbichler-Bernhardsche Version der »Tiroler Krankheit«, an der die Mutter zeitweilig und der Großvater lebenslang litten.

Eindrucksvoll beschreibt Bernhard seine Entscheidung fürs Leben in der bürokratisierten Todeswelt der staatlichen Gesundheitspflege und seine höchstpersönliche Version der rettenden »apollinischen Wahl«. Eine »Heilung« im vollen Wortsinn hat wohl nicht stattgefunden, doch immerhin hat sich ein einigermaßen beschwerdefreier Zustand eingestellt, der etwa ein Jahrzehnt lang ein Ignorieren der scheinbar allmählich abklingenden Krankheit ermöglichte. Doch 1967 erfolgte ein schwerer Rückfall, an dessen Ende die in »Wittgensteins Neffe« beschriebene Operation steht, in deren Verlauf ihm ein »faustgroßer Tumor« aus dem Brustkorb operiert wurde.

Von »Watten« abwärts spielt Bernhard in seiner Prosa mehrere Male gezielt auf die Symptome seiner Todeskrankheit an, in dem 1982 erschienen Roman »Beton« nennt er erstmals ihren Namen: es ist eine Immunerkrankung, die sogenannte Sarkoidose, oder Morbus Boeck, die zunächst die Lungen betroffen hat. Bernhard, dem die Rezeption häufig in Analogie zu manchen seiner Figuren eine prinzipielle Todessehnsucht unterstellt, hat in seinen letzten Jahren nach Aussage seines Bruders und behandelnden Arztes, Peter Fabjan, buchstäblich um jeden Tag seines Lebens gekämpft:»Zunächst war's eine Drüsenerkrankung, wo ein operativer Eingriff notwendig war, später war das Lungengewebe betroffen, zuletzt waren's die Bronchien – es war ein langes Leiden, für das es eigentlich keine Heilung gibt.« (Fleischmann 1992, 160f.)

Fast alle Protagonisten Bernhards und auch mehrere Nebenfiguren leiden an schweren Erkrankungen, an Epilepsie, wie in »Amras«, an Lungen- oder Geisteserkrankungen oder an Behinderungen und frühkindlichen Traumatisierungen, die Erkrankungen gleichgesetzt werden. Häufig sind es abscheuliche, abstoßende Erkrankungen. Eine der wenigen Konstanten der Bernhardschen Krankheiten liegt darin, daß sie »unheilbar« sind, mysteriöse und damit archaische Leiden, an denen Vernunft und Fortschritt versagen und die die vielgepriesene ärztliche Kunst als eitle Anmaßung denunzieren.

Auf den ersten Blick scheint es, als ob »Kultur« an »naturhaften« Erkrankungen scheitern würde, tatsächlich sind die Bernhardschen Texte auch ein vielschichtiger Diskurs über die kulturellen Praktiken rund um »Krankheit«. Manchmal konzentriert sich die Fabel auf die Erkrankung und ihre Folgen, manchmal behandelt sie sie als ein »beiläufiges« Phänomen oder als etwas, das durch kluge Lebensstrategien in seiner existentiellen Bedeutung reduziert wird. Die »Maschine« der individuellen Mythologisierung von Krankheit durch die Bernhard-Protagonisten ist in ständiger Bewegung. Krankheit mag das Individuum lähmen, doch rund um sie ist nichts Statisches, sondern sie ist ein permanenter Anlaß zu einer Reflexion, die über den Bereich der eigenen Existenz hinausgeht. Wie in den beiden Todesreden verläuft die Bernhardsche Reflexion von »Krankheit« zweigleisig: der Autor benützt »Krankheit« als grundlegende Metapher, analysiert aber gleichzeitig den Prozeß der Metaphorisierung, opponiert ihm gelegentlich durch ein völlig »naturalistisches« Verständnis von Krankheit und parodiert ihn zeitweise.

Die stinkenden, aufgeregten oder bewegungsunfähigen Bernhard-Kranken sind weder edel noch »philosophisch«, wie es der romantische Zuschreibungsprozeß behauptet, sondern in der Regel gesellschaftlich unerträgliche Exzentriker und parodieren zunächst scheinbar den kollektiven Zuschreibungsprozeß durch das völlige

Fehlen einer edlen Blässe. Doch gleichzeitig gibt den Bernhardschen Kranken häufig das Wissen um ihre eigene Unerträglichkeit und die Möglichkeit, diese im Kontext der conditio humana zu denken, eine gewisse existentielle Qualität. »Adel« eignet ihnen insofern, als sie sich ihrer eigenen Situation mit allen ihren Implikationen bewußt sind und sie – trotz ihres »eingesponnenen« Denkstils – in der Regel intellektuell komplexer sind als ihre gesunden Widerparte. Krankheit bewirkt Individualisierung und legitimiert damit die Beschäftigung der Protokollanten mit den Protagonisten. Vor allem im »apollinischen« Themenkomplex des Bernhardschen Werkes ist die Fähigkeit seiner »Geistesmenschen« zur »Konversion« der Krankheitsenergien ein zentrales Thema. Krankheit isoliert und schärft den Verstand, Krankheit und Künstlertum sind eng miteinander verbunden, der »gesunde« Künstler ist in der Bernhard-Welt nur schwer denkbar. Diese Stimmung koexistiert in den Texten mit einer häufig ästhetisch begründeten Sehnsucht nach der von Gärtnern und Bierfahrern gelebten Normalität, vergleichbar der Sehnsucht des Tonio Kröger nach der Welt der »Blonden«.

Die Beeinträchtigung des Lebens durch Krankheiten wird bei Bernhard – etwa in »Beton« – breit beschrieben, doch gleichzeitig erweitern die Krankheiten auch das Spektrum der Lebensmöglichkeiten, weil sie die Lizenz zur gesellschaftlichen Exzentrizität erteilen. Der kranke Künstler »darf«, und wenn die Gesellschaft so reagiert, wie die sozialdemokratischen Würdenträger auf den »Theatermacher« und die publizistischen auf »Heldenplatz«, dann ist hier ein ungeschriebener Vertrag gebrochen worden.

IV. Ein Schloß in Österreich

Ein unbeantworteter Brief

Die Botschaft der Fabel von »Amras« mit ihrer Konzentration auf die zerstörerische »Tiroler Krankheit« ist klar. Doch was geschieht, wenn die Diagnose der »Krankheit« der Familie um einiges komplizierter ist als in »Amras«; wenn das Erbe reicher ist, als bei der abgestiegenen Tiroler Familie, oder wenn die Heranwachsenden Widerstand leisten? »Verstörung« ändert spielerisch die Ausgangsbedingungen der Bernhardschen Familien-Recherche und findet den direkten Einstieg in jene Linie der Gesamthandlung, die in »Auslöschung« Höhepunkt und Lösung finden wird. Zum letzten Mal wird uns in dieser Variation Bernhards »ewiger Student« als Demonstrationsobjekt dienen – durch eine folgenschwere Kurskorrektur des »Gesamttextes«, dem die Probleme kleinbürgerlicher Heranwachsender von nun an zu eng sind, wird das Wort »Student« seine metaphorische Bedeutung verlieren.

Unser Protokollant, der uns die Geschichte eines mit dem Vater verbrachten Septembertages berichten wird, studiert an der Montanistischen Hochschule Leoben. Seine Familie, die maßgeblich vom Vater geprägt ist, lebt nicht in jener tödlichen Verklammerung, wie wir sie aus »Amras« kennen. Unser Protagonist »darf« studieren, also »weggehen«, sein Vater will, daß der Sohn die Welt kennenlernt, und zwar die Welt, »wie sie ist« – und nicht die geschönte Welt eines intellektuellen Exils in England.

Die uns vertraute Krise eines jungen Mannes im Übergang, im »Hohlraum zwischen (den) verlassenen Eltern und der (…) noch nicht erreichten Welt« (V 41), ist ihm nicht fremd. Mit einer uns neuen Stärke hat er sich aus der vergiftenden Melancholie des ersten Studienjahres befreit und ist mit »größter Rücksichtslosigkeit gegen (sich) selbst aus der Monotonie der eigenen Geistesblindheit« herausgekommen. Zum Zeitpunkt der Handlung scheint ihm alles »leicht und klar«. (V 68) Tatsächlich wird dieser »Selbsthelfer«, dem gelungen ist, woran der Famulant scheiterte, im Verlauf der schreckenden Erlebnisse des protokollierten Tages nicht den quälenden Ich-Verlust erleiden, unter dem jener gelitten hat. Doch in »Verstörung« wird systematisch das hinter glänzenden Fassaden liegende Leid demonstriert, das gilt auch für den oberflächlichen Studienerfolg des Protokollanten. »Verstörung« verarbeitet die Botschaft von »Amras« und lokalisiert das Leid in der Familie, der unser Student einen Besuch abstattet.

Wie in »Amras« und später in »Watten« steht ein Brief am Anfang der protokollierten Geschehnisse: der namenlose junge Mann hat seinen Besuch sorgfältig vorbereitet und nach langem Widerstand einen vorsichtigen Brief an seinen Vater gesandt, der sich bemüht, »niemanden zu verletzen« – auch diese Familie pflegt den sanften Umgang. Dieser Brief stellt gegenüber »Amras« einen deutlichen Fortschritt dar. Er vermeidet den Gestus der Erregung, doch stellt er dem Vater peinliche Fragen, das »ungute«, das »chaotischte« und »schwierigste« Verhältnis zwischen Vater, Sohn und Schwester betreffend. Ein Sohn, der den Vater über den »allerletzten Selbstmordversuch« der Schwester und den »frühen Tod« der Mutter befragt, ist offensichtlich auf der Suche nach einem Schuldigen – von nun an steht der Kampf der Generationen auf dem Programm.

Daß Heranwachsende einfach keine Antwort auf ihre berechtigten Fragen bekommen, entspricht den Spielregeln der Bernhard-Welt ebenso wie der Erziehungskultur der österreichischen sechziger Jahre. Doch obwohl der junge Mann sein Bedürfnis nach Antwort bald selbst als »Wahn« denunzieren wird, kommt diesem Brief im Ablauf der Erzählung eine elementare Bedeutung zu. »Verstörung« ist um diesen Brief organisiert. Der Brief war eine Aufforderung zum Duell zwischen den Generationen und die Aufforderung wird vom Vater, einem gewieften Taktiker, gleichzeitig angenommen und umgangen; er stellt Fragen und diese Fragen werden gleichzeitig beantwortet und für nichtig erklärt; er beruft sich auf ein »Eigenes« der nachrückenden Generation und diesem Eigenen wird gleichzeitig die Berechtigung zuerkannt, wie es auch als naiv denunziert wird. Scheinbar ignoriert der Vater die verdeckten Anklagen des Sohnes, indem er sie nicht direkt beantwortet, doch wird er dem Sohn »seine« Welt, verstanden als »die« Welt, in einer Weise vorführen, die diese Anklagen entkräftigt.

Wie die Famulatur in »Frost« kann auch die kleine Reise unseres Studenten durch die Arbeitswelt seines Vaters als Initiation gelesen werden – und jedesmal, wenn Bernhard das Verhältnis von Zögling und Mentor beschreibt, stellt sich die Frage des Mißbrauchs. Die Rolle des Mentors, der den Zögling mit dem Elend der Welt, mit Krankheit, Tod und Wahnsinn konfrontiert, weil dieser nach den Regeln einer »schwarzen« Pädagogik »die Menschen kennenlernen« müsse, hat hier der Vater übernommen. Seine Motive mögen jenen ähneln, die den Assistenten bewogen haben, den Famulanten zum Maler Strauch zu senden, doch die persönliche Verwicklung des Chirurgen in das Lebensschicksal seines Zöglings war eine geringere. Hier versucht ein Beteiligter an einer innerfamiliären Misere durch die Präsentation einer Schreckenswelt derart perfekt von seiner Verantwortung für sein Versagen abzulenken, daß es tatsächlich am Ende nicht einmal benannt wird. Taktisches »Sich-Entziehen« und ein durchaus liebevoller väterlicher erzieherischer Eingriff bilden eine untrennbare Einheit – wiederum macht sich ein Elternteil durch vorgeschobene »Realitäten« letztlich undurchschaubar.

»Verstörung« wird oft zu Unrecht als eine zusammenhanglose Aneinanderreihung von bedrohlichen Episoden zu den Bernhardschen Zentralthemen Krankheit, Wahnsinn und Tod gelesen. Der Monolog des Fürsten, in dem der Text einen abrupten Höhepunkt findet, gilt dabei – durchaus zu Recht – aufgrund seiner künstlerischen Qualitäten als die zentrale Partie des Buches. Doch wäre es eine groteske Verkennung der Hierarchie in der Bernhard-Welt, wo ein »Vater« mehr zählt als ein »Fürst«, diesen als die Hauptperson des Buches zu lesen, was den übrigen Akteuren den Status eines beiläufigen Accessoires zuweisen würde. Für die Handlung von »Verstörung« bedeutet der Fürst nicht allzuviel. Der Herr der Erzählung, der die Themen bestimmt, der Magier, der Personen vorführt und der den Ortswechsel steuert, ist der Vater. Die scheinbar unzusammenhängenden Exkursionen von Vater und Sohn in verschiedene Milieus und Gemütszustände protokollieren tatsächlich einen Kampf, in dem der Vater als der Herausgeforderte das Terrain bestimmt; in den jeweiligen Stationen dieser Exkursion liegt die eingeforderte Antwort, die im Monolog des Fürsten ihren Höhepunkt findet. Die Erfahrungen der einzelnen Stationen unterliegen einer eigenen Architektur, sie beziehen sich kunstvoll aufeinander, variieren Themen, verdoppeln sie und bieten Lösungen an, die auf den Brief und die im Text beschriebenen Diskussionen reagieren. Alle Figuren der Reise der beiden Protagonisten sind ein bloßes Objekt der »Anschauung«, des Vaters, Agenten seiner

Weltsicht, Instrumente seiner Pädagogik und letztlich fleischgewordene Argumente seiner Antwort. So läßt der Vater den anklagenden Sohn an seinem Arbeitstag teilnehmen und nimmt ihn zu seinen Patienten mit – lauter »undankbare Fälle«. Gemeinsam sucht man nach einer allgemeinen »Anschauung« dem Leben gegenüber, doch gibt es innerhalb des Textes einen deutlichen Schwerpunkt. Zentral steht ein Sohn, der mit seinem Vater unzufrieden ist und ihm gewissermaßen den Prozeß macht, ohne daß ein Urteil gesprochen wird, und – als Verdoppelung – ein Vater/Sohn, der Fürst, der immer noch unter dem Selbstmord seines Vaters leidet und sich von seinem Sohn und dessen Lebensweise bedroht fühlt. Vier Jahre nach Alexander Mitscherlichs »Vaterloser Gesellschaft« publiziert, findet in »Verstörung« tatsächlich eine große Aussprache über Väterlichkeit statt. Die zentralen Geschehnisse ereignen sich exklusiv unter Männern. Eine derartige Focussierung auf Väterlichkeit war dem bisherigen Werk fremd, sie wird auch Ausnahme bleiben und von nun an ist das Thema im »Gesamttext« abgehandelt: Die großen Familientexte Bernhards werden die Beziehung zur Mutter ins Zentrum stellen und den Vater, wie in »Amras«, als abgeleitete Größe behandeln.

Ein Landarzt

Der Arbeitstag des Vaters beginnt um zwei Uhr morgens mit einem Besuch bei einem sterbenden Lehrer und beim Kind, das in den kochenden Schweinebottich gefallen ist, und ist noch nicht zu Ende, wenn wir ihn am späten Abend verlassen und er sich seinem gefüllten Wartezimmer zuwendet. Gemessen an der konventionellen, idyllisch eingefärbten Vorstellung vom Leben eines Landarztes ist die Welt des Vaters von extremen Erfahrungen bestimmt. »Übertreibung« heißt allerdings nicht, daß Unmögliches beschrieben wird: Wirtinnen werden erschlagen, Kinder fallen in den Schweinebottich – solches geschieht. Wie so oft bei Bernhard meint »Übertreibung« hier eine besondere Umgangsweise mit Zeit: was »zählt« (und was erzählenswert ist), ist nur die Zeit des intensiven Erlebens, nicht die der Routine. Der Extremfall determiniert das System, sobald er sich ereignet, überlappen die mit ihm verbundenen Emotionen die anderen Ereignisse, reduzieren die mit diesen verbundenen Erfahrungsmöglichkeiten und drängen sie aus der Erzählung. Sobald es sich ereignet, wird das Extreme zum Typischen und läßt nur mehr sich selbst zu.

Kritik an den Ärzten, die »wie Geschäftsmänner sprechen und handeln«, wird in der Bernhard-Welt oft erhoben; dieser Arzt, den seine Hingabe an seine Patienten zu einer positiven Figur macht, wird von ihr ausgenommen, ja er artikuliert sie selbst. Die Ärzte, so hält er der Kollegenschaft vor, betrieben heute keine »Ursachenforschung« und seien »Medikamente verschreibende Heuchler«, »faul und feig«, die »größten Verheimlicher«.

Dieser Arzt hat im Umgang mit seinen Patienten eine Erkenntnis gefunden, die von nun an den lebenskundlichen Forschungen in Bernhards Werk als Leitfaden dienen wird: »Immer könne man von später in einem Menschen eingetretenen Katastrophen auf frühere, meistens sehr frühe Schädigungen seines Körpers und seiner Seele schließen.« (V 53) Das ist ein Satz, der sich scheinbar perfekt dem Zeitgeist einer Psychologisierung der Medizin einfügt und in gewisser Weise zur Kulturgeschichte des Jahres 1968 gehört. Doch dem Zeitgeist entspricht ein hoher therapeutischer Optimismus, ein Pathos der Veränderbarkeit der conditio humana durch die »richtige« psychogen orientierte Diagnose und Therapie – für den Vater ist solches wohl unter »Verheimlichung« subsumierbar. Was diesem Meister des Absurden in seinem Selbstbild Würde gibt, ist das Wissen, daß man vor dem Chthonischen zwangsläufig scheitern muß. Arzt sein heißt scheitern, »naturgemäß«. Tatsächlich wird bei den zahlreichen Krankenbesuchen nicht »geheilt«. Zwischen dieser archetypischen ärztlichen Figur und der Welt besteht ein zirkuläres Verhältnis – was der Vater berührt, ist krank und traurig, ist »Patient«: »gleich, um was es sich handle, bewege er sich fortwährend in einer kranken Welt unter kranken Menschen, Individuen; auch wenn diese Welt vorgebe, vortäusche, eine gesunde zu sein, sei sie doch immer eine kranke und die Menschen, Individuen, auch die sogenannten gesunden, immer krank.« (V 14) »Verstörung«, das sollte man nicht übersehen, ist ein Zustand, den zu vermeiden die Protagonisten bemüht sind. Die richtige »Anschauung« respektiert, daß alles »krank und traurig« ist, und wertet es als Fehler, sich dieser Tatsache zu verschließen – gleichzeitig macht das offene Eingeständnis in der »Anschauung« dem Vater die permanenten Klagen des Malers Strauch überflüssig. Wie so viele

»Lösungen«, die uns Bernhards Protagonisten anbieten, liegt auch seine in der »Mitte«: der Arzt ist kein übersteigerter Intellektueller, kein Verrückter, kein Asket, und daß sein Sohn ein »den Vergnügungen, die sich anbieten, durchaus aufgeschlossener Mensch, aber auch kein Freund der Übertreibung« sei, beruhigt ihn. (V 36f.)

Die hier begonnene »Anschauungsdebatte« wird sich – wenn auch unter anderen Namen – durch das Gesamtwerk ziehen: »Sind es auch immer die gleichen (…) Farben, (…) die durch intensive Betrachtung entstandene Anschauung der Naturreflektion an sich selber fasziniert uns immer.« (V 19) Das ist ein zentraler Satz, der auf der Basis einer aufgeklärten Passivität, die andere Bernhard-Protagonisten zu Fall bringen wird, für das Lebensprinzip Eros plädiert: In unserem Kontext ist es der Versuch des Sisyphos, sich selbst als einen faszinierten Menschen zu denken. Im Einzeltext »Verstörung« wird der Sohn das Match gegen seinen Vater und dessen Anschauungsprinzip wohl verlieren, der »Gesamttext« hingegen wird die Lösung des Vaters als unzureichend verwerfen.

Zwei sterbende Frauen und ein Frühstück

Vater und Sohn beginnen ihre gemeinsame Höllenfahrt, eine Reise mit wechselnden Fahrzeugen, im Pritschenwagen des Wirtes von Gradenberg. Ein Betrunkener hat dessen Frau niedergeschlagen, und wie ein Stück Vieh transportiert man die Sterbende ins Spital. Der Totschlag ist die Sensation des Tages und gleichzeitig Alltag: »Alle in die Länge gezogenen Gasthausnächte enden ärgerlich (…) und in dieser Gegend ein hoher Prozentsatz tödlich.« (V 12) Was zu tun bleibt, ist die behördliche Administration des Todesfalls, das Paar nutzt den Aufenthalt in Köflach sinnvoll für kleine Erledigungen und für die Einnahme eines opulenten Frühstücks.

Man frühstückt an einem von mehreren Gegenorten zum Schrecken des Landlebens, in einer gemütlichen Kleinstadtwohnung, bewohnt von einem Advokaten und seiner jungen Frau. In dieser geschützten Oase von Bürgerlichkeit ist das Chthonische nicht sichtbar und das erlebte Grauen mutiert blitzschnell zum die Nahrungsaufnahme begleitenden Gesprächsthema. Der Inhalt der Reflexion überrascht, denn sie konzentriert sich, wie weiland die des Ingenieurs, auf die chthonische Seite von »Männlichkeit«: auf den Zusammenhang von Männerwelt, Alkoholismus und Brutalität. Als ob es die Wirtin von Weng nicht gegeben hätte, wird auf die misogyne Perspektive verzichtet und der Frau Opferstatus zuerkannt. Die Anklage richtet sich gegen den Gastwirt als den »geborenen Gewalttäter und Verbrecher«. Für einen ländlichen Gastwirt sei die Frau nichts als ein Vieh, »er fange sie eines Tages mit einem perversen Handgriff aus der unüberschaubaren Herde der unverheirateten Frauen heraus und ordne sie sich unter.« (V 16)

Das furchtbare Erlebnis ist Vater und Sohn Anlaß zu Reminiszenzen, den Älteren verweist das Schicksal des Wirtes auf sein eigenes Witwertum. So erhält der Sohn als erste Antwort auf seinen Brief einen Bericht über das »Melancholische« im letzten mit der Mutter verbrachten Jahr. Tote Gattinnen, das gilt auch für Reger in den »Alten Meistern«, werden in der Bernhard-Welt von den Witwern regelmäßig »geliebt« – hier wird uns an einer Fallstudie eine erste »theoretische« Begründung dafür gegeben. Im Leben könne man einander nicht »erkennen«, erst in der Vorbereitung auf den endgültigen Tod könne ein Mensch auf die Wahrheit identifiziert werden, und so sei das Wesentliche an der Mutter erst in der letzten Lebenszeit zum Vorschein gekommen: »Jetzt erkenne er sie, die zu ihren Lebzeiten neben ihm von ihm zwar geliebt, aber niemals erkannt worden sei. Zusammen sei der Mensch mit einem geliebten anderen endlich erst, wenn der betreffende *tot, tatsächlich in ihm ist.*« (V 20) Das ist eine positive Umdeutung der bedrohlichen Erkenntnis von »Amras«, daß der Tod nichts beendet. Mit seiner Konfession hat der Vater dem Sohn neuerlich seine Schwäche gezeigt. Doch gleichzeitig stellt sich die Frage, ob der Brief des Sohnes nicht etwas einklagt, was es vielleicht gar nicht gibt. Eine beiläufige Äußerung der Verstorbenen wird uns berichtet: Die Kinder, vor allem die Tochter seien ihr fremd geblieben. Das ist ein denkbarer Schlüssel zur offenkundigen Pathologie des Familiensystems, das einzige Mal, daß auf ein »vorher« direkt angespielt wird, und zwar in einer Weise, die die Anklage auf die tote Mutter verschiebt. Damit wird auf die Hauptspur in der Selbsterforschung späterer Bernhard-Figuren hingewiesen, der einstweilen noch nicht nachgegangen wird.

Auch der Besuch bei Bloch, dem seinem »Geschäftsvergnügen« lebenden »Realitätenvermittler«, der im Moritz in »Ja« einen Wiedergänger finden wird, bietet dem Vater eine Möglichkeit, dem Sohn pädagogisch sein Selbstbild zu präsentieren. Mit der Figur des Juden Bloch, der das selbe Haus bewohnt wie sein Vater, »der von den Deutschen umgebracht wurde«, verbindet sich ein deutlicher Hinweis auf die Zeitgeschichte. Im Kontext der Erarbeitung eines österreichischen Selbstbildes läßt sich hier ein Fortschritt zu »Frost« beobachten. Das Opfer und ein möglicher Täter werden benannt – allerdings äußerst allgemein und in einer Art, wie sie in Österreich zu jener Zeit typisch war: die Täter waren die Deutschen. Die Entlastungsstrategie des Vaters entlarvt sich allerdings schnell selbst, auch heute noch sei die »Gebirgsgesellschaft« dem Bloch »von Natur aus feindlich gesinnt«; es ist ihm schwer, einen Arzt zu finden, wer ihn behandelt, wird vom »grotesken Antisemitismus« angefeindet.

Bloch macht »kleine Geschäfte« mit den verachteten Gebirglern und behauptet in dieser antisemitischen Umgebung, »für sein Volk nicht abzuschließende Studien« (V 26) zu betreiben. Das Blochsche »Geschäftsvergnügen« ist allerdings gar nicht so unschuldig, Bloch ist ein eher skrupelloser Geschäftsmann, den abzulehnen die Bauern guten Grund haben. Er kauft billig Ackerland, erreicht dann »durch seine Geschicklichkeit«, daß es in wertvollen Baugrund umgewandelt wird und stößt es schnell teuer ab: »Man muß abwarten können, bis der Feind den Kopf verliert.« So lebt er als Rächer lustvoll im Feindesland, ein Vorgänger von Faßbinders »reichem Juden« aus »Die Stadt, der Müll und der Tod«, der jene Rache vollstreckt, die die Gebrüder Schuster aus »Heldenplatz« unterlassen werden.

Der medizinische Zweck des Besuches bei Bloch tritt in den Hintergrund angesichts der »philosophischen« Freundschaft, die sich zwischen den beiden Männern entwickelt hat. Man sieht einander regelmäßig und betreibt »Autopsien am Körper der Natur« und »an dem Körper der Welt und ihrer Geschichte«. Im Lebensmodell des Vaters wird hier fortgesetzt, was im Haus des Anwalts begonnen hat: Räsonnement wird durch eine politisch verstandene Analyse vertieft, die den Vater möglicherweise mehr interessiert als sein konfliktträchtiges Familienleben.

Bloch ist der Besitzer einer riesigen Bibliothek, aus der sich der Vater Bücher zu entlehnen pflegt. Zurückgegeben werden die Dissertation des Karl Marx, ein Text, dem wir noch einmal begegnen werden, und die Kantschen Prolegomena, neu entliehen Nietzsches Vorlesungen

»Über die Zukunft unserer Bildungsanstalten«, mit ihrer vehementen Kritik an Buch und Bildung wohl auch ein Motto der Initiation des Sohnes, eine französische Pascal-Ausgabe und Diderots »Mystification«. Die ostentativ vorgeführte Lektüre verweist auf ein nahezu idyllisches Lebensmodell, und als skeptische Leser fragen wir uns, wann der überbeschäftigte Landarzt diese Bücher wohl lesen kann. Tatsächlich sind sie bloß Fassade – später wird der Vater feststellen, daß er die Bücher bei Bloch vergessen hat.

Der sich ständig beschleunigenden Geschichte gegenüber verliert Bloch, der Repräsentant des Ich-Ideals des Vaters, nicht die Beherrschung, er beherrscht die Kunst, »das Leben als einen in seinen wichtigsten Funktionen leicht zu durchschauenden Mechanismus je nach seinem persönlichen Bedürfnis auf eine schnellere oder langsamere, aber immer wieder von neuem brauchbare und also erträgliche Gangart einzustellen ...«. (V 24) Das Schicksal von Blochs Vater entwertet die vorgestellte Alternative: wenn die sich ständig beschleunigende Geschichte einem ans Leben will, hilft auch »Beherrschung« nicht. Dem »bösen Blick« eines Heranwachsenden hält dieses Lebensmodell eines von ständigen Kopfschmerzen geplagten, von Medikamenten abhängigen Mannes nicht stand, der Sohn entlarvt die Anhänglichkeit des Vaters an seinen Patienten schnell als Phantasie und registriert neuerlich die Einsamkeit und Verschlossenheit des Vaters. Mag der Sohn auch recht haben mit dem kritischen Hinweis auf die Einsamkeit des Vaters, so verblaßt dieser Befund neben dem tatsächlichen Zustand von Einsamkeit und Kommunikationsunfähigkeit, den ihm der Vater jetzt am Beispiel der Patientin Ebenhöh vorführt. Leben ist hier auf wenige, immer bedeutungslosere Zeichen reduziert: »Ihre nach der Todeskrankheit, der sie sich bereits widerstandslos fügte, riechende Wäsche lag überall herum. (...) Die Unterwäsche wird nicht mehr versteckt, die Qual wird nicht mehr versteckt, das Geruchsempfinden ist abgestumpft, keine Ursache mehr zum Verheimlichen der Gebrechen, mit welchen man allein ist.« (V 27f.) Bernhard zeichnet hier ein meisterhaftes, auf jede Übertreibung verzichtendes Porträt einer Sterbenden, der alles, auch der Haß, der sie erfüllt, gleichgültig geworden ist. Es ist nicht die kämpferische Haltung des Malers Strauch, sondern die totale, biologisch determinierte Aufgabe, die dem Sohn vorgeführt wird – das unausweichliche Ende.

Auf dieser Station legt der Vater die Karten auf den Tisch und erklärt die Zielsetzung der gemeinsamen Reise: der Sohn müsse »die Menschen kennenlernen«. (V 35) Auch die Ebenhöh ist, wie die Wirtin, eine »besprochene Frau«, deren elendes Schicksal Zeugnis ablegt für die Richtigkeit der väterlichen Anschauung. Doch gleichzeitig hat sie einen Status, den Frauen in der Bernhard-Welt nicht oft haben, sie ist auch eine »Sprechende«, die eine eigene Geschichte erzählt, die sich neuerlich ins Konzept des Vaters einfügen wird.

Die Biographie der Oberlehrerswitwe variiert das uns aus der Arztfamilie vertraute Thema der Feindschaft zwischen den Generationen in extremer Weise. Zwischen dieser »Mutter« und dem Arzt-Vater findet jetzt eine große Aussprache über das Thema der Elternschaft statt. In Bernhards Frühwerk hat es eine sterbende Lehrerin das »Furchtbarste« genannt, wenn man am Totenbett kein Kind habe. (VER) Doch die Ebenhöh lehrt mit der Autorität der »letzten Worte«, daß die Mutterschaft nichts bedeutet, daß die biologische Verbindung nichtig ist und keine soziale oder gefühlsmäßige Entsprechung hat. Der kultivierten Frau bedeutet ihr geistig beschränkter Sohn, den wir als Hilfsarbeiter bei einer Häuteverwertung am untersten Platz in der Hierarchie der Bernhard-Welt finden, nichts: »Ihr sei es ein sie jetzt tatsächlich vernichtendes Rätsel, wie sie aus der Verbindung mit ihrem aus so guten Verhältnissen stammenden Mann einen Sohn habe gebären können, der ihr mehr und mehr als ein Vieh vorkommt.« (V 33) All die Zeichen von ländlich-kleinbürgerlicher Kultur – Klavier, Geige, Notenmappen und Bücher – wird der Sohn wohl nach dem Tod der Ebenhöh verschleudern, »abschenken«. Er ist keine positive Figur, doch gleichzeitig ist er der erste Bernhardsche »Erbe«, der sich einer drückenden »Erbschaft« entledigen wird.

Elternschaft bedeutet nichts, und die Kinder sind der Tod der Eltern. Das Beispiel, das dem Sohn verallgemeinernd vorgeführt wird, ist derart aussagekräftig, daß es dessen Anklage die Basis entzieht. Der Vater nützt seinen Vorteil und beginnt mit der Ebenhöh in Anwesenheit des Sohnes seine Probleme als Vater zu besprechen – auch das kann als Antwort auf den Brief gelten: »Die Schwierigkeiten, in welchen die Eltern ihren Kindern gegenüberstehen, würden immer größere, schließlich in allen Fällen unüberwindliche.« (V 35f.) Hier fühlt sich der Vater verstanden und zwar nicht nur, weil es auch hier einen Konflikt zwischen den Generationen gibt, sondern weil die Sterbende einfach weiß, was Hoffnungslosigkeit heißt. Der Sohn, ein Gegenbild zum Sohn der Ebenhöh, wird wegen seiner Leistungen gelobt, die schwermütige Schwester als Problem, »das er nicht lösen könne«, vorgeführt: Mit ihrer permanenten Angst, ihrer Gesprächsverweigerung und ihrem empfindlichen Organismus sei sie ihm eine »ununterbrochene Angst«. Jetzt wird das Geheimnis des Vaters gelüftet und eine Diagnose angeboten, die die Möglichkeit des Schlimmsten denkt: Möglicherweise sei das Mädchen durch den Tod der Mutter »tödlich« getroffen worden. Der Vater spricht nüchtern und realistisch, doch gleichzeitig entlastet er sich durch den Hinweis auf seine Hilflosigkeit. Später wird er resümieren: »Er denke oft, daß seine Kunst gerade an seinem Kind sich am fürchterlichsten als eine in ungesunden Ahnungen steckenbleibende erweise.« (V 56) Das aber bekräftigt neuerlich die fundamentale Kritik des Heranwachsenden an der »ärztlichen« Anschauung des Vaters.

Wer hat diese Runde im Kampf der »Anschauungen« gewonnen? Nach der neuerlichen Artikulation väterlicher Hilflosigkeit verkündet der Sohn seine Lebensprinzipien, die genauso typisch für die Bernhard-Welt sind wie die väterliche Passivität. Er spricht von seinen Studien, von der Rücksichtslosigkeit in der Verfolgung seiner Ziele, von Willenskraft und Disziplin. Als Antwort auf die vom Vater vorgeführte zwanghafte Bindung ans Kreatürliche preist er nun die Freiheit und die intellektuelle Souveränität. Es ist das Credo eines Selbsthelfers, der sich dem Vater überlegen fühlt: »Sich zu beherrschen sei das Vergnügen, sich vom Gehirn aus zu einem Mechanismus zu machen, dem man befehlen kann und der gehorcht. Allein in dieser Beherrschung könne der Mensch glücklich sein und erkenne er seine Natur. Aber die wenigsten erkennen jemals ihre Natur. Sich von Gefühlen überschatten lassen, gegen die normale ununterbrochene Verfinsterung seines Gemüts nichts zu tun, bringe den Menschen in Verzweiflung. Wo der Verstand herrsche, sei die Verzweiflung *unmöglich,* sagte ich.« (V 41) Das ist als Anklage gemeint, doch enthält es auch ein Versprechen. Kann es dieser strenge Sohn eines weichen Vaters einlösen, kann er seiner Schwester tatsächlich helfen? Die selbstgewählte Position des Sohnes weist ihm eine hohe Verantwortung zu, denn er definiert sich als frei und – kraft seines Verstandes – als Herr der Welt: »In dem Gefühl, letztenendes vollkommen frei zu sein, empfände ich, kann sein, Glück.« (V 40) Doch so leicht entkommt man einem »Erbe« nicht: Spätere Bernhard-Söhne werden lernen, daß die Passivität ihrer Väter auch in ihnen steckt, und werden sich daran machen, die anthropologischen und sozialen Ursachen dieser Passivität zu erforschen. Doch bis dahin ist es noch ein langer Weg. In der aktuellen Gesprächssituation wird die Verkündigung erfolgsträchtiger Lebensprinzipien vom Vater freundlich, aber bestimmt relativiert: er kenne diese Stimmung und auch ihm gelänge es manchmal, »über etwas zu reden (...), das doch menschen*unmöglich* sei.« (V 41) Doch die wirkliche Antwort des Arztes ist der nächste Krankenbesuch, der die beiden zu einem zuckerkranken Industriellen führen wird.

Unterdrückung, Mord und das Bedürfnis nach Stille

Den Namen dieses Patienten wird der Sohn vergessen, und das ist kein Zufall, denn dieser verkörpert mit der ihm zugeschriebenen äußersten Willenskraft und rücksichtsloser Konzentration auf eine Sache jenes von ihm idealisierte Lebenskonzept, das sich in der vorgeführten Praxis blamieren wird. Diesem Mann sind mehr als 40000 Angestellte unterstellt, er spricht nicht nur sämtliche mitteleuropäischen, sondern nahezu alle ostasiatischen Sprachen und obwohl er seinen Geschäften nur eine Stunde am Tag nachgeht, mehrt er sein Vermögen unentwegt.

Der Industrielle ähnelt in vielen Zügen dem Konrad aus »Kalkwerk«. Er lebt zurückgezogen in der – seinen eigenen Worten nach – »idealen« Abgeschlossenheit eines kaum möblierten Landhauses. Seine ausschließliche Konzentration gilt einer Studie, an der er Tag und Nacht arbeitet, um das Geschriebene dann wieder »korrigierend« zu vernichten. Kein Buch, keine Bilder, kein sozialer Kontakt unterbrechen diese äußerste Konzentration. Auf diese Lebensform, die in manchen Bernhard-Büchern von ihrer positiven Seite gezeigt wird, richtet der Vater seinen ärztlichen Blick und zeigt dem Sohn einen von zyklischen Zuständen der absoluten Schlaf- und Lustlosigkeit gequälten Mann: Die leeren Zimmer des Anwesens deprimieren selbst den abgebrühten Arzt, und das Sprechen seines Bewohners dünkt ihm nichts anderes als »das Abwehren einer ihm grauenhaften Irritation«. (V 45)

Auch hier wiederholt sich die Familienstruktur der Arztfamilie: Der Industrielle hat eine Schwester, oder zumindest eine Halbschwester, mit der er gar inzestuös verbunden ist. Daß Frauen in der Bern-hard-Welt das sexuelle Begehren verwalten, gilt nicht für den Inzest – er realisiert, mit Ausnahme von »Ritter, Dene, Voss«, eine männ-liche Wunscherfüllung. Erst Reger wird gelingen, was den Bernhard-Helden aufgetragen ist: eine »Lebensgefährtin« zu finden, die nicht aus der »Familie« stammt.

Die Willensstärke des Industriellen und seiner Nachfolger ist in ih-ren sozialen Auswirkungen keineswegs positiv, sie braucht ein Opfer. Auch damit ist ein konstantes Thema der Bernhardschen Reflexionen angeschlagen, zu dem die autobiographischen Texte den Großvater, den als Schriftsteller gescheiterten Familientyrannen Johannes Freum-bichler, als Vorbild nennen. Wie in vielen nachfolgenden Texten ist auch hier die schwache Schwester das Opfer brüderlicher Willkür, sie ist »unter der Herrschaft ihres Halbbruders immer nahe daran, sich zu *entleiben.*« (V 46) Es scheint, daß der Vater dem Sohn eine zwischen Geschwistern herrschende Gesetzmäßigkeit vorführt: »naturgemäß« muß auch hier der jeweils willensschwächere das Opfer sein.

Im »Arbeitskerker« des Industriellen wird die vom Sohn gepriesene »Rücksichtslosigkeit« konsequent durchexerziert, alles muß hier der Arbeit dienen, jeder menschliche Kontakt kann die Anspannung sei-nes Bewohners zerstören. Die große Studie, an der er arbeitet, bezieht ihre Dynamik aus der Leere. Selbst die geringe Ablenkung durch die Tiere im Wald kann der Industrielle nicht zulassen – das Wild muß getötet werden. Mit diesem Vorgriff auf die Forchler-Mühle wird ge-zeigt, daß die gepriesene Anspannung auch den Mord in Kauf nimmt, daß das Leben des einen das Leben des anderen hindern kann. »Jetzt höre ich nichts mehr, wenn ich die Fenster aufmache, sagte der In-dustrielle, nichts. Ein phantastischer Zustand.« (V 49) Im Duell der Lebensprinzipien führt dieses Beispiel die monströse Seite der absolu-ten Konzentration und das ihr innewohnende menschen- und lebens-feindliche Element vor – ein Thema, das sich bis zu »Heldenplatz« ziehen wird.

Auch diese Runde im Duell zwischen Vater und Sohn ist eindeu-tig an den Vater gegangen, der dem Sohn die Konsequenz seiner Konzeption vorgeführt hat. Wir, die wir uns das Lebensrecht in der Bernhard-Welt erlesen haben, haben zudem guten Grund zu der Vermutung, daß die Studie, um derentwillen dies alles geschieht, nie vollendet werden wird. Sehen wir von dem zusammengerafften Vermögen ab, dann wird die Lebensbilanz des Industriellen negativ sein und nichts wird von all der Mühe bleiben – außer einer zerstörten Schwester. Allmählich wird sichtbar, warum dieser junge Mann zum Fürsten »muß«, genauso wie es zwingend war, die Famulatur seines Vorgängers in Weng enden zu lassen; sichtbar wird auch, daß dieser junge Mann das Duell mit dem Vater wohl nicht gewinnen kann und daß die von ihm gepriesenen Lösungsmittel dem ihm demonstrierten Grauen gegenüber wehrlos sind.

Jene Reise ins »Zentrum des Schreckens«, die in »Frost« eine kurze Bahnfahrt ausmachte, ist in »Verstörung«, einem Road-Movie, wo jede Station ihre eigene Lehre in sich trägt, in qualvolle Länge gezogen. So stärken sich die Protagonisten neuerlich mit einem frugalen Mahl und ziehen in die der Burg des Fürsten vorgelagerte Vorhölle der Forchler-Mühle, an einen von verfaulenden und sich zersetzenden Menschen bewohnten Ort, der selbst den Vater, der hier die Verbände wechselt, schreckt. Auf die Besucher wartet dort die Konfrontation mit einem quasi industriell betriebenem Massenmord: Bis kurz vor dem Besuch des Arztes war die Forchler-Mühle ein Ort des Lebens und der Schönheit, ein Bruder des Müllers beherbergte in ihr eine wunderbare Sammlung exotischer Vögel. Nach seinem Tod vor drei Wochen begannen die Vögel zu schreien und produzierten so Wahnsinn und »Verstörung«: »Man müsse sich vorstellen, daß ein solches Geschrei in der Schlucht ein hundertfaches Geschrei ist.« (V 61) Machtvolles Leben wehrt sich gegen die Schönheit, und die Vögel werden getötet. Die Entscheidung der verfaulenden Müllersleute erinnert an den Industriellen: Leben stört geräuschvoll und muß daher vernichtet werden.

»Kultur« beteiligt sich in einer für Bernhard charakteristischen Weise an dem Massaker in der Forchler-Mühle, die Vögel werden nicht nur getötet, sondern auch präpariert, so daß ihre stumme Schönheit in Form eines Vogelmuseums erhalten bleibt. Töten und Präparieren – auch das ist eine Strategie, Natur zivilisatorisch zu meistern, die in »Korrektur«, im Porträt der Frau des Präparators Höller, wieder auftauchen wird.

Nach den Regeln des Textes wird das grauenvolle Erlebnis nicht inhaltlich bewertet, vielmehr klären Vater und Sohn die »Anschauung« ab. Das geschieht diesmal an Hand eines Gemäldes. Bilder, Abbilder des Lebens, spielen im Text eine wichtige Rolle: Der Lehrer verfertigt Zeichnungen, die in der Beschreibung Assoziationen an die des Anton Lehmden auslösen, der Industrielle ist bilderfeindlich und der Fürst wird die Gemälde, die Hochgobernitz schmücken, ständig umhängen. Das für diese Episode zentrale alte Ölbild hängt im Zimmer der Forchlers. Es zeigt zwei nackte Männer, die mit dem Rücken zueinander stehen, deren Köpfe aber derart verdreht sind, daß die Gesichter einander anblicken. Die Präsenz dieses bedrohlichen Bildes stellt ein unauflösbares Rätsel dar, das Dargestellte steht in keinem Bezug zu den in »Verstörung« protokollierten Ereignissen oder der Familiensituation des Arztes. Sind hier die Brüder aus »Amras« andeutungsweise zitiert, oder der Maler und der Famulant in der Küche der Wirtin? Oder ist das Bild eine verdoppelnde Anspielung auf jene geheimnisvolle Kindheitserinnerung, eine Folterszene, die Bernhard in »Ein Kind« berichtet? Bei seinem ersten Theaterbesuch will er gesehen haben, wie unter dem enthusiastischen Beifall des Publikums auf der Bühne ein völlig nackter Mann an einen Baumstamm gefesselt und gepeitscht wurde. (KI 99) Wie auch immer – das furchterregende Bild wird nicht dechiffriert, sondern als Objekt der »Anschauung« gewertet: der Vater, so berichtet er, bewundere es schon lange und habe gleichzeitig daran schon immer die verschiedensten »mehr grausigen Gedanken geknüpft«: »Wenn man es von der Wand, auf der es sicher schon Hunderte von Jahren hängt (…) herunter – und aus dem entsetzlichen Zimmer herausnimmt und an einer leeren weißen Wand befestigt, muß seine ganze Schönheit zum Vorschein kommen.« Das als extrem gewertete Bild ist ambivalent, »absolut häßlich und gleichzeitig absolut schön«. Und diese Schönheit ist einfach eng damit verbunden, daß das Bild wahr ist: »Es ist schön, weil es wahr ist.« (V 65)

Schönheit und Häßlichkeit können nur dann koexistieren, wenn jene – der Schlüsselbegriff der apollinischen Sphäre – nicht als Abwehr des Chthonischen gefaßt wird. Der Schönheitsbegriff des Vaters und der des frühen Thomas Bernhard, der hier als Schüler seines Großvaters auftritt, der ihn über die Schönheit der kloakenhaften Welt belehrte, meint nicht Harmonie. Eine solche »Schönheit« würde der Vater wohl als verlogen denunzieren. Die »Anschauung« muß allerdings gewisse Operationen vollziehen, sie muß sich der Wahrheit verpflichtet fühlen und das Objekt aus jener Tradition herausnehmen, die es in einen furchterregenden Gegenstand verwandelt hat. Auch hier kann der Sohn, dem ästhetische Überlegungen fremd sind, dem Vater nicht folgen; neuerlich zeigt sich, daß er der Schwächere der beiden ist. Der bloße Gedanke, daß dort, wo die Forchlermühle steht, Menschen leben, ist ihm entsetzlich. Natur, wo sie vom Menschen noch nicht erobert ist, affiziert ihn mit Grauen. »Die Natur ist dort, wo sie am allerreinsten und am allerunberührtesten ist (...) die unheimlichste.« (V 66) So flüchtet er in seinen Phantasien nach Leoben, an seine Universität: »Ich konzentrierte mich auf eine präzise Anschauung meines Internatszimmers. (...) In Wirklichkeit bin ich in der Schlucht. Aber ich bin auch in Leoben in der Wirklichkeit. Alles ist *die Realität*, dachte ich.« (V 68) Die Wissenschaft als Fluchtpunkt, Phantasie als gleichwertige, ja bessere Realität, das sind die bekannten Strategien des Selbsthelfers, der meint, »durch die größte Rücksichtslosigkeit gegen mich selbst aus der Monotonie der eigenen Geistesblindheit herausgekommen« zu sein. (V 68) Seine Conclusio ist optimistisch: »Ich bin jetzt so stark, daß ich mit mir allein fertig werde, dachte ich« (V 69), doch der Kontext, seine Schwäche gegenüber Natur, entwertet seine Lösung, und ehrlicherweise fragt sich der junge Mann selbst, ob er dem Vater nicht voller Absicht ein falsches Bild vermittle.

Obwohl Initiationen programmatisch bis an die Grenze des Erträglichen gehen, respektiert der Vater die manifeste Schwäche seines Zöglings und will die nächste Station der gemeinsamen Reise alleine absolvieren. Die Anspielung der Station auf die Arztfamilie ist hier besonders deutlich: das Geschwisterpaar Krainer ist im gleichen Alter wie die Arztkinder. Der Bruder Krainer, dessen Eltern ganztägig beim Fürsten arbeiten, ein total verkrüppeltes, geistesschwaches, gewalttätiges, zitterndes, speichelndes Halbtier, das seine Notdurft ins Bett verrichtet wie weiland der kleine Thomas Bernhard, ist seiner jüngeren Schwester völlig ausgeliefert. Eigentlich sollte das Bett dieser übersteigerten Version des Bruders aus »Amras« vergittert sein, um die Schwester vor einer Attacke zu schützen, aber das Mädchen hatte den Anblick des in einen Käfig eingesperrten Bruders nicht mehr ertragen.

Die Spiegelung der Arztfamilie in der Krainerschen lädt zum Vergleich ein: Hier hat sich die gesunde Schwester rührend um den Bruder gekümmert – intensiver und aufopfernder als der anklagende Arztsohn, ein »Weggeher«, der sich selbst geholfen hat. Das Leben der Schwester besteht aus einer totalen Hingabe an den Bruder, den sie liebt, von dem sie sich aber gehaßt fühlt. Diese Hingabe ist nutzlos und wird den jungen Krainer nicht retten, doch gleichzeitig zerstört sie das Leben der Schwester, wie die Beziehung zum Gatten/Bruder in der Episode mit dem Industriellen. Die Analogien zwischen seiner Situation und der der Krainers haben dem Sohn eine schwere Niederlage zugefügt. »Studienhalber«, sagt der triumphierende Vater, nehme er den Sohn zu seinen Kranken mit, und das Wort wird mehrfach fast hohnvoll wiederholt – das sind andere Studien, als die an der Montanistischen Hochschule in Leoben, die der Sohn so gepriesen hat.

Hochgobernitz

Was auch immer der Vater dem Sohn beweisen oder zeigen will: Der Fürst ist der Höhepunkt seiner Argumentation. Die drei Prinzipien seiner »Besuchspolitik« bestimmen auch die letzte Station dieses Tages: die Familie der Sauraus laboriert an einem ähnlichen Problem, wie die Arztfamilie; Positionen, die in der »Anschauungsdebatte« zwischen Vater und Sohn angerissen wurden, werden hier angespielt, ein Elend, das jenes der Arztfamilie übersteigt, wird als alltäglich vorgeführt. Zwischen dem Fürsten und dem Vater herrscht insofern eine stillschweigende Koalition, weil sich beide – ganz gegen die Erkenntnismöglichkeiten des Gesamttextes – der »Ursachenforschung« verweigern. Der Monolog des Fürsten wird so wichtig genommen, daß er vom protokollierenden Sohn »beinahe wörtlich« zitiert wird. Die Verarbeitung des Gehörten, die daraus resultierende »Anschauung« bleibt ein Geheimnis des jungen Mannes – insofern hat auch »Verstörung« einen offenen Schluß.

Wie bei den meisten Stationen dieser kreuzwegartigen Reise ist der medizinische Nutzen des »Krankenbesuchs« recht gering. Der Vater hat als Erkrankung des Fürsten »Wahnsinn« diagnostiziert, der Patient hat die Diagnose angenommen und weiß, daß er »jetzt nicht mehr zurück kann, ich kann jetzt nicht mehr in mein durch Tausende von Prinzipien von ihrer Welt abgetrenntes Denken, einfach in mein Gehirn zurück!« (V 112)

Als medizinisch aufgeklärte Leser dürfen wir uns Zweifel an der Diagnose des Vaters vom »Wahnsinn« des Fürsten erlauben. Das wesentliche Symptom der Erkrankung seines Patienten liegt nicht im Gefühl der Einsamkeit der gewalttätigen Natur gegenüber, sondern in einem permanenten, schmerzhaften, dröhnenden Geräusch im Ohr, einem »tödlichen Geräusch«:»Tag und Nacht sei er von diesen Geräuschen (…) durchdrungen, verstört, andauernd durch diese Geräusche auf die grauenhafteste Weise in seinen eigenen Tod ›hineinprojiziert‹.« (V 102) Die Auswirkungen des »entsetzlichen ohrenbetäubenden Chaos« in seinem Kopf konsumieren wohl die Diagnose »Wahnsinn«.

Jeder luzide Gedanke wird von dem den Fürsten beherrschenden Getöse in seinem Kopf verunmöglicht, der »Geräuschelärm« in seinem Gehirn strukturiert seine »Anschauung« und kündet ihm die nahende Katastrophe: »Ich habe den Eindruck, als wäre es in jedem Augenblick natürlich, daß die Welt auseinanderbricht.« (V 115) Das unentwegte Dröhnen in seinen Ohren hindert den Fürsten am Schlafen und die Schlaflosigkeit schafft schwere Persönlichkeitsveränderungen: eine extrem gesteigerte Wahrnehmungsfähigkeit mit manischen Verhaltensformen, die wiederum zu einer Ideologisierung seines Symptoms führen und dazu, die eigenen Zustände auf die gesamte Menschheit zu projizieren.

Die Krankheit schreitet immer schneller voran – »Hilfe« scheint es nicht zu geben. Der Arzt greift nur gelegentlich in die sprachlichen Artikulationen seines Patienten strukturierend ein und bemüht sich taktvoll die »unvorstellbare Verwüstung« zu ordnen. Damit gibt er dem Fürsten die Hoffnung, »daß wir noch nicht gänzlich vernichtet sind«. (V 111) Auch lindert die Akzeptanz seines Leidens das Gefühl des Patienten, mit seinen Beobachtungen und Anschauungen völlig allein gelassen zu sein: »Das Bestürzende ist, daß kein Mensch, daß kein einziges Gehirn von diesen Geräuschen jemals Notiz genommen hat und jemals davon Notiz nimmt!« (V 116)

Die Geräusche verdoppeln sich in der Wahrnehmung des Fürsten täglich. Trotz der einfühlenden, zeitaufwendigen und taktvollen Begleitung ist er mit seinem Arzt unzufrieden: »Meine Qual ist aber eine Ihnen verschlossene Qual …« (V 112) Bernhard beschreibt hier möglicherweise einen Behandlungsfehler, der in einer allzu intensiven Verfolgung der seelischen Komponente liegt. Dem markantesten Symptom des Fürsten, dem Dröhnen im Ohr, liegt ein recht verbreitetes Leiden zugrunde, das Tinnitus genannt wird. Ludwig van Beethoven gilt als der berühmteste Patient und hat im Heiligenstädter Testament die aus dem Tinnitus resultierenden suizidären Neigungen protokolliert: »Es fehlte wenig, und ich endete selbst mein Leben.« Entspannende Ablenkung vom Symptom, ein Fortführen vom »Grübelzwang« wird heute als Therapie empfohlen. Doch gerade diese »Katastrophisierung« des Tinnitus wird von der Art des Arztes, mit dem Patienten umzugehen, verstärkt. In der Logik der Erzählung ist dieser Behandlungsfehler nicht zufällig – würde der Fürst an einem organischen Leiden laborieren, wäre er als Argumentationshilfe für den Vater, als interpretierende Synthese der Erlebnisse des Tages, entwertet. Innerhalb der »Gesamterzählung« werden wir weiter mit dem Tinnitus konfrontiert werden, es wird sich der metaphorische Charakter auch dieser Erkrankung herausstellen, und in »Heldenplatz« werden wir eine überraschende Auflösung dieser Metapher finden, die uns einladen wird, die Frage, was der Fürst tatsächlich hört, noch einmal zu stellen.

Fürst sein

Der Fürst spricht von der Höhe der Mauern seiner Burg aus und hat »tatsächlich (einen) in jede Richtung hinein Hunderte von Kilometern weiten Blick«. (V 78) Offen bleibt, ob diese Weitsicht nicht eine angemaßte ist; im Ergebnis variiert der Blick des Fürsten zunächst die uns wohlvertraute Botschaft des Malers Strauch: die Identität des Lebensgesetzes mit dem Leidensgesetz. In ihren politischen Artikulationen stehen sich der Fürst, der kleinbürgerliche Maler Strauch und der politische Essayist Thomas Bernhard in ihren Tiraden gegen Staat, Demokratie und das republikanische Prinzip recht nahe: »Der Staat ist morsch. (...) die Roten sind nichts und die Schwarzen sind nichts, die Monarchie ist *natürlich* nichts und die Republik ist *natürlich* nichts. Alles liegt doch in einer gleichmäßig stumpfsinnigen Agonie, nicht wahr?« (V 97)

Strauch und Saurau berühren einander in der Parteilichkeit für das autoritäre Prinzip – doch Saurau spricht von der Warte des Herrn über eine 3840 Hektar große Liegenschaft, die tatsächlich ein »Staat im Staate« ist. Das »Fürst-Sein« markiert einen zentralen Unterschied zwischen ihm und dem Maler, der die sonstigen Ähnlichkeiten aufhebt. Auf Hochgobernitz gilt noch das Prinzip der Verantwortung, ein »Fremdwort« in der Republik: »Das hier ist ein *eigener* Staat. Hier herrschen, sage ich, *eigene, die saurauschen Naturgesetze,* verstehen Sie, sage ich, die saurauschen Naturgesetze, nicht die der Republik, nicht die der Pseudodemokratie.« (V 91)

Das Lebensgefühl des Fürsten, der von der hochliegenden, kalten und feuchten Burg Hochgobernitz aus seinen »Staat im Staat« regiert, ist uns neu. Der ungeheure Reichtum hat nichts Verwöhnendes, im Gegenteil, er schafft Verpflichtungen, die der in »Amras« beschriebenen »Verschuldung« gleichwertig sind. Bedürfnislos haust sein Eigentümer im kleinsten, kältesten und feuchtesten Zimmer der Burg, die er nur zu Begräbnissen verläßt, nicht viel besser als die verarmten Brüder im Turm von »Amras«. Auch hier regiert das Strauchsche Kältegesetz: »Hier herrscht eine Eiseskälte. Hochgobernitz ist aus Eis.« (V 185)

Von nun an wird Bernhard in der Wahl der sozialen Milieus, in die er seine Protagonisten setzt, einen Schwenk vollziehen: von Zoiss bis Murau sind sie alle »unermeßlich reich«, Besitzer von »Schlössern« oder zumindest riesigen Liegenschaften und eben – wie neben Saurau auch Murau – »Fürsten«, auch wenn die Republik diesen Titel nicht mehr kennt. Die absurde Lage des Saurau, das elende Leben eines unermeßlich reichen Mannes, zeigt, wie jede Erbschaft die »Wahl« der Folgegeneration einschränkt.

Das soll uns allerdings nicht blind machen für die positiven Seiten einer solchen Erbschaft. Für die Bernhardschen Aristokraten ist die Frage des Broterwerbs, die, wie die Autobiographie belegt, die Familie ihres Schöpfers so gequält hat, ausgeschaltet. Bernhards Schriften bis hin zu »Auslöschung« sind zu Recht als »Antiautobiographie« gedeutet worden: Das Kind quälend armer Leute beschreibt in ihnen einen Lösungstypus einer allgemeinen existentiellen Problematik »rein«, also ohne die Einsprengel der sekundären materiellen Frage. Wenn wir die nachfolgenden Prosatexte als Protokoll einer »Selbsterziehung« lesen, dann folgt diese dem antibürgerlichen Imperativ aus Nietzsches vom Vater entlehnter Schrift »Über die Zukunft unserer Bildungsanstalten«: »Jede Erziehung aber, welche an das Ende ihrer Laufbahn ein Amt oder einen Brotgewinn in Aussicht stellt, ist keine Erziehung zur Bildung, wie wir sie verstehen …« Bernhards in der Folge beschriebene Protagonisten verfügen über existentielle Gestaltungsmöglichkeiten, die ihren kleinbürgerlichen Pendants undenkbar sind. Muraus große Geste am Ende von »Auslöschung«

wurde in kleinbürgerlicher Manier als Schrulle gelesen, doch tatsächlich handelt Murau hier als Aristokrat. Bernhards Beziehung zum Landadel war nicht eindeutig und keineswegs frei von Spott; zeitweilig schätzte er es, in seinem persönlichen Auftreten den Habitus eines ländlichen Grundbesitzers zu imitieren. Der Gesamttext denkt die vermögende Aristokratie als eigenes soziales Milieu mit entsprechenden Regeln.

Saurau hat sein Leben der menschenverschlingenden Maschine Hochgobernitz untergeordnet und war dabei durchaus erfolgreich: im Verlauf der letzten dreißig Jahre hat er die Besitzung verdoppelt. Wie in »Frost« sind wir mit einem »früher« konfrontiert, das von der Endphase des Austrofaschismus, über NS-Zeit und Weltkrieg, in die Zweite Republik reicht und unkommentiert bleibt. Obwohl die beiden Faschismen den Fürsten des Landes nicht wirklich feindselig gesinnt waren, waren diese drei Jahrzehnte, wie wir aus »Ungenach« lernen werden, keine guten Zeiten zum Verdoppeln einer riesigen Wirtschaft. Die Grundlagen des Saurauschen Erfolges bleiben im dunkeln, doch vielleicht wird uns »Auslöschung« einen rückblickenden Kommentar erlauben, mit welchen Strategien Fürsten (und ihre kleinbürgerlichen Gattinnen) ihre Vermögen mehrten – wer »verdoppelte«, war zumindest ein Mitläufer. Eine Fährte, die vielleicht im »Italiener« eine Auflösung findet, legt der Text durch den Hinweis auf die Wörter, die der 1948 verstorbene sprachallergische Vater des Fürsten nicht vertrug: »*Fleischwurst, Auschwitz, SS, Krimsekt, Realpolitiker*«. (V 86)

Jede Vergrößerung der Besitzung schränkt die Lebensmöglichkeiten des Fürsten weiter ein – das ist die Spielregel, mit der sich in den folgenden Texten die Protagonisten werden auseinandersetzen müssen. Saurau weiß, daß sein Stand zum Untergang bestimmt ist, und daß die Untergangsphantasien, die er artikuliert, eine gigantische Projektion seiner soziologischen Befindlichkeit sind. Die Natur bedroht die großen Güter mit Katastrophen, der Staat mit Enteignung: »*Enteignet!* rufe ich aus, ich sage: hoffentlich enteignet sich bald dieser Staat selber. Er möge sich selbst enteignen, rufe ich aus, *entleiben*.« (V 97) Denkbar ist eine »Anschauung«, die eine Enteignung als Befreiung erlebt. Doch die absurde Bindung des Fürsten an das Ererbte ist derart stark, daß er Hochgobernitz als Teil seines Körpers erlebt – Enteignung ist ihm ein kastrierendes Abhacken der Zehen oder der Ferse. So mutiert die denkbare Möglichkeit der Enteignung zum Stichwort, das die Staatsgegnerschaft begründet, bei dem ihm »die ganze Widerwärtigkeit des Staates, die ganze Staatsdummheit, das ganze blödsinnige beamtete Staatsgesindel zu Bewußtsein kommt!« (V 96f.) Die Nachfolger Sauraus werden hier eine souveräne Lösung finden und die »Enteignung« durch »Abschenkungen« selbst vollziehen.

Der junge Saurau – Mutmaßungen über einen Erben

Der junge Saurau ist der erste einer Reihe von heranwachsenden Söhnen, die sich weigern, die Lebensform ihrer Eltern fortzusetzen, kein sanfter Sohn, der auf Rebellion verzichtet, sondern einer jener Bernhardschen »bösen Söhne«, die im Namen der Realisierung ihres »Eigenen« ihre pathogenen Familiensysteme aufzusprengen versuchen. In »Verstörung« entzieht er sich uns insofern, als er nicht selbst agiert, sondern uns nur aus dem mit Träumen und Phantasien aufgeladenen Monolog seines Vaters entgegentritt. Er, unter dem »alle« immer gelitten haben, wie später in »Auslöschung« unter Murau, ist die abwesende Gegenfigur: »Alles in Hochgobernitz ist auf meinen Sohn hin konzentriert, aber mein Sohn ist von Hochgobernitz nur beherrscht, nicht auf Hochgobernitz konzentriert.« (V 141) In der Phantasie des Vaters ist der Sohn ein »Revolutionär«, er hat sich für die politischen Gegner entschieden – wie der des Terrorismus verdächtige Sohn des »Präsidenten« im gleichnamigen Theaterstück.

Unverdrossen hegt der Vater einen Traum von Harmonie zwischen den männlichen Generationen, der an die Erwartungen des Arztsohnes erinnert, den Traum, »daß uns nichts als das Alter trennt« (V 163). Diesen Traum von »Väterlichkeit« wird »Verstörung« zurückweisen und klarstellen, daß sich dahinter ein manifester Machtanspruch der älteren Generation verbirgt, die gleichzeitig damit ihr Scheitern gegenüber ihrer Vorgängergeneration rationalisiert. »Weggehen« und »Zerstören« werden als einzige Perspektiven zur Lösung der Probleme der Söhne überbleiben – eine brutale Lösung, die den harmonisierenden Phantasien des Arztsohnes das Wasser abgräbt.

Der junge Saurau hat Hochgobernitz verlassen und sich ins Exil nach England geflüchtet, ein »Weggeher«, wie wir lernen werden, möglicherweise ein inkonsequenter. »Verstörung« stellt uns diesen in der Bernhard-Welt fundamentalen Typus zunächst durch die Reaktionen seiner Familie auf ihn vor. Es scheint, daß alle vom Weggehen träumen und gleichzeitig den hassen, der es unternimmt. »Mein Sohn ist in England, *ich* gehe hier unter« (V 104) – das erste Mal wird in direkter Rede der Vorwurf eines Zurückgelassenen an einen »Weggeher«, einen »sich nur im Ausland wohl fühlenden exaltierten Schwärmer« (V 171), erhoben; von nun an ein großes Thema der Bernhardschen Prosa. Wie der Industrielle arbeitet auch der junge Saurau an einer Studie, die offensichtlich in verschlungener Form die intellektuellen Rationalisierungen dieses »Weggehens« bündelt. Es ist dies die erste einer Kette von Studien, die die Arbeit der Protokollanten überflüssig machen und sich thematisch immer mehr den Lebensumständen ihrer Autoren nähern werden.

Ähnlich asketisch wie der Industrielle und sein Vater, der Fürst, haust der junge Saurau in einem kahlen, billigen »ununterbrochen sonnenlosen Kabinett« in der Nähe des Hyde-Parks. Das ist ein Exilort, der gegen die Qualität seines »Weggehertums« spricht und der von Muraus Lebensmodell bestimmten Logik des »Gesamttextes« nach sein Scheitern wohl antizipiert. Die nach Muraus Verständnis von Schuldgefühlen diktierte Sparsamkeit schützt den Sohn nicht einmal vor der väterlichen Unterstellung, es nur auf sein Vermögen abgesehen zu haben. Der Fürst traut dem Sohn in keinem Punkt, er glaubt nicht an seine Studien und hält das Forschungsobjekt des »verwilderten Gelehrten«, die Massen, die auch einen anderen »verwilderten Gelehrten«, Elias Canetti, in jenen Jahren in London beschäftigten, für uninteressant und längst erforscht. »Es ist ein *bedauerlicher Enthusiasmus*, mit welchem er sich in London an eine weltgeschichtliche Betrugsaffäre verliert und dabei seinen Kopf verliert.« (V 143)

Trotz der spärlichen und einseitigen Informationen über den Sohn, unübersehbar und dem Zeitgeist des Jahres 1967 geschuldet ist, daß die »weltgeschichtliche Betrugsaffäre«, der »fürchterliche Massenwahnsinn«, mit deren Hilfe der Sohn die Entfremdung von der Familiengeschichte politisch ausdrückt, der »wissenschaftliche Sozialismus« ist, jenes historisch gewachsene Konstrukt von eigentumsfeindlichen politischen Ideen, in deren Zentrum die Expropriation der Expropriateure steht. Er studiert Autoren aus der Vorgeschichte der marxistischen Diskussion wie den Utopisten Morus und Babeuf, den linken Flügelmann der Französischen Revolution, und ein in der Steiermark des Thomas Bernhard recht populäres Buch, die Dissertation von Karl Marx über die »Differenz der demokritischen und epikureischen Naturphilosophie«. Die Studien des jungen Saurau reißen Spezialfragen »linker« Theoriengeschichte an, mit denen Bernhard in der Lungenheilanstalt durch seinen sterbenden Zimmergenossen, den »Doktor«, vertraut gemacht wurde. (KÄ 119f.)

Die Lektüren des Sohnes gruppieren sich um den Satz, daß »*in den bürgerlichen Revolutionen Blutvergießen und Terror, politischer Mord die unentbehrliche Waffe in der Hand der aufsteigenden Klasse gewesen ist*«, daß aber »*die proletarische Revolution für ihre Ziele keines Terrors bedarf, daß sie den Menschenmord verabscheut*«. (V 120f.) Das sind wohl marxistische, wenn auch nicht leninistische Perspektiven, die sich am linken Flügel der klassischen Sozialdemokratie genauso gefunden haben, wie innerhalb der eurokommunistischen Parteien im Erscheinungsjahr von »Verstörung«. Hier dienen sie dazu, dem ungeheuren Aggressionspotential, das sich in der Familie Saurau angesammelt hat, ein »gewaltfreies« Ventil zu schaffen. Autoren aus dem Kontext der Sozialdemokratie der Jahrhundertwende werden studiert: der »Zentrist« und von Lenin als »Renegat« der proletarischen Revolution gescholtene Karl Kautsky, Rosa Luxemburg, Lenins große kommunistische Kritikerin, Klara Zetkin, eine der Figuren des Übergangs von der klassischen Sozialdemokratie zum Kommunismus der III. Internationale und Filippo Turati. Die Präsenz des hierzulande kaum bekannten Turati gibt der Sammlung linker Autoren einen gemeinsamen Ort: sie alle nahmen an der im Prozeß der Transformation der Sozialdemokratie von einer »revolutionären« zu einer »reformistischen« Partei grundlegenden »Massenstreikdebatte« teil. (Grunenberg 1970)

Die vom jungen Saurau studierte linke Theorie ist allerdings von dem historischen Subjekt, das in ihrem Zentrum steht, der Arbeiterklasse, gelöst. Daß der Sohn ausgerechnet jene »Massenstreikdebatte« studiert, die aus einer radikalen Perspektive betrachtet als Meilenstein in der Geschichte des sozialdemokratischen »Verrats« gilt, delegitimiert genau jene Arbeiterklasse, die sich als Träger der eigentumsfeindlichen Theorien begreift. Zwar ist der Sohn des Fürsten ein Überläufer, der sich auf die Seite der radikalsten Gegner der väterlichen Lebensform gestellt hat. Doch in seiner Version ist der wissenschaftliche Sozialismus nicht die handlungsleitende Theorie der organisierten Arbeiterklasse, sondern die Antwort, die sich die selbstbestimmten Söhne der Aristokratie wählen, um das Problem der Belastung durch den ererbten Besitz zu lösen. So könnte man wohl auch das politische Engagement mancher 68er beschreiben.

Ein Traum des Vaters imaginiert die Realisierung der Freiheit des Sohnes in ähnlicher Weise, wie sich Murau in »Auslöschung« die soziale Kooperation der Geistesmenschen erträumt. Diese Freiheit hat eine Bedingung und eine damit verbundene präzise Datierung: es ist acht Monate nach dem Selbstmord des Vaters. Die nach Befreiung strebenden »Fürstensöhne« Saurau und Murau »töten« ihre »unterdrückenden« Eltern nicht, der Autor nimmt ihnen diese Arbeit ab, indem er in die Geschichte einen Selbstmord oder einen tödlichen Unfall einbaut. Jetzt schreibt der Sohn einen Brief im Arbeitszimmer des Vaters, was er zu dessen Lebzeiten verweigert hat. Der Tod des Vaters hat den »Weggeher« zur Heimkehr veranlaßt, er hat, wie von der die Schwestern ausschließenden Erbfolge vorgesehen, die Wirtschaft übernommen und führt sie auf seine Art: Alle Bediensteten werden entlassen oder gar verjagt, das Vieh wird verkauft, die Ernte verrottet – der junge Saurau läßt Hochgobernitz systematisch verfallen.

Eine Passage des Briefes zieht triumphierend die Bilanz dieses symbolischen Vatermordes: »Diese glänzende Wirtschaft habe *ich* ruiniert. Diesen ungeheuren Land- und Forstwirtschafts*anachronismus*! Ich sehe plötzlich (…) indem ich die Wirtschaft unabhängig davon oder gerade weil sie die beste ist, liquidiere, daß ich mein Theoretisches praktiziere …« (V 119) Das marxistische Postulat der Einheit von Theorie und Praxis wird hier realisiert, der junge Fürst ist kein Verbalradikaler, wie die Sozialdemokraten der II. Internationale, er triumphiert über sein »Theoretisches«, da er – im Gegensatz zu den Theoretikern der Massenstreikdebatte – bei der »*Verwirklichung*« angelangt ist: »solange ich existiere, wird auf diesen und ich denke : auf meinen! auf meinen! Grundstücken nichts mehr getan, das nützlich sein *soll*, nichts mehr, nichts mehr (…) von jetzt an sind die Saurauschen Grundstücke nur noch völlig nutzlose Grundstücke …« (V 122)

Auf den ersten Blick haben wir es hier mit einem dem Zeitgeist nicht untypischen entstellten Bild vom Sozialismus zu tun. »Marxismus« ist hier nicht mehr als eine Erscheinungsform eines tiefen Hasses gegen das Bestehende, die Moro in »Ungenach« grundlegend kritisieren wird. Doch das Beschriebene hat wenig mit den Theoretikern, deren Lektüre dem Sohn unterstellt wird, zu tun, umsomehr aber mit dem träumenden Vater: die Zerstörung von Hochgobernitz enthält seine, dem Sohn unterstellte Wunscherfüllung, deren Preis allerdings der eigene Tod ist. »Meine Verwirklichung, das bin ich«, läßt der Vater den Sohn schreiben, und die Wunscherfüllung ist in extremer Weise ambivalent besetzt: »Verwirklichung« des Sohnes und Selbstmord des Vaters sind hier ausweglos eng miteinander verknüpft, und das Handeln des Sohnes wird vom Vater als Rache erlebt.

Der Vater weiß allerdings, daß den Sohn im Falle seiner Rückkehr eine tödliche Verdoppelung seiner eigenen Geschichte erwarten würde: »Kälte. Abgeschlossenheit. Irresein. Tödliche Selbstgesprächigkeit. Wahnsinn durch sich selbst als Wahnsinn der Welt, der Natur.« (V 152) Auf der Basis dieser Identifikation kann er phantasieren, daß der Sohn, wenn er durch den Hyde-Park geht, nicht nur seinen, des Vaters, Anzug trägt, sondern auch mit seinen Gedanken seine Probleme bedenkt. Bekleidungsstücke werden in Zukunft soziale Befindlichkeiten signalisieren, auch verbinden sie in der Bernhard-Welt die Generationen. Tatsächlich hat der Fürst diesen Anzug getragen, und zwar ebenfalls in London, der Stadt, wo schon der Großvater des jungen Saurau studierte. London ist dem Fürsten immer noch die Stadt seiner Sehnsucht: »London (...) ist die einzige Stadt, in der ich auf Lebenszeit leben möchte.« (V 161) Allmählich baut sich also eine ganze Kette von identen Schicksalen auf: Schon der (Groß-)Vater wollte Hochgobernitz auflösen, »aber wenn er an die Arbeiter dachte (...) stieß er den Plan wieder über den Haufen«. In seiner letzten Zeit fühlte er sich zu müde, »um Hochgobernitz aufzugeben, eher gebe ich mich selbst auf.« (V 152)

Alle Erben der Sauraus flüchten als Jünglinge nach London, träumen von der Freiheit, kehren heim, weil ihre Väter sich töten und verwalten die Liegenschaft, bis sie zu schwach zur Aufgabe sind, um dann angstvoll den London-Aufenthalt ihrer Söhne zu kommentieren. »Beinahe alle Saurau haben sich umgebracht‹, sagte der Fürst, ›Hochgobernitz endete für beinahe alle Saurau mit Selbstmord.‹« (V 153) Auch beim Vater des Fürsten begann die letale Krise mit einem Hochwasser der Arche und er tötete sich am 22.10.1948, dem letzten Geburtstag von Bernhards Großvater, auf den, wie bei so vielen anderen Bernhard-Figuren, mehrere Zeichen des Fürsten weisen. Die letzten Wochen des Vaters waren von einer tiefen Depression gekennzeichnet, in der er den Umgang mit seiner Familie völlig und die

Nahrungsmittelaufnahme weitgehend eingestellt hatte. Die »entscheidenden Seiten« aus Schopenhauers »Welt als Wille und Vorstellung« hat er allerdings herausgerissen und gegessen – eine Steigerung der Geste Catos, der vor seinem Selbstmord Plato las. »Schopenhauer ist für mich immer die allerbeste Nahrung gewesen« (V 155), vermerkt der Selbstmörder einige Stunden vor seiner Tat. Das ist ein gewichtiger Satz, der allerdings durch die letzte Mitteilung des Selbstmörders, notiert auf dem Vorsatzblatt des Schopenhauerschen Werkes, relativiert wird: »erschießen besser«. In jener akuten Krise, aus der heraus der Fürst spricht, werden in ihm »viele Eigenschaften des Vaters lebendig«.

Damit ist ein allgemeines Dilemma von Väterlichkeit angesprochen, das ein wichtiger Bestandteil der Botschaft ist, die der Arzt seinem Sohn durch das Sprachrohr des Fürsten zukommen läßt. Zwangsläufig steht »Mord« im Zentrum des Verhältnisses zwischen Vater und Sohn. Jene positive Identifikation mit dem Vater, die der Fürst vorlebte, indem er – wenn auch widerwillig – Hochgobernitz fortführte, heißt Verzicht auf das »Eigene«, Einwilligung in einen vorgegebenen Ablauf, »Selbst-Mord«.

Diese positive Identifikation hat der junge Saurau verweigert, nachdem ihm auf der Überfahrt nach England klar wurde, daß ihm Hochgobernitz »vollkommen fremd« ist. Scheinbar ist der blinde, ungesteuerte Naturzusammenhang hier unterbrochen worden, scheinbar hat hier eine Wahl im Namen von Kultur stattgefunden, die den barbarischen Tötungsmechanismen ein Ende setzen könnte. Aber auch diese Identifikation mit dem Gegenbild ist todbringend, selbst wenn sie von den unerfüllten Sehnsüchten des potentiellen Opfers stimuliert wurde. So zieht der Fürst Bilanz: »Ich habe ihn, denke ich, zu meinem Vernichter erzogen. (...) Aber jede Erziehung ist immer eine vollkommen falsche.« (V 193) Bei der Betrachtung seiner Kinder, bei der Feststellung, daß sie alle als »durch mich« zu sehen sind, kommt ihm daher »eine ungeheure Konstellation, eine, möglicherweise *die* Fürchterlichkeit überhaupt zu Bewußtsein: *ich bin der Vater!*« (V 115) Das war es wohl, was der Arzt seinem Sohn nicht selbst mitteilen konnte.

V. Eine amerikanische Lösung

Den gordischen Knoten zerschlagen

Daß die 1968 erschienene Erzählung»Ungenach« in gewisser Weise bruchlos an»Verstörung« anschließt, ist ein Indiz dafür, wie intensiv Thomas Bernhard in der Welt seiner Figuren heimisch war: Mutatis mutandis können wir uns Robert Zoiss, den Akteur des Textes, als einen»rücksichtslosen« Wiedergänger des jungen Saurau denken, der für das von diesem erkannte Problem eine erste Lösung anbietet, die aber Fragment bleibt, an erkennbaren inneren Widersprüchen laboriert und daher der Kritik der Folgetexte unterliegen wird. Die in»Verstörung« gestellten programmatischen Fragen nach der Bedeutung von»Hochgobernitz«, das hier zu»Ungenach« mutiert, für das Leben der Eigentümer, nach den Strategien, sich des»Erbes« zu entledigen, und schließlich die nach der Beschaffenheit eines Lebens »nach Hochgobernitz«, werden in»Ungenach« nur ansatzweise beantwortet. Jene Nachvollziehbarkeit der Motive einer Figur, wie sie in »Auslöschung« ungeachtet der Murauschen Übertreibungen gegeben ist, fehlt bei den hermetischen Figuren von»Ungenach«, sie sind abweisend konstruiert und was von ihnen sichtbar wird, sind bizarre, inkohärente Fragmente. Es ist kein Zufall, daß in der Liste der von Zoiss Beschenkten der Autismus und der Wahnsinn angespielt werden – es ist ein Autismus, der sich leugnet, der seine biographischen Ursachen nicht kennt und gelegentlich zu einem sprachgewaltigen Weltverhältnis hochstilisiert.

Während uns in»Frost« und»Verstörung« der Bericht eines Protokollanten über unerhörte Geschehnisse informiert, wird uns Muraus Lösung des Saurau-Problems bzw. das Ensemble von ineinandergreifenden Lösungen in einer autobiographischen Studie mitgeteilt, deren Abfassung Bedingung dieser Lösung ist. Akteur, Kommentator und Protokollant sind in»Auslöschung« in einer Person verschmolzen, »Ungenach« hingegen spaltet diese Funktionen auf mehrere Personen auf. Robert Zoiss ist der energische Akteur, der sein Handeln nicht kommentiert; der Advokat Moro verwaltet in seinem Kommentar in verborgener Weise die Widerstände gegen das Projekt; Roberts verstorbener Bruder Karl erforscht Ungenach und damit sich selbst, seine Aufzeichnungen skizzieren ein Programm, das über »Ungenach« hinausgeht. Zu dritt sind sie in gewisser Weise Murau, doch da sie hier weitgehend beziehungslos agieren, schaffen sie bloß eine letztlich widersprüchliche Wertwelt.

Der Anlaß von Robert Zoissens nächtlicher Reflexion, in der er den Vortag überdenkt und die Kommentare des von ihm in Angelegenheit der »Abschenkung« von Ungenach konsultierten Notars Moro rekonstruiert, erinnert an den Beginn von »Amras«: Der Tod des Vormunds und des Bruders eröffnet eine ambivalent genützte Befreiungsperspektive, der überlebende Bruder und Erbe berichtet eine Familiengeschichte, die wie in »Amras« durch die hinterlassenen Papiere des Toten illustriert wird.

Wieder ist die Handlung in einer »alten Familie« lokalisiert, die zur wirtschaftlichen und politischen Elite des Landes zählt. Unter den »schlampig« gebauten Prosawerken Bernhards bildet »Ungenach« ein extremes Beispiel: Chronologien widersprechen einander und über die genauen Verwandtschaftsverhältnisse der Protagonisten werden wir im Unklaren gelassen. Robert Zoiss, der an der Stanford University Chemie unterrichtet, ist der Sohn des ehemaligen Landeshauptmanns und Eigentümers der Besitzung Ungenach. Wie der Fürst und der Vater in »Verstörung« ist auch dieser aus ungenannten Gründen blinde, 1965 verstorbene Mann früh verwitwet; er hat sich nach dem Tod der nach Kriegsende verschiedenen Gattin neuerlich gebunden, so daß Robert eine Stiefmutter hat. Roberts Bruder Karl wird uns als »Halbbruder« vorgeführt, scheint aber nicht der Sohn dieser Stiefmutter zu sein, und schließlich gibt es noch einen Vormund, dessen Rechtsgrund unklar ist.

Einen jüngeren Halbbruder, den Arzt Peter Fabjan, hatte auch Thomas Bernhard, und Emil Fabjan, der Gatte der Mutter, fungierte als »Vormund« des außerehelichen Kindes. Die Gefährtin Emil Fabjans nach dem Tod der Mutter Hertha Bernhard könnte man als »Stiefmutter« zitieren – die Konstellation in »Ungenach« ist zwar nicht identisch mit der der Familie ihres Erfinders, zitiert aber Elemente. Vergleichen wir die beschriebenen verwirrenden Familienverhältnisse mit denen in »Auslöschung«, dann fällt uns die dort herrschende

Klarheit auf. Gegenüber »Auslöschung« mit seinen direkten Eltern-und Geschwisterverhältnissen herrscht in »Ungenach« eine den Text schwerfällig machende Strategie der Vermeidung, die sich jeweils eines abschwächenden Substituts bedient: statt eines Bruders fungiert ein Halbbruder als Rivale; statt des als gut, aber schwach und blind beschriebenen Vaters fungiert ein Vormund als Haßobjekt; statt der toten und ansonsten nicht näher beschriebenen Mutter gibt es eine »böse« Stiefmutter.

Die Chronologie, mit der der Text spielt, reicht von der ältesten Aufzeichnung Karls aus dem Jahr 1941, dem Bericht über einen Ausflug mit seinem Bruder, der beide altersmäßig zumindest als Jünglinge porträtiert, über afrikanische Aufzeichnungen von 1965 bis ins Jahr 1970. Wer die verwirrenden Daten zueinander in Bezug setzt, wird feststellen, daß die Erzählung möglicherweise *nach* dem Erscheinen des Buches im Jahr 1971 spielt, also einen Vorgang beschreibt, der »noch nicht« geschehen sein kann – wie der Traum des alten Saurau. Neuerlich hat dieses Chaos der Verwandtschaftsverhältnisse und der Chronologie eine erzähltechnische Funktion, weil es die Schwierigkeit des Erinnerns und Rekonstruierens illustriert und so den Widerstand, der sich der geplanten Selbstreflexion entgegensetzt, für den Leser geradezu sinnlich erlebbar macht.

Robert Zoiss, der Akteur und Berichterstatter, ist von den bisher beschriebenen »Weggehern« der Konsequenteste, er hat Österreich, der Familie und dem Besitztum Ungenach definitiv den Rücken gekehrt. Der Naturwissenschafter, der in Österreich keinen Lehrstuhl bekommen hat und eine »großartige Berufung« nach Stanford angenommen hat, ist eine zeittypische Figur des »Brain Drain« der ersten Jahrzehnte der Zweiten Republik, der massenweisen Abwanderung hochqualifizierter, an der Enge des Landes scheiternder Arbeitskräfte. »Österreich« und »Hochgobernitz« (bzw. Ungenach) verhindern die Selbstverwirklichung der Helden – das »Weggehen« als Notwehr richtet sich nicht nur gegen die Familie und die mit ihr verbundenen Verpflichtungen, sondern gegen das ganze Land.

Robert ist wohl um einiges stärker als die bisherigen Erben. Untergründig findet im Text ein an die Debatte zwischen Vater und Sohn in »Verstörung« anschließender Streit zwischen Moro und dem (verstorbenen) Karl darüber statt, wie diese Stärke eines »Selbsthelfers« zu bewerten ist: als Gesundheit, Intelligenz, Realismus und bewältigte Selbständigkeit – oder aber (so Moro) als »Gefühlsarmut«. Die »rücksichtslose Instrumentierung seines Denkens«, die Karl an Robert beobachtet, ist eine apollinische Qualität, die in der Hierarchie der Bernhard-Welt einen hohen Status hat: »Seine Sprache: Klarheit selbst dort, wo sie von ihm nur zum Zwecke der Aufklärung unserer Bitterkeit angewandt werden muß.« (U 86) Robert weiß, daß er »selbstverständlich alle vor den Kopf stoßen« wird, doch hat er eine Begründung für sein skandalträchtiges Handeln gefunden, die »nach Saurau« überzeugt: Ungenach ist ihm »außer einer furchtbaren Last nichts mehr«. (U 9)

Als Figur wird Robert Zoiss von seiner Tat verdeckt. Er hat dem Saurau-Problem eine Definition gegeben und in Amerika einen Entschluß gefaßt, den er mit hoher Willensstärke an einem Tag in die Tat umsetzt: »alles, was mit Ungenach zusammenhängt, aufzugeben, abzuschenken«. (U 8) Die »Abschenkung« ist ein asketisches Projekt. Zoiss verzichtet auf den materiellen Nutzen aus einem Besitztum, das mehr als 2000 Bedienstete hat und wird sich selbst mit 30000 Dollar sozusagen abfertigen. Wird auch er einmal jene Klage um das verlorene Erbe anstimmen, die Bernhard in den autobiographischen Texten dem Großvater in den Mund legt?

Die Quelle jener herausragenden Stärke, die Zoiss befähigt, sich an einem Tag eines riesenhaften Besitzes zu entledigen, bleibt im dunkeln. Kein Initiationsprozeß mit positivem Ausgang wird beschrieben, kein Mentor, keine Wahl. Es bleibt nur ein Wort: Amerika. »Amerika« gehört seit den Tagen des Karl Postl, der sich Sealsfield nannte, in den Kanon der in der österreichischen Literatur ambivalent beschriebenen Fluchtpunkte aus der heimischen Misere. Rund um den »Amerikanismus« wird in der Bernhard-Welt eine intensive Debatte geführt und die konservativen bis reaktionären Figuren vom Philosophen Kant im gleichnamigen Stück bis zum SS-Mann Höller im Theaterstück »Vor dem Ruhestand« machen ihn für zahlreiche Weltübel verantwortlich. In »Ungenach« wird diese Richtung vom Advokaten Moro repräsentiert. Er hält Roberts Flucht für eine legitime Notwehr, weiß, daß Österreich den Physiker verstoßen, sein »Gehirn hinausgeworfen« hat (U 19), und doch spricht er der von ihm gewählten Lösung jede Würde ab. Amerika, gesehen vom Advokaten Moro, ist nicht die Zufluchtsstätte der Verfolgten und Ausgegrenzten, sondern ein »anachronistischer Völkerunrat« (U 19) von würdelosen

»Weggehern«. Die soziale Alternative der »amerikanischen Lösung« hat ihre Quellen nicht, wie die Befreiungsphantasie der Sauraus, in der geschichtsträchtigen europäischen Enteignungsidee des Sozialismus oder Kommunismus, sondern in einer für den Amerikanismus charakteristischen radikalen, schnellen Sachlichkeit. Doch damit laboriert sie, das wird durch die Aufzeichnungen von Roberts Bruder Karl belegt, an einer letztlich ihren Erfolg verhindernden Geschichtslosigkeit, schöpft die historische und die metaphorische Dimension von »Ungenach« nicht aus, enthält ein Element von Beliebigkeit, und muß daher scheitern.

Ein Provinznotar

Moros eigenartige Kritik an Roberts »Abschenkung« wird durch seine soziale Rolle mehrfach gebrochen. Der Notar, Abkömmling einer Familie, die den Zoissens seit dem sechzehnten Jahrhundert dient, ist als »Diener« auf den »Herrn« bezogen und gleichzeitig eine eigenständige Figur. Der treue Diener führt die Register des Herren, zum Duell fehlt ihm die Gleichwertigkeit, dennoch enthält sein Diskurs Elemente der Kritik und entwickelt räsonierend eine höchstpersönliche »Anschauung«. Der Kommentator steht am Rand der Geschichte, die Handelnden sind die Brüder Zoiss, die Angehörigen eines Geschlechts, das Geschichte gemacht hat und dessen letzter Überlebende jetzt durch eine destruktive Geste Aufsehen erregt. Der Diener Moro wird die Abschenkung juristisch perfekt exekutieren, dem skeptischen Kommentator wird alles zu einer »Betrugsaffäre«: »wir handeln und verändern, ohne handeln oder verändern zu können ...« (U 10) Robert registriert diese Vorbehalte, doch bleibt er ihnen gegenüber stumm. Auch das unterscheidet ihn von Murau, der Spadolinis Argumente zugunsten von Wolfsegg sorgfältig prüft und sie dann verwirft.

Es scheint, daß dem Herren und dem Diener eine gewisse Weltverdrossenheit gemeinsam ist. Moros monologische Reflexion, die im Sprachverhalten an die des Fürsten erinnert, fehlt jedes Ziel: ein freischwebendes Räsonnement, pessimistisch, reaktionär, aber ohne jede erzieherische Perspektive. Wie Strauch bleibt er im allgemeinen und erlebt die Welt als »immer unerträglicher«, während sein ihm hier überlegener Herr konkrete Gründe seiner Weltverdrossenheit kennt, die sich in »Ungenach« verdichten. Wenn wir davon ausgehen, daß die »Abschenkung« von Ungenach auch ein Fehler ist, dann agiert Moro als ein hilfloser Konservativer, der jene Probleme sieht, die Zoiss, den er als »Linken« erlebt, mit einer bloßen Geste zu lösen meint. In seiner Unfähigkeit, Robert mehr als ein skeptisches Räsonnement entgegenzusetzen, ist er ein treffendes Abbild des Wertverlustes des österreichischen Konservatismus in der Moderne. Trotz seiner offenkundigen Vorbehalte gegen die »Abschenkung« ist Moro nicht imstande, Ungenach zu verteidigen, wie es in »Auslöschung« Spadolini mit Wolfsegg tun wird – das ist ein bemerkenswertes Verhalten, das in uns den Eindruck verstärkt, daß es in Ungenach allerlei zu verheimlichen gibt, auf der persönlichen Ebene, aber auch auf der historischen.

Für Moro ist einfach »alles (…) nichts als Irrsinn« (U 44) – aus der, wenn man an den Anwalt in »Verstörung« denkt, möglicherweise recht behaglichen Perspektive des Provinzadvokaten verweigert sich sein Negativismus jeder Differenzierung: Geschichte, Volksbetrug, »Schweinerei größten Ausmaßes« sind ihm »naturgemäß« alles eins. (U 18) Der »Untergang ist es, worauf schließlich alles bezogen ist …« (U 24) Das stellt die »Abschenkung« in den Kontext eines allgemeinen Absurden und nimmt ihr ihre konkrete Qualität.

Neuerlich wird hier die Botschaft der »Politischen Morgenandacht« variiert, der demokratische Wahnsinn wird angeprangert und dem Kleinstaat Österreich wird das Lebensrecht abgesprochen. Moro plaziert die Abschenkung, eine »unikumale Tatsache«, in den Kontext des Jahres 1968, »ein revolutionäres Element, diese Abschenkung … wo wir hinschauen, revolutionierende Elemente« (U 10), »überall (…) pseudopolitische Infektionskrankheiten«. (U 18) Ungeachtet der konservativen Artikulationen des Thomas Bernhard steht sein Denken tatsächlich stärker im Kontext des Zeitgeistes von 1968, als oft angenommen wird. Das Pathos einer durch Mao, Marx und Marcuse befreiten Gesellschaft der Achtundsechziger und die Visionen von Partei, Bewegung, Streik und Klassenkampf ist allerdings durch die »linken« Protagonisten Saurau und Max im »Italiener« erledigt worden. Doch das Werk in seiner Gesamtheit zelebriert jenen Wandel im Österreichbewußtsein seit der geschichtslosen Österreichtümelei der fünfziger Jahre, für den die Achtundsechziger einen zentralen Beitrag geleistet haben. Die »Entdeckung der Vergangenheit«, die Bernhards Texte beschreiben, spielte eine zentrale Rolle bei der Identitätsfindung

einer ganzen Generation: das triumphierende Gefühl, der vorhergehenden Generation,»auf etwas draufgekommen zu sein«, die Entäu-
schung über das verheimlichende Verhalten dieser Generation und
das daraus resultierende Mißtrauen gegen das»Ganze« waren ein
wichtiger Motor des kollektiven Verhaltens der Achtundsechziger,
denen im übrigen das»Abschenken« von Erbschaften nicht fremd
war. Die große Geste der absoluten Verneinung, der verantwortungs-
lose Protest, und die aus Schuldgefühl übersteigerte Entwertung des
Austriacums sind gewissen Bernhard-Protagonisten und den Acht-
undsechzigern gemeinsam. Jene Österreich-Kritik, der Bernhard am
eindrucksvollsten Ausdruck verliehen hat, war wohl das zentrale moralische Ereignis der Zweiten Republik – die Achtundsechziger und
Bernhard, der übrigens zwei zentrale Texte im Zentralorgan der Bewegung, in Günther Nennings»Neuem Forum«, publizierte, sind hier
eine stillschweigende Koalition eingegangen.

So ist es nicht zufällig, wenn sich Moro als Zeitgenosse einer revolutionären Periode erlebt, die er für notwendig hält, deren Bedeutung
durch den Strauchschen Grundzug seines Denkens allerdings relativiert wird: *immer* sei Grund zur Revolution, und das nimmt dem Jahr
68 (und der»Abschenkung«) das Spezifische. Jener Revolution, die
Murau später fordern wird, spricht Moro das schöpferische Element
ab. Das Element von Verwirklichung, das den jungen Saurau antreibt,
ist ihm nur als Zerstörung denkbar:»Die Verwirklichung (…) ist ja
die Zerstörung der Verwirklichung (…)« Auch der moralische Unterschied zwischen den Rebellen und den vorhergehenden Generationen wird von ihm gering veranschlagt:»Den Generationen der
Scham folgten solche der Schamlosigkeit.« (U 29)

Die Besitzung Ungenach

Die»Ursache«, oder besser die»Ur-sache«, der Anlaß der beschriebenen exzentrischen Rebellion, in deren Verlauf Ungenach abgeschenkt wird, ist»Ungenach«; doch was ist»Ungenach«? Jede Figur
trägt etwas zur Beantwortung dieser Frage bei, die allerdings erst
rückblickend durch Muraus Analyse von Wolfsegg beantwortet wird.
Ungenach ist zunächst ein riesiger Besitz, etwas,»das es heute, hier in
diesem Land nicht mehr gibt« (U 14), eine Vereinigung von Grund-

stücken, landwirtschaftlichen und gewerblichen Betrieben, Zinshäusern in Wien und schließlich ein schloßartiger Stammsitz. Doch diese technische Beschreibung wird »Ungenach« nicht gerecht: Wie Kafkas »Schloß« ist es gleichzeitig ein unerkennbares rätselhaftes Monstrum, das seine Größe ständig ändert. In manchen Verwendungen ist Ungenach als das »vollkommen Unsinnige« auch eine allgemeine existentielle Metapher. »Ungenach« als Ganzes weist über die Besitzung hinaus und erweitert sich in Richtung auf Österreich, ohne mit dem Land deckungsgleich zu werden: Die Papiere zur Geschichte der Besitzung enthalten den Schlüssel zur »Geschichte des ganzen Landes«. (U 15) Auch Ungenach laboriert daran, daß die schwachen Epigonen seine anachronistische Größe nicht mehr aushalten, und partizipiert somit an Österreichs Niedergang: Zum Unterschied von den Saurauschen Besitzungen, die sich in den letzten Jahrzehnten vervielfacht haben, ist die Besitzung heute um ein Viertel, (U 14) oder gar um die Hälfte (U 42) reduziert.

In Ungenach verdinglicht sich die jahrhundertelange Familiengeschichte der Zoissens, sie ist das »Erbe« der Söhne und wohl auch die Summe dessen, was sie erlitten haben, ihre persönliche Version der »Tiroler Krankheit«. Was Ungenach für die heranwachsenden Brüder bedeutet, wird aus den Aufzeichnungen des verstorbenen Bruders Karl andeutungsweise sichtbar. Seine Texte protokollieren die eng miteinander verbundenen Bestrebungen, sich vom realen Ungenach zu befreien und das metaphorische »Ungenach« zu verstehen. Beide Versuche bilden eine Einheit und scheitern als solche – wie so viele ihrer Nachfolger bleiben auch die Texte Karls unbedeutende Fragmente. In diesem Bemühen um Einheit liegt der große Unterschied zwischen den Brüdern: Robert versucht nicht, »Ungenach« zu verstehen; er konstatiert begründungslos die Unerträglichkeit der mit der Besitzung verbundenen Lebensform und reagiert darauf – und zwar zerstörerisch. Wer den gordischen Knoten zerschlägt, hat zwar seine Aufgabe gelöst, doch gleichzeitig ein Meisterwerk in einige wertlose Fragmente verwandelt. Das gescheiterte Projekt des toten Bruders Karl, eines Vorläufers Roithamers und Muraus, mit seiner Einheit von Aktion und Reflexion ist also das weitere und im »Gesamttext« das zukunftsträchtige. Gleichzeitig ist Karl offenkundig der Schwächste der drei mit Ungenach konfrontierten Männer: weder eignet ihm Roberts Tatkraft noch die Lust am Absurden des Notars Moro. Er spielt hier die Rolle des Opfers im Hintergrund, wie wir es aus »Amras« und »Verstörung« kennen. »Ich kann (...) Ungenach nicht erklären, nichts, das mit Ungenach zusammenhängt erklären, wo müßte ich anfangen und wie ...« (U 47), klagt Karl. Ungenach markiert also eine Grenze der (Selbst-) Reflexion, eine sehr frühe Grenze, denn schon der Fürst hatte erkannt, daß man aus dem Besitz heraus existiert. »Ungenach« als Text erlebt dieses Scheitern, kann aber seine Ursachen nicht benennen und gibt dem Problem der Hilflosigkeit eine fast mystische Aura. Sicher ist, daß die Zusammenhänge »tödlich« sind und daß die Erklärung Ungenachs eine unverständliche wäre. Ersteres ist uns aus »Amras«, aus der »Tiroler Krankheit« vertraut, zweiteres markiert eine Zunahme an Problembewußtsein – diese »Tiroler Krankheit« war ja eine eingängige, leicht nachvollziehbare Benennung. Ungenach hingegen markiert auch eine Grenze der Kommunikation. »Sie können sich Ungenach überhaupt nicht vorstellen, die Gebäude und diesen ungeheuren menschenverschleißenden Grundstückedespotismus ...« (U 51) Wir, die wir dem Fürsten Saurau zugehört haben, können es. Vor allem aber haben wir eine der Lehren von »Amras« in Erinnerung: solche Reflexionsstörungen der »Söhne« sind häufig die Folge von benennbaren Strategien von »Eltern«, denen sich Karl nirgends nähert.

»Ungenach« in seiner undarstellbaren Gesamtheit provoziert bei Karl eine ambivalente Reaktion. »Ungenach« als Gefühlskomplex verfügt über die Fähigkeit, ihn zu binden, und verhindert gleichzeitig ein menschenwürdiges Leben. Wie für den Notar Moro »alles« »immer« ein Grund zur Revolution ist, ist für Karl »alles« ein Grund, wegzugehen. Doch gleichzeitig läßt ihn seine offenkundige Lähmung, seine Unfähigkeit, sich von »Ungenach« zu befreien, nur den Weg zu einer selbstzerstörerischen Lösung offen.

Karl, der, so Moro, »unglückliche Mensch«, ist ein kranker Mann, zum ersten Mal in der Bernhard-Welt wird das ihren asthmatischen Schöpfer lebensbegleitende Medikament Cortison genannt. Auch sonst folgt er den vorgegebenen Regeln der Karriere einer Bernhard-Figur: In einem langen Winter hat er Kontakt mit den »Rufmördern der Geschichte, Marx, Lenin...« aufgenommen. (U 82) Im Gegensatz zum jungen Saurau und zu Max im »Italiener« ist daraus nichts Lebensprägendes entstanden, und Karl wendet sich, wie später Murau, Montaigne, dem Meister der Selbsterforschung, zu. Doch jene

Sohnes-Schwäche, die von nun an ein Zentralthema der laufenden Untersuchung darstellen wird, verwehrt ihm den Ausweg Muraus, die Sich-Selbst-Setzung als Geistesmensch: Die Kant-Gesamtausgabe auf dem »Denktisch« des Großvaters erdrückt ihn, und die Schriftsteller in seinem Bücherregal sind ihm verhaßt.

Als guter Sohn hat sich Karl ursprünglich um die Wirtschaft gekümmert, dann aber angesichts von Roberts Aufenthalt in den USA die Notwendigkeit des »Weggehens« erkannt – bleiben wäre »Irrsinn (Wechselirrsinn)«. (U 48) Diesen »Weggeher« zieht es allerdings weder nach England noch in die USA, sondern nach Afrika – ein reiches Land für den Industriellen in »Verstörung«, für Karl der Ort seines Todes. Auch Thomas Bernhard hat übrigens 1962 kurzzeitig erwogen, für die katholische Hilfsorganisation Caritas als Lastwagenlenker nach Ghana zu gehen. (Huguet 394)

Es wird sich allmählich herausstellen, daß der hierarchische Status einer Figur in der Bernhard-Welt eng verbunden ist mit der Lebensqualität, die der selbstgewählte Exilort sichert. »Afrika« ist von allen »Exilen« das destruktivste – so, wie Muraus römisches Exil das komfortabelste darstellt. Karls Tod in Afrika zieht die Bilanz seines gescheiterten Befreiungsversuches. Er selbst hält seine unter quälenden Lebensbedingungen unternommene Arbeit in Afrika für ergebnis- und sinnlos und ist dennoch »in dem Gedanken eingekerkert«, nur mehr dort »existieren zu können, wie auch Robert nur noch in Amerika glaubt leben zu können«. Daß er nur die zerstörerische Alternative Ungenach oder Afrika kennt, daß er meint, »daß mir nur in Afrika möglich ist, was mir in Europa unmöglich gemacht worden ist …« (U 46), belegt seinen Mangel an Lebenskunst. Tatsächlich ist das Einzige, was er in Afrika realisiert, daß er eben nicht in *Ungenach* lebt – und also in seinem Exil stirbt.

Es wurde schon festgehalten, daß die Konstellationen rund um »Ungenach« ein wenig wirr sind. Die Ausgangssituation der Familie Zoiss ist uns von den Sauraus vertraut: Schon der Vater hat Ungenach »zeitlebens als Kerker« empfunden, doch die besondere Qualität der Unerträglichkeit der Besitzung für den Vater, die ja ins Strauchsche »früher« verweist, bleibt unbenannt. Die spärlichen Andeutungen lenken von der in »Verstörung« präsenten historischen Dimension ab und verweisen auf die innerfamiliäre Situation der Zoissens: der unkommentierte Verlust der Mutter, die Erblindung des Vaters, zu dem zumindest Karl eine positive Beziehung hatte, und die unbegründete Einsetzung des Vormundes. Wieder bleibt die verstorbene Mutter farblos, der in Afrika lebende Sohn versucht in seiner Erforschung Ungenachs ausschließlich dem Vater nachzuspüren, »Licht in die Finsternis der väterlichen Biographie« zu bringen und so sich selbst zu erforschen: »Verstehen Sie bitte, zuerst muß ich alles, was mit meinem Vater zusammenhängt, erforschen, erst dann kann ich mich selbst erforschen.« (U 72)

Damit ist ein zentrales Lebensproblem des Autors angesprochen. Ein früher Kritiker der Bernhardschen Gedichte hat den Vater deren »unaufgedecktes Geheimnis« genannt. (Dittmar 1990, 17) Trotz der Bernhardschen Leugnung (Fleischmann 1991, 49) stellt die Autobiographie klar, daß dieser Vater, der 1940 (Huguet 221) durch Selbstmord gestorbene Alois Zuckerstätter, als quälendes Rätsel nicht nur auf der Kindheit Bernhards lastete. Wenn wir all die verwirrenden Informationen zusammenfassen, die Louis Huguet in seiner Bernhard-Chronologie zusammengetragen hat, dann hat Zuckerstätter seine Klassenkameradin Hertha Bernhard bei einem, nach heutiger Terminologie, »Date raping« geschwängert. Der Vergewaltiger, dessen Vaterschaft später gerichtsmedizinisch nachgewiesen wurde, hat sich seinen Verpflichtungen systematisch entzogen – durch Orts- und Arbeitsplatzwechsel, und, nachdem man ihn aufgespürt hatte, durch die Verweigerung einer Blutprobe und durch die sogenannte »Einrede des Mehrverkehrs«, der Behauptung also, daß Hertha Bernhard mit mehreren Männern sexuellen Umgang hatte. Daß sein ihm persönlich unbekannter Vater ihn verleugnete, war dem »Kind« bekannt und der Vorwurf, daß die Mutter an dem dem Vater physiognomisch ähnlichen Sohn ihre nachvollziehbaren Aggressionen brutal ausgetragen hätte, durchzieht den abschließenden Band der Autobiographie. Auch der heranwachsende Bernhard war auf einer quälenden Suche nach den Spuren seines Vaters, was er wann über das Ende des Alois Zuckerstätter wußte, das zunächst als »Unfall« ausgegeben wurde, ist nicht rekonstruierbar. Die Umstände seiner Zeugung waren ihm offensichtlich nicht bis in die letzte Konsequenz bekannt, die von Huguet berichtete Geschichte hat Bernhardsche Qualität und wird in »Auslöschung« angespielt.

So sind die folgenden Sätze aus einer persönlichen Reflexion Bernhards also durchaus nachvollziehbar: »Wer *war* meine Mutter? Wer *war* mein Vater? Ich frage, weil ich das alles nicht weiß. Wie oft habe ich gefragt! Geliebt habe ich nur die Großeltern, die Eltern meiner Mutter.«(UST, 96) Das Projekt der Suche nach der Wesensart der Eltern, ja der Familie in all ihrer Variabilität, die sich ja auch hinter dem Wort »Ungenach« verbirgt, war als persönliches Anliegen keineswegs so einseitig konzipiert, wie die Metapher von der »Tiroler Krankheit« erwarten läßt:»Meine Familie ist mir immer als eine unendliche Vorratskammer von allen nur denkbaren energischen Entwicklungsmöglichkeiten, jede auf ihre Weise in Anbetracht jeder andern so absurd als nur möglich erschienen. Ihr Unerschöpfliches, das in alle Richtungen der Menschenzwecklosigkeit führt, ist mir schon früh zu einem mich weit über den horizontalen Gemeinschaftsstumpfsinn hinaus – und in die völlige Freiheit hineinhebenden Bewußtsein geworden. Ich hatte immer die Wahl, alles aus mir zu machen, woraus schließlich das geworden ist, was ich vorläufig bin. (…) So treibe ich also Ursachenforschung, was meine Person betrifft (…) Ich suche den Ursprung meines Debakels.« (UST, 95f.) Obwohl Bernhard im Gefolge des Zeitgeistes das Einengende der »Kleinfamilie« breit dargestellt hat, war ihm »Familie« in ihrer Gesamtheit gleichzeitig als gigantischer »genetischer Pool« ein unendliches Angebot sozialer Identifikationsmöglichkeiten. Nicht ganz zu Recht hat er in seinen zahlreichen Selbstdarstellungen immer wieder behauptet, daß seine »Familie« im weitesten Sinn das ganze Spektrum österreichischer Lebensmöglichkeiten vom »Verbrechern« bis zum »Aristokraten« abdecke.

Das erklärt wohl das auf den ersten Blick seltsame und unvollendete Projekt Karls, die väterliche Biographie zu erforschen, seltsam auch deshalb, weil ein Landeshauptmann eigentlich öffentlich lebt. Es ist ein Montaignesches Projekt, in der Durchführung dilettantisch im Vergleich zu dem Muraus und dennoch ein eminenter Fortschritt der Reflexionsspirale der Bernhard-Welt und damit eine Blamage für die bisherigen Figuren. Fast könnte man sagen, daß in dieser Suche nach der Rolle des Vaters im Leben einer Figur ein Paradigmenwechsel von Marx zu Freud vollzogen wird. Der kranke Karl, der Marx und Lenin nach kurzer Zeit zur Seite legt und sich der Familiengeschichte zuwendet, ist mit seiner Suche dem jungen Saurau überlegen, der die innerfamiliäre Selbstmordepidemie ignoriert und sein Forschungsinteresse auf die Ideengeschichte des Sozialismus, einer Alternative zur aristokratischen Lebensform, konzentriert.

Die Fragen, die Karl stellt, um das Leben seines Vaters zu erhellen, sind jedoch eigenartig und wahrscheinlich falsch: etwa die nach einer mathematischen Aufgabe, die der Vater bei einem Fußmarsch 1937 nicht lösen konnte. Allerdings: andeutungsweise ist die Spur, der Karl folgt, in zweifacher Beziehung eine richtige. Sie führt uns zunächst in ein heikles Jahr der österreichischen Zeitgeschichte, und wir wüßten gerne, wie sich ein »Landeshauptmann«, also ein Mitglied der Elite des austrofaschistischen Ständestaats, in jenem Jahr verhalten hat, in welcher Rechenkunst er scheiterte und ob seine »Blindheit« auch für die politische Sphäre gilt. Was die persönliche Geschichte Bernhards betrifft, endete 1937 das idyllische Zusammenleben mit den Großeltern und der kleine Thomas zog mit seiner Mutter zu Emil Fabjan, seinem späteren Vormund und Gatten der Mutter. (Huguet 212) Auch ist der Brief, in dem Alois Zuckerstätter behauptet, daß Hertha Bernhard zur Zeit der Empfängnis mehrere sexuelle Beziehungen gehabt hätte, irrtümlicherweise mit 1937 datiert (Huguet 214) – solches als mathematische Aufgabe zu bezeichnen, wäre dem Bernhardschen Sprachgestus nicht fremd. Doch bleibt es Robert, dem Pragmatiker, vorbehalten, das brüderliche Projekt durch jene essentielle Frage zu ergänzen, die Karl nicht stellt und deren Beantwortung von jetzt an den Bernhard-Söhnen aufgegeben ist: »Wie man in Ungenach mit dem Krieg fertig geworden ist.«

Im Wettkampf der Brüder rühmt sich Karl, sein Denken führe – im Gegensatz zu dem des Bruders – an die Ursache: Er behandle den Tod des Vaters nicht in Form von medizinisch-philosophischen Spekulationen, sondern sei am konkreten orientiert, weil »es sich doch ganz einfach um Personen als Schuldige handelt ...« (U 77) Doch damit zerbricht die angestrebte Einheit der Untersuchung, das vorgeblich Montaignesche Projekt mutiert, der Vater wird aus der Schußlinie genommen, die österreichische Zeitgeschichte, die durch die Jahreszahl 1937 ins Spiel gebracht wurde, verschwindet wieder, denn diese »Schuldigen« sind der Chronologie des Textes zufolge Personen der Zweiten Republik: Der Vormund und vor allem die gesichtslose Stiefmutter, die erste einer Serie von »Frauen von Unten«, die schwache Aristokraten geheiratet haben und denen von den (Stief-)Söhnen unterstellt wird, den Vater »bewußtlos« gemacht und die Macht über die Besitzung an sich gerissen zu haben. »Bewußtlos« und »blind«, so hat sich vielen Heranwachsenden der Nachkriegszeit die Elterngeneration dargestellt, doch manches lädt ein, dies als durchsichtiges Entlastungsmanöver zugunsten des Vaters zu lesen. Unausgeführt bleibt, wo die konkrete Schuld der Stiefmutter und des Vormunds liegt. Murau wird es verstehen, Weiblichkeit und Geschichtskatastrophe in seiner Reflexion zu verbinden – die dämonische Frau, die Karl anklagt, tritt erst nach dem Ende des Zweiten Weltkriegs auf. Karl ist das Ungenügende seiner Überlegungen allerdings bewußt, er weiß beim Lesen seiner Notizen, »daß alles sehr wohl so gewesen ist, wie ich es beschrieben habe, also so ist, wie ich es beschreibe (…) und doch ist daran kein Wort wahr.« (U 76f.) Wie »Frost« steht »Ungenach« im Kontext der diffusen Geschichtslosigkeit der Zweiten Republik, doch der Text beginnt, das zu wissen, und ist am Weg zu Muraus Klarheit. Das gilt nur für die Figur des Karl, seinen überlebenden Bruder Robert, den amerikanischen Feind jeder Reflexion, interessieren diese Fragen offensichtlich nicht.

Roberts »Abschenkung« der Besitzung Ungenach ist der vom Fürsten Saurau erträumten Zerstörung von Hochgobernitz durch seinen Sohn vergleichbar. Die Begünstigten bilden eine Ansammlung von »Erniedrigten und Beleidigten«, die an Dostojewski erinnert: vier von ihnen befinden sich in Strafanstalten, einer im Irrenhaus, mehreren Beschenkten werden philosophisch-theologische Neigungen nachgesagt, zweien Autismus, mehrere sind krank, haben Traumen erlitten oder ein mißglücktes Leben. Die Begünstigten sind allesamt männlichen Geschlechts: die zukünftigen Fragmente von Ungenach werden frauenfrei sei. Es gibt kaum Beziehungen zwischen den Beschenkten und der Familie Zoiss, nur der Mutter des beschenkten Strafgefangenen Süßner, einer »adretten, bigotten Landhure«, sagt das Gerücht ein Verhältnis mit dem Vater Zoiss nach.

In der Liste der Begünstigten, die sich Robert in Stanford erarbeitet hat, läßt sich keine Systematik erkennen und der skeptische Moro meldet zu Recht Zweifel an dem Ernst der Abschenkung an und bezeichnet sie als absurd. Muraus spätere »Abschenkung« wird sehr präzise auf die Frage, »wie man (in Wolfsegg) mit dem Krieg fertig geworden« sei, reagieren – Robert hat mit der Zerstörung der riesigen und ehedem bewunderten Besitzung Ungenach und ihrer Zerstückelung in schmähliche Fragmente mit teilweise verachteten Besitzern nichts erreicht außer der Vertreibung der Stiefmutter. (Stief-)Mutterhaß überlagert hier ein denkbares österreichisches Geschichtsbewußtsein. Die

Möglichkeiten, die Eigentum mit sich bringt, Möglichkeiten, die dem Autor und seinen späteren Figuren lustvoll bewußt waren, werden nicht genützt. Keine der Fragen, die rund um Ungenach aufgeworfen wurden, wird mit dieser Handlung beantwortet. Wenn die Zerstörung der Besitzung, dessen, was die Zoissens in Jahrhunderten zusammengerafft haben, Rache oder Buße ist, dann weiß der Text nicht, wofür, und die Abschenkung drückt es nicht aus – es mangelt ihr an jeder historischen Legitimität. Auch Wittgensteins durch Ludwig von Ficker arrangierte »Abschenkung« von 100000 Kronen war ein beziehungsloser Akt, und vielleicht wird Zoiss die ganze Angelegenheit einmal ähnlich »anwidern«, wie es Ray Monk von der Wittgensteins behauptet. (Monk 127) Auch hier gibt es keinen Kontakt mit den Beschenkten, keine Sorge, auch keine Reflexion der Freude, die hier ja bereitet wird, ja gegenüber manchen Beschenkten ist die Schenkung ein agressiver Akt. Auch die Frage der sozialen Verantwortung für das Lebensschicksal der 2000 Bediensteten der Familie Zoiss, die Frage, die die Sauraus so lähmt, wird nicht gestellt. In »Auslöschung« spielt die soziale Verantwortung der Folgegeneration eine wichtige Rolle: Dort wird klargestellt, daß es dieser Generation aufgetragen ist, die Vergangenheit ihrer Eltern zu klären und zumindest zu versuchen, ihre »Schulden« zu bezahlen. Gegenüber dieser Weite des Problemfeldes ist die Robertsche Abschenkung, ungeachtet der Willensstärke, die sie ausdrückt, ein »Jux«. Was Roberts Willensstärke genannt wird, enthält auch ein Element von Resignation und Verzicht, wie es der Arztsohn dem Vater vorgeworfen hat. Das letzte gesprochene Wort Roberts nennt sein Lebensprinzip, dem wir den Respekt nicht versagen dürfen: »Nicht mehr zurückgehen.« (U 92) Doch »Weggehen« und »Abschenken« alleine lösen die Lebensprobleme einer Bernhard-Figur nicht, und es bleibt offen, ob er im Exil sein Glück finden wird.

VI. Krankheit und Rückfall

»Mortido«

»Weggehen«, »Abschenken« und der Versuch, die Familiengeschichte zu rekonstruieren – in der Gesamterzählung haben wir einen Punkt erreicht, wo dieser ein Ziel und die Art, es zu erreichen, aus einer inneren Entwicklungslogik des Textes quasi vorgeschrieben ist und wo Muraus Lösung geradezu zum Greifen nahe ist. Doch auch »Ungenach« enthält mehrere fortführbare Optionen und vor allem ist das Entwicklungsprinzip der Bernhard-Welt kein mechanistisches, so daß bis Murau noch mehr als ein Jahrzehnt verstreichen wird. Es ist nicht der reflexionsfeindliche Tatmensch Robert, der im Protagonisten der 1969 erschienenen Erzählung »Watten«, einem Arzt, einen Wiedergänger erlebt, sondern der handlungsschwache, kranke Karl.

Das Ende der in »Watten« erzählten Geschichte bleibt offen, doch lädt der Untertitel »Ein Nachlaß« dazu ein, die Aufzeichnungen des Arztes als Dokument eines finalen Lebensgefühls zu lesen – wie weiland die Auslassungen des Malers Strauch. Aus »Watten« wollen allerdings keine Lehren gezogen werden, nichts wird vorgeführt oder zielt auf Initiation, Überzeugung oder gar Veränderung. Keine Beziehung zu einem Protokollanten verzerrt den Bericht, es gibt kein Wiedergabeproblem, denn das Unglück spricht bzw. schreibt selbst, eigenhändig und wörtlich. Der zeitgeistigen Rebellion, die »Ungenach« inspirierte, wird hier, wie in »Amras«, ihre völlige Negation entgegengesetzt. Auch »Watten« ist ein völlig zeitferner Text, der sich jeder Anspielung auf politische Konstellationen enthält, ja selbst die obligaten Angriffe auf Österreich sind vergleichsweise schwach: »Das Gehirn ist in diesem Land absolut stellenlos, arbeitslos.« (W 72) Krankheit regiert das scheinbar hermetische Geschehnis, der Bericht setzt in einem Moment ein, wo sie derart übermächtig geworden ist, daß alles andere »war« – auch die Saurausche Problematik.

Eine »Abschenkung«, die jetzt – nach »Ungenach« – »eine Selbstverständlichkeit« ist, liefert den Anlaß zur Präsentation einer wenn auch fragmentarischen Lebensgeschichte. Wieder lebt der Protagonist, ein Mann von mehr als fünfzig Jahren, in ungeklärt-komplizierten Familienverhältnissen, die einen Vormund erfordert. Dessen Tod bringt dem Erzähler keine Befreiung, nur die obligate Erbschaft von 1,5 Millionen Schilling, damals ein kleines Vermögen, die er, dem Vorbild Roberts folgend, an den Wissenschafter Undt »abschenkt«, der sich in Gars-Thunau in einem philantropischen Unternehmen um die Resozialisierung von Sträflingen bemüht. Der Mathematiker und Jurist wird uns als der Autor dreier Monographien mit dem Bernhardschen Titel »Verwahrlosung« I–III vorgestellt – sozusagen durch die Hintertüre wird uns damit eine Erklärung für die seelische Befindlichkeit der Helden in gewissen vorhergehenden Werken geliefert und gleichzeitig eine erste Diagnose für den Zustand unseres Arztes.

Aus mehreren Gründen ist Undt also ein potentieller Helfer des elenden Erzählers, und vielleicht hat die Kontaktaufnahme mit ihm den Charakter eines Hilfeschreis, den der Adressat vernimmt. Undt bittet seinen Spender um einen Bericht »über mehrere Stunden andauernde Wahrnehmungen« (W 8) des Vortages, bittet ihn um das, was der Arzt ohnedies die ganze Zeit tut, nämlich um Selbstbeobachtung. Der Text, den wir lesen, ist Ergebnis dieser Bitte, wie seinerzeit »Amras« das Ergebnis der Bitte des Psychiaters Hollhof war.

Der Doktor haust in einem unvorstellbaren Chaos, Kleidung, Rock und Hose, aber auch das Hemd sind schon »seit Jahren« nicht mehr gereinigt worden, und in seinem Zimmer herrscht der uns von der Ebenhöh vertraute »unvorstellbare Geruch« einer »konsequent praktizierten totalen Verwahrlosung«, der die Verwesung antizipiert. In dieser einsamen und schlaflosen Existenz fehlen schon die längste Zeit alle Voraussetzungen der Normalität. Kultur ist im Begriff, in Natur überzugehen, reaktionslos vegetiert der Arzt in der »Mortido«, im »Zustand der völligen Gleichgültigkeit« (Paul Federn).

Leben war »bis zum Überdruß«, und wieder einmal wird die Botschaft des Malers Strauch verkündet: »Die Leute sind gemein, weil die Welt in welcher sie leben, gemein ist. Alles ist gemein an den Menschen.« (W 15) Doch gerade der Vergleich mit dem Maler zeigt, wie nuanciert Bernhard die Extremzustände seiner Protagonisten handhabt und wie sich in ihnen ständig neue Differenzierungen entwickeln. Im Unterschied zu Strauch fehlt dem Doktor jene Lust an seinen pessimistischen Theorien und ihrer Verkündigung, die ja ein geradezu lebenszugewandtes Element von dessen Charakter darstellt. In seiner völligen Gleichgültigkeit ist ihm die schlichte morgendliche Frage, warum er lebt und warum er in der Baracke lebt, zu etwas Unbeantwortbaren geworden. Fragen, und Fragen heißt ja auch Leben, wird abgelehnt: »Fortwährend zu fragen, bedeutet fortwährenden Wahnsinn.« (W 24)

Jahrzehntelang hat er Doktor, auch er einer der zahlreichen Autoren unvollendeter Studien, und zwar einer medizinischen über den »Morbus Brightii«, Papier beschrieben und aufgehoben. Doch dieser wichtige, selbstbestimmte Teil seines Lebens ist ihm jetzt entwertet wie weiland dem Maler seine Kunst und seine Beseitigung ein gewissermaßen hygienischer Auftrag: »Die Vernichtung dessen, was man selber erzeugt hat (…) ist das mindeste, was man von einem Verstandesmenschen erwarten kann.« (W 65) Die ihm verbleibende Lebenszeit will der Doktor in einer »durchorchestrierten Partitur Wahnsinn« verbringen, die unter dem Motto steht: »Die Papiere verbrennen und in der Baracke krepieren …« (W 67)

So stellt man sich landläufig eine Figur des Bernhardschen Frühwerks vor, doch der Autor hat den Arzt nicht alleine gelassen, sondern hat ihm eine fast wortlose und dennoch eindrucksvolle Gegenfigur zur Seite gestellt, den Fuhrmann, den Repräsentanten des Lebens, eine Vorform der Elisabeth aus »Beton«.

Regelmäßig, seit der Doktor vor zwei Monaten die Teilnahme an einer Kartenrunde eingestellt hat, besucht ihn der Fuhrmann und fordert ihn auf, wieder Watten zu gehen. Watten ist ein Kartenspiel, dem seine Kritiker eine gewisse intellektuelle Anspruchslosigkeit nachsagen, doch das ist unerheblich, denn für den Doktor ist es das Spiel des Lebens, gleichwertig den Studien und der ärztlichen Praxis. Schon auf dem Weg zum Watten, erinnert sich der Doktor, hatte er die »besten Einfälle, Gedanken« und spielerisch hat er einst beim Watten den Ausweg aus einer schon Jahrzehnte währenden Lebenskrise gefunden. Jetzt aber meint er zu wissen, »daß auch Watten zu nichts führt«.

Die lästige Hartnäckigkeit, mit der dieser »Gläubiger« das angebliche Versprechen, noch einmal Watten zu gehen, einklagt, ist typisch für den Egoismus des Lebens, das nur sich will und dabei ignoriert, daß die bloße Aufforderung, Watten zu gehen, den Besuchten quält, ihn zur Verzweiflung bringt und gerade jene Anspannung produziert, die zu quälender Atemnot führt. Dennoch ist der fast wortlose Lebensbote durch die mitfühlende Sorge, die seine einfache Frage ausdrückt, eine positive Figur.

Der Fuhrmann unterliegt und die Gründe, warum der Arzt nicht mehr mitspielt, werden nicht restlos geklärt. Neuerlich findet ein Kampf um die »Anschauung« statt, und wir werden Zeugen jenes klassischen Konflikts zwischen den Bernhard-Protagonisten, ob ein aktuelles Trauma Anlaß der beklagenswerten Situation einer Figur ist oder ob dieses Trauma als austauschbarer Agent einer in der Schöpfung angelegten Gesetzmäßigkeit fungiert. Wir erfahren, daß die Teilnehmer dieser regelmäßigen Kartenrunde einander seit der Jugend kennen und seit Jahrzehnten mit abnehmender Intensität miteinander Karten spielen. Der Doktor, der Fuhrmann, der Lehrer und der Papierarbeiter Siller – mit Ausnahme des Fuhrmanns ein Bund von Gescheiterten mit bedrückenden Lebensschicksalen. Es ist der erste jener lebensrettenden Bernhardschen Männerbünde, die uns in den »Billigessern« oder im Kreis um den Kunsthistoriker Reger aus den »Alten Meistern« wiederbegegnen werden. Es sind diese Bünde entgegen dem hierarchischen Prinzip der Gesellschaft egalitär organisiert: hier spielt der adelige Akademiker mit dem Papierarbeiter.

In einer föhnigen Nacht hat es den ersten Ausfall aus der Kartenrunde gegeben: Der Papierarbeiter Siller hat sich in einer jener postoperativen Depressionen, die dem Autor damals wohl vertraut waren (Höller 128), erhängt. In der Bernhard-Welt entwickelt sich von Werk zu Werk eine Hierarchie der Todesarten: Fürsten erschießen sich, Papierarbeiter erhängen sich. Dieser Tod mit seinen schreckenden Begleitumständen wird vom Fuhrmann für den Rückzug des Doktors verantwortlich gemacht.

Von den zahlreichen Traumen, die offensichtlich wie eine Kette das Leben des Doktors durchziehen, werden im Gespräch mit dem Fuhrmann nur zwei angespielt: der »soziale Tod« des Arztes und seine schwere Erkrankung. Dem Doktor, kein Geldjäger, sondern ein guter Arzt, wurde auf Grund von Vorurteilen wegen seiner gutsituierten Herkunft die Krankenkassenzulassung verweigert – eine kleine Anspielung darauf, daß es auch einen Klassenkampf »von unten nach oben« gibt. Auf Betreiben eines neidischen Konkurrenten ist seine Privatpraxis, in der er kostenlos die lungenkranken Papierarbeiter behandelt hat, wegen des Verdachts des Morphinismus geschlossen worden. Der Arzt hat auf Rechtsmittel verzichtet und ist so das Opfer der Gemeinheit und des Eigennutzes seiner Mitmenschen und seiner eigenen Passivität geworden.

Daß er nun nicht mehr Watten gehen kann, sollte man bei der Lektüre alternierend betonen: der Doktor kann nicht mehr *Watten* gehen und er kann nicht mehr Watten *gehen*. Der Doktor leidet an einer asthmaähnlichen Erkrankung der Atmungsorgane, um Luft zu schöpfen muß er mit äußerster Disziplin ruhig, langsam und tief atmen: »Daß ich im Luftschöpfen nicht die erforderliche Regelmäßigkeit erlernt habe, ist deprimierend.« (W 18) Die daraus resultierende Herzschwäche wird, wie so oft bei Bernhard, der lieber pauschal über das Krankheitserlebnis seiner Figuren spricht, nur angedeutet. Der Doktor definiert seinen Zustand als »Körperverkrampfung, die die Ursache meiner Geistesverkrampfung ist« (W 17). Krankheit als Natur ist in »Watten« das Primäre, der Geist ist das, was sich ihr adaptiert und sie im besten Fall erträglich macht. Wenn Krankheit so beschrieben wird, daß sie nicht als Folge einer geistigen Konstellation gedacht wird, sondern als das, was diese Konstellationen determiniert, dann liefert uns die Erkrankung der Atemwege einen Schlüssel zum Verständnis der Denkweise des Doktors und wohl auch anderer Bernhard-Helden: »Wissen Sie, daß ich oft glaube, an der Luft selbst ersticken zu müssen?« Das ist eine realistische Beschreibung der Situation eines Asthmatikers im Moment des Anfalls, es ist aber gleichzeitig ein Paradoxon, daß dadurch, daß es gelebt wird, ein realistisches wird und es rechtfertigt, daß im Folgesatz die Natur eine kabarettistische genannt wird, »in welcher die Gedanken vollkommen abgewertet sind.« (W 70)

Ein Arzt, der gleichzeitig sein eigener Patient ist und, was die Krankheit betrifft, als authentisches Sprachrohr des Autors auftritt – das ist eine starke Koalition, die aus dem Jetzt argumentiert und scheinbar die Geistesarbeit der vorhergehenden Bücher aufhebt. Das Jetzt, die Krankheit, produziert ein Weltverhältnis, dem nichts historisch Faßbares vorangeht und das auch nicht die Notwendigkeit des Rückerinnerns, das Karl in »Ungenach« versucht hat, anspricht. Doch dem Fuhrmann als Agenten des Lebens eignet eine kathartische Kraft, und am Ende des Textes wird auf einmal neuerlich daran erinnert, daß der Zusammenhang mit der Natur zwar nicht durch das Gehirn, aber doch durch den Kopf gehe. Damit ist der Weg frei für jenen Satz, der uns zurückführt auf das Projekt des Karl aus »Ungenach«: das Herauskommen aus der Verzweiflung sei nicht gestattet, »solange einem die Ursache der Verzweiflung nicht bekannt ist.« (W 87) Am Ende, trotz der Niederlage des Fuhrmannes, siegt also jenes Projekt, das Murau glänzend beenden wird.

Doch wo liegt die »Ursache« des Leidens des Arztes, der seinen Diskurs systematisch gegen jede Form von Zeit- oder persönlicher Geschichte abgedichtet hat? Die angedeuteten Erklärungen seiner Unfähigkeit, Watten zu gehen, setzen den Doktor präzise in den von uns bearbeiteten Zusammenhang. »Was ich erwarten kann, habe ich schon von Kind an immer denken müssen, ist nichts als Verschlimmerung.« (W 18) Über diese Kindheit hören wir nichts, nichts über Vater oder Mutter, nur von Großeltern mütterlicherseits, einem toten Vormund und einer ebenfalls verstorbenen Schwester, der der Optiker eine mangelhafte Brille verkauft hat. Es scheint, als ob Bernhard in »Watten« das Problem der Sauraus verlassen hätte, als ob es hier einen Text gäbe, der autonom von der Entwicklungslinie des »Gesamttextes« läuft. Aber bei einer genauen Lektüre zeigt sich, daß diese Linie durchaus präsent ist, daß aber der Protagonist im Moment der Erzählung nicht mehr imstande ist, sie zu verfolgen. Im Hintergrund der Erzählung ragt das zentrale Zeichen des Saurau-Problems auf, das Schloß. Dieses Schloß hat in »Watten« einen ähnlichen Status wie die österreichische Vergangenheit in »Frost«: es bleibt ostentativ unbesprochen. Die für den Doktor unbeantwortbare Frage, warum er in der Baracke wohnt und nicht im Schloß, fordert uns dazu auf, die Lücken in seiner Biographie zu schließen.

Auch unser Doktor ist also einer jener unglücklichen Erben von Schlössern, eine abschreckende Gegenfigur zu Zoiss und Saurau, die in der Auseinandersetzung mit dem Erbe versagt hat. »Weggehen« reduziert sich hier auf den Umzug vom Schloß in die nahe stehende Baracke. Doch noch im Schloß hat der Arzt unzählige Papiere beschrieben, sie sind das geheime Zentrum des Textes und enthalten wohl manches, was uns aus den Papieren Karls und den Reflexionen des Fürsten schon vertraut ist. Wir werden diese Papiere einmal lesen, in fragmentierter und zu Tode korrigierter Weise in »Korrektur« und vollendet in »Auslöschung«.

VII. Eine Fußnote zur Geschichte eines Schlosses

Erste Annäherung an Wolfsegg

Aus einem Filmporträt des Regisseurs Ferry Radax entwickelte Bernhard den Plan,»einen längeren und das heißt mindestens eineinhalb Stunden langen Film zu schreiben«. (I 163) Für seine »*annähernd präzise Vorlage*« für diesen Film, der dann 1971 ohne seine Mitarbeit gedreht wurde, verwendete Bernhard das 1964 erstmals publizierte Fragment »Der Italiener«. Der »Italiener« ist als Einzeltext ohne Zweifel ein unbedeutendes Nebenwerk. Für die Rekonstruktion des Gesamttextes ist das ein Jahr nach »Frost« publizierte Kapitel aus einem »in Arbeit befindlichen Roman« (Dittmar 1990, 66), einer Vorform von »Auslöschung«, allerdings von zentraler Bedeutung. Bis jetzt sind wir in unserer Chronologie der Entwicklung des Saurau-Problems, das hier eine neue Konkretisierung erfährt, der Abfolge der Publikationen gefolgt. Doch der Verfasser des Bernhardschen Gesamttextes weiß mehr und das früher als die Protagonisten der Einzeltexte – daher wird in diesem Fall unsere Chronologie eine künstliche. Die in »Ungenach« noch rätselhafte Kriegsvergangenheit der großen Schlösser wurde also tatsächlich schon 1964 massiv angesprochen.

Die Handlung führt uns erstmals an den zentralen Ort der Bernhardschen Phantasiearbeit, Objekt und Schauplatz von »Auslöschung«, das Schloß Wolfsegg. Mit jenem in Wirklichkeit in Besitz der mit Bernhard befreundeten Familie des Grafen St. Julien befindlichen »Wolfsegg« hat das, was wir bisher als »Hochgobernitz« oder »Ungenach« kannten, seinen konkreten Bezug gefunden. Der Ausgangspunkt der Handlung ist uns aus »Verstörung« vertraut: Der Schloßherr, ein Wiedergänger des Vaters des Fürsten, hat sich eine Kugel in den Kopf geschossen; sein Sohn Max, bekleidet mit dem Familienanzug der Sauraus aus Harris-Tweed, ist zum Begräbnis und wohl auch zum Antritt seines Erbes aus dem Londoner Exil heimgekehrt.

Immer noch ist Max in seine (also die Saurauschen) Forschungen zur Ideengeschichte des revolutionären Sozialismus verstrickt. Zeitlich hat sich sein Forschungsinteresse ein wenig verschoben, es ist nicht mehr die Massenstreikdebatte aus der Zeit vor dem Ersten Weltkrieg, die ihn beschäftigt, sondern das Verhältnis zwischen Arbeiterbewegung, Krieg und Revolution, Anlaß der Konferenzen der Oppositionellen von Kienthal und Zimmerwald. Daß ihn die Arbeit an seiner Studie quält, ist in der Bernhard-Welt nicht ungewöhnlich. Ihr Thema, das Verhältnis zwischen »Revolution« und »Opportunismus«, ist allerdings von nun an für die Protagonisten dieser Welt erledigt. Die Untersuchung des Scheiterns der revolutionären Arbeiterbewegung als selbsternannter großer Alternative zu dem, was geschehen ist, wird abgelöst werden von dem Bemühen, die Realität der Geschichtskatastrophe zunächst einmal zu fixieren und ihre Bedeutung für das Leben der Protagonisten zu klären.

Das Massengrab auf der Lichtung

Tod und Leben sind in Wolfsegg ineinander verstrickt: der Tod hat die Familie zerstört und der Leichenschmaus, jenes Ritual, mit dem die Überlebenden ihren Status bekräftigen, dazu Anlaß einer Massentötung von Tieren, die als Nahrung dienen, führt sie wieder zusammen. Dem Todeskult der österreichischen Aristokratie und ihrer internationalen Verwandtschaft opponiert eine Gegenfigur, die die bisher zwingende Dichothomie zwischen dem chthonischen Österreich und dem intellektuellen England als zeitweiligem Fluchtpunkt der Bernhard-Söhne sprengt. Es ist der vierzigjährige (in der Erzählung achtundvierzigjährige) und ebenfalls unermeßlich reiche Gianni Selvani, ein schlanker Mann mit eleganten Bewegungen. Der kultivierte, weltoffene und polyglotte Mann hat die linken Interessen von Max durch die selbstverständliche Lektüre des Zentralorgans der eurokommunistischen italienischen KP, L'Unità integriert. »Italiener« und »Engländer«, kenntlich durch die jeweilige Bekleidung, sind von nun an archetypische Figuren der Bernhardschen Männerwelt und als solche den »Österreichern« überlegen. Selvanis Kleidung, ein »sehr eleganter modischer italienischer Anzug, der Jahreszeit entsprechend« (I 51), setzt die Alternative der Sauraus, die auch Max lebt, Trachtenanzug oder Knickerbocker aus Harris-Tweed, außer Kraft. Selvanis »Gegenmusik«, die Streichquartette von Bartók, die er auf einem eigens mitgebrachten Plattenspieler pausenlos abspielt, opponiert der akustisch die Szenerie dominierenden todesträchtigen Marschmusik. Rund um den Italiener herrschen zahlreiche Spannungen. Obwohl er ein Mitglied der aristokratischen Familie ist, repräsentiert er eine deren Lebensform gegenüber destruktive Kraft und gehört in verschlungener, in »Auslöschung« geklärter Weise in den Bereich der Bernhardschen Wunscherfüllung, den wir im »Turmtext« lokalisiert haben.

»Nach Saurau« ist uns die durch den Tod des Vaters die Rückkehr aus England und die Erbschaft ausgelöste Krise Maxens nachvollziehbar. Zwischen ihm und dem Italiener kommt es während eines philosophisch aufgeladenen Spaziergangs zu einer Konfrontation, in deren Verlauf der Ältere zum philosophischen Mentor des Jüngeren wird und ihm ein aus der klassischen deutschen Philosophie stammendes Weltbild erläutert: »*die Vernunft in sich ruhend und hat ihren Zweck in sich selbst (…) es hat sich erst und es wird sich aus der Betrachtung der Weltgeschichte selbst ergeben, daß es vernünftig in ihr zugegangen, daß sie der vernünftige, notwendige Gang des sogenannten Weltgeists gewesen sei (…) die Geschichte haben wir zu nehmen, wie sie ist (…) geht man nur mit Subjektivität an die Welt, so wird man es so finden, wie man selbst beschaffen ist …*« (I 91f.)

Diese Montage aus der Einleitung von Hegels »Philosophie der Geschichte« ist vielleicht das längste wörtliche philosophische Zitat im Werk Bernhards. Sie enthält eine »Anschauung«, die der bisherige Verlauf der Gesamterzählung, deren Protagonisten ja tatsächlich die Welt so gefunden haben, wie sie selbst beschaffen waren, zurückgewiesen hat. Der verführerische Selvani artikuliert genau jene Positionen, die den philosophischen Heroen der bisherigen Bernhard-Protagonisten, Schopenhauer, provoziert haben. Sein kleiner Vortrag enthält gewichtige Argumente gegen die Tiraden des Malers Strauch und seiner Nachfolger, in ihm spricht weder das Elend noch einer der Bernhardschen Meister des Absurden.

Max lauscht ihm intensiv, doch der Inhalt seiner Rede übersteigt sein von der österreichischen Tradition geprägtes Fassungsvermögen. Max argumentiert allerdings nicht theoretisch, auch er philosophiert – wie sein Erfinder – mit biographischen Konstellationen. Sein Argument gegen die Annahme einer »Vernunft in der Weltgeschichte« ist die Erinnerung an seine »Ursache«. Die dunkle Seite der Zeitgeschichte war bisher nur in unklaren Andeutungen auf mathematische

Rätsel und in unbestimmten Fragen präsent. »Reißen Sie den Boden der Baracke auf, und Sie werden furchtbare Entdeckungen machen...« (W 89), hatte der Doktor in »Watten« den Fuhrmann aufgefordert. Im »Italiener«, wo die »Kamera (...) jetzt die rücksichtsloseste« (I 29) ist, wird sozusagen der Boden aufgerissen und ein Geheimnis aus der Geschichte von Wolfsegg gelüftet: jene Lichtung, auf der das Gespräch stattfindet, birgt ein Massengrab. 24 Polen, die im Glashaus des Schlosses Zuflucht gesucht haben, sind dort »zwei Wochen vor Kriegsschluß von plötzlich in der Nacht aus dem Wald herausgekommenen Deutschen erschossen worden« (I 140).

Das ist präziser als die Mitteilungen des Malers und des Wasenmeisters vom Massaker in Weng: Opfer und Täter sind benennbar. »Deutsche« waren es, wie im Fall des ermordeten Vaters des Juden Bloch in »Verstörung«. Österreich kann weiter seinen Opferstatus reklamieren, der Anteil von Wolfsegg und seinen Bewohnern an diesem Verbrechen ist gering: auch der Vater war vom Erschießen bedroht. Die Schuld, die hier gesetzt wurde, ist ungetilgt und lastet auf dem Schloß. Zwar hat der Vater »die dafür zuständige Behörde« – welche auch immer das ist – verständigt, doch bis heute hat sich niemand um das Grab gekümmert. Das Leben des Vaters allerdings war von diesem Erlebnis geprägt: *das ganze Leben ist er dem Geschrei der im Glashaus an die Wand gestellten Polen nicht entkommen*. (I 93) Jetzt kennen wir also die Quelle der furchtbaren Geräusche, die den Fürsten Saurau so geplagt haben und verstehen die »Sprachallergien« seines Vaters gegen gewisse mit dem Dritten Reich assoziierte Wörter. Auch Max, ein Altersgenosse Muraus und zur Zeit des Vorfalls etwa zwölf Jahre, hat sein ganzes Leben lang »immer geglaubt, dem Geschrei der an die Wand gestellten Polen nicht mehr entkommen zu können«. (I 141)

Das Gespräch auf der »Lichtung« hat programmatischen Charakter und treibt die Gesamterzählung vorwärts: in der Figur des Italieners, dessen »Anschauung« von der in sich ruhenden Vernunft ihm eine sinnvolle Nutzung seines Reichtums erlaubt, ist eine philosophisch abgesicherte Alternative vorgeführt worden; gleichzeitig ist ein Grund für die Unmöglichkeit ihrer Realisierung in Österreich genannt worden. Wenn »Frost« und »Watten« als Drohung gelesen werden können, dann gibt es ab dem »Italiener« wieder ein Glücksversprechen und eine Aufgabe: warum nicht selbst zum »Italiener« werden, wie es ja Murau in seinem römischen Exil gelingen wird?

VIII. Der Schwester einen Kegel bauen

Tortur für Leser

Die schnelle Abfolge in der Publikation von »Verstörung« bis zur Buchfassung des »Italieners« suggeriert eine Aktualität des Saurau-Problems von den großen Schlössern und ihren Erben, ja eine Art Erledigungszwang. Doch das Thema verschwindet aus nachvollziehbaren Gründen für längere Zeit aus dem Werk des Thomas Bernhard: mit Texten wie »Kalkwerk« (1970) und »Gehen« (1971) hatte er neue denkbare Ausformungen der Strauch-Persönlichkeit entdeckt, Variationen, die auf den ersten Blick nur wenig mit »Erbschaft« und der Auseinandersetzung mit »Natur« zu tun haben. Abgelenkt hat ihn wohl auch die Beschäftigung mit der neuen Form der seit »Ein Fest für Boris« (1970) in rascher Folge entstehenden Theaterstücke. Vor allem bildet die konzentrierte Beschäftigung mit der eigenen Kindheits- und Jugendgeschichte und seiner höchstpersönlichen »Erbschaft« die Voraussetzung für jenen romanhaften Abschluß dieser Problematik, den wir in »Auslöschung« erleben werden. Der erste der fünf autobiographischen Bände, »Die Ursache«, erschien 1975, im gleichen Jahr wie die das Saurau-Problem fortführende »Korrektur«, deren »Held« Roithamer wie sein Erfinder an einer Darstellung seines »Herkunftkomplexes« arbeitete.

Von allen exzentrischen Projekten, die in der Bernhard-Welt protokolliert werden, ist das in »Korrektur«, dem vielleicht ehrgeizigsten und gleichzeitig mißlungensten Werk Bernhards, wohl das extremste. Die Geschichte vom Naturwissenschafter Roithamer, der seiner Schwester in der Mitte des Kobernaußerwaldes einen »Kegel zu Wohnzwecken« baut, ist scheinbar recht einfach, doch schon die Frage nach seinen Motiven, führt den Leser in ein vielfältiges Chaos. Der Kegel gilt als »Höhepunkt« von Roithamers »Naturwissenschaft«, doch was hat die Naturwissenschaft mit einem architektonischen Projekt zu tun, das alle Maße sprengt? Fast mit Absicht sträubt sich dieses vorgebliche Protokoll einer biographischen Ordnungsarbeit gegen jeden Ordnungsversuch: Sprunghaft werden Motive angespielt und Spuren gelegt, die dann nicht weitergeführt werden bzw. ins Nichts führen. In keinem anderen der großen Prosawerke Bernhards sind die Anleihen beim Märchen, bei der Romantik, ja bei der Gruselliteratur derart stark: da wird ein Kegel im dunklen Wald gebaut, da gibt es ein fast zaubrisches Geschwisterpaar, eine hexenhaft böse Mutter, einen verrückten Wissenschafter, der mit hinterlassenen Papieren in das Leben seines Erben eingreift, und schließlich eine verzauberte Kammer in einem Haus, das an einem gefährlichen Fluß liegt. Der Text ist mit einem ungeheuren assoziativen Potential aufgeladen, das vom Leser äußerste Vorsicht und eine Bernhardeske »Konzentration« verlangt, die ihm den Umgang mit gezielt falschen Hinweisen und einer wie so oft in entscheidenden Fragen wirren Chronologie erleichtert. Wir sind gehalten, dem Autor in eine äußerst umwegige Konstruktion zu folgen, doch am Ende, nach zahlreichen »Korrekturen«, wird sich herausstellen, daß diese Konstruktion nichts trägt.

»Korrektur« markiert eine Krise im Werk Bernhards, vor allem eine solche der Kommunikation zwischen der Öffentlichkeit und einem Autor, der lustvoll seine Wirkung steuerte. Hat sich Bernhard hier, wie seine Figur Roithamer, als Opfer einer selbstersonnenen Geschichte in dieser unrettbar verstrickt – oder drückt sich in »Korrektur« jener lustvoll zelebrierte sadistische Aspekt der Beziehung unseres Autors zu seinem Publikum aus, der ihn die Unkommunizierbarkeit seines Werkes genießen ließ? Das Feuilleton jedenfalls reagierte ungehalten: »Korrektur« sei eine »Tortur« für Leser (Greiner 65) und selbst Bernhard wohlgesonnene Kritiker diagnostizierten dem Text »nur noch das verschnörkelte Ornament der Leere«. (Laemmle, 2)

Isoliert gelesen kann sich »Korrektur« kaum verstehbar machen, doch gleichzeitig kündigt sich in Konstellationen, Orten und Figuren »Auslöschung« an, und die Verwirrung, die der Einzeltext hervorruft, löst sich auf, wenn er im Zusammenhang mit dem Ordnungsinstrument des Spätwerks gelesen wird. »Auslöschung« wird die lesenden Gäste der Bernhard-Welt belehren, daß die komplizierte Konstruktion überflüssig ist, daß es einfachere Möglichkeiten gibt, sich der Probleme Roithammers zu entledigen, ja das der grundlegende Fehler dieser Konstruktion gerade in ihrer Existenz liegt.

Der »architektonische Blick« auf das Gesamtwerk erleichtert die Lektüre und produziert gleichzeitig neue Verstehensschwierigkeiten:

Auch Roithamer leidet unter einer ererbten Besitzung, die hier den eigenartigen Namen »Altensam« trägt; in der Auseinandersetzung mit seinem Erbe zieht er die Konsequenzen aus den Lehren, die der bisherige Text ermöglichte. Roithamer verfügt über die Tatkraft des Robert Zoiss und bemüht sich gleichzeitig um jene Reflexion der eigenen Geschichte, die dessen Bruder anstellte. Doch das konsequent angegangene Projekt der Rekonstruktion der eigenen Geschichte wird ihn mit Schwierigkeiten konfrontieren, die seinen schon im ersten Anlauf gescheiterten Vorgängern unbekannt waren, und die das die Lektüre so erschwerende Prinzip der »Korrektur« notwendig machen.

Eine weitere Belastung der Lektüre liegt darin, daß »Korrektur« an einer Schnittstelle liegt. Mit Roithamer wird die schon bei Zoiss angerissene Lebensproblematik der »gesteigerten« Existenzen eingeführt, jener kompromißlosen, ihrer eigenen Gesetzmäßigkeit gehorchenden, genialen Geistesmenschen wie Glenn Gould, denen das zweite Werksegment gewidmet ist. Es scheint, daß Bernhard in diesem ehrgeizigen Projekt, seinem höchstpersönlichen Versuch eines »totalen Romans«, versucht hat, die beiden Themensegmente in einem Text zusammenzuführen. Dieser Versuch ist gescheitert, gemessen an den Ordnungsprinzipien, die später das Gesamtwerk regieren werden, torkeln die beiden Themenkomplexe unvermittelt nebeneinander. »Korrektur« ist *das* gescheiterte Meisterwerk Bernhards, so wie »Auslöschung« das realisierte ist; nebeneinander gestellt verhalten sie sich zueinander wie der »Untergeher« Wertheimer zu Glenn Gould. Es bringt eine ironische Komponente in den Blick auf das Gesamtwerk, daß »Korrektur« scheitert und ein Scheitern beschreibt, während »Auslöschung« das Meisterwerk darstellt, dessen Protagonist genau dort erfolgreich ist, wo Roithamer versagt. Am Ende seines Lebens, nach der Erfahrung der Autobiographie, mit »Auslöschung« und »Alte Meister« wird es Bernhard gelingen, die Brücke zwischen den beiden Themenbereichen zu finden und eine überraschende Lösung zu erarbeiten. Bis dahin geht unsere Irrfahrt weiter.

Eine weitere Schwierigkeit liegt darin, daß »Korrektur« die Darstellung der Lebensproblematik der Bernhardschen »Protokollanten« fortführt. Der Ich-Erzähler, eine farblose Figur, ist mit dem extremen Charakter Roithamers in einer destruktiven Beziehung verstrickt, ja er fühlt die Gefahr, durch das Denken Roithamers »ausgelöscht« zu werden. Gleichzeitig spricht Roithamer in weiten Passagen des Textes durch seine Aufzeichnungen selbst und reflektiert sich – er ist »weiter« als Strauch, hat aber noch nicht jenen Murauschen Punkt der Entwicklung erreicht, wo der Protokollant überflüssig wird und durch einen weitgehend passiven »Herausgeber« ersetzt wird. Im Verhältnis zwischen dem »Protokoll« und der eigenen Rede wird der hierarchische Abstand zwischen dem »Helden« und dem Protokollanten sichtbar, das in der Bernhard-Welt zentrale Problem des »zweiten Mannes« taucht auf. Vor allem aber besteht zwischen dem Selbstbild Roithamers und der Art, wie ihn sein bewundernder Jugendfreund, Kollege und Erbe, der Sohn eines Arztes, erlebt, eine manifeste Wahrnehmungsdifferenz, die den Widerspruch zwischen den beiden Teilen des Romanes ausmacht und »Korrekturen« im Prozeß der Lektüre nötig macht. Das anfänglich gezeichnete Bild vom Titanen Roithamer wird allmählich auf die Bedürfnisse des Publikums zu rückgeführt – »sie sahen ihn so, wie sie ihn sehen haben wollen« (K 42), und das haben Romanfigur und Autor wohl gemeinsam.

Diesmal ist auch unser Protokollant ein Erbe. Roithamer hat ihm sein »wissenschaftliches« Lebenswerk hinterlassen, das er jetzt in der Dachkammer des Präparators Höller sichten wird. Er, Roithamer und der Präparator Höller sind Jugendfreunde. Wieder sind wir mit einem jener Bernhardschen Männerbünde konfrontiert, in denen es einen einfachen Mann von hoher Stabilität gibt, wie den Fuhrmann in der Karten-Runde aus »Watten«, und ein gefährdetes Genie. In diesem Bund gibt es eine doppelte Bewunderungsachse, die eine besondere Hierarchie ausdrückt: Roithamer bewundert Höller, der Ich-Erzähler Roithamer. Auch Roithamer ist einer jener Bernhardschen »Wissenschafter«, die unter diesem Etikett die Beschäftigung mit einem zentralen eigenen Lebensproblem betreiben, und so ist das Kernstück des schriftlichen Nachlasses neben Tausenden von beschriebenen Zetteln ein umfangreiches Manuskript mit dem Titel »*Über Altensam und alles, das mit Altensam zusammenhängt, unter besonderer Berücksichtigung des Kegels*«. Noch nie waren wir mit einer derart umfangreichen Selbstdarstellung einer Bernhard-Figur konfrontiert – das vorliegende Manuskript ist genau jenes, das sich in »Amras« und »Ungenach« in den Notizen des toten Bruders ankündigt und an dem der Doktor in »Watten« wohl gearbeitet hat. Das Manuskript gilt als Roithamers »Hauptschrift«, sie enthält alles, was der Verstorbene »jemals gedacht hat in der konzentriertesten und der ihm entsprechendsten

Weise« (K 178) – das gibt der Roithamerschen »Naturwissenschaft« eine eigenartige Bestimmung. Das Werk existiert in drei Fassungen, einer von achthundert, einer von dreihundert und einer von achtzig Seiten. Unentwegt hat Roithamer bis zu seinem Tod die letzte Fassung gekürzt und korrigiert, seiner Meinung nach in zerstörerischer Weise. Der Erbe und künftige Herausgeber weiß allerdings mehr als der Verfasser und gibt gleichzeitig eine Leseanleitung für den Bernhardschen »Gesamttext«: daß nämlich *»dadurch erst das Ganze entstanden ist, alles zusammen ist das Ganze«.* (K 180) Wenn die geschlossene Studie, die uns im Sonderfall »Auslöschung« vorgeführt wird, scheitert, dann kommt das Fragment als Fragment der Wahrheit am nächsten.

Porträt eines österreichischen Genies

Selbst in der kritischen Wahrnehmung Roithamers ist Altensam eine »herrliche und in ihren wichtigsten Funktionen immer gut intakt gewesene Wirtschaft« (K 260), die allerdings einen gewissen mediokren Menschentyp – wie etwa den Vater Roithamers – hervorgebracht hat, der sich von der land- und forstwirtschaftlichen Arbeit ausgefüllt, aber nicht befriedigt fühlt. Altensam stellt für seine Eigentümer keineswegs eine derart hochgespannte Qual dar, wie Hochgobernitz, und seine denkbare Verwicklung in die Geschichtskatastrophe bleibt unkommentiert. Jener Generationen während Prozeß der Distanzierung der Erben von den Schlössern, den uns der Fürst in »Verstörung« berichtet, ist in »Korrektur« zum Moment einer erleuchtenden Erkenntnis, eines Satori gewissermaßen, zusammengezogen: Auf einem der wie üblich schweigenden Spaziergänge mit seinem Vater will Roithamer »plötzlich aufgewacht gegen Altensam und gegen alles, das mit Altensam zusammenhängt« (K 199) gewesen sein. Diese Entscheidung ist gar nicht so autonom, wie der Sohn meint, sondern enthält wie im Fall der Sauraus ein Element väterlicher Wunscherfüllung: Auch dem alten Roithamer ist klar, »daß die Zeit für Altensam gekommen war, daß diese Zeit nicht für solche Altensam mehr ist« (K 94). So kommt es zu einem scheinbar sinnwidrigen Erbfall: Obwohl Roithamers Brüder im großen und ganzen das geistig enge, an Jagd und Landwirtschaft orientierte Lebensmodell ihres Vaters fortsetzen und bereit sind, »diese exakte Absterbensverwirklichung eines ungeheuren Besitzes« (K 32) zu leben, vererbt der Vater dem offensichtlich unwilligen und ungeeigneten Roithamer die Besitzung Altensam. Die umwegige Konstruktion dieser rätselhaften Erbfolge ist dem einfachen und überzeugenden, ansonsten ja ähnlich gelagerten Erbfall von »Auslöschung« unterlegen. Der Protokollant unterstellt dem Vater böse Motive für diese letzte Verfügung: »indem ich Altensam nach meinem Tode auf meinen mittleren Sohn übertrage, mag der Alte gedacht haben, vernichte ich nicht nur meinen mittleren Sohn, dessen Vernichtung ich zeitlebens im Sinne gehabt habe, sondern vernichte gleichzeitig auch Altensam, das zu vernichten ich ja die Absicht habe, und ich zerstöre außerdem das Leben meiner anderen Kinder«. (K 43f.) Zwar meinte schon in »Verstörung« ein Vater, den Sohn zu seinem Vernichter erzogen zu haben, doch agiert Roithamers Vater anders als seine Vorgänger in »Verstörung«: Der Krieg der Generationen, der dort noch untergründig tobte, ist jetzt offen und Erbschaften sind eine zerstörerische Waffe, wie seinerzeit die »Tiroler Krankheit«.

Als »Naturwissenschafter« forscht Roithamer über »Erbveränderung«, eine Chiffre für Generationenkampf, ein Thema, das von der sterbenden Ebenhöh bis Murau mehrere Bernhard-Protagonisten interessiert; Murau wird allerdings den deterministischen »naturwissenschaftlichen« Ansatz, dem wir auch in den »physiognomischen« Studien in den »Billigessern« treffen werden, aufgeben und statt dessen den stärker philosophischen Begriff der »Wahl« als Erklärung anführen. Offensichtlich hatten die Forschungen Roithamers Erfolg – er wie auch der anonyme Protokollant nehmen in der Bernhard-Welt einen hohen Rang ein: Sie forschen und unterrichten seit sechzehn Jahren in Cambridge, einem klassischen Fluchtpunkt der Bernhard-Helden. Ob Roithamer diesen hohen Rang tatsächlich verdient hat, wird offen bleiben. Mit »Cambridge« ist die erste von mehreren Analogien zu Ludwig Wittgenstein angesprochen, in dem sich Roithamer »zu erkennen glaubte«.

»Ideenlosigkeit ist der Tod.« (K 205) Roithamer ist dort eine positive Figur der Bernhard-Welt, wo er jene Kraft preist, die wir die apollinische Energie nennen – die von ihm praktizierten Strategien der Selbstdisziplinierung markieren einen ungeheuren Fortschritt zur Weltsicht des Malers Strauch und zu dessen Geringachtung des eigenen Werkes. In der ihn bewundernden, aber dennoch zahlreichen

»Korrekturen« unterliegenden Darstellung des Protokollanten wird er uns als einer beschrieben, der sein Leben unter die »Moralität der äußersten Anspannung« gestellt hat, als »Kopf, der alles zum äußersten zu treiben gewillt und gezwungen ist und in dieser Wechselwirkung als Geistesbeziehung zu allem, zu den höchsten Höchstleistungen befähigt ist, der seine eigene Entwicklung, die Entwicklung seines Charakters und seiner ihm vorgegebenen Geistesanlagen bis zu dem äußersten Punkt und an die äußerste Grenze und in höchstem Grade entwickelt und dazu auch noch seine Wissenschaft ebenso an die äußerste Grenze und zu dem äußersten Punkte und im höchsten Grade ...« (K 38f.) Die apollinische Energie ist egozentrisch und absolut sozialfeindlich, und der besessene Asket preist die »äußerste Konzentration« und die »Rücksichtslosigkeit«: das angestrebte Ziel kann nur »durch die Durchquerung des Menschenunrates« (K 219) erreicht werden; in der Sphäre Roithamers gibt es keine »Beziehung« zu anderen Menschen, und wer so denkt wie der Erbe von Altensam, ist vom Anspruch her »zeitlebens naturgemäß immer nur auf (sich selbst) angewiesen und (geht) allein seinen Weg und muß (sich alles selbst), ohne Hilfe von außen erarbeiten«. Der Mitmensch ist ein Hemmnis oder gar ein Neider: »Alles um uns herum ist bösartig«. (K 220) Das könnte auch der Maler Strauch gesagt haben, doch hätte er dieser Aussage eine andere Begründung gegeben und sie hätte bei ihm den Charakter eines »letzten Wortes« gehabt, bei Roithamer hingegen beschreibt sie die Spielbedingung im Kampf des gesteigerten Menschen um Selbstverwirklichung. Roithamer ist allerdings – wie Wittgenstein – auch sich selbst unerträglich und das unterscheidet ihn von dem absoluten, in sich ruhenden apollinischen Hierarchen Glenn Gould. Es ist das Wertsystem eines »Übermenschen«, das Roithamer preist, doch die Hingabe an das Absolute erfaßt nur eine Seite dieses kompromißlosen Gewaltmenschen seiner eigenen Überzeugung. »Korrekturen« weisen uns Roithamer als einen erwachsenen Mann, der bis ans Lebensende tief in innerfamiliäre Konflikte verstrickt bleibt – wie jener Mann, der das Postulat vom Übermenschen im neunzehnten Jahrhundert artikuliert hat. Das destruktive Potential Roithamers, ja sein Sadismus, der sich bei der Lektüre der zahlreichen »Korrekturen« allmählich erschließt, hat noch andere Quellen als die Hingabe an das »Höchste«.

Hinter Roithamers Stärke steckt jener für die Bernhardschen Apolliniker charakteristische Konversionsprozeß: das vielfältige »Unbehagen in der Kultur« artikuliert sich nicht in sozialer Empörung, wie beim Maler Strauch, oder in der ästhetisierenden Hinnahme von Leid, wie in »Amras«, sondern es bündelt sich in einer ungeheuren Konzentration auf das Ich und der Schaffung einer von eisigem Elitismus erfüllten, um dieses Ich gruppierten Gegenwelt. Die gesamte existentielle Bedürftigkeit Roithamers artikuliert sich nach einem Verschlüsselungsprozeß über das Medium der angeblichen Naturwissenschaft von der »Erbveränderung«, die in die Studie über Altensam mündet und als praktische Konsequenz den Kegelbau erfordert. Welche Auswirkungen diese »äußerste Konzentration« hat, wird in der Jahrmarktsepisode deutlich, die Assoziationen an den Teufelspakt im »Freischütz« ebenso zuläßt, wie sie als westliche Variation des Themas »Zen und die Kunst des (Papierrosen-)Schießens« gelesen werden kann: Obwohl er gegen die Regel von Altensam – »Erbveränderung« – kein Jäger geworden ist und das nur einmal praktizierte Schießen verachtet, trifft Roithamer an seinem dreiundzwanzigsten Geburtstag vierundzwanzigmal hintereinander die Papierrose. (K 73f.)

Nächtelang verzaubert der Sprachmagier Roithamer, auch hier ein Wiedergänger Wittgensteins, seine Zuhörer mit Erörterungen der Worte »Umstand«, »Zustand« und »folgerichtig«. Der Protokollant hat sich der versklavenden Denkweise Roithamers in ähnlicher Weise völlig ausgeliefert wie der Famulant der des Malers: »was Roithamer dachte, war auch mein Denken, was er verwirklichte, glaubte ich verwirklichen zu müssen« (K 37). Zum Unterschied von Strauch ist dem Bewunderten die Identifikation seines Freundes mit seinem Denken »unerklärlich und dadurch wieder unerträglich« (K 37), ja er warnt ihn, sich nicht gänzlich »aufzugeben«. Tatsächlich ist bei diesem »Zweiten Mann«, der Figur, die vom Genie erdrückt wird, wie später der »Untergeher« von Glenn Gould, der Lebenssinn völlig an den bewunderten Freund und an das »absolute Aufgehen in einem anderen Menschen« (K 124) gebunden. Solche Beziehungen sind keineswegs harmonisch, der Freund und Erbe unterstellt dem Verstorbenen die Absicht, ihn sozusagen aus dem Grab heraus zu zerstören, »oder wenigstens für immer« dadurch irritiert zu sein, irreparabel.« (K 160)

Drängend wird die Erzählung die Frage nach der Berechtigung dieser Selbstaufgabe stellen. Das Ende – die Sicht auf das Ganze durch die Kenntnis von Roithamers Tod und der der drei unendlich korrigierten Fassungen des Manuskriptes – wird einen Desillusionierungsprozeß darstellen. Wie der Turm von »Amras« wird die Höllersche Dachkammer dem Erzähler zum Ort einer befreienden Wahrheit: »Jetzt schaue ich Roithamer von mir aus zum erstenmal nach langer Zeit, gleichzeitig muß ich denken, daß ich wahrscheinlich Roithamer niemals von mir aus angeschaut hatte bis jetzt.« (K 38)

Doch bis dahin vergeht eine lange Zeit, in der der Protokollant befangen bleibt in seinen Zuschreibungen einer außeralltäglichen Größe an Roithamer. »Seinem« ursprünglichen Roithamer eignet ein universeller Zugang zur Welt, gleich einem Rennaisancegenie sind ihm Naturwissenschaft, Politik, Philosophie und Musik in gleicher Weise zugänglich. Wir, die Leser der Roithamerschen Reflexionen, finden nur wenig, was diese Einschätzung bestätigt. Erst spät setzt die Erkenntnis des Protokollanten ein, daß er selbst »wahrscheinlich doch lebenstauglicher« als der Freund sei.

Zu den Traumen seines Freundes hat der Protokollant kaum einen Zugang, das Bild vom souveränen Genie überlagert weitgehend jene Qual, die uns in Roithamers Aufzeichnungen entgegentritt. Der Protokollant unterliegt der suggestiven Kraft der Kombination von Wille und Intellekt, die Roithamer auszeichnet, derart, daß er gar nichts anderes kann, als in seiner Wahrnehmung des Freundes dessen partielles Selbstbild zu reproduzieren – Roithamers elementare Bedürftigkeit kann er nicht sehen. Der »Übermensch« Roithamer ist am Ende des Textes beides: ein Usurpator einer sozialen Rolle und ein Produkt der wunschgetragenen »Anschauung« des bewundernden Freundes. So praktiziert »Korrektur« den Kult um den »Übermenschen« und liefert gleichzeitig Materialien zu seiner Parodie.

Der angespannte Nonkonformismus Roithamers, seine Existenz »gegen seine Umgebung« hat eine Selbstverständlichkeit, die ihr im Rahmen der bisherigen Erzählung seit »Frost« nicht zukommt. Die Unfähigkeit eben jenes angeprangerten »Österreichs«, eine solche Figur hervorzubringen, war bisher eines unserer zentralen Themen. In diesem hochfahrenden, dominierenden Geistesmenschen, der sein Leben unter die Notwendigkeit stellt, alles »zuende zu denken«, muß nach den Spielregeln der Bernhard-Welt mehr stecken als bloße »Erbveränderung«, etwa ein Element von Selbstschöpfung. Aber dieser zentrale Akt, der bei Murau in allen Facetten beschrieben wird, bleibt in Roithamers Aufzeichnungen ausgespart und hat wohl nicht stattgefunden. Die Quelle seiner Stärke, die Quelle des Handelns gegen seine Umwelt, wird unbekannt bleiben – im Lichte von »Auslöschung« ist das ein kompositorischer Mangel des Buches; im Kontext von Roithamers Geschichte wohl einer der Faktoren, die ihn zu Fall bringen werden.

Jene Größe, die Roithamer zugeschrieben wird, realisiert sich in dem phantastischen Projekt des Kegelbaus. Der Text datiert die Idee zu diesem maßlosen Projekt zunächst nach Eintritt des Erbfalls (K 18). Der Kegelbau, ein verschwenderisches Projekt, das das ungeheure Vermögen von Altensam vernichten soll, ist der Abschenkung Zoissens durchaus vergleichbar. »Hunderte von Millionen« hat Roithamer in dieses allenthalben als verrückt bezeichnete Projekt investiert, nur einen »Millionenbetrag«, der den Lebensunterhalt der Schwester sichern soll und der hier die Rolle der 30000 Dollar Zoissens spielt, hat er von dieser Geldvernichtung ausgenommen. Nach dem Tod seiner Schwester ist Altensam für Roithamer Geschichte geworden, er plant den Verkauf und will den Erlös wie Zoiss und der Arzt in »Watten« ganz im Sinne des Progressismus der siebziger Jahre entlassenen Strafgefangenen zur Verfügung zu stellen, »jenen Ärmsten der Armen, aus der Gesellschaft total ausgeschlossenen Menschen« (K 91).

Roithamer geht allerdings weiter als Zoiss, der vielleicht auch sein »Eigenes« realisiert und einen »Kegel« gebaut hat, in »Amerika« und damit außerhalb der Erzählung. Der Kegelbau und die »Abschenkung« bilden für ihn eine Einheit: »Einerseits den Kegel zu vollenden und die Vollendung ist absehbar, andererseits Altensam zu verkaufen für die Strafgefangenen.« (K 203) Durch diese Verknüpfung gewinnt der Entschluß Roithamers einen Gesellschaftsbezug, der dem Text sonst weitgehend abgeht: Gesellschaft im allgemeinen und in ihrer speziellen Ausprägung als Altensam wird als Unrecht gedacht, demgegenüber die »Abschenkung« als »Wiedergutmachung« dient. Damit ist eine Vorform von Muraus »auslöschender« Abschenkung gesetzt, deren Gesellschaftsbezug allerdings im Allgemeinen stecken bleibt.

Über Zoiss hinaus geht Roithamer, der handlungsstarke Nachfolger von dessen Bruder Karl, auch insofern, als den Kegelbau der Versuch einer »Studie« über Altensam begleitet. Diese monströse Studie, die wohl für den Erfinder der Figur parallel zu sehen ist mit seiner Arbeit an der eigenen »Ursache«, versucht eine Einheit zwischen eigener Familiengeschichte, der Familien- und Baugeschichte Höllers, dem Kegel und der Schwester herzustellen. Die Aussagen in dieser gigantischen Selbstreflexion Roithamers sind verschwommen, zu jeder Position gibt es eine Gegenposition und alles unterliegt dem Prinzip der »Korrektur«. Die Kritik hat sich auf dieses Prinzip in seiner allgemeinen Ausprägung konzentriert, aber wenig zur Erhellung der Frage geleistet, worin die tatsächlichen »Korrekturen« liegen, denen der Tod, der auch nicht eindeutig bewertet werden kann, etwas Endgültiges gegeben hat. Tatsächlich verbirgt der Text zahlreiche »Korrekturen« insofern, als er sie nur für die Leser, nicht aber für die Figuren klarstellt. Letztlich präsentiert uns die Studie die erste Bernhardsche Kindheits- und Familiengeschichte, die unter einem expliziten Motto steht: »Wir müssen immer alles heranziehen, aufarbeiten.« (K 323) Die Schwierigkeiten einer Selbstanalyse sind notorisch, in Roithamers Fall kommt dazu, daß sie als Begleitmaßnahme zu einem agierenden Projekt gedacht ist. Das alle Maße sprengende, fast utopische Projekt des Kegelbaus hat ja eine überaus enge Verhaftung mit irdischen Verhältnissen, es steht in zwingenden Beziehungen zu Roithamers Leben und versteht sich als Konsequenz und Gestaltung. Der Kegel als elementar privates Projekt, als Resultat der Erforschung der eigenen Geschichte, die unter dem Wort Altensam zusammengefaßt ist, als Kommentar, Konsequenz und schließlich selbstgeschaffene, steingewordene Gegenwelt hat dabei »unzeitgemäßen« Charakter: er fixiert etwas, was noch nicht da ist, nämlich jene Selbstkenntnis, die erst Murau erreichen wird. Während die Studie ständig korrigiert wird, ist der Kegel unkorrigierbar und zum Zeitpunkt seiner Vollendung nur mehr mit der ersten Fassung der Studie kongruent. So wird er zu einem Symbol für Roithamers vorschnelle, angemaßte Lösung des Saurau-Problems und wird am Ende zu Recht der »Natur« überlassen.

Roithamers Kegel-Revolution

Obwohl der Kegel in zahlreichen benennbaren Bezügen steht, läßt er letztlich nur Annäherungen zu. Wer ihn nicht als Produkt eines Mangels an literarischer Ökonomie liest, könnte ihn, wie die ungelöste mathematische Aufgabe in »Ungenach«, als ein unauflösbares Rätsel deuten, als boshaftes Spiel des Autors mit seinem Publikum. Dann richtet sich der Kegel auf einen Punkt außerhalb des Textes und manifestiert einen – Roithamerschen – Anspruch seines Erfinders, *gegen* sein Publikum zu schreiben.

Alles an diesem »einmaligen« Bauwerk trägt die Merkmale von Roithamers extremer Persönlichkeit und materialisiert seine unbeschreibliche Energie gegen seine Umwelt. Der Kegel sei »teurer als jedes andere Bauwerk in Österreich« (K 334), hat sich Roithamer, von Baukosten offensichtlich ähnlich fasziniert wie sein Erfinder, ausrechnen lassen, und die Baugrube sei die tiefste, die jemals gegraben worden ist. So, wie Hochgobernitz ein »Staat im Staat« war, ist also auch das Kegelbauprojekt teurer als die Symbole der staatlichen Bautätigkeit, die sich in der Bernhard-Welt in »Kraftwerken« verdichten – ein durchaus privates Projekt restituiert die beklagte untergegangene Größe Österreichs. Der Staat, in der Bernhard-Welt häufig ein kleinlich – bürokratischer Verhinderer von großartigen Projekten, agiert überraschenderweise in der Geschichte des Kegels neutralfördernd: Der bezwingenden Persönlichkeit Roithamers gelingt der Erwerb der staatlichen Grundstücke und die obligaten Probleme mit Bauvorschriften und Ähnlichem sind gering.

Die Fachleute haben dieses extreme Bauwerk für unmöglich erklärt und sich so vor dem Autodidakten Roithamer blamiert. »Scharlatane, Nichtskönner insgesamt und perverse Ausnützer hilfloser Bauherren« (K 130) sind sie, und ihr negatives Urteil ist eine wichtige Voraussetzung der Glücksgefühle Roithamers beim Bauen. In keinem anderen seiner Bücher hat Bernhard so detailliert die Freuden des schöpferischen Menschen beschrieben und sie mit dem »Bauen« verknüpft: Der Kegel verschafft Roithamer »höchste Befriedigung« und »höchstes Glück«. Das Honorar der apollinischen Konversion liegt in einem wilden Ich-Rausch, in beglückendem, hochfahrendem Wahnsinn, in manischen Zuständen, deren Umschlag in Selbstzerstörung vorhersehbar ist: »... ich weiß, daß niemand auf der Welt bis jetzt einen solchen Kegel auch nur entworfen hat, einen solchen Kegel hat es auch als Entwurf noch nicht gegeben, einen solchen riesigen Kegel, einem Kegel mit einer solchen ungeheuren Größe und einen solchen bewohnbaren Kegel in einer solchen einzigartigen Naturverfassung, wie sie die Naturverfassung in der Mitte des Kobernaußerwaldes darstellt, nicht nur entworfen habe ich einen solchen Kegel, *ich habe diesen Kegel auch tatsächlich gebaut und jeder kann sehen, daß ich den Kegel gebaut habe* ...« (K 48) Doch die Souveränität des triumphierenden Ichs gegenüber dem Kegel ist begrenzt. Wäre »Korrektur« ein Märchen, dann hätte der Held wohl dem Teufel seine Seele verkauft, um dieses magische Bauwerk zu vollenden, und müßte am Ende dafür den Preis zahlen: das Bauwerk entwickelt eine magische, zerstörerische Anziehungskraft und Roithamer weiß, daß der Bau ihn »sehr oft und immer wieder an den Rand des Verrücktseins« gedrängt hat. (K 268)

1965 hatte Bernhard einen Vierkanter in Ohlsdorf bei Gmunden erworben, 1971 die Krucka auf dem Grasberg bei Reindlmühl und 1972 ein weiteres Haus in Ottnang und der Kegelbau verarbeitet offensichtlich Erfahrungen, die er bei der Restaurierung seiner Häuser gemacht hat. »Bauen« gilt als »Lebensbedürfnis« unseres Autors, doch sollte man diese Akkumulierung von perfekt restaurierten und kaum benützten Immobilien – Bernhard hatte ja noch eine Wohnung in Wien und eine in Gmunden und schrieb meist im Ausland – nicht nur auf seine »Bauwut« zurückführen: Der, was seine Altersversorgung betraf, zu Recht ängstliche Kranke schuf mit diesen fast museal wirkenden Besitzungen im Notfall realisierbare Vermögenswerte. Auf Ohlsdorf wird immer wieder im dichterischen Werk angespielt und der Vierkanter mag bei Bernhard ähnliche Emotionen mobilisiert haben wie der Kegel bei Roithamer, ist aber – trotz der sparsamen Ornamentierung – ein deutliches Gegengebäude zum Kegel: die Vergangenheit, die dieser negiert, wird hier perfekt konserviert. Auch die Bauten des Thomas Bernhard opponieren jenem in den Texten oft angeprangerten kurzsichtigen Modernisierungsprozeß der fünfziger bis achtziger Jahre, der Zerstörung traditioneller Wohnkultur, dem Parallelphänomen zu »Kraftwerk« und »Beton«.

Das Projekt, der Schwester einen Kegel zu Wohnzwecken zu bauen, schließt an die Wittgenstein-Identifikation Roithamers an: Gemeinsam mit dem Architekten und zeitweiligen Schüler von Adolf Loos, Paul Engelmann, baute der Philosoph von 1926 bis 1928 für seine Schwester Margarete ein Haus in der Kundmanngasse im dritten Wiener Gemeindebezirk. Stilgeschichtlich mißt sich Roithamer an gescheiterten Vorbildern in der französischen und russischen Revolutionsarchitektur, die ein ähnlich maßloses Element auszeichnete. Roithamers Bauprojekt ist der letzte Ausläufer der »linken« Studien Maxens und des jungen Saurau und realisiert, was Max und Saurau am Beispiel von Rosa Luxemburg und anderen studierten: die revolutionäre Kompromißlosigkeit gegenüber dem »Opportunismus«.

Es fügt sich gut in den Ablauf der Gesamterzählung, daß – so Hans Sedlmayr – die architektonische Revolution der politischen vorangegangen ist. (Sedlmayr 79) Das Dreigestirn der französischen Revolutionsarchitekten, Boullée, Ledoux und Lequeu, wurde lange als Kuriosum belächelt. Heute dient es als wichtige Inspirationsquelle der postmodernen Architektur. Keiner von ihnen hat einen »Kegel zu Wohnzwecken« gebaut, Boullée hat allerdings einen stumpfen Kegel entworfen, der – und das paßt zu »Korrektur« – als Grabdenkmal dienen sollte. (Nerdinger u. a. 19)

Eine Kindheit in Altensam

Das Kernstück von Roithamers schriftlichem Nachlaß, jener Teil, den Murau fortschreiben wird, behandelt die freudlose Kindheit des Autors auf der Besitzung Altensam. Wie in »Amras« sind wir mit einer Familie konfrontiert, wo der befreiende Effekt des elterlichen Todes gering ist – erst in »Auslöschung« sind die toten Eltern wirklich tot. Roithamers Studie diskutiert Probleme, die sich in jeder Pubertät stellen, und seine Bewertungen weisen genau jene Unsicherheit auf, die für die pubertäre Reflexion des Elternhauses charakteristisch ist. So muß die Studie unendlich »korrigiert« werden, das entwertet sie scheinbar und liefert gleichzeitig den Ausgangspunkt für Muraus erfolgreichen Versuch.

Jetzt lesen wir, was uns Zoiss und der Fürst verheimlicht haben: die Unerträglichkeit der großen Besitzungen für die Erben speist sich aus den Erfahrungen ihrer beschwerlichen Kindheit, der Verständnislosigkeit, ja seelischen und körperlichen Gewalttätigkeit der Eltern und ihres Versuchs, den »Eigensinn« des Sohnes zu vernichten. Als »Bewachende und Bestrafende«, nicht als »Beschützende« agieren diese Eltern, und im Gegensatz zum Familiensystem der Muraus (und dem Bernhards und Wittgensteins) ist das Roithamers in sich ohne Alternative. »Altensam« als Metapher ist um einiges inhaltsreicher als die »Tiroler Krankheit« und die pauschalen Anklagen des Fürsten gegen das mörderische Hochgobernitz. Die Herrschaft der Besitzung über ihre Eigentümer und deren Nachkommen ist eine totale und erstreckt sich auch auf das Gefühlsleben, in der Mechanik von Altensam werden alle Bewohner zu einem Utensil. Das »Urverbrechen der Zeugung« erhält jetzt eine neue Spezifikation: Altensam muß zeugen. Die Besitzung löst eine eigene Mechanik aus, die sozialen Ursprungs und dennoch »Natur« vergleichbar ist: Der Trieb zwingt zur sexuellen Begegnung, die Besitzung zwingt zum Zeugen. Vier Kinder werden »gemacht«, damit »es«, die Besitzung, weitergeht, von Menschen, die »im Grunde für Kinder nicht geeignet gewesen« sind und »keine Kinder, keine Nachkommen, Erben« wollten. (K 231)

Wie in »Ungenach« ist auch diese Mutter »zweite Wahl«, und auch dieser Vater wird von seinem Sohn als »blind« erlebt. Der Sohn als Protokollant des väterlichen Liebeslebens reduziert die wohl vielfältige väterliche Entscheidung für diese Frau auf einen der Mutter gegenüber aggressiven und verächtlichen Aspekt: Nur wegen ihrer Fortpflanzungsfähigkeit hätte sich der zweiundfünfzigjährige Mann für die schon durch die Abstammung verächtliche sechsunddreißigjährige Tochter eines Fleischhauers aus Eferding entschieden, für diese nicht zu ihm passende »Kinderfrau«, die ihm »immer nichts anderes gewesen (sei) als die Frau mit dem *Guten Wurf* ...« (K 247)

Vor der »Korrektur«, in jener Erinnerungsschicht, die den Kegel legitimiert, zeichnet Roithamer das abstoßende Bild einer verwahrlosten Frau, die im Schlafrock der längst verstorbenen Schwiegermutter (oh, diese Passion der Bernhard-Protagonisten für die Textilien Verstorbener!) durch Altensam schlurft: ewig ältlich, schlampig gekleidet, ohne Strümpfe, in halb zugeknöpften Schuhen, humpelnd, kränkelnd, von Geschwüren geplagt, in einem »unnatürlichen« (so der Vater) und »abstoßenden« (so der Sohn) »Verwahrlosungszustand«. (K 252f.) Doch seit »Amras« kennen wir die erpresserische Macht kranker Mütter: Auch diese kontrolliert alle Familienmitglieder und schränkt sie in ihren Lebensmöglichkeiten ein, vor allem im Umgang mit den großen Konkurrenten, »Büchern« und »Schriften«.

Das von Bernhard auch in seinen Interviews (Fleischmann 1991, 78) lustvoll kommentierte Zeichen der abgelehnten Weiblichkeit ist der Geruch, das primäre Signalzeichen des Chthonischen. Trotz Hunderter von Cremen und Duftwässern riecht diese Mutter schlecht: »über den Wohlgeruchsgeschmack unserer Mutter läßt sich streiten«; ihr »entsetzlicher Beschmierungswahn« bleibt ergebnislos angesichts des Faktums, daß sie permanent »von den stinkenden Salben und Wässern der Kurpfuscher, die hierzulande Heilpraktiker heißen, zugedeckt« war. (K 255)

Misogyne Stereotype wie das vom schlechten weiblichen Geruch spielen im Geschlechterkampf, der in der Bernhard-Welt praktiziert wird, eine wichtige Rolle. Es gehört zum Profil von Bernhards männlichen Protagonisten, daß die Erfahrungen mit der Mutter verallgemeinert und auf das weibliche Geschlecht in seiner Gesamtheit ausgedehnt werden. Die Mutter gilt als »Frau an sich«, ihre Gemeinheit resultiert aus ihrem Geschlecht und ist »durch nichts von der Gemeinheit ihrer Geschlechtsgenossinnen unterschieden«. (K 293) »Kultur« ist der »Eferdingerin«, der »Fleischhauerstochter mit ihrer Fleischhauerphysiognomie (...) mit ihrem Fleischhauerlebensinhalt« (K 259) fremd oder wird geheuchelt. So verdichten sich die Erfahrungen mit der Mutter zu einer bis ins Spätwerk gültigen anthropologischen Aussage und verallgemeinernd enthüllt uns Roithamer als Naturwissenschafter das bisher verschwiegene Geheimnis unserer Kultur, »daß das weibliche Geschlecht, was heute niemand auszusprechen wagt, weil es weiblich ist, gegen den Geist und nur aus dem Gefühl für das Gefühl und zwar gegen den Geist in allen seinen Möglichkeiten wie für das Gefühl aus dem Gefühl in allen Möglichkeiten« ist: »Ich selbst weiß aus Erfahrung, daß der *weibliche Mensch*, so Roithamer, weibliche Mensch unterstrichen, daß das weibliche Geschlecht über eine erste Willigkeit zum Geistigen nicht hinauskommt.« (K 317) Von dieser Feststellung ist es nicht weit zu einem kulturkritischen Befund, der den weiblichen Charakter unserer Zeit anprangert als eine »gegen den Geist in Wahrheit«: »die Tendenz heute ist gegen den Geist und ist für Geheucheltes«. (K 304)

Vorwürfe sind den Bernhard-Figuren allerdings häufig ein Medium zur Artikulation von Bewunderung. Dieser Mutter eignet eine ungeheure Willenskraft und das macht Roithamer zu *ihrem Sohn*. Die »*Notlösung als Frau*« (K 259) bringt den schwachen und resignierten Vater immer mehr unter ihre Herrschaft und regiert Altensam: Das energiegeladene Weibliche erobert die Domänen des ahnungslosen Männlichen durch Einverleibung und zerstört sie so. Unter den Vorwürfen Roithamers liegt eine Reflexion über »männliche« und »weibliche« Stärke, eine Reflexion, die ohne Zweifel in der archetypischen Konfrontation von Wirtin, Maler und Ingenieur in »Frost« begonnen hat. Doch gleichzeitig zeichnet sich eine Roithamer unangenehme »Korrektur« ab: Die Lebensenergie der »starken« Figuren Bernhards ist Erbgut der verachteten Mütter.

Die Entscheidung für die »Kultur« ist eine gegen das Weibliche. Doch die Fixierung von Bernhards Protagonisten auf die Mutter (und die Schwester) hat noch eine andere wesentliche Funktion in ihrer Selbstdarstellung: nur selten kommen sie zum Trieb. Die frühkindliche Verurteilung der Frau dient den meisten als Alibi einer lebenslänglichen sexuellen Indifferenz zumindest dem Weiblichen gegenüber, die häufig als Merkmal der Geistesmenschen gepriesen wird. Obwohl Bernhard einer Interviewerin erklärt, daß nach Überwindung der ersten Krankheitsphase zwischen 22 und 30 physisch alles »ganz richtig und normal da gewesen« sei (Fleischmann 1991, 53f.), so verweigert er doch diese Erfahrung seinen Protagonisten zumeist – »Männlichkeit« spielt außerhalb des Feldes des Inzest mit der Schwester oder, inhaltlich zweideutig, mit der Mutter (RDV 164) kaum eine Rolle, die »sexuelle Maske«, die sie tragen, ist die des anklagenden Sohnes. Häufig treffen wir sie im »Anlauf« zur Ablösung, in einem sexuellen Niemandsland, in der Sekunde der Bereitschaft zum Sprung weg von der »ersten Frau«, in einer Sekunde, die sie zu einer kleinen Ewigkeit gedehnt haben.

»Korrektur« ist auch eine »Studie« über den Opportunismus unseres Gedächtnisses; das Erinnerungsbild schmeichelt und tröstet: *wir*, der Vater, die Schwester und ich, Roithamer, die Kulturbewußten, gegen *die*, die »Efferdinger«. Doch im Prozeß der schonungslosen »Korrektur« wird auch dieses Selbstbild zerstört werden. Im Mechanismus der elterlichen Ehe war dieser Sohn ein gutes Instrument, um die Agressionen gegen die Gattin auszudrücken – aber nicht mehr. Solange es gegen die stinkende Efferdingerin ging, war »man« aus Altensam, aber das endete bald und auch der Schutz gegenüber dem programmierten Zorn der Mutter war gering. Roithamer deutet sich als »aus meinem Vater«, doch auch der Vater behandelt das begabte Kind als »Fremdkörper« und zieht die ihm entsprechenderen Brüder vor. »Korrektur« heißt für Roithamer auch einsehen, daß dieser Vater den Sohn ablehnte oder einfach in seine eigene Welt verstrickt war. Bis zum Ende der Roithamerschen Aufzeichnungen wird die Unklarheit über die Rolle der Mutter »Korrekturen« nötig machen – diese Bemerkung über den Vater hingegen ist endgültig und er ist wohl das, was auch der Vater der Autobiographie war: ein »unsichtbarer Unhold« (KI 40).

Von nun an sind wir im Kontext der »Vaterlosen Gesellschaft«. Wenn wir das Prinzip der »Korrektur« auch auf den »Gesamttext«

anwenden, dann opponiert der »Einzeltext« gleichen Namens den Konstellationen von »Verstörung« mit den anteilnehmenden Fürst- und Arzt-Vätern und den abwesend-toten Müttern. Die Väter haben sich aus der BernhardWelt verabschiedet oder agieren als Statisten neben den die Szenerie beherrschenden Müttern. Das ist insofern wieder eine »Eroberung der eigenen Geschichte«, als die in »Verstörung« ignorierte Mutter-Kind-Beziehung eine existentielle Grundfigur darstellt. Zum Kanon der Psychoanalyse, auf den sich solche Sätze berufen können, gehört allerdings auch der Freuds aus dem »Unbehagen in der Kultur«: »Ein ähnlich starkes Bedürfnis aus der Kindheit, wie das nach dem Vaterschutz wüßte ich nicht anzugeben.« Dieses Bedürfnis wird systematisch frustriert, die »überhitzten« Mutter-Sohn-Beziehungen, die Bernhard, selbst ein vom Vater verleugnetes Kind, beschreibt, basieren alle auf einem Rückzug des Vaters aus dem Sozialisationsprozeß. Die Absenz des »schon gar nicht mehr wahrzunehmenden Vaters« (K 283) bewirkt eine Konzentration der innerfamiliären Gefühlskultur auf die Mutter und macht sie zu einer universellen Konfrontationspartnerin. Das, und die Beobachtung der Folgen der elterlichen Frontstellungen in der Beziehung zwischen Mutter und Sohn, ist plausibler als die Darstellung der ursprünglichen Bösartigkeit der Efferdingerin – und tragischer, denn der Vater hat ja die Parteilichkeit des Sohnes für seine Seite nicht honoriert. Die Bernhardschen Väter haben Mutter *und* Sohn verlassen und haben damit eine von ungesunder Nähe beherrschte Dyade der Gekränkten geschaffen, in der die beiden Partner einander die Verletzungen, die der abwesende Dritte ihnen zufügte, vorwerfen. Bernhards große Anklagen der Mütter, die sich so perfekt in den Zeitgeist einfügen, haben die Voraussetzung, daß der Vater nicht einmal als Addressat für Beschuldigungen zur Verfügung steht.

Mit diesen »Korrekturen« sind wichtige Einsichten in die Funktionsweise der Roithamerschen Familie erarbeitet, doch von Anfang an steht die Studie Roithamers unter dem Verdacht eines verzerrenden Fehlers. Die Erfahrung des Verfassers mit seinen Eltern, die ungeheure menschliche Abwertung der Mutter vor allem, wird vom Protokollanten nicht geteilt. Roithamer hat sich gerne in der Arztfamilie aufgehalten, der Arztsohn wiederum war gerne in Altensam zu Gast – für beide Freunde gilt die alte Weisheit, daß andere Kinder die besseren Eltern haben.

Roithamer, so berichtet sein Protokollant, »hat schon sehr früh und zwar schon in der frühesten Kindheit (…) verstehen müssen, daß er fort und möglichst rasch und ohne Umschweife weg muß, um nicht zugrunde zu gehen …«(K 32) Das »Weggehen zum richtigen Zeitpunkt« (K 140), Essenz der Lebenskunst des Onkel Georg aus »Auslöschung«, wird zwar gepriesen, aber tatsächlich hat Roithamer diesem eigenen Imperativ nicht konsequent gehorcht und die Komplikationen, die der Text beschreibt, resultieren aus dieser Inkonsequenz. »Korrekturen« werden zeigen, daß Roithamer der Status eines Bernhardschen »Weggehers« nicht zukommt. Schon aus klimatischen Gründen hat England in der Hierarchie Bernhardscher Exilorte keinen guten Platz. Der Naturwissenschafter lebt und arbeitet wie der junge Saurau in häßlichen Räumlichkeiten und die Andeutungen über seine englische Existenz protokollieren kein Glück und keine Bindung. »Cambridge« ist tatsächlich eine Fiktion, selbst wenn Roithamer »in Wirklichkeit« in Cambridge ist, ist er »in Gedanken« im Kobernaußerwald. Die angeblich sechsjährige Bauzeit des Kegels scheint er weitgehend in Österreich verbracht zu haben. Die Kraft, die dem »Weggeher« regelmäßig zuwächst, fehlt Roithamer und trotz »Cambridge«, dem Rangabzeichen eines apollinischen Hierarchen, fühlt er sich der Welt gegenüber schwach wie weiland der überlebende Bruder in »Amras«: »Wir können an Flucht denken, aber wir können nicht fliehen, weil wir aus diesem Elternkerker geflohen, zugrunde gingen in der kürzesten Zeit.« (K 234)

So ist es den Spielregeln der Bernhard-Welt gegenüber ungerecht, wenn am Ende der bilanzierenden Betrachtung des Freundes die Erkenntnis steht, daß Roithamers Weggehen nichts genützt hatte, »er war doch überall, gleich, wohin er aufgebrochen und wohin er geflohen war, dieser Benachteiligung durch den Geburtsort und durch die Geburtslandschaft und durch die damit lebenslänglich zusammenhängende deprimierte Verfassung seiner Natur aus der Natur des Herkunftsortes ausgesetzt…« (K 147) Einmal Österreicher, immer Österreicher? »Auslöschung« lehrt die rettende Potenz des »Weggehens« und zeigt die Möglichkeit, »Italiener« zu werden.

So kann »Korrektur« als Beitrag Bernhards zur Lösung der Frage, wie »Übermenschen« entstehen, gedeutet werden: In einer verzweifelten frühkindlichen Situation haben sich alle Roithamer zur Verfügung stehenden Energien auf das Ich konzentriert, Not wurde in Stärke umgedeutet, und ein gigantomanes Selbstbild ist entstanden, das eine soziale Umgebung überzeugt hat, die solche Helden braucht. So spricht jener »Übermensch«, den der Protokollant bewundert: »schon in der frühesten Kindheit (war ich) ein vollkommen selbständig fühlendes, später vollkommen selbständig denkendes Wesen (...), das sich ihnen [den Eltern, A.P.] und ihren Vorstellungen und Befehlen nicht unterwerfen hat wollen« (K 201).

Das ist ein tröstliches Selbstbild, doch dem Prinzip der »Korrektur« hält es genausowenig stand wie die Behauptung, es sei »Haß gewesen, nichts als Haß« gegen »alle diese Leute und alles, das mit diesen Leuten zusammenhängt« (K 200). Selbst auf den Tod der Eltern will Roithamer nur mit Haß reagiert haben, ohne dabei die obligaten Schuldgefühle des Überlebenden verspürt zu haben: »Der Tod solcher Menschen tritt ein und wir empfinden nichts als Haß gegen diese Menschen.« (K 236) Wechselseitig sei dieser Haß gewesen und auch die Mutter hätte »immer alles unbewußt gehaßt«. Ein Schwenk in der Reflexion, eben eine »Korrektur«, wird diesen Befund als Projektion entlarven: »In Wahrheit ist es aber so, daß sich meine Mutter anfänglich immer um mich bemüht hatte, ihr war schon bald aufgegangen gewesen, daß ich, daß alles in mir gegen sie eingestellt gewesen war, deshalb hatte sie nichts unversucht gelassen, mich an sich zu ziehen und unter allen Umständen und mit allen Mitteln, aber als sie gesehen hatte, *ein*gesehen hatte, daß alles, was sie, um ihr Ziel, mich auf ihre Seite zu ziehen, was von Natur aus ganz einfach nicht möglich, vergeblich, unsinniges Bemühen gewesen war, hatte sie ihrer Verachtung und ihrem Haß freien Lauf gelassen.« (K 265)

»In Wahrheit« war alles ganz anders, und das ist die erschreckende »Korrektur«, die Roithamer nicht ertragen wird. Wie der Maler Strauch jede Beteiligung an seinem Leben geleugnet hat, so leugnet Roithamer zunächst jede vergangene Intimität mit seiner Mutter bis hin zur Mutter-Kind-Dyade: »nicht eine einzige Stunde meines Lebens habe ich allein mit meiner Mutter *in Harmonie*, in Harmonie unterstrichen, verbracht ...« (K 308) Nach der »Korrektur« ändert sich das Bild von Roithamers Kindheit schlagartig. Auch Roithamers Behauptung, seine Eltern zwölf Jahre vor ihrem Tod niemals besucht zu haben, ist eine wertlose Selbststilisierung, mit der der unentwegt Gebundene seine Bemühungen um Nähe verleugnet. Wir erfahren von zahlreichen Besuchen, die alle nur der Mutter gegolten haben, von unendlich wiederholten Annäherungsversuchen der Mutter, die als »Falle« abgewehrt werden und die nach kurzer Zeit im tödlichen Streit zwischen den zwei Meistern in der »Kunst, uns zu peinigen« enden.

Am Ende der »Korrekturen« der Darstellung der Mutter steht die Erkenntnis Roithamers, daß er ihr die »entscheidende Frage« nie gestellt habe und sie jetzt nicht mehr stellen könne: »Jetzt ist die Efferdingerin tot, ich kann sie nicht mehr fragen, sie kann nicht antworten.« (K 325) Wie lautet diese Frage, das Pendant zum ungelösten mathematischen Rätsel von 1937, und was hätte ihre Beantwortung geändert? Roithamer diskutiert sie in seinen Aufzeichnungen dort, wo er – und das hat die Rezeption massiv aufgegriffen – einen Zusammenhang zwischen dem Prinzip der »Korrektur« und der letzten »Korrektur«, dem Selbstmord, sieht.

Immer wieder versucht Roithamer sein höchstpersönliches Geheimnis zu erforschen, jene Lähmung, die ihn in Altensam festhält, fragt sich »warum ich den Verkehr zu meiner Mutter nicht abbreche, sie ganz einfach nicht mehr aufsuche, aber dann hätte ich Altensam nicht mehr aufsuchen können und an Altensam hing ich doch, wie ich an meiner Kindheit hing, sie mag gewesen sein, wie immer, Altensam war die Kindheit und die Kindheit ist in jedem Fall ein Hindernis für den *totalen Bruch,* totalen Bruch unterstrichen.« (K 312) Murau wird es, nach einem langen, qualvollen Prozeß der »Auslöschung«, schaffen, spielerisch mit seiner Ambivalenz umzugehen und so die Stärke erreichen, der Versuchung einer Restauration der »Kindervilla« zu widerstehen.

Die Ambivalenz der innerfamiliären Gefühle gibt der Erinnerung an die Kindheit einen rätselhaften Charakter, der für Roithamer, dem Eindeutigkeit ein Accessoire der Wahrheit ist, unerträglich ist. Der letzte Schritt zur Klarheit, die dann tatsächlich Unklarheit ist, findet am »Victoriabahnhof« in London statt – von nun an ein magischer Ort der Erkenntnis von »Müttern« in Bernhardschen Reflexionen. Auf einmal realisiert Roithamer, »daß alles, das ich in dem Manuskript beschrieben habe, anders ist, daß immer alles anders ist«. (K 355) Die letzte Erkenntnis der Studie ist die von ihrer Wertlosigkeit, eine Erkenntnis, die die Notwendigkeit einer tiefgehenden »Korrektur« begründet. Jetzt erhält das Wort tatsächlich eine andere Bedeutung und bekommt eine konkrete Dimension: Die letzte selbstgewählte Korrektur ist der Selbstmord.

Eine Liebe von Roithamer

Roithamers Freitod hat eine philosophische Seite, bilanziert ein letztlich unglückliches Leben, reagiert auf eine unlösbare, akute Krisensituation und ist gleichzeitig untrennbar mit der Beziehung zu seiner namenlosen Schwester verknüpft. Die Schwester ist in »Verstörung« zweifach antizipiert, einmal in der Arztfamilie als das abwesende, besprochene Opfer im Hintergrund, einmal als die in den zerstörerischen Wahnsinn eines gesteigerten Menschen mitgenommene Schwester und Gattin des Industriellen. Schwestern unterliegen in der Bernhard-Welt lange Zeit der brüderlichen Verfügungsgewalt. Wie die Söhne an die Mütter bleiben auch sie an die Brüder gebunden; »Schwäger« sind rar, vorübergehende, nach Südamerika flüchtende Erscheinungen oder lächerliche Figuren wie der »Weinflaschenstöpselfabrikant« in »Auslöschung«. »Schwestern« teilen mit den »Müttern« das Geschlecht, ohne über ihre bedrohliche Macht zu verfügen – das macht sie zu idealen Objekten der Rache im Geschlechterkampf.

Roithamer nennt seine geliebte Schwester den »unglücklichsten Menschen (…), den ich kenne«. (K 77) Tatsächlich birgt ihre Geschichte eine Überraschung: Das Mädchen genießt ein Privileg, das anderen Bernhard-Schwestern nicht zukommt, der Vater, jener abwesende Liebhaber der Mischwälder, hat sie »wie kein Mensch« geliebt. Die Mutter haßt die Tochter »naturgemäß« und läßt dieses »schon in der Kindheit zarte Wesen« dennoch ihre Verachtung und ihren Haß nicht spüren – das Nesthäkchen genießt jenen väterlichen Schutz, der Roithamer versagt geblieben ist.

Roithamers Text dementiert lautstark, daß unter Geschwistern die Beziehung eines Bruders zum privilegierten Liebesobjekt des ihm gegenüber abweisenden Vaters zwangsläufig von Rivalität diktiert sein muß. Geradezu geschwätzig konzentriert sich seine Darstellung auf die Zuneigung zur »tatsächlich wie nichts auf der Welt geliebten« (K 304) Schwester, einem »einzigartig liebenswerten Menschen«, den der ansonsten so rücksichtslose Roithamer mit »Liebe, Sorgfalt, Behutsamkeit und Zartheit« zu behandeln vorgibt.

In »Anschauung und Empfindung« stelle die Schwester ein »zweites und höheres Wesen als das eigene« (K 305) dar – doch wie viele Rosen schießt sie und was gibt es Höheres als »Cambridge«? Wenn Roithamer begründet, was die Schwester so liebenswert macht, argumentiert er ein wenig zirkelhaft: sie verstünde es, mit »Freundlichkeit und Natürlichkeit« sich »angenehm freundlich und natürlich« zu machen. Jemandem »Natürlichkeit« zu attestieren bedeutet in der Bernhard-Welt ein recht zweideutiges Kompliment.

Da sich Roithamer entschlossen hat, alle Frauen als nach dem Muster der Mutter gebildete Wesen zu verachten, stellt sich die Frage, wie diese »Liebe« mit der Weiblichkeit der Schwester umgeht. Vordergründig läßt der Text die Tochter der »Efferdingerin« in einem sexuellen Niemandsland agieren. Angestrengt bemüht sich Roithamer, uns davon zu überzeugen, daß die Schwester nicht die Mutter ist, und daß sie über »angeborenen, von ihrem Vater angeborenen Geschmack« (K 305) verfügt. Dennoch ist es wohl kein Zufall, daß die Beschreibung der »Anmut« der Schwester derart eingebaut ist in die grundsätzliche Verdammung der Mutter als Frau, daß die Passagen untrennbar miteinander verbunden sind. (K 303ff.) Roithamers Schwester repräsentiert eine Vorstufe der Verwandlung einer Frauengestalt in eine nur in der apollinischen Sphäre existierende androgyne Figur, ein Wunschbild, das später von der Figur der Dichterin Maria in »Auslöschung« eingelöst wird. Die Schwester nimmt Anteil an Roithamers Geistesarbeit, er an ihrer Miniaturmalerei: »ihre Miniaturen auf Email und Porzellan sind die schönsten, die sich denken lassen«. (K 310) Nach noch zu behandelnden Leseerfahrungen mit »Kalkwerk« ist die Frage, wofür wohl das Wort »Miniatur« steht, legitim. »Ganze Nächte« hat das Paar in sublimiertem Inzest »mit größter Intensität« auf dem Dachboden verbracht und hat »in der größtmöglichen Ruhe« sich der Besprechung gerade gelesener Bücher hingegeben. (K 311) Roithamers Liebe hat obsessiven Charakter: Beinahe ununterbrochen, berichtet er, hätte er sich in Gedanken mit der Schwester beschäftigt und ihr Wesen studiert. So ist auch die Schwester eine Figur, die Roithamer bindet und seinen persönlichen Mythos von der »übermenschlichen« Autonomie beschädigt.

Der Bau des Kegels setzt diese sublimierten Spiele fort; das Vokabular zur Beschreibung des Projekts ist von sexuellen Zweideutigkeiten nicht frei: der Kegel ist als »Höhepunkt« dieser Liebe konzipiert worden (K 34) und soll Roithamer höchste Befriedigung (K 271), der Schwester aber höchstes Glück bringen. (K 331, 53) Die Redensart »mit Kind und Kegel« (K 108) ist dem Text bekannt, ein »Kegel« ist auch ein uneheliches Kind, und einen Kegel »bauen« meint dann schwängern.

Inzest führt in der Bernhard-Welt zum Tod, im »Kalkwerk« ebenso wie »An der Baumgrenze« oder »Vor dem Ruhestand« – das gilt wohl auch für seine Sublimierung ins Architektonische.

Roithamers sogenannte Liebe äußert sich zunächst in der jahrzehntelangen »ununterbrochenen, (…) notwendigen, andauernden Beobachtung« der Schwester (K 215). Der Kegel erntet die Früchte dieser Beobachtungen und soll vom Anspruch her die Schwester gewissermaßen widerspiegeln – als Versuch, eine Frau zu verstehen, enthält das Bauwerk eine Reflexion über Weiblichkeit: »Das Innere des Kegels wie das Wesensinnere meiner Schwester, das Äußere des Kegels wie ihr äußeres Wesen …« (K 215)

Wie die Wesensart der Schwester und die Architektur des Bauwerkes miteinander zusammenhängen, ist Roithamer selbstverständlich und wird im Text nicht besprochen, doch der Kegel selbst wird uns genau beschrieben. Die fensterlose, mit Ausblicken und einer »naturgemäßen« Lüftung versehene »Kegelschwester« ist ein dreigeschossiges, karges, materialarmes Gebäude aus Stein, Ziegel, Glas und Eisen. Von einem Raum unter der Kegelspitze kann die Schwester (»man« heißt es bei Bernhard oder auch »der, der den Kegel bewohnt, meine Schwester also« [K 221]) in alle Richtungen hinausblicken, sieht allerdings nichts als den düsteren Wald. Von den übrigen sechzehn Räumen sind neun ohne Ausblick, darunter ein zur mehrtägigen Meditation bestimmter lichtloser und unmöblierter Raum.

Dieses schroffe, abweisende Gebäude negiert, gemessen an dem Anspruch, die Schwester »abzubilden«, jene ihr zugeschriebene Anmut völlig. Wäre einer Malerin von »Miniaturen« nicht ein anderes Haus angemessen gewesen? Wenn auch die Zimmer nicht benannt sind, macht es die Beschreibung schwer, sich Räume zu denken, in denen die Schwester als Liebende oder Mutter agieren kann. Solches wurde auch zur monumentalen Kargheit des Wittgenstein-Hauses in der Kundmanngasse angemerkt: Hermine Wittgenstein schien es »viel eher eine Wohnung für Götter zu sein, als für eine sehr kleine Sterbliche« (Monk 257), und Wittgenstein hat in seinen Aufzeichnungen selbstkritisch angemerkt: »Aber das *ursprüngliche* Leben, das *wilde* Leben, welches sich austoben möchte – fehlt. Man könnte also auch sagen, es fehlt ihm die *Gesundheit* …« (Monk 260)

So negiert der Kegel als Gegengebäude zu Altensam auch die Prinzipien der Natur und der Fortpflanzung, die dort herrschen, im Namen jener »Künstlichkeit«, die Murau später als Lösung bewußt anpreisen und weitaus menschengerechter vertreten wird. Der Kegel ist glatt und weiß wie das »neue Jerusalem«, das Adolf Loos in seinen Überlegungen zu »Ornament und Verbrechen« verkündet hatte – schon Loos hat die Ornamentlosigkeit als Strategie zur Bändigung des Triebes gefeiert. Damit ist der Kegel auch ein Instrument einer »Veredelung« der Schwester, die ihr Weibliches auslöscht. Die Pädagogik Roithamers ist keine milde, sondern eine »schwarze«: Das Bauwerk wird etwa mit Sonnenenergie geheizt, was ihm angesichts des niederen Entwicklungsstandes der Solartechnologien Mitte der siebziger Jahre und vor allem des notorisch frostigen Klimas im Kobernaußerwald in der Winterszeit zu einer Qual für die Bewohnerin machen wird.

Architektonische Erziehungsphantasien, die unter dem Deckmantel der »vollkommenen Konstruktion« die Benutzer »vollkommen glücklich« machen wollen, gehören auch zur »Revolutionsarchitektur«. Der Kegel und der mit ihm verbundene terroristische Glücksanspruch steht für die in diesem Jahrhundert so zahlreichen allesamt der Moralität der äußersten Anspannung verpflichteten menschheitsbeglückenden Projekte asketischer Intellektueller, die ins Gegenteil umgeschlagen sind. Im Unterschied zur Baugeschichte des Wittgenstein-Hauses wird der Kegel gegen den Willen der Schwester gebaut, »weil nur gegen den Willen eines solchen Menschen wie meine Schwester gebaut werden kann« (K 216), ist also das, was möglicherweise Bernhards Mutter widerfahren ist – eine Vergewaltigung. In der letzten korrigierten Version von Roithamers Bericht wird uns der Kegel sogar als ein heimliches Projekt vorgeführt: »Was wir heimlich machen, gelingt, so Roithamer. Was wir veröffentlichen, ist im Augenblick der Veröffentlichung vernichtet. Wenn wir sagen, was wir tun, ist es vernichtet.« (K 344) Daß die Hälfte der Kräfte rund um den Kegel auf Verheimlichung gerichtet waren, ist wohl das deutlichste Zeichen von Roithamers Wahnsinn. Wir kennen Roithamers Traumen; der Kegel steht für deren unbewußte Transformation ins Böse, für jene Anteile seines selbst, wo er nicht mehr »Opfer« ist, sondern »Täter«. Roithamers Lösung des Saurau-Problems ist nicht beziehungslos, wie die Zoissens – seine »Verstrickungen« geben ihm gegen seinen Willen den Status eines »Bösewichts«. Nicht zufällig eignet dem scheinbar so glatten, klaren Bauwerk etwas Rätselhaftes: nicht einmal der Zeitpunkt des Baubeginns wird im Text wirklich klar. Hat Roithamer, wie wir einmal lesen (K 18), nach dem Tod des Vaters (der ja auch der Tod der Mutter war), mit dem ihm zugefallenen Vermögen das Bauwerk begonnen oder war dieses zum Zeitpunkt des Tods der Eltern schon zur Hälfte vollendet? (K 236) Es ist ja ein elementarer Unterschied, ob man unter Zuhilfenahme des Altensamer Vermögens der Schwester einen Kegel baut, während der »Alte« noch lebt, oder erst nach seinem Tod, in der Phase des ödipalen Triumphs, in der sich Murau die Rasiercreme des Vaters aneignen und die Schwester mit seiner Nacktheit schrecken wird.

Von der Konzeption her soll der Kegel den Widerspruch zwischen Idee und Realität überbrücken und Roithamers Phantasiewelt in einer gereinigten, veredelten Weise verwirklichen. Roithamers Aufzeichnungen stellen klar, daß es ihm an jenem »reinen Herzen« mangelt, das die Voraussetzung eines solchen Verdedelungsprozesses ist – das ist jene »Korrektur«, vor deren Bewußtwerdung Roithamer in die faktische »Korrektur« des Selbstmords flüchtet. Hinter der Glücksverheißung an die Schwester verbirgt sich eine vielfach determinierte Rache, die lustvoll erlebte Reproduktion der eigenen Geschichte an einem wehrlosen Objekt, das den Bau fürchtet. Herrisch heißt es vom Kegel, daß die Schwester in ihm »*künftig zu wohnen und glücklich zu sein habe, in höchstem Glück zu sein habe*« (K 350). Exakt wird damit das den Eltern mit Recht vorgehaltene entmündigende und egozentrische Verhalten im Namen des angeblichen Glücks der Kinder reproduziert. Wie zu einer Hinrichtung soll die Schwester mit verbundenen Augen hinaufgeführt werden auf die »Innenspitze des Kegels, dann ihre Augen (geöffnet) und sie nach und nach mit dem ganzen Innenkegel vertraut« gemacht werden. (K 210) Am deutlichsten wird der aggressive Charakter von Roithamers Kegel-Phantasie in dem folgenden Sprachgebilde: »Die Schwester als Versorgung der Schwester von ihrem Bruder, verrückten exzentrischen Bruder, höre ich, so Roithamer, exzentrisch unterstrichen, in den Kegel gesteckt, verrücktes, wahnsinniges, exzentrisches, blasphemisches, irrsinniges Bauwerk«. (K 210) »Die Schwester in den Kegel stecken …« – zu den extrem traumatischen Kindheitserinnerungen Roithamers gehört die an das Eingesperrtwerden durch die Mutter, auf das er mit Erstickensangst reagiert hat.

Von dem mit einem Gebäude verbundenen Glückswunsch aus dem

Turmtext ist nur mehr ein »höchste Befriedigung« versprechendes sadistisches Spiel geblieben. So soll die Schwester in einer von seltenen Besuchen des »Kerkermeisters« unterbrochenen Einzelhaft eine Schuld büßen, die nicht die ihre ist. Ein fatales Ereignis konfrontiert Roithamer mit der unaushaltbaren Wahrheit: die Beschenkte ist über das Gebilde aus Heuchelei und Verrat »tödlich erschrocken«, das vom Bruder gepriesene kalte und abweisende Gebäude, todbringend wie der Turm in »Amras«, enthüllt ihr die Realität einer innerfamiliären Beziehung, und sie stirbt an einer rasch einsetzenden Erkrankung. Ihr furchtbares Ende bereitet sich in einigen leisen Textpassagen vor, die durch den lautstarken Anspruch vom »höchsten Glück«, daß der Kegel der Schwester bringen soll, überdeckt werden. Roithamer weiß, daß das Bauen »im Grunde ein tödlicher Prozeß ist« (K 217), doch die allgemein gehaltene Überlegung ist, wie so oft bei Bernhards Protagonisten, ein Ausdruck der Abwehr, sich einer konkreten Erkenntnis zu stellen. Wenn der Kegel, wie es ihm der ahnungslose Protokollant nachrühmt, »vollkommen zweckentsprechend (war), was die höchste Auszeichnung ist für ein Bauwerk« (K 49) – dann war er eben auch eine vollkommene Waffe.

Der Tod der Schwester gibt dem Kegel, dem Zeichen der Bindung Roithamers an seine Familie, eine neue Qualität und verwandelt ihn, endlich, in ein Zeichen der Befreiung. Nach diesem Tod zerbricht Roithamers Beziehung zu seiner Familie endgültig; die Befreiung führt allerdings in den Tod. Obwohl der Kegel aus der Nähe betrachtet seinen Schöpfer blamiert, wird er ihm dennoch einen guten Platz in der Hierarchie der Bernhard-Welt sichern. Roithamer kann sich im Gegensatz zu seinem Vorgänger Strauch darauf berufen, daß er »das Ungeheuerliche« seines Lebens »angeht«.

So kann Roithamer in seiner Lebensbilanz erlebtes Glück registrieren, Glück, das auch seinem Erfinder in jenen Jahren nicht fremd war. Er hat die »höchste Befriedigung des Bauens« erlebt und ein anderes ebenfalls als »höchstes« apostrophiertes Glück«: »Es ist auch möglich und sehr wahrscheinlich, in der sogenannten Erkenntnis des Schmerzes glücklich zu sein, so Roithamer. Wie zum Beispiel Aufschreiben von höchstem Unglück höchstes Glück sein kann, so Roithamer.« (K 245) Dieses »höchste Glück« profitiert vom Pathos der Moderne im Bezug auf die Selbstreflexion; doch ist es nicht der Prozeß des Erinnerns, schon gar nicht in seiner von der Psychoanalyse als heilend gefeierten Koppelung mit »Wiederholen und Durcharbeiten«, der hier gepriesen wird, sondern die mit dem Aufschreiben verbundene Möglichkeit einer Neuschöpfung des eigenen Lebens unter apollinischen Gesetzmäßigkeiten. Am Ende des autobiographischen Projekts, das »Korrektur« begleitete, steht ein vieldeutiges, kegelartiges Gebilde. Glücksmöglichkeiten, die dem Turmtext fremd sind, werden hier angespielt: das Glück der äußersten Anspannung, das asoziale Glück der Perfektion.

Am Ende wird der gleichzeitig Glück und Tod bringende Kegel von seinem Schöpfer nach dem Tod der Schwester der »Natur« überlassen – so triumphieren genau jene Kräfte, gegen die das Bauwerk errichtet war. Das, was die heillose Verbindung der Eltern gestiftet hat, bleibt siegreich; Altensam überlebt Roithamer; der ungeheure Aufwand rund um den Kegel bleibt folgenlos, das alte Spiel wird ohne Roithamer weitergehen.

Mit Altensam überlebt aber auch einiges, woran Roithamer in seiner übersteigerten Egozentrik nicht gedacht hat. »Verstörung«, »Ungenach« und der »Italiener« hatten uns mehr oder minder deutlich auf die Spur eines Zusammenhanges zwischen der Kindheitshölle und der Geschichtskatastrophe geführt. Roithamer ignoriert Erkenntnisse des Gesamttextes: seine rekonstruierte Kindheit hat keinen historisch-geographischen Ort, der aggressive Triebüberschuß, der in Altensam herrscht, steht mit dem Krieg in keinerlei Zusammenhang, und die Reflexion bezieht sich nicht auf jene kulturelle Umgebung, die Altensam möglich gemacht hat, auf Österreich. »Österreich« als Prinzip der Zerstörung wird in dem möglicherweise längsten Satz Bernhards gegen seine Heimat erwähnt, einem pauschalen Vorwurf gegen die »permanente Perversität und Prostitution als Staat«. (K 27–31) Aber der Text verzichtet auf illustrierende Beispiele und schützt Österreich und Altensam vor peinlichen Fragen, wie zuvor der Maler Strauch.

Jener Roithamer, der uns zum Zeugen seiner apollinischen Anspannung und des damit verbundenen Glücks gemacht hat, mutiert in der letzten Phase seines Berichtes zu einem Widergänger Strauchs. Alles entwertet sich, auch der Begriff vom höchsten Glück verzerrt sich zur Karikatur: »höchstes Glück« ist jetzt der Erwerb eines Pullovers. Das unerträgliche Wissen, daß die Vollendung des Kegels die »augenblickliche« Todesursache der Schwester war, entwertet auch die mit dem Bauwerk verknüpfte Studie – daß »alles falsch« ist, daß es das »Entgegengesetzte« ist, wird ihr zum letzten Thema. Nach dieser Erkenntnis fällt Roithamers ungeheure Anspannung in sich zusammen: ein Zettel vermerkt »*letztenendes alles nicht so wichtig*«, die letzte Notiz lautet »*es ist alles gleich*«. (K 87) Jetzt ist tatsächlich nur mehr Raum für die letzte »Korrektur«, die den Mut erfordert, die Gesellschaft ganz zu verlassen. Roithamer ist gescheitert, doch das erfolgreiche Beispiel Muraus wird die Gründe dieses Scheiterns erläutern. Bei tragischen Helden sind Sieg und Niederlage nicht so einfach unterscheidbar – der Held siegt, indem er untergeht. Wenn Glück auch das Gefühl ist, daß wieder die eigene Macht gewachsen und ein Widerstand überwunden ist, dann ist der verzweifelte Roithamer glücklich gestorben. Erst im Scheitern erreicht er die letzte Stufe der Selbsterkenntnis und erlebt sein eigenes Projekt als Verrücktheit: »die, die den Kegelbau als Verrücktheit bezeichnet haben, (haben) immer im Grunde recht behalten«. (K 357) Das letztlich Unaushaltbare dieser Einsicht und der Verlust seiner legendären Energie rückt ihn ganz nahe an Strauch: »Daß sich Menschen immer nur nähern und annähern, um zu stören, um zu zerstören ...« (K 358) Am Schluß ist alles gleichgültig. »Das Ende ist kein Vorgang. Lichtung.« (K 363)

Auf dieser Lichtung erhängt sich Roithamer – der Leichnam wird vom Jugendfreund, dem Tierpräparator Höller, gefunden. Erhängen – »abscheulicher Tod ... ein formloser ... der größte Schandfleck ... Frauentod« (Loraux 29) – im Kontext der Bernhard-Welt ein Papiermachertod, der einen apollinischen Hierarchen delegitimiert.

Das Haus an der Engstelle der Aurach

Obwohl der Protokollant offensichtlich sein Leben mit dem Roithamers verbunden hat, ist er diesem eine bedeutungslose Figur und findet in den Aufzeichnungen keine Erwähnung. Höller, der Präparator, der sein Haus »an der finstersten Stelle der Finsternis« gebaut hat, ist in seiner Art ein heimlicher Held der Roithamerschen Aufzeichnungen. Er ist einer jener idealen Männerfreunde, die Bernhard gerne beschreibt: er respektiert den reichen Wissenschafter ohne jene unaushaltbare Bewunderung, die den Erzähler auszeichnet, geht auf seine Bedürfnisse ein und stellt ihm sofort die Kammer als Quartier für seine baulichen und biographischen Reflexionen zur Verfügung.

Sein Haus mit jener eigenartigen Dachkammer und seine Ehe beziehen sich in verschlungener Weise auf die Handlungen Roithamers. Das Höllersche Haus, an einer gefährlichen Engstelle der Aurach gebaut, drückt die Persönlichkeit des »Bau-Meisters« in ähnlicher Weise aus wie der Roithamersche Kegel. Auch dieses Projekt ist gegen den Rat der Fachleute gebaut, ist »unvernünftig« und bildet insofern eine fast größenwahnsinnige Grenzüberschreitung. Höller meistert »Natur«, jenes Hochwasser, das den Fürsten und seinen Vater in den Wahnsinn getrieben hat, wird sein Haus nicht beschädigen. Roithamers gesteigertes Wesen erkennt sich in dem faustischen Bauprojekt wieder: »Die größte Faszination geht von Häusern an reißenden Flüssen aus, hatte Roithamer einmal gesagt ...« (K 107) und dabei vielleicht auch an Nietzsche und den Imperativ, die Häuser an den Abgründen zu bauen, gedacht.

»Bauen« ist verarbeitete Biographie, »Baukunst« ist »Lebenskunst«. Der wichtigste biographische Unterschied zwischen dem erfolgreichen Höller und dem gescheiterten Roithamer wird im Porträt von Höllers unscheinbarer, namenloser Gattin sichtbar. Sie ist wohl die positivste Frauengestalt, die Bernhard vor der Gattin des Musikwissenschafters Reger in »Alte Meister« porträtiert hat. Sie »bewerkstelligt die Versorgung ihrer Familie in Ruhe und in einem Ablauf, wie er seit Jahrhunderten sich hier nicht geändert hat« (K 100), bescheiden, sich zurückhaltend und die eigenen Bedürfnisse hintansetzend: »Diese Frau war für mich immer der Inbegriff der Zurückhaltung gewesen, niemals ein lautes Wort redete sie niemals unaufgefordert, alles in ihr und an ihr war auf Betreuung ihrer Umgebung ausgerichtet, sie betreute ihre Kinder, ihren Mann und ihr und ihres Mannes und ihrer Kinder Haus und Garten ...« (K 101) Höllers Frau setzt eine der in Bernhards Werk raren pflegenden Gesten einer Frau und wickelt Roithamer der Kälte wegen eine Decke um die Beine. Im Gegensatz zu den schmutzigen Wirtinnen und der schlecht riechenden Mutter ist sie sauber und angenehme Gerüche sind mit ihr assoziiert: »Das ganze höllersche Haus war von dieser Frau sauber, aber doch nicht pedantisch sauber gehalten ...« (K 102) Mit einer solchen Frau kann man sich wohl ein Haus an der Aurachengstelle, Höllers Version des Turmes, bauen. Hier finden sie noch gleichzeitig statt: draußen der männliche Kampf gegen die Elemente und drinnen das Walten der züchtigen Hausfrau.

In der Höllerschen Familie lebt man ein traditionelles ländliches Lebensmodell – Frau und Kinder ordnen sich unter, »ohne sich jemals auch nur einen Augenblick aufzugeben«. (K 285) Vor allem die Gattin ist nach jener Anthropologie der Moderne, die Bernhard allmählich entwickelt hat, undenkbar. Als »Mutter« ist Höllers Frau ein präzises Gegenbild zu der Roithamers und Muraus. Ist »Korrektur« ein versöhnender Rückgriff auf das Frühwerk, das genau jenen Frauentypus gefeiert hat, ein Lobgesang auf die idyllische Tradition? Kann »Baukunst« als »Lebenskunst« etwas restituieren, was längst untergegangen ist? Die Antwort Bernhards hat eine unleugbare ironische Dimension und liegt in Höllers Profession: er ist Präparator, einer der aus »Naturgeschöpfen« nach ihrer Tötung »Kunstgeschöpfe« macht, ein Zauberer und Meister der »Künstlichkeit«, der sich ein »Präparat« als Ehefrau geschaffen hat.

IX. Italien

Ein Meisterwerk löst das Saurau-Problem

»Auslöschung« (1986), der letzte Band unserer »Serie« und gleichzeitig der umfangreichste Prosatext Bernhards, schließt thematisch in wesentlichen Bereichen fast fugenlos an »Korrektur« an. Daß zwischen der Publikation der beiden letzten dem Saurau-Problem gewidmeten Texte mehr als ein Jahrzehnt verstrichen ist, ist insofern unerheblich, weil »Auslöschung« wohl schon früher, zu großen Teilen etwa 1981/82, entstanden ist. (Weinzierl 1991, 193f.) Mehrere Umstände bieten sich als spekulative Erklärung für die verspätete Publikation dieses wichtigen Textes an: der Gedanke von einem quasi als Alters- und Krankheitsversorgung gedachten Opus Magnum paßt zum notorischen Sicherheitsdenken seines Schöpfers; daß ein geheimnisvolles Manuskript jahrelang in einem Safe ruht, daß ein Meisterwerk posthum erscheint, daß ein ob seiner Österreich-Bezichtigungen »sensationelles« Buch mit der Autorität des »letzten Wortes« erscheint – das alles sind Umgangsformen mit Texten, die der Bernhard-Welt nicht fremd sind. Vor allem aber hat der verspätete Publikationszeitpunkt wohl einiges mit der Stellung des Werkes in der Ordnung des Bernhardschen Gesamttextes zu tun. Wer den Blick auf diesen richtet, sieht, daß die Komposition erst durch die beiden Endtexte, »Auslöschung« und »Alte Meister«, kohärent wird. Beide bieten für quälende Lebensprobleme, die lange Zeit als schicksalhaft-unlösbar galten, »lebenskünstlerische« Lösungen an, denen aufgrund des Publikationszeitpunktes »End-Gültigkeit« zukommt – Bernhard hat durch sie in gewisser Weise mit einer souveränen Geste sein Werk »geschlossen.« Die beiden Texte als Ganzes leisten jene Verknüpfung der beiden Problemstränge des Gesamtwerkes, an der »Korrektur« gescheitert ist. Ihre fast gleichzeitige Publikation eröffnet eine gute Perspektive auf den Pluralismus der Bernhard-Welt: Der Fürst Murau und der greise Jude Reger haben trotz plakativer Übereinstimmungen – etwa in den Urteilen über den Staat Österreich – durchaus antagonistische Lebensprinzipien. Obwohl beide im Feuilleton über Musik publizieren, weiß Reger auf »kunstwissenschaftlichem« Gebiet wohl »mehr« als Murau, doch erspart ihm der Autor aufgrund seiner Abstammung und seiner Lebensgeschichte die Auseinandersetzung mit dem Saurau-Problem.

Beide Texte negieren die Welt von Weng und bieten eine – realistische – Fortführung der Utopie des »Turmtextes«. Murau hat – trotz gelegentlich identischer Artikulationen – den Maler Strauch wohl »überwunden« und rückblickend wird dieser dem fiktiven Bernhardschen »Gesamthelden« wohl nur eine »schmerzliche Scham« sein. »Auslöschung« erntet zudem die Früchte der Autobiographie – der Text verkündet ja in der »Wahl« als »Geistesmensch« eine ähnliche Lösung, wie sie Bernhard selbst gefunden haben will, und profitiert von jener Konstruktion von Österreich, die in den autobiographischen Schriften entwickelt wird. Gleichzeitig weiß der ideelle Bernhardsche »Gesamtheld«, was der Text von »Auslöschung« erst ahnt: daß die existentielle Problematik trotz der Entscheidung für die Lebensform des »Geistesmenschen« weitergeht, daß diese Entscheidung und die ihr vorangehende seelische Notsituation keineswegs die letzten sind, ja daß »Natur« – in modifizierter Form allerdings – keineswegs ausgeschaltet ist.

So gelesen, erhält Franz Josef Murau, der Protagonist von »Auslöschung«, den Status eines »Helden« der Bernhard-Welt. Daß Murau oft als lächerliche, größenwahnsinnige und paranoide Figur gelesen wird, geschieht zu Recht und ist dennoch kein zureichender Grund, ihm seinen Rang abzusprechen. »Heldenplatz« kann als Stück »gegen« die Brüder Schuster gelesen werden, »Auslöschung« nicht als Roman »gegen« Murau. Was Bernhard als seine »Philosophie« verstanden hat, läßt wohl keinen »reinen«, »ungebrochenen« Helden zu, selbst die »Spitzenexistenz« seiner Welt, der Klaviervirtuose Glenn Gould, ist eine ambivalente Figur. Auch über Muraus »Heldentum« steht das scheinbar pathetische, tatsächlich aber durchaus pragmatische Motto: »Denken heißt Scheitern (...) Handeln heißt scheitern.« (AL 371) So steht es uns nicht zu, Murau dieses Scheitern vorzuwerfen. Stärker als andere Bernhard-Figuren ist er »einer von uns«; er ist dort lächerlich, wo wir alle – die Bereitschaft zur rücksichtslosen Selbstbeobachtung vorausgesetzt – lächerlich sind; er ist aber gleichzeitig groß aus eigenem Verdienst.

Für Murau selbst ist seine Geschichte neu, wir genießen das Privileg, an den Erfahrungen seiner Vorgänger zu partizipieren: Murau »erbt« nahezu alle der »tödlichen« Konstellationen seiner Vorgänger – Natur, Krankheit, Kindheit, Österreich und schließlich die überwältigende Erbschaft einer ungeheuren Besitzung mit Namen Wolfsegg. Er schreibt »nach« der gescheiterten Abschenkung Zoissens und »nach« den letalen »Korrekturen« Roithamers und zieht die Konsequenzen aus deren Mißerfolg. Wer will, kann soziopathische Züge an ihm diagnostizieren, auch ist er wie Roithamer ein gelegentlich sadistischer Egozentriker, ein zur Selbsterhaltung unfähiger geldgieriger Parasit seiner wohlhabenden Eltern, ein dünkelhafter Aristokrat, dessen luxuriöse Existenz keineswegs durch seine Leistungen als Hauslehrer und Gelegenheitspublizist gedeckt ist. Doch gleichzeitig bündelt Murau in sich auch die Stärken seiner Vorgänger: die Meisterschaft im Umgang mit dem Absurden, die den Vater in »Verstörung« auszeichnete, die Entschlußkraft des Robert Zoiss, die rücksichtslose Energie Roithamers, den unbedingten Willen zur Erforschung der verhüllten Familiengeschichte des Karl Zoiss und das Saurausche Interesse an Alternativen zur Lebensform der ländlichen Aristokratie. Ehrlichkeit sich selbst gegenüber, Neugier auf andere Menschen, die Bereitschaft, die Verantwortung für das eigene Leben auf sich zu nehmen und ein zukunftsorientierter Realitätssinn, sind Eigenschaften dieses Todkranken, die uns bisher nicht in dieser Intensität untergekommen sind. So ist dieser letzte »Fürst« gleichzeitig eine konventionelle Figur der Bernhard-Welt und ihr großer Dissident.

»Auslöschung« – vor allem in Kombination mit dem trügerischen Untertitel »Ein Zerfall« – ist ein vieldeutiges Wort und beschreibt Muraus Leistung im Vergleich zu seinen Vorgängern nur unzureichend. Der Text begründet ja gleichzeitig die Notwendigkeit einer solchen »Auslöschung« und beschreibt uns den Werdegang einer Figur, die zur Einsicht in diese Notwendigkeit imstande ist, die über die Voraussetzungen dazu verfügt und sie letztlich erfolgreich durchführt. Der Prozeß des »Auslöschens« erstreckt sich über einen langen Zeitraum und zerfällt tatsächlich in ein Bündel von sozialen Konstellationen, individuellen Eigenschaften und vor allem in eine Sammlung von mehr oder minder zielgerichteten Handlungen. Das Instrumentarium zur Lösung des Saurau-Problems ist uns vertraut, neu ist die Kombination: Es ist, aller Bernhardschen Lust am Fragment zum Trotz, ein geschlossenes Ensemble, die einzelnen Glieder des Murauschen Instrumentariums sind eng miteinander verbunden und bedingen einander. Fehlt ein Glied der Kette, scheitert der Versuch – das ist eine Information, die vor allem für die »unfertigen Geistesmenschen«, die uns in der zweiten Werksphäre begegnen werden, wichtig ist. Murau ist eine der »starken« Figuren Bernhards, doch seine Stärke ist nicht von jener selbstbezogenen Art, mit der Roithamer seine Umgebung fasziniert. Von Anfang an verfügt Murau über etwas, was Bernhard den Vorgängern seines »Helden« verweigert hat: einen Mentor, der ihn nicht ängstigt oder gar mißbraucht, sondern ihm uneigennützig den Weg in die Freiheit weist.

»Auslöschung«, die »Anti-Autobiographie«, ist der Text, der jene persönliche Erfahrung seines Autors verarbeitet, an der er seine Figuren bisher scheitern ließ: die Abfassung eines »rücksichtslosen« autobiographischen Textes, einer »Studie« über den »Herkunftskomplex«, die beides ist – subjektiv gestaltetes Abbild einer von außen kommenden Wirklichkeit und Instrument zu ihrer weiteren Gestaltung. Auch Murau wird sich mit jener Mixtur aus Liebe, Haß, Scham und Schuldgefühl konfrontieren, die im »Erinnern« zwingend auftritt, doch wird er geduldig in buchstäblich jahrzehntelanger Mühe die Berechtigung der einzelnen Pole der Ambivalenz akzeptieren, die Suche nach einer vorschnellen Eindeutigkeit, die sich aus dem Erinnerungsmaterial selbst ergibt, aufgeben und eine Eindeutigkeit definieren, für die er aus eigenem Entschluß selbst die Verantwortung übernehmen wird. Diese »volle Erinnerung« wird nicht nur das Unglück der Kindheit erfassen, sondern auch dessen kollektive Dimension sehen und es in den Kontext der Geschichtskatastrophe stellen – nach Muraus voluminöser Reflexion wird es die Illusion von der »glücklichen Kindheit« ebensowenig geben wie ein ungelöstes »mathematisches« Rätsel aus dem Jahr 1937 oder die offene Frage, wie man auf einer großen Besitzung den Krieg überstanden hat. Murau ist kein Determinist, dem die »Tiroler Krankheit« das Leben total gestaltet, er akzeptiert letztlich die vorgegebene Welt und dennoch ist ihm die freie Wahl seiner selbst absolut identisch mit dem, was man Schicksal nennt.

Diesmal ist es nicht der Bericht über das gescheiterte Entstehen einer Studie, den wir lesen, und es sind auch nicht von einem Herausgeber mitgeteilte Fragmente – es ist die Studie selbst, ein Werk wie aus einem Guß, die auch vom Standpunkt des Autors her gesehen keiner

»Korrektur« bedarf und zwar deswegen, weil sie es verstanden hat, das Prinzip der Korrektur in einer den Text fördenden Weise in diesen zu integrieren. Dieser Fall bedarf keines Protokollanten, die selbstverfaßte Studie zeigt Murau, wie er ist – nicht, wie ihn ein bewundernder Eckermann oder ein verschreckter Famulant erleben. Als Werk eines Toten bedarf sie eines Herausgebers, doch der bleibt anonym und seine sichtbare Tätigkeit beschränkt sich auf ein »schreibt Murau« in der dritten Zeile des Textes und die Angabe von dessen Lebensdaten in der drittletzten. Diese voluminöse Studie ist im Zeitraum von einem Jahr entstanden, sie ist wohl aus dem Kopf aufs Papier gekippt worden, wie das Fro in »Kalkwerk« empfiehlt, und ihrem Autor kann das »höchste Glück« beim Aufschreiben des »höchsten Unglücks« nicht fremd sein. Diese Studie macht ihre eigene Gesetzmäßigkeit sichtbar, indem in ihr nicht nur von verworfenen Lebensformen, die dann eben »ausgelöscht« werden, berichtet wird, sondern auch von verworfenen Texten, Texten, die verbrannt werden, weil sie einem vom Urheber akzeptierten Ideal nicht genügen. »Auslöschung« hingegen wird nicht verbrannt, sondern überlebt ihren fiktiven Verfasser im Text. Damit konstituiert sich eine allgemeingültige Hierarchie: Die Studie, die des Überlebens wert ist, entwertet durch ihre Existenz ihre gescheiterten Vorgänger. In »Auslöschung« werden nicht nur andere Ideen vertreten als etwa in »Korrektur«, Muraus Arbeit als Schriftsteller ist der des korrektursüchtigen Roithamer überlegen. »Auslöschung« ist das Meisterwerk des Thomas Bernhard, und Muraus Studie ist gleichzeitig allen ihren Vorgängern in der Bernhard-Welt überlegen. Im Vergleich zu Muraus Bericht stellt sich heraus, daß die vielen Fragmente in »Amras« und in »Ungenach« und die zu Tode korrigierte Studie in »Korrektur« nicht zufällig an der Vollendung gescheitert sind, sondern daß dieses Scheitern auch den ästhetischen Unzulänglichkeiten der Texte geschuldet ist, die wieder mit den Mängeln der Lösungen korrespondieren.

Einzigartig ist diese Studie auch insofern, als sie kein hermetisches Produkt ist, das aus einer autistischen Reflexion entstanden ist, sondern von Anfang an unter dem Imperativ der Kommunizierbarkeit stand: Die fünfzehn Jahre lang laufenden Gespräche mit dem »Schüler« Gambetti haben sie vorweggenommen, und sie wird nichts enthalten, was dieser nicht schon weiß und in der Diskussion mit seinem Lehrer kritisiert hat. Die Überlegenheit Muraus im Vergleich zu seinen Vorgängern kommt auch darin zum Ausdruck, daß er sich selbst zum zentralen Objekt seiner Studie gewählt hat, die nicht zufällig unter einem Motto Montaignes steht. Die Linie von »Frost« bis »Korrektur« dokumentiert eine allmähliche Zunahme der Selbstkenntnis von Bernhards Figuren, die in »Auslöschung« ihren Höhepunkt findet. Die heuchlerische Unschuld gegenüber der eigenen Aggression, die Roithammer auszeichnet, ist Murau ebenso fremd wie die panikhafte Reaktion, wenn er sich mit deren Folgen konfrontiert sieht. Der vergleichsweise entspannte, tolerante Umgang mit sich selbst, der ihn gegen die Anklagen seiner Schwestern immunisiert, aber nicht in eine Selbsterkenntnis verhindernde Apologetik ausartet, erlaubt es ihm sogar, sich zu entschuldigen – das tun Bernhards »starke« Protagonisten nur selten. Oft tauchen Schwierigkeiten mit seinem Ich-Ideal auf, dann suspendiert es Murau zeitweilig und ernennt sich einfach zum »Altersnarren«.

Obwohl auch Murau das Eltern-Problem noch ein akutes ist, ist er der konsequenteste unter unseren »Weggehern« und kann sich glaubhaft als einen »im großen und ganzen, vor allem mit der Möglichkeit, in Rom zu leben, (…) durchaus glücklichen Menschen bezeichnen«. (AL 105) »Weggehen« ist im Falle Muraus weder Selbstzweck noch bloße Flucht, sondern die zielgerichtete Voraussetzung der von ihm praktizierten Lebenskunst. Dieser »Weggeher« kommt weder »zurück«, wenn ihn die familiäre Pflicht ruft, noch lebt er von Schuldgefühlen geplagt an einem selbstdestruktiven Exilort im klimatisch unerfreulichen England oder gar in Afrika – im Gegenteil, Muraus Rom ist der langgesuchte »eigene Ort«, die »eigene Welt« einer Bernhard-Figur, luxuriös, kulturgesättigt und seinem Gesundheitszustand entsprechend. Im Gegensatz zu seinem Vorgänger Max im »Italiener«, auch er ein Erbe von Wolfsegg, braucht er keinen italienischen Mentor – er ist selbst zum Italiener geworden. »Rom« steht für einen beglückenden Personenkreis: die Dichterin Maria, der Schüler Gambetti, die Freunde Zacchi und Eisenberg und die schillerndste Figur des Textes, Spadolini, der Geliebte der Mutter und Freund des Sohnes.

So verfügt Murau über eine in der Bernhard-Welt einzigartige Fähigkeit, sich auf Menschen einzulassen. Sein Bericht enthält sehr wohl die obligaten melancholischen Reflexionen, die Selbstkritik ohne Einsicht, die mit dem dünkelhaften Größenwahnsinn des Manischen alterniert. Doch stellenweise ist er im Gestus der heiteren Gelassenheit geschrieben, ist gesättigt von positiven Sozialerlebnissen und protokolliert ein anregendes, entspanntes Leben. Murau setzt auf sich selbst: Den Glauben, daß der »eigentumsfeindliche« Sozialismus sein Lebensproblem lösen könnte, hat er ebenso aufgegeben wie die Suche nach »naturwissenschaftlichen« Erklärungen der Differenz zwischen sich und seiner Familie. So sind es keine obskuren Studien, die das von einem Protokollanten bewunderte Genie für die Schreibtischlade verfaßt, sondern kleine musikgeschichtliche Aufsätze, die er – offensichtlich ein erfolgreicher, selbstbewußter und nicht uneitler Autor – in der internationalen Qualitätspresse veröffentlicht.

Auch Bernhards letztem Fürsten stellt sich das Saurausche Problem des Umgangs mit den zerstörerischen »großen Schlössern«, doch die Lösung führt über seine persönliche Problematik hinaus. Ähnliches gilt für die Studie: Allmählich wächst sie über sich selbst und ihren Anlaß hinaus und beantwortet ein moralisches Problem des Österreich der Zweiten Republik. Wie ihre gescheiterten Vorläufer ist auch diese Studie das Ergebnis eines lange währenden Verpflichtungsgefühls: Das Projekt der Beschreibung von Wolfsegg läßt Murau »seit Jahrzehnten keine Ruhe.« Doch diese Verpflichtung zielt auf etwas anderes als ähnliche Gefühle bei Roithamer. Die Verpflichtung, Wolfsegg zu dokumentieren, gehört zu jenem Teil der Erbschaft, den Murau als Selbstverständlichkeit »annimmt«, allerdings in »auslöschender« Absicht. Nicht, wie im Traum des Fürsten, eine einfache Zerstörung und auch nicht, wie im Falle der Zoissens, eine beziehungslose »Abschenkung« beendet die Herrschaft der Muraus über Wolfsegg. Murau entsühnt die schuldbeladene Besitzung gewissermaßen und entledigt sich ihrer in einer Weise, die auf das, was wir über die Geschichte Wolfseggs und Österreichs hören werden, moralisch reagiert. Die Begünstigten dieser Abschenkung sind die Nachfolger der Opfer jener verbrecherischen Periode der österreichischen Geschichte, an der Wolfsegg profitierend teilgenommen hat: Murau wird sein Erbe an seinen Geistesbruder Eisenberg abtreten, der das Geschenk im Namen der Israelitischen Kultusgemeinde annehmen wird. Das ist wohl Muraus grandioseste Geste, die alle seine Lächerlichkeiten überdeckt und ihn gegen jede Kritik immunisiert, einzigartig im bei der Verfolgung seiner Wiedergutmachungspflicht recht knickrigen Österreich, doch auch in der Bernhard-Welt anderen »Abschenkungen« bzw. dem Vermögen vernichtenden Projekt des Kegelbaus überlegen.

Das Wort »Auslöschung« zentriert das reaktive Element von Muraus Handeln, suggeriert einen exklusiven Vergangenheitsbezug und verschweigt das hedonistische, zukunftsorientierte Element von Muraus Instrumentarium. So wie es eine allzu plakative Deutung des Titels von »Korrektur« ist, diese mit dem Selbstmord Roithamers zu identifizieren, ist es falsch, eine Automatik anzunehmen, die von der »Auslöschung« zu Muraus Tod führt, obwohl die »Ursache« den Suizid die »Auslöschung meiner selbst« nennt. Die Analogie zwischen dem »Auslöschen« und dem Selbstmord soll nicht geleugnet werden und ist Murau bewußt: »Tatsächlich bin ich dabei, Wolfsegg und die Meinigen auseinanderzunehmen und zu zersetzen, sie zu vernichten, auszulöschen, und nehme mich dabei selbst aus-einander, zersetze mich, vernichte mich, lösche mich aus.« (AL 296) Doch gleichzeitig lesen wir auch: »*Wolfsegg wird mich nicht umbringen, dafür sorge ich schon*« (AL 483), und »Auslöschung« erzählt keineswegs die Geschichte von der Familie bzw. Erbschaft, die einen Abkömmling in den Tod treibt. Der Imperativ zur »Auslöschung« zielt auf Neues und auf Vollendung, »Tod« meint hier »Leben«: schon im Mythos ist die Ablösung, die »Auslöschung« der Eltern in der Pubertät, eine Art Tod und gleichzeitig die Voraussetzung für die Entstehung des Helden. Der Tod wird schon im Motto angesprochen, einer im Kontext der Bernhard-Welt recht konformistischen mit Montaigne signierten Überlegung über dessen Omnipräsenz. Doch die Ankündigung täuscht und das Motto ist vielleicht als Botschaft des Autors an sein Publikum zu lesen – eine ungehörte Botschaft übrigens. Obwohl Murau, der »unheilbar« und »tödlich« kranke, dem der Internist ein »kurzes« Leben prophezeit hat, unter dem Wissen des baldigen Todes schreibt, hat der Tod nicht jenen statischen, alles entwertenden Charakter wie etwa in »Frost«. Tod und Krankheit werden erwähnt, haben aber ansonsten keinen Einfluß auf den Handlungsverlauf.

Wieder bleibt der Schluß des Textes offen, Murau wird, das lernen wir aus der in den Schlußsatz eingefügten Notiz des Herausgebers, wohl kurz nach Vollendung seiner meisterhaften Studie sterben, die näheren Umstände sind uns genauso unbekannt wie die des Endes des Malers Strauch. So enden Bernhards Geschichten gerne, doch diese Figur stirbt im Stande der Wahrheit, und in Analogie zu einer Kurzgeschichte von Ernest Hemingway sind wir eingeladen, jenes letzte Jahr als das »Kurze glückliche Leben des Franz Josef Murau« zu bezeichnen.

»Über«-Leben

Jene Studie, die wir lesen, und die gleichzeitig ein Bericht über ihre eigene Vorgeschichte und die Möglichkeit ihrer Entstehung ist, zerfällt in zwei Teile: der erste Teil, absatzlose 310 Seiten, enthält den Bericht des eben aus dem elterlichen Schloß Wolfsegg in seine luxuriöse römische Wohnung heimgekehrten Franz Josef Murau über seine Reaktion auf ein Telegramm, das ihn in die Amras-Konstellation versetzt: Mutter, Vater und Bruder sind gestorben. Der zweite Teil beschreibt die eineinhalb Tage der Heimkehr Muraus, des Erben der riesigen Besitzung Wolfsegg, und das detailliert ausgemalte, uns aus dem »Italiener« schon vertraute Ritual eines österreichischen aristokratischen Begräbnisses.

Murau weiß, daß die Todesnachricht ihm abfordern wird, was er – wie Roithamer – in hohem Maße besitzt: Kraft und Willensstärke. Der Tod der nächsten Angehörigen stürzt auch diesen Überlebenden in das obligate innere Chaos, doch Murau nimmt die ostentative Haltung eines Menschen ein, der von den Widrigkeiten des äußeren Lebens, von Natur und Familie, nicht gestört sein will. »Ruhig und mit klarem Kopf« nimmt er die Katastrophenmeldung zur Kenntnis und wertet sie mit einer trotzigen Bekräftigung seiner Lebensprinzipien als zweitrangig gegenüber der Frage nach der Weitergestaltung seines Lebens. So reist er nach Wolfsegg: ein Flaneur ohne Gepäck, mit den Händen in den Hosentaschen des italienischen Anzugs, der zunächst einmal Unbeteiligtsein signalisiert.

Konventionen haben aus der Trauerarbeit eine gesellschaftliche Pflicht gemacht, die Murau frontal attackiert und als geschmacklosen Egoismus und Heuchelei kritisiert: »Ich habe es oft erlebt, daß über Gestorbene, die zeitlebens als widerwärtig und abstoßend empfunden worden waren, plötzlich so gesprochen worden ist, als wären sie niemals in ihrem Leben widerwärtig oder abstoßend gewesen. Diese Geschmacklosigkeit habe ich immer als peinlich empfunden.« (AL 107) Was Roithamer so erschüttert, die Einsicht in den eigenen Anteil an fatalen Konstellationen und in die Ambivalenz innerfamiliärer Emotionen, bedrückt Murau im Verlauf seiner Reflexion immer weniger: Er hat die Jagd nach der Eindeutigkeit aufgegeben, gestattet sich die eigene Vielschichtigkeit und kann sie aus seiner Geschichte erklären. Es ist sein sich ankündigendes Lebensende, das ihm die Möglichkeit gibt, adäquat auf seine Jugend zu reagieren und seine Pubertät, die exemplarische quasi ins Unendliche gezogene Pubertät einer Bernhard-Figur, endlich zu vollenden. Zwei Phantasien über seine Familie werden in seinem Bericht alternierend auftreten: ich stehe über diesem Gefühlschaos, lautet die eine, ich habe mit den Bekundungen von Haß nicht angefangen, die andere. Dazwischen steht die sehnsuchtsgeladene und gleichzeitig Schuldgefühle produzierende Phantasie, doch geliebt worden zu sein. Die systematische Rekonstruktion der Vergangenheit mündet regelmäßig im Gegenteil der Ausgangsposition: Dort wo Murau Liebe ortet, ist es Haß, der sich hinter Schuldgefühlen versteckt, dort, wo er Haß ortet, war es Liebe, die sich nicht hingeben konnte. Diese Rekonstruktion ist schmerzlich, doch der Text zeigt, daß ihre Relevanz für das Heute gering ist und daß sie vor allem nicht von der Verantwortung für eigenes Handeln dispensiert.

Murau bedient sich in seinen Reflexionen der Unterstützung eines klassischen »Erinnerungs-Mediums« unserer Kultur, der Photographie: Die Todesnachricht verarbeitend, betrachtet er Schnappschüsse seiner Familie, darunter ein Bild der Eltern auf jenem ominösen Victoriabahnhof in London, der schon in »Korrektur« Stätte einer erinnernswerten Begegnung war und für Murau in der ersten Erinnerungsschicht die Stätte der Wahrheit darstellt. »Ohne ihr Wissen« hat er seine Eltern photographiert, das Ergebnis ist ein »Meuchelphoto« geworden, das zwei unbeholfene österreichische Provinzler in einer sie schreckenden Umgebung zeigt.

So verbindet Bernhard Muraus Frage nach der Möglichkeit einer den Geschehnissen adäquaten Erinnerung mit einer intensiven Auseinandersetzung mit der Photographie als jener Technik, die uns scheinbar die Wirklichkeit bildnerisch exakt reproduziert. Murau allerdings wird uns in einer massiven Reflexion lehren, daß selbst ein »photographisches« Abbild des Geschehenen uns nicht von der Verantwortung fürs eigene Erinnern befreit, ja daß wir insbesondere die Photographie in einer vielschichtigen »Politik des Erinnerns« instrumentalisieren. Es ist ein weiter und schmerzlicher Weg zu dieser Erkenntnis und ganz in der Tradition der Bernhard-Protagonisten, die von eigenen Schwächen gerne ablenken, indem sie sich kulturkritisch der angeblichen Bösartigkeit unserer Zivilisation widmen. So flüchtet auch Murau vor jedem Schritt in der Selbsterkenntnis in pauschale Vorwürfe und attackiert jedes Photo als »absolute Verletzung der

Menschenwürde« (AL 27): »Das Fotografieren ist eine gemeine Sucht, von welcher nach und nach die ganze Menschheit erfaßt ist, weil sie in die Verzerrung und die Perversität nicht nur verliebt, sondern vernarrt ist und tatsächlich vor lauter Fotografieren mit der Zeit die verzerrte und perverse Welt für die einzig wahre nimmt.« (AL 29)

Auch die vermeintlich authentische Abbildung unterliegt dem Prinzip der Ambivalenz des Betrachters. Am Ende, nachdem uns Murau detailliert vorgeführt hat, was gegen den Authentizitätscharakter des Bildes spricht, nach einem intensiven Spiel des Leugnens und der nachfolgenden »Korrekturen«, nach dem Eingeständnis des prinzipiell bösartigen Charakters des Bildes, wird sein souveräner und wohlbegründeter Entschluß stehen, dieses für »wahr« zu halten, für das adäquate Abbild *seiner* Wirklichkeit. Tatsächlich wird am Ende eines verschlungenen Prozesses die Geschichte die Wahrheit des Photos erweisen wird, eines Prozesses voller zunächst rätselhafter Anspielungen auf den Hals der Mutter, das Organ ihrer Weiblichkeit, das sie gleichzeitig wie ein männliches Organ trägt, und daß jenen Ort ihres Körpers darstellt, an dem und mit dem sie büßen muß. Murau, dessen Bild sich auf den Hals konzentriert, den späteren Ort der tödlichen Wunde, hat ja die Tötung, die finale Penetration, durch sein Photographieren vorweggenommen. Damit erhält der prinzipiell aggressive Charakter des Photographierens noch eine eigene, sich aus dem weiteren Verlauf der Handlung ergebende Bestimmung.

Brüderlichkeit

Vergeblich sucht Murau in seiner kleinen Sammlung von Familienphotos nach jenem einen Gerechten, um dessentwillen die Besitzung Wolfsegg vor ihrer »Auslöschung« gerettet werden könnte. »Schwestern« bilden für viele Bernhard-Figuren die zentralen innerfamiliären »Knoten«, doch das Porträt seiner von Anfang an als bösartige, spöttische, häßliche alte Jungfern und »dumme Landpomeranzen« gezeichneten Schwestern bleibt knapp und sie selbst sind nur Randfiguren: »Ich suche meine Schwestern betreffend nach Erfreulichkeiten, aber ich finde keine.« (AL 74f.) Schwestern sind erfolgreiche Rivalinnen um die elterliche Zuwendung, sie engen die Lebensmöglichkeiten des Bruders ein und gehören zudem dem verachteten weiblichen Geschlecht an. Als Figuren dienen sie in gewisser Weise als »Transportmittel«, an denen zahlreiche misogyne Stereotype, etwa das von den kreischenden weiblichen Stimmen, festgemacht werden. Zwar formuliert Murau, die kindlichen »Verfolgungen« durch die Schwestern beschreibend, einen grundlegenden Satz der Bernhardschen Anthropologie: »Das sogenannte schwache Geschlecht war mir damals schon als das in Wahrheit viel stärkere und rücksichtslosere bewußt geworden ...«. (AL 98) Doch auf die Schwestern trifft dieser Befund nur ansatzweise zu, sie repräsentieren – wie Roithamers Schwester – die schwache väterliche Linie, während Murau mit seiner widersprüchlichen, aber unleugbaren Mutteridentifizierung die Stärke repräsentiert.

Die machtbewußte Mutter, die »insgeheim geschworen« hat, keine Schwester aus Wolfsegg zu entlassen, auf daß sie ihr ewig dienstbar seien, behandelt sie als Puppen; dort, wo sie als Opfer der magna mater von Wolfsegg betrachtet werden, kennt der Text ein wenig Verständnis für die beiden. Daß Schwestern als »Opfer« einen Bewertungsbonus genießen (am stärksten im »Ruhestand«), hat Tradition in der Bernhard-Welt, doch auch die Rechnung rund um die unleugbare materielle Benachteiligung der beiden geht letztlich gegen sie aus: »Es ist wahr, dachte ich, die Schwestern haben immer am allerwenigsten gekostet, aber sie sind auch nicht mehr wert.« (AL 604) Erstmals erleben wir Murau als Repräsentanten des Wertsystems seiner Kaste: Töchter sind einfach weniger wert. Das macht sie jetzt, wo sich durch den Erbfall die Verhältnisse gewandelt haben, von Anfang an zu Objekten der Verfügungsgewalt Muraus, der hier die Rolle als Mann und Erbe lustvoll annimmt: »Ich hatte sie vollkommen in der Hand«. (AL 465)

»Die Weiber können nicht allein sein, selbst auf dem Abort nicht.« (AL 100) Die statische Weiblichkeit ist auch dann verächtlich, wenn sie produktiv ist: »Die Weihnachtsnacht sitzen sie in Wolfsegg immer alle mit diesem verpfuschten Strickzeug unserer Schwestern herum wie verstümmelt. Als ob es meine in ihr Strickzeug vernarrten Schwestern darauf angelegt hätten, uns mit diesem ihrem geschmacklosen Strickzeug lächerlich zu machen. Als ob sie mit der Wolle wochen- und monatelang Unzucht getrieben hätten.« (AL 100f.) »Unzucht« und weibliche Produktivität sind auf ewig untrennbar miteinander verbunden. Die »wilden Früchte« der früher besungenen traditionellen Frau, ihr Anteil am Haushalt, das von Weiberhand Zubereitete, ist ekelerregend wie weiland das »Hundefleisch« der Wirtin von Weng: »In den Speisekammern hatten wir auch immer Hunderte von Gläsern mit Hühner-, Fasanen- und Taubenschenkeln, vor deren trübem Gelb es mich jedesmal, wenn ich ihrer ansichtig wurde, ekelte.« (AL 101) Dieses ekelerregende trübe Gelb ist die Farbe der weiblichen Produktivität, eine Erinnerung an den Ausspruch des heiligen Augustinus, daß wir »zwischen Kot und Urin zur Welt kommen«.

Caecilia, die gutmütigere, ist seit kurzem verheiratet und somit ein Kumpan Muraus im »Weggehen« und auch sie wird von der zurückgebliebenen Schwester Amalie mit dem Haß der Kleinfamilie auf die »Weggeher« verfolgt, der eines der untergründigen Zentralthemen des Buches ist. Doch Murau empfindet keine Solidarität mit ihr. Ihr Gatte, ein nicht zur Familie passender Kleinbürger, wird uns als »Weinflaschenstöpselfabrikant« vorgeführt, ein Nachfolger des »Brunnenmacherlehrlings« aus »Frost«: das sexuelle Geschäft ist schuldhaft und verbrecherisch und degradiert den Mann. In der untergründig sexualisierten Privatsprache des Thomas Bernhard wird hier die Institution der Ehe ebenso verhöhnt wie die Weiblichkeit Caeciliens. Der Wein steht für das Dionysische, in der Flasche einer Ehe eingesperrt werden ihm Grenzen gesetzt. Eine »Flasche« ist aber auch die Schwester, die durch die späte Eheschließung endlich ihren »Stöpsel« gefunden hat.

Obwohl es rund um die Schwestern kaum ein »korrekturbedürftiges« Sehnsuchtspotential gibt, ist es die ledige Amalia, die in einer der intensivsten Szenen des Romans zum Objekt und Zeugen eines vielschichtigen ödipalen Triumphes des Überlebenden wird: Der in seinem Zimmer duschende Murau merkt, daß er seine Rasiercreme in Rom vergessen hat, und geht »nackt wie ich war, nur mit einem übergeworfenen Badetuch« ins väterliche Zimmer »um mir seine Rasiercreme zu holen, die er, wie ich dachte, jetzt nicht mehr braucht«. In den väterlichen Besitztümern kramend, legt Murau sein Badetuch ab und macht sich nackt mit seiner Beute auf den Rückweg ins eigene Zimmer. Dabei trifft er die Schwester, »die erschrocken ist, wie sie mich völlig nackt gesehen hat«. Es starrt die Schwester »durchaus nicht auf geschwisterliche Weise, wie ich dachte« auf den Regisseur der Szene: »Da sie stehengeblieben war und keinerlei Anstalten machte, zu verschwinden bei meinem Anblick, trat ich so, wie ich eben war, vor sie hin und sagte, ob sie denn noch niemals in ihrem Leben einen nackten Mann gesehen habe. Nun siehst du, sagte ich, wie ich aussehe, nicht einmal schlecht, nicht wahr und ich streckte meine Zunge heraus, worauf sie sich umdrehte und in das Vorhaus hinunterlief.« (AL 429ff.)

Mehr als diese kleine Szene ist von den inzestuösen Elementen in »Korrektur« nicht geblieben; diese Schwester überlebt den Anblick des brüderlichen »Kegels«. Der Vorfall in seiner Gesamtheit erfrischt Murau »am ganzen Körper«. Ödipaler Triumph, ein Rest der Inzest-phantasien Roithammers und die Projektion alles Triebhaften auf die Umwelt zeichnen die Szene aus. Befriedigt wiederholt Muraus das Zunge-Herausstrecken mehrmals vor dem Spiegel. Es paßt in diesen Zusammenhang, daß Paul Wittgenstein lange vor der Publikation von »Auslöschung« eine »Bernhard-Anekdote« erzählte, derzufolge unser Autor vor dem Spiegel zu masturbieren pflegte. Solches, meinte Witt-genstein, könne man durchaus tun, solle sich aber der Rede darüber enthalten. (Schaefer 1980, 75)

»Auslöschung« erbt die Konstellationen von »Brüderlichkeit«, die in »Amras«, »Ungenach« und »Korrektur« entwickelt wurden, doch der Bericht über Johannes, den bevorzugten ältesten Sohn, wird von Leidenschaftslosigkeit dominiert, entbehrt jeder Dramatik und ist um einiges kühler formuliert als der über die Schwestern. »Aber er war kein vollkommen unzugänglicher Mensch. Er war im Grunde auch nicht so hochmütig, wie ihm immer nachgesagt wird. Er hatte aller-dings keine angenehme Art.« (AL 73) Das Porträt des Bruders dient Murau auf weiten Strecken zur Begründung seines großartigen, apolli-nisch orientierten Selbstbildes. Der unbewegliche Johannes bleibt ge-bunden, er sei, wirft ihm der erinnernde Murau vor, »immer tiefer in Wolfsegg eingedrungen« und wurde »aufgesaugt und aufgefressen«.

Das Wertsystem des späteren »Weggehers« Murau bereitet sich in der ersten, durchaus korrekturbedürftigen, Erinnerungsschicht Mur-aus auch im Widerstand gegen die mütterliche Zärtlichkeit vor. Der kleine Johannes bleibt sozusagen im Dunstkreis der Mutter, er lebt das, was Murau, der sich den Bruder als der Mutter »absolut hörig« denkt, für sich dementiert. In Muraus Erinnerung verdeckt der einstweilen noch unklare »böse« Anteil der Mutter alles und gibt auch ihrem zärt-lichen Handeln eine Qualität von Strafe und Dominanz, von dem sich der rebellische Sohn mit Stolz unabhängig macht. Johannes wird nie seinen »eigenen« Ort finden, den sich Murau in Rom geschaffen hat – nur im Auto, dem standesgemäßen todbringenden Jaguar, erzwingt er sich eine zeitweilige Autonomie von der Familie.

Die Ehe eines Fürsten

Muraus namenloser Vater, ein introvertierter Landwirt mit einer Leidenschaft für landwirtschaftliche Maschinen, hat im Text kaum Spuren hinterlassen, er agiert nicht als Individualität, sondern als Statist in Konstellationen, die überwiegend von der Mutter bestimmt sind. Am Ende steht die Frage:»War mein Vater ein Mensch von Format?« (AL 522), die schon durch die Art, wie sie gestellt wird, auf eine Verneinung zielt. Die Schwäche des Vaters ist narzißtisch kränkend und verunmöglicht selbst eine partielle Identifikation gegen die Mutter.

Die Konstellation der elterlichen Ehe ist uns aus »Korrektur« vertraut: auch Wolfsegg muß zeugen, und so heiratet ein alternder Aristokrat eine »Frau von unten«, die vom berichtenden Sohn verachtet wird, der sich dabei auf das angebliche Urteil des Vaters über den *»ungeistigen Trampel«* stützt.»Ist der Erbe da, interessiert ihn die Frau gar nicht mehr. Er straft sie die meiste Zeit durch Nichtbeachtung ...« (AL 294) Sexualität ist in der Bernhard-Welt bis zum Spätwerk das Medium, mit dem die Frauen die Männer knechten.

Zwischen der starken Mutter, der Tochter eines Gemüsegroßhändlers, und dem schwachen, adeligen Vater ist das Unglück alltäglich, und auch diese Ehe steht unter jenem Bernhardschen Grundgesetz, das uns schon in »Amras« vorgeführt wurde – sie vernichtet den Mann oder macht ihn zum Hampelmann:»Ein Mann wie mein Vater, hatte ich zu Gambetti gesagt, heiratet eine Frau und dreht sich damit das Licht aus.« (AL 103) Obwohl die Differenzen zwischen den beiden Elternteilen groß herausgestellt werden, bilden sie letztlich als Elternpaar eine Einheit und evozieren in der Erinnerung die gleichen Assoziationen:»schwerfällig, alltäglich, primitiv«. Beide Elternteile haben das Kind geprügelt:»Meine Mutter verprügelte mich mit einem immer bereitliegenden Ochsenziemer, mein Vater ohrfeigte mich.« (AL 88) Elterliche Zuwendung wird nicht konsequent dementiert, doch in der Erinnerung meist als lästige Einschränkung und Bestandteil des Wolfsegger Kampfes gegen den Geist, gefaßt im Bild von den versperrten Bibliotheken, erlebt. Doch auch hier werden »Korrekturen« einsetzen und allmählich wird sich herausstellen, daß das Kind Murau nur scheinbar in Ruhe gelassen werden wollte und daß sich hinter diesem ostentativen Wunsch der verbarg, bedingungslos, trotz, ja wegen seiner Dissidenz geliebt zu werden.

Der Ausweg der energiegeladenen Mutter aus der »Hölle« ihrer Ehe ist der Ehebruch mit einer der bemerkenswerten Figuren des Textes, dem päpstlichen Nuntius Spadolini. Zusammen bilden die Eltern ein groteskes Paar, dem erst der Tod den Schrecken genommen hat: »Diesen Menschen hast du dich zeitlebens, obwohl du immer den Versuch gemacht hast, nicht entziehen können, alle deine Versuche in dieser Richtung sind letzten Endes gescheitert, du bist nach Wien, um ihnen zu entkommen, nach London, um ihnen zu entkommen, nach Paris, nach Ankara, nach Konstantinopel, schließlich Rom, zwecklos. (…) Der Verfolgungswahn ist zuende, dachte ich. Sie sind tot. Du bist frei.« (AL 26) Die Intensität und die Dünnhäutigkeit, mit der uns ein fast Fünfzigjähriger über Probleme berichtet, die eigentlich zum Inventar der innerfamiliären Auseinandersetzung in der Pubertät gehören, sind für die Bernhard-Welt nicht untypisch. Allem »Weggehen« zum Trotz, schielt hier einer, der scheinbar im mythischen »Rom« das Eigene gefunden hat, noch immer auf die familiäre Zustimmung und fühlt sich eingeschränkt, wenn diese verweigert wird. Schuldgefühle, das Damokles-Schwert, das auf jeden herabstürzt, der seine eigene Wahl und seine eigenen Erfahrungen vorzieht, quälen Murau unentwegt; obwohl er es in Wolfsegg nicht aushält, zieht es ihn immer wieder dort hin »in dem Glauben, auf das freudigste erwartet zu sein«.

Das alles kennen wir von Roithamer, doch unser Held nähert sich mutig dem geheimen Zentrum seines lähmenden Schuldgefühls, jener unerträglichen Wahrheit aus der emotionellen Ökonomie von »Familie«, dem Tötungswunsch des Kindes den Eltern gegenüber. Ein vielfältiges Spiel von Verleugnungen und Korrekturen wird uns vorgeführt, das im Ergebnis nicht mehr als eine Annäherung zeitigt: »*Aber ich kann die Meinigen ja nicht, weil ich es will, abschaffen,* hatte ich gesagt.« Die angedeutete Erkenntnis dieses Wunsches, eine Erkenntnis, die Roithamer nicht hatte und die nicht einmal im Angsttraum des Fürsten Saurau angesprochen wurde, mobilisiert Muraus innere Zensur, die er meistert: »Ich sagte ihn nicht nur, ich plapperte ihn mehrere Male vor mich hin, um ihn lächerlich zu machen, aber er war nach meinen Versuchen, ihn abzuwürgen und lächerlich zu machen, nur noch bedrohlicher. Er hatte auf einmal das Gewicht, das noch kein Satz von mir gehabt hat. Mit diesem Satz kannst du es nicht aufnehmen, sagte ich mir, mit diesem Satz wirst du leben müssen.« (AL 17f.) Mit diesem partiellen Eingeständnis, einem Tabubruch ohnegleichen, hat Murau die extreme Seite seiner Ambivalenz ausgelotet. Der Gewinn des Geständnisses liegt wohl darin, daß dem Publikum dieser Konfession Muraus Tötungswunsch nachvollziehbar erscheint. Und tatsächlich wird er auch vollstreckt werden: Der Tod der Mutter ist auf vielfache Weise mit Muraus Vorwürfen gegen sie verknüpft. In verschlungener Weise büßt sie mit jenem Körperteil, der sich real und metaphorisch den Vorwürfen des Sohnes zufolge schuldig gemacht hat. So vollzieht die exzentrische Todesart der Mutter tatsächlich bis ins Detail das Wunschprogramm ihres jüngeren Sohnes.

Mutterliebe und Geschlechterkampf

Offen sprechen die autobiographischen Texte des Thomas Bernhard von der Schwierigkeit der Erinnerung an die Mutter; erst der abschließende Band, »Ein Kind« (1982), vermag sich dem durch ihre vermeintliche Ablehnung verursachten Leid zu stellen. Bernhard protokolliert dabei eingestandenermaßen nicht die »Wirklichkeit«, sondern die phantasiedurchtränkte Art, wie ein leidendes Kind diese ohne Zweifel schwer erträgliche Wirklichkeit erlebt hat. Zahlreiche Figuren der Prosa und der Theaterstücke bis hin zum Kaplan im »Präsidenten«, den die Mutter »verstoßen« hat und der seine erste Lebenszeit auf einem Fischkutter bei Rotterdam verbrachte, haben die Bernhardschen Leiden nachgestellt. Louis Huguets »Chronologie« hat klargestellt, daß viele Lieblosigkeiten, die der Mutter im Text unterstellt werden, sich nicht in diesem Ausmaß ereignet haben. Trotz dieser »Übertreibungen« relativiert die Einsicht in die vielfältige soziale und psychologische Bedingtheit ihres Verhaltens die Vorwürfe gegen die Mutter: der Haß auf den Kindsvater, die materielle Verantwortung für die Eltern und ihr allmählich vom Kind aufgedecktes Geheimnis, die tiefe ödipale Bindung an den Vater, dem sie ja »nachgestorben« ist, was in der Bernhard-Welt eine nicht zu unterschätzende Bedeutung hat, und die ihr wenig Raum für andere glückbringende Beziehungen gelassen hat, haben ihr kurzes Leben vergiftet. So ist die im Gestus des schmerzlichen Verstehens verfaßte Autobiographie letztlich ein Text der Versöhnung, der Verständnis für die Lage der Mutter artikuliert: »Ich sah selbst ihre Verzweiflung und sie ist absolut frei von Schuld.« (KI 131) Die Autobiographie beschreibt Konstellationen, die Frauenhaß nachvollziehbar machen, doch sie praktiziert ihn nicht. Hier ist die Mutter keine übel riechende »Frau von unten«, es fehlt ihr die Energie von Muraus Mutter, ja sie ist durch die kriegsbedingte Abwesenheit ihres Gatten, des »Vormunds«, offensichtlich überfordert, sie ist nicht böse, sondern verzweifelt an ihrem Leid und es wird ihr sogar – einzigartig in der Bernhard-Welt – Schönheit attestiert.

Die wahrscheinlich im gleichen Zeitraum entstandene »Auslöschung« profitiert von dem enormen Aggressionspotential gegen die Mutter, das die Erinnerung an eigenes kindliches Leid bei Bernhard ausgelöst hat. »Mutterliebe« wird hier trotz mehrerer »Korrekturen« letztlich konsequent dementiert. Die haßerfüllten Bilder, die in der Autobiographie durch eine aus Vernunft, Liebe, Schuldgefühl und wohl auch familiäre Rücksichtnahme zusammengesetzte Zensur unterdrückt sind, werden hier ungebremst ausphantasiert. Die ausführlich beschriebene Todesart der Mutter ist ein Höhepunkt in der an solchen Bildern nicht armen, grausamen Phantasiewelt des Thomas Bernhard.

Das Porträt der Mutter hat für die Begründung der »Auslöschung« zentralen Charakter. Es beschreibt eine großartige Matriarchin, eine Puppenspielerin innerhalb der Familie, durch deren machtvolles Wirken sich das, was einmal »Vaterhaus« war, in ein »Mutterhaus« verwandelt hat. Wie die Wirtin von Weng ist sie eine Gestalt, die alles erfaßt und in der sich alles vereinigt, Familie, Wolfsegg, Österreich. Die Mutter, die sich doch immer als die »Retterin von Wolfsegg« aufspielte, wird uns als dessen »Schädling« vorgeführt, »*ein böser Mensch*«, an dem »wir alle böse geworden« sind. Die Verallgemeinerung des Erlebnisses mit der mächtig/bösen Mutter schafft eine neue universelle soziale Diagnose: »Die Mütter sind die Verantwortlichen ...« (AL 298)

Wer Verantwortlichkeiten konstatiert, provoziert die Frage nach seinem Maßstab. »Mutterliebe« gilt heute als etwas keineswegs »Natürliches«, sondern als ein historisch entstandenes Gefühl wechselnden Inhalts. Die Ansprüche, die mit ihr verbunden sind, sind zwischen Müttern und Söhnen – und das heißt zwischen Männern und Frauen – stark umstritten, ihre Erörterung führt uns in eines der Zentren des aktuellen Geschlechterkampfes. Es ist fraglich, ob jene Mutter, die das Zuwendungsbedürfnis eines Bernhardschen Sohnes zu stillen imstande ist, existiert. Was Bernhard beschreibt, ist ein wichtiger Beitrag zur Geschichte der Ansprüche der Söhne unter den Bedingungen moderner Mutterschaft. »Mutter« kann auch unter günstigen Bedingungen zu dem werden, was in der präödipalen Wahrnehmungswelt des Sohnes den Eindruck erweckt, über die Macht zu verfügen, alle Bedürfnisse zu erfüllen; was zunächst scheinbar die Bereitschaft signalisiert, diese Wünsche zu erfüllen und sie dennoch letztlich frustriert; was in verbotener Weise anzieht und zudem plötzlich bösartig die ehedem vom Sohn gepriesene Macht nur mehr aggressiv gegen sein Streben nach Autonomie richtet. Auf einer sehr ursprünglichen Ebene seien, so der Psychoanalytiker Anthony Snow, alle Mütter phallisch. Muraus Mutter ist zudem eine äußerst egoistische Frau und es ist nachvollziehbar, daß sich eine solche in der Wahrnehmung des bedürftigen Kindes in ein dämonisches Monstrum verwandeln kann, das tatsächlich zum zentralen Feind des Kindes avanciert.

Die Lage des anklagenden Sohnes wird in Muraus Fall dadurch verschlimmert, daß seine Mutter erstens zur Mutterschaft nicht wirklich bereit war und zweitens affektive Zuwendungen weitgehend auf den Erstgeborenen konzentrierte. Auch in Wolfsegg regiert jene Politik der Fortpflanzung, die wir aus »Korrektur« kennen. Die Mutter war eine »zu Kindern gezwungene Frau« und erlebte vor allem die Zeugung des Franz Josef, der ein Jahr nach Johannes zur Welt kam, als das, was Hertha Fabjan geschehen ist, als Vergewaltigung: »Sie hatte mich, wie ich immer gehört habe, nicht haben wollen, sich gegen mich gewehrt. Aber sie hatte mich gebären *müssen.*« (AL 289)

Muraus Anklage weist über seine individuelle Befindlichkeit hinaus auf ein Thema, dem schon Georg Groddeck in seinem »Buch vom Es« einen Brief gewidmet hat: der Abneigung der Mutter gegen ihr Kind. (Groddeck 81) Bernhards persönlicher Maßstab zur Messung der mütterlichen Verantwortung enthält lebenslang Elemente des Frauenbildes der Tradition, das er im Frühwerk so hymnisch gefeiert hatte und das in »Korrektur« in der Frau Höllers eine eigenartige Neubelebung erfahren hatte: »Eine Frau, die kein Kind gehabt hat, hat nicht gelebt. Ein Kind haben, heißt doch, alles haben.« (VER) Bernhard erlebt die Frau der Moderne, das Produkt der großen Umstellung nach 1870, die Frau im Zeitalter der Emanzipation, an dem Muraus Mutter ja durchaus partizipiert und der auch Ivan Illich die »Härte des Jägers« attestiert (Badinter 1991, 172), jene Frau, die auch »gelebt« hat, ohne ein Kind zu haben, als ein prinzipiell nicht mehr zur Mutterschaft bereites Wesen. Was für feministische Theoretikerinnen eine Unterstellung ist, beschreibt bei Bernhard eine neue Dimension des »Urverbrechens der Zeugung«.

»Mutterliebe«, »Kraftwerk« und »Beton« sind die zentralen Topoi von Bernhards untergründiger Auseinandersetzung mit der Moderne (Pfabigan 2002), seine Reflexionen sind ein wichtiges Dokument unterdrückter zeitgemäßer Sichtweisen des Weiblichen. Murau hat in seiner Verurteilung der Mutter einen argumentativen Fixpunkt gefunden, der ihm das Gefühl hoher Klarsicht vermittelt. »Leben«, jedes und vor allem das eigene, ist aus den Defekten der letzten »Ursache«, der »Mütter«, zu denken: moderne »Mutterliebe« ist verantwortungslos wie die parlamentarische Demokratie. Jetzt gibt es eine Deutung von Zivilisation, von Krieg, Elend und Faschismus, von individuellem und kollektivem Elend, die alles inkludiert: »Die Mütter drücken sich vor jeder Verantwortung, was die von ihnen in die Welt geworfenen Kinder betrifft, das ist die Wahrheit, Gambetti.« (AL 299) Die Erfahrungen aus der von schmerzvollen Haß erfüllten Beziehung zur Mutter übertragen sich für Bernhards Protagonisten auf die soziale Entität, wobei diese Übertragung in vielem ihrem Vorgänger, jener Welle von Kritik an autoritärer Väterlichkeit in der Zeit des Expressionismus, gleicht. Murau erlebt seine Mutterkritik als originell und subversiv, eine mögliche Schrift, »Die Mütter« betitelt, »hätte doch nur zur Folge, daß man mich zum Lügner oder zum Narren erklärt oder zu beidem gleichzeitig.« (AL 299) Das stimmt nur teilweise. »Die Literatur ist reich an Denunzierungen der Mutter. Es geht darum, wer am lautesten brüllt und heult. (...) Der Männerroman, von Nord bis Süd und von Ost bis West, hat aus der kastrierenden und todbringenden Mutter eines der Lieblingsthemen der zeitgenössischen Literatur gemacht.« (Badinter 1993, 78)

Muttermord

Der Muttermord, im »Butt« des Günther Grass der männliche Akt par excellence, gilt als die zentrale Voraussetzung der Individuation. Auch in »Auslöschung« wird die Mutter mehrmals »gemordet«, das erste Mal wohl durch das »Weggehen« Muraus. Doch »Auslöschung« geht über diesen alltäglichen »Mord« hinaus und protokolliert eine mörderische Strafphantasie in der die Todesart der Schuld der Mutter ebenbürtig ist. In ihrer deutlichen Ausgemaltheit und ihrer quasi multimedialen Repräsentanz im Gespräch, der Zeitung und der Phantasie Muraus, ist sie ein Gipfelpunkt der grausamen Bilderwelt unseres Autors: Beim tödlichen Auffahrunfall hat eine Stahlstange den Kopf der Mutter bis auf einen Hautfetzen abgerissen, sie wurde »mehr oder weniger geköpft«. »Den sogenannten Wirtschaftskaffee« trinkend, studiert Murau die Zeitungsberichte über das Ereignis, voll von Schuldgefühlen über seine »Schamlosigkeit« und doch gleichzeitig ein kaltblütiger Kommentator der mütterlichen Verstümmelung. Im Zentrum seines Interesses steht ein groß aufgemachtes Foto, das an das Bild vom Victoriabahnhof anknüpft: »Auf einem der Bilder war der Kopf meiner Mutter abgebildet, der noch mit einem dünnen Fleischfetzen mit ihrem im Wagen sitzenden Rumpf verbunden ist und darunter hat die Zeitung geschrieben: »*Der vom Körper getrennte Kopf.*« (AL 406)

Rund um die Frage, ob dieser Kopf tatsächlich vom Körper abgetrennt ist, entwickelt Murau eine ekeleregende Kasuistik. Das erwünschte Gefühl der Indifferenz der Leiche gegenüber wird immer wieder abgelöst von einer zwanghaften Neugier auf den verstümmelten Leichnam, ja dem Wunsch, den Sarg zu öffnen und die mütterliche Wunde ein letztes Mal zu betrachten. Gleichzeitig quält den Sohn die Angst, eine fremde Leiche könnte im Sarg liegen. So leisten beide Seiten Muraus qualifizierte Beiträge zum Diskurs über den Leichnam: der gebundene Sohn strebt nach einer letzten körperlichen Gemeinschaft mit der toten Mutter, der Befreite sorgt sich, ob die Unterdrückerin wirklich tot ist – wie der literarisierte Volksglaube dem Vampir Unsterblichkeit zuschreibt, falls nicht dem Leichnam ein Pfahl durchs Herz gestoßen wird.

Nach der christlichen Vorstellung vom Tod, vom »guten Sterben«, als Erfüllung des Lebens spricht der eklige Tod der Mutter ein Urteil über ihr Leben. Das gleiche Ereignis trifft die Geschlechter unterschiedlich: der Tod des Vaters und des Bruders ist ihnen »überhaupt nicht anzumerken« und ihr Körper erleidet durch den Genickbruch keine Veränderung. Die Verstümmelung der Mutter hingegen läßt nicht zu, daß der Leichnam dem Ritual von Wolfsegg entsprechend aufgebahrt wird. Der Tod bricht die angemaßte Macht der »Frau von unten« und stellt die alte, die natürliche Ordnung wieder her. Am

Grab spricht die Männerwelt, ignoriert die Frau und behandelt sie ihrem Status entsprechend als Accessoire der »Wirtschaft«.

Die von Bernhard für Muraus Mutter gewählte Todesart provoziert wohl zahllose Assoziationen. Es hat aufsehenerregende Fälle gegeben, wo Frauen so zu Tode gekommen sind, darunter auch 1967 eine der Sexgöttinnen Hollywoods, Jayne Mansfield. Bernhard behauptet gegen den Widerspruch der Chronologie Louis Huguets, daß zwei Frauen aus seinem Bekanntenkreis 1973 bei einem Autounfall »geköpft« wurden. Eine von ihnen, Maria Neumayr, ist eng mit dem persönlichen Rätsel Bernhards verbunden: sie starb am Tag bevor sie ihm bei einem geplanten Besuch Aufschluß über die Umstände, die zu seiner Zeugung führten, geben konnte. (Huguet 269)

Doch der zentrale Aspekt dieses Todes liegt darin, daß es eine vielschichtige Rache ist, die der Text an Muraus Mutter vollzieht, und daß diese dem Prinzip des Film Noir folgt, daß die böse, manipulierende Frau zwar zunächst triumphiert, am Ende aber büßen muß: »The Woman has to Pay«. In der Pose des behäbigen Partriarchen hatte Bernhard ja in einem Gespräch nach einem Hinweis auf Rosa Luxemburg, einem der Forschungsobjekte Maxens im »Italiener«, drohend festgehalten, daß Frauen, wenn sie »zu stark werden, (…) von den Männern wieder umgebracht« werden. (Fleischmann 1991, 113) Aus den Gesprächen mit Krista Fleischmann geht auch hervor, daß in Bernhards persönlicher Bilderwelt »Köpfen« und »Revolution« eng miteinander verknüpft sind; auch in der Französischen Revolution wurden Aristokratinnen als Vorstufe der Zerschlagung großer Grundbesitze enthauptet und Murau, der Wolfsegg »auslöscht«, fühlt sich als Revolutionär. Die Freudsche Deutung des Abschlagens des Medusenhauptes als Kastration fügt sich in vielfacher Weise in den Text. Eine der von Murau studierten Zeitungen kommentiert den Unfall pathetisch so: »Wolfsegg hat sein Haupt verloren.« Die Mutter hat in Wolfsegg die Rolle des Mannes usurpiert und erleidet in dieser Rolle die Strafe der Kastration. Gleichzeitig ist das Abschlagen des Hauptes eine nach dem Talionsprinzip bemessene Rache für die Kastration des Vaters. Hier büßt sie nicht nur für ihre individuellen Untaten, sondern auf der mythologischen Ebene für die ihres Geschlechts, für die Taten der Salome, der Judith und jener großen indischen Muttergöttin, die mit einem abgeschlagenen Menschenkopf dargestellt wird.

Der Tod der Mutter stellt Gerechtigkeit her, hat aber auch eine eigenartige ästhetische Qualität. Percy Bysshe Shelley hat das früher Leonardo zugeschriebene Bild des Hauptes der Medusa in einer Weise beschrieben, der Mario Praz den Charakter eines »Manifests des Schönheitsideals der Romantik« zugeschrieben hat. (Praz 44) In der Folge avancierte der abgetrennte Frauenkopf zum Objekt düsterer Leidenschaften der Romantiker und Dekadenten des neunzehnten Jahrhunderts bis hin zu Baudelaires Gedicht »Eine Märtyrerin«. Es liegt auch nahe, Muraus Bericht über die Überwindung eines »Dämons«, der ein Schloß verseucht hat, das von einem Helden »entsühnt« und am Ende von den Opfern besiedelt wird, in den Kontext einer modernen Variante der »schwarzen Romantik« zustellen. Trotz Muraus Entsetzen sind die im Text festgehaltenen Vorstellungen vom »Köpfen« auch lustbetont – schon der Bruder pflegte als Knabe, Hühnern den Kopf abzuhacken und genüßlich zu beobachten, »wie der vom Kopf getrennte Hennenrumpf in seiner verrückten Todeshektik noch an die zwanzig oder dreißig Meter weit durch die Luft fliegt.« (AL 594) Daß dem Hals der Mutter schon bei der ersten Beschreibung etwas Geflügelhaftes zugeschrieben wird, ist eines der vielen Zeichen, die diesen Tod ankündigen.

Hinter der Wahl des Halses als Todesort der Mutter steht eine wohlüberlegte Komposition: seit einem leichten Unfall, der eng mit ihrer noch darzustellenden Schuld verbunden ist, ist er überlang gereckt. Das Zuwenden oder gar Entblößen des Halses gilt als eine klassische weibliche Geste (Paglia 324), und im Text gilt der Hals in einem von Murau betrachteten Gemälde, die Mutter Maria und das Jesuskind darstellend, als Zeichen der Weiblichkeit, er ist wie der der Mutter »so lang, wie ich noch niemals einen gemalten Hals gesehen habe, allen Erfahrungen der Anatomie vollkommen widersprechend«. (AL 523) Nach dem Talionsprinzip rund um den Tod der Mutter ist es eine finale Penetration am Ort einer vielfachen Schuld, die ihr den Tod gebracht hat.

Während die Romane und Erzählungen das Schreckensbild einer unermeßlichen, bedrohlichen weiblichen Energie kultivieren, leugnet Bernhard selbst diese geradezu lustvoll und konzentriert sich vor allem in seinen Gesprächen mit Krista Fleischmann in der deutlichen Absicht, seine Gesprächspartnerin zu verletzen, auf die statische Seite von Weiblichkeit und die aus Schwäche resultierende Inferiorität. Die »weibliche Natur ist eben nicht so, die leistet einfach nicht das, was ein

Mann leistet.« (Fleischmann 1991, 123) »Vor allem haben die Frauen auch kein Durchhaltevermögen, das haben die nicht. Sie geben auch immer zu früh auf.« (Fleischmann 1991, 109)

Erst das Alterswerk wird Alternativen weisen, wie geistige »männliche« Stärke und chthonische »weibliche« ohne Krieg kooperieren können. Bis dahin müssen die Bernhard-Männer eine Vielzahl mütterlicher Eingriffe von der frühkindlichen Vernachlässigung bis hin zur Kastration potentieller »Weggeher« erdulden, die sie außerstande setzt, »Italien« zu erreichen. Murau, dem das gelungen ist, zieht in seiner »auslöschenden« Lebenskonzeption zwei Konsequenzen: Im Gegensatz zu dem ostentativ väterlich identifizierten Roithamer erlebt er sich auch als weiblich identifiziert. Der Satz »Ich traue meiner Mutter alles zu« (AL 283), hat ja auch eine bewundernde Dimension.

Die zweite Konsequenz liegt darin, daß Murau die bloße physische Geburt als letztlich unerhebliches Faktum wertet. Bernhards Überlegungen illustrieren das männliche Gefühl der Unerträglichkeit des »aus einer Frau kommen«, seine Überlegungen gehören zu der von Camille Paglia beschriebenen »Komödie« zwischen den Geschlechtern, in der die Männer die biologische und die Frauen die kulturelle Dankesschuld verleugnen. (Paglia 21) Murau bleibt aber nicht bei der Verleugnung stehen, Bestandteil von »Auslöschung« ist die »Zweite Geburt«, die Geburt des Geistesmenschen, der dabei von einem Mentor unterstützt wird – das aber ist der endgültige Muttermord.

Ein geweihter Wasenmeister

Wie die Wirtin von Weng betreibt auch die Mutter seit Jahrzehnten offenen Ehebruch, mit dem sich ihr Gatte mürrisch abgefunden hat. Ihr »Wasenmeister« heißt Spadolini und ist ein zu höchsten Würden ausersehener kirchlicher Karrierediplomat, der in Rom residiert. So kann die Mutter vorgebliche Besuche beim Sohn als Alibi für amouröse Wochenenden mit ihrem Liebhaber nutzen, den sie finanziell unterstützt und mit dem sie luxuriöse Reisen durch die Welt unternimmt. Die Beziehungen in diesem eigenartigen Dreieck sind äußerst komplex. Spadolini, der »Mann« der Mutter, »gibt« Murau etwas, was ihm der eigene Vater verweigert hat, er verwaltet die glanzvolle, zur Identifikation einladende Männlichkeit, während der alte und kranke

»biologische« Vater den Abstieg verwaltet. Zwischen Murau und dem Geliebten der Mutter besteht keine ödipale Rivalität, im Gegenteil, Murau ist auf vielfältige Weise in Spadolini »verliebt«, in das »Genie der Rede- wie der Schweigekunst«, einen »Mann von solcher Schönheit« (AL 282), mit einem »beneidenswert gut gebauten Körper«. (AL 295) So endet auch diese Form der Nähe zur Mutter »tödlich«: auch auf der Ebene des Triebes gibt es einen guten Grund zur »Auslöschung« der Mutter, es ist der Kampf gegen die Frau als Konkurrentin einer homoerotischen Beziehung. »Nur gönne ich ihn meiner Mutter nicht, Gambetti, sie verdient keinen wie Spadolini.« (AL 288)

Spadolini ist eine neue Figur im Bernhardschen Spiel der Geschlechter; er ist ein einmaliges Ereignis und wird auch keinen direkten Nachfolger finden. Der »Schutzschild« des Klerikers gegenüber dem Chthonischen ist stärker als der der »Geistesmenschen«, die das Weib nur enthaltend meistern, seine Verankerung im Geistigen ist so stark, daß auch ein »Naturkind«, eine dämonische Frau, ihn nicht aus ihr herausreißen kann. Das sündhafte Verhältnis beeinträchtigt in geheimnisvoller Weise nicht die Gültigkeit seiner Selbstcharakteristik: »Ich bin den höheren Mächten ausgeliefert ...« (AL 555) Zwischen der naturhaften Sphäre von Wolfsegg und der der »Geistesmenschen« nimmt er, ein Genußmensch und ein Schauspieler, eine eigene Zwischenstellung ein, er wird in beiden Sphären akzeptiert, ja wie der geheimnisvolle Fremde in Pasolinis »Theorema« verfallen alle seinem Zauber. Spadolini repräsentiert ein Lebensmodell, eine Strategie der Erfüllung, in der eine Synthese von Geist, Macht, Religion und Sexualität gelebt wird; solches ist möglich, aber offensichtlich nicht für die provinziell österreichischen Protagonisten der Bernhard-Welt.

Der weltmännische Kirchenfürst ist einer »der intelligentesten und gebildetsten Menschen«, die Murau kennt. Wie Roithamer stellt Murau die Frage der Söhne nach den Gründen der Partnerwahl des Vaters: was zieht diesen »edlen« Mann zu einer derart »durch und durch oberflächlichen« Frau und bindet ihn in ein jahrzehntelanges »unappetitliches Verhältnis« mit einer »abstoßenden Heimlichkeit«? Die Kritik an Spadolini wird allerdings schwach ausfallen, letztendlich gereicht das Verhältnis überwiegend der Mutter zur Schande, die auch diese Chance zum Eintritt in die »Geisteswelt« nicht genützt hat. Wie auch andere männliche Figuren Bernhards steht Spadolini in gewisser Weise unter dem Schutz Muraus, er wird nicht »ausgelöscht«

und es wird ihm auch die berechtigte Frage nach seinem Verhältnis zur historischen Schuld der Kirche nicht gestellt, eine Frage, die seit Hochhuts »Stellvertreter« einem Diener des Papstes Pius XII. durchaus gestellt werden könnte.

Wenn die Mutter der Mittelpunkt ist, dann ist Spadolini der Schnittpunkt divergierender Kräfte: als »Italiener« gehört er zu Muraus römischer Welt, er ist dem Sohn seiner Geliebten dort auch ein Freund; als Geliebter der Mutter gehört er zur Welt von Wolfsegg, als Mann der Kirche wird sein Verhalten, seine Abhängigkeit von der triebhaften Mutter, die Kirche delegitimieren. Murau bewertet ja alle gesellschaftlichen Institutionen nach ihrem Verhältnis zu seiner Mutter. Wenn es auch Liebe ist, was die Mutter und Spadolini verbindet, entlarvt sich die katholische Kirche in diesem Verhältnis doch als Magd der Mutter. Die Beweisführung erinnert an eine Blasphemie, die eine Protagonistin des Marquis de Sade wohl zufriedengestellt hätte: Nach einer gemeinsam verbrachten Nacht in Wolfsegg zwingt die Mutter den Liebhaber in der Schloßkapelle eine Messe zu zelebrieren, »was ihm selbst sehr peinlich gewesen ist«.

Spadolini fungiert als Zwischenglied, als der, der die Mutter, die ihm einmal das Leben gerettet hat, und den Sohn liebt und den Haß und das Unverständnis zwischen den beiden bedauert. Im Prozeß rund um die »Auslöschung« repräsentiert er ein im Roman diskutiertes und letztlich verworfenes Prinzip der Vermittlung zwischen »Rom« und »Wolfsegg«, die »Korrekturen«, die er anbietet, zielen auf eine pragmatische Versöhnung und somit eine Alternative zur »Auslöschung«. Das Gespräch, in dem Spadolini versucht, Wolfsegg zu retten, hat zentralen Charakter: er spricht von Muraus »edlem« Vater, einem »tatsächlichem Fürsten« mit dem ihn eine »edle Freundschaft« verbunden hätte; doch liegt in einer solchen Apologie des gehörnten Ehemannes durch den Liebhaber der Frau nicht schon ein Element von Parodie und Zynismus? Spadolinis »Anschauung« steht zwar im Verdacht der zweckgerichteten Beschönigung, doch wird sie zugelassen und erst am Ende als oberflächlich verworfen. Es ist der Blick des »Fremden« auf Österreich und Wolfsegg, der Blick auf die kulturelle Größe des Landes und seine landschaftliche Schönheit, der hier spricht: »so etwas habe er in seinem Leben vorher noch nicht gesehen, Bauwerke von solcher österreichischer Eleganz und Größe, Herrschaftlichkeit, gleichzeitig Natürlichkeit, *solche freundlichen Menschen und ein so ausgezeichnetes Essen.*« (AL 549) Das sind Gegenbilder zu Muraus Erinnerungen, doch der bloße Umstand, daß solches gesagt wird, von einem »Italiener« gar, daß es ernst genommen wird, aber im Namen der Notwendigkeit von »Auslöschung« verworfen wird, ist für die Architektur der Österreich-Beziehung von Bernhard substantiell. Es ist ein kurzer, doch intensiver Zweikampf zwischen dem zornigen Sohn und dem Liebhaber der Mutter. Letztlich siegt im Konflikt der »Anschauungen« die negative: »die Mutter war völlig anders, *sie war das Böse«.* (AL 568) Die Erinnerung an einen gemeinsamen Ausflug auf den Ätna wird den letzten Ausschlag zur »Auslöschung« geben. Dieser Ausflug hat 1977 tatsächlich stattgefunden, Bernhards Begleiter waren einem Bericht Gerda Maletas zufolge sie selbst und der päpstliche Nuntius Caesare Zacchi. Am Beginn von Muraus Bericht steht die einzige Erinnerung an ein Glückserlebnis mit seiner Mutter: »Alle drei waren wir die glücklichsten Menschen, die sich denken lassen.« (AL 559) Doch schnell stellt sich das fatale Gefühl des Ausgeschlossenseins ein. Ein Ausbruch der Elemente dementiert die Unschuld des Ausflugs. Spadolini und die Mutter schicken den kranken und ängstlichen Murau allein mit der Seilbahn auf den Heimweg. Geborgen und dennoch eingesperrt, wie die Brüder im Turm von »Amras«, meint er in der im Schneetreiben schwankenden Gondel, die »letzte Stunde sei da«. Seinen Phantasien rettungslos ausgeliefert, nimmt er plötzlich die undankbare Rolle seines Vaters ein. Das ehebrecherische Paar hingegen stellt sich den feindlichen Elementen und läuft Hand in Hand den Berg hinunter – ein lebensgefährliches Unternehmen, das beinahe tödlich endet. Die beiden retten sich in eine Örtlichkeit, die von Murau und Spadolini verschieden klassifiziert wird: was dem Sohn als »Eisspalte« gilt, ist dem Liebhaber eine »Lavaspalte«. (AL 568, 560) Murau beobachtet eine verkappte, aber dennoch bedrohliche Urszene, das Paar hingegen erlebt Todesfurcht. Die Mutter ergreift die Initiative, treibt den Mann aus der nur scheinbar schützenden, tatsächlich todbringenden Deckung und rettet so mit ihrer Vitalität beider Leben. Auch diese Szene will vor der Folie des »Turmtextes« gelesen werden.

Das nachvollziehbare Glücksgefühl des überlebenden Paares provoziert in der Erinnerung einen Haßausbruch des ausgeschlossenen Beobachters: »Der Abstieg der beiden vom Ätnaplateau war *teuflisch gewesen, ausgeklügelt* von beiden (…) Wie abgeschmackt erschien mir auf einmal Spadolinis Muttervortrag, durch und durch geheuchelt, verlogen, durch und durch zurechtgeschnitten für den Anlaß ...« (AL 568f.) Es gehört zur Architektur von »Auslöschung«, daß die Bewertung dieser Episode durch Murau nur schwer nachvollziehbar ist: An entscheidenden Stellen artikuliert sich immer wieder Muraus »Korrekturen« gegenüber resistenter Wahnsinn, den erst die historische Dimension seiner »Auslöschung« rechtfertigen wird.

Wolfsegg in der Zeitgeschichte

Langsam, doch unübersehbar stellt Muraus Kindheitsbericht klar, was in »Verstörung«, »Ungenach« und »Korrektur« im dunkeln geblieben ist: Das Schloß Wolfsegg war auf seine Weise ein Bestandteil des nationalsozialistischen Herrschaftssystems. Das Wissen um die Schuldhaftigkeit der Besitzung begründet einen Imperativ, der sich an jene Geburtsjahrgänge wie den des 1934 geborenen Murau richtet, die zwar Zeugen, aber nicht Mittäter des Nationalsozialismus waren: den Imperativ, die Erinnerung an das Geschehnis auszuweiten und dieser Erinnerung gemäß zu handeln.

Thomas Bernhard hat in seinen letzten Lebensjahren den Nationalsozialismus-Vorwurf nicht nur inflationär verwendet, sondern auch in gewisser Weise seine Verwendung persifliert, nicht nur in »Heldenplatz«. Doch was heißt »Nationalsozialismus« für ihn und seinen Helden Murau eigentlich? Das Wort läßt viele Assoziationen zu: Führerprinzip, terroristische Diktatur, verbrecherischer Angriffskrieg, Rassismus, Herrenmenschenmentalität, Antisemitismus und industrielle Menschenvernichtung. Muraus Bericht ist demgegenüber ein wenig unpolitisch, er ist weder der historischen Forschung noch der politischen Theorie verpflichtet, sondern beschreibt die Geschichte einer leidvollen Kindheit, die wie die Bernhards »in das größte politische Dilemma der Geschichte eingeschlossen« ist. Das Wort Nationalsozialismus hat damit von Anfang an metaphorischen Charakter und wird ein wenig zirkelhaft verwendet: es liefert die Formel, um die sozusagen politische Seite frühkindlichen Elends zu beschreiben, die gleichzeitig zur Formel der lustvoll-anklagenden Bezichtigung der Elterngeneration und damit zur Begründung von »Auslöschung« wird.

Wenn Muraus Familie als Austragungsort des Kampfes zwischen

der dumpfen Natur und der Welt der »Geistesmenschen« beschrieben wird, so findet der Nationalsozialismus als etwas der kindlichen Wahrnehmung Vorausgesetztes ohne jede inhaltliche Bestimmung den ihm zukommenden Platz. Die zwei familiären Fraktionen, hier Murau und sein Onkel Georg, dort die Eltern, stehen für zwei auch in der Politik antagonistische Prinzipien. Bis in die siebziger Jahre ist bei Besuchen Georgs über die Nazizeit gestritten worden; das ist nicht untypisch für österreichische Familien. Nicht untypisch ist es auch, daß sich das »Eigene«, das die »Weggeher« Georg und Murau für sich suchen und finden, wie bei den Sauraus politisch kodiert, und an der offenkundigen moralischen Schwachstelle in der Lebensform der Eltern ansetzt. Ein eitles Überlegenheitsgefühl und eine heuchlerische Kleinlichkeit gegenüber der elterlichen Lebensform sind im Prozeß der Ablösung funktional, im vernichtenden Urteil der heranwachsenden Generation über die Eltern artikuliert sich deren »Wille zur Macht«; das hat Bernhard, ein Meister in der Beschreibung innerfamiliärer Emotionen, in den Auseinandersetzungen zwischen Vater und Sohn in »Verstörung« einfühlend beschrieben. Es gehört zur Vorgeschichte von 1968 und damit zur Mentalitätsgeschichte der Zweiten Republik, daß eine Generation von Heranwachsenden ihre »Ablösung« von der konflikthaften elterlichen Lebensweise politisch-moralisch begründete.

In der Wahrnehmung Muraus ist der Weg Österreichs vom Austrofaschismus, vom ungelösten Rätsel des Jahres 1937 aus »Ungenach«, zu »Anschluß«, Weltkrieg und »Niederlage« ein Bestandteil der Ehegeschichte der Eltern, ist »Privates«, das »Öffentliches« geworden ist. Es war die Mutter, die die Nationalsozialisten nach Wolfsegg geholt hat, und sogar das Lieblingsgebäude Muraus, die »Kindervilla«, deren Rekonstruktion er kurzzeitig erwägt, der Hitlerjugend und nach der Niederlage flüchtigen Gauleitern als Versteck zur Verfügung gestellt hat. Sie wird uns als fanatische, als »hysterische Nationalsozialistin«, vorgeführt, als »Deutsche Frau«; Bernhards Großvater hat ein Exemplar dieser Gattung einmal so attackiert: »Du bist keine deutsche Frau, du bist eine deutsche Sau.« (KI 165) Jahraus, jahrein flatterte die Hakenkreuzflagge an der Kindervilla und wurde erst einige Stunden vor dem Einmarsch der amerikanischen Truppen von der Mutter eingeholt. Und genau während dieser Handlung, im exakten Moment des Überganges vom »Dritten Reich« zur »Zweiten Republik«, ereignete sich jener Unfall, der der Mutter ihr Erkennungszeichen gab: sie verstauchte sich das Genick und leidet seither an einem Halsrheumatismus, der ihre unnatürliche Kopfhaltung und das merkwürdige Symbol ihrer Weiblichkeit, den langen Hals, produzierte.

Auch am Vater sind die Zeichen der Zeitgeschichte bis in die Zweite Republik sichtbar – seine alten Sakkos ziert immer noch jenes verräterische kleine Loch, das zeigt, wo er sein Parteiabzeichen trug, eine neue Facette des Systems von Metaphern rund um »Anzug«. Doch er, der »dumme Mann«, der »Schwächling«, ist in der Politik ebenso ein getriebener wie in der Sexualität; es waren die Jäger von Wolfsegg, die ihren Herrn zum Nationalsozialismus erpreßt und Wolfsegg »ohne Umweg zu einem nationalsozialistischen« (AL 193) gemacht haben. Daß der Vater »überzeugter« Nationalsozialist war, zählt wenig neben dem Fanatismus der Mutter, den Murau zu einem antifemistischen Dictum von extremer Perfidie verallgemeinert: »Der Nationalsozialismus ist immer ihr Ideal gewesen, wie für mindestens neunzig Prozent der österreichischen Frauen ...« (AL 196)

Der Feminismus hat den Nationalsozialismus lange Zeit als antifeministische Konterrevolution gedeutet und damit die deutschen und österreichischen Frauen von ihrer Beteiligung freigesprochen; Antisemitismus etwa wird von Margarete Mitscherlich als »Männerkrankheit« vorgeführt. In Fortsetzung der schon seit »Frost« laufenden Reflexion über »gender roles« vollstreckt der Nationalsozialismus in Bernhards Denken genuin weibliche Ordnungsprinzipien: Er repräsentiert ein Mächtiges, ein Energiegeladenes und bewußt und absichtlich Amoralisches, eine Strategie der chthonischen Wunscherfüllung, zu der nur die Frauen imstande sind. Das männerbündische Element des Nationalsozialismus, das ja in der Rolle des Vaters als Reichsjägermeister reflektiert wird, ist nur ein Vorwand: Das Kraftzentrum des Unrechts ist die weibliche Energie. Getötet allerdings haben die Bernhardschen Frauen nicht, oder aber im geringeren Ausmaß, als ihre Gatten. Herr Sütterlin in dem Dramolett »Freispruch« etwa hat 12000 Menschen getötet, seine Frau nur 28, die aber eigenhändig. Sie zieht Bilanz über die nationalsozialistische Loyalität der Geschlechter: »Überhaupt die Männer/waren nie so treue Deutsche wie die Frauen/ Die Männer sind Deutschland immer in den Rücken gefallen/Mit ein paar Ausnahmen.« (MIT 83)

Muraus Eltern waren allerdings »ganz normale Österreicher«,

durchschnittliche Mitläufer, das Ausmaß des Verbrechens, dessen sie der Sohn anklagt, leitet sich aus ihrem Wohlstand und ihrer sozialen Stellung ab. Eine »Entnazifizierung« hat in Wolfsegg nicht stattgefunden, die mütterliche Machtstruktur blieb nach 1945 intakt, die Familie akzeptierte die neuen Verhältnisse und arrangierte sich erfolgreich mit ihnen.

In Wolfsegg ist einfach alles beim alten geblieben und so haben sich zwei ehemalige Gauleiter und zahlreiche SS-Obersturmbannführer zu den Begräbnisfeierlichkeiten angesagt. Murau hat diese Leute für »tot oder wenigstens ihren entsprechenden Strafen zugeführt« (AL 439) gehalten und die ihm bevorstehende Begegnung liefert neuerlich ein gewichtiges Argument für die »Auslöschung«. Die angekündigten Trauergäste sind Mörder und ihr bevorstehender Besuch relativiert seine Macht als Herr von Wolfsegg:»Sie werden kommen, ob ich es will oder nicht.« (AL 440)

Befreiung vom österreichischen Ungeist

Bis zur Erkenntnis der schuldbeladenen Vergangenheit Wolfseggs war die Österreich-Kritik der Bernhard-Figuren häufig absurd und hatte ein hohes Begründungsdefizit. Murau wird nicht nur eine historisch argumentierende Analyse der »österreichischen Misere« unternehmen, die über die »Politische Morgenandacht« hinausgeht, sondern auch exemplarische Begründungen vorhergehender Anklagen nachreichen. Ein aussagekräftiges Beispiel steht im Zentrum seiner Argumentation, einer jener Bernhardschen Extremfälle, die das Ganze determinieren. Die Murau unerträglichen Gauleiter, deren Überlebensquote von Bernhard ähnlich übertrieben wird wie die jährliche Wachstumsrate ihrer Pension, werden nicht nur in Wolfsegg beherbergt und verköstigt, sondern leben »in guten Verhältnissen tatsächlich völlig ungeschoren in den verschiedensten, wie gesagt wird, schönsten Winkeln des Landes und beziehen außerdem jeder für sich eine horrende Staatspension«. (AL 443) Die Gegenfigur zu den Gauleitern ist der Bergmann Schermaier, dessen Nichte uns später im Haushalt des Professor Schuster in »Heldenplatz« begegnen wird. Schermaier ist ein Opfer des Nationalsozialismus, er wurde wegen »Schwarzhörens«, wegen des verbotenen Abhörens eines Schweizer Senders, ins

Konzentrationslager gesteckt und dort »mehr oder weniger für sein Leben ruiniert«. Von jenem Staat, der die ehemaligen Gauleiter großzügig alimentiert, hat Schermaier keine Entschädigung für sein Leid erhalten; das ist ein durchaus repräsentatives Nachkriegsschicksal. In Bernhards Beispiel organisiert sich die Zweite Republik nach dem de Sadeschen Prinzip vom Glück der Bösen und dem Unglück der Tugend: »Der Schermaier ist für sein Leben gedemütigt und aus dieser Demütigung von diesem Staat niemals entlassen worden, dachte ich, der Massenmörder, der in Altaussee lebt [hier scheut Bernhard den Skandal und nennt den in den Medien häufig kolportierten Namen des Gemeinten nicht, A. P.], ist von demselben Staat in alle sogenannten bürgerlichen Rechte schon bald nach Kriegsende eingesetzt und damit in seinem Denken und Handeln bestätigt worden.« (AL 447f.)

Das Beispiel ist geschickt gewählt und moralisch aussagekräftig, die Gauleiter-Schermaier-Konstellation ist repräsentativ und alle politischen Parteien haben an ihr Anteil – das Beispiel belegt den Vorwurf der »Charakterlosigkeit« der Elite und erlaubt seine Ausweitung auf den Staat: »Dieser Staat hat sooft seine absolute Charakterlosigkeit unter Beweis gestellt, daß er nicht mehr akzeptiert werden kann, er mag sich an jedem Tag und an allen möglichen Orten und bei allen möglichen Gelegenheiten einen sozialistischen, einen fortschrittlichen nennen, einen demokratischen, wie immer, er ist ein fürchterlicher, ein charaktersloser, ein schamloser ...« (AL 448) Die Gauleiter- Schermaier-Konstellation läßt auch keine »Korrektur« zu, sondern erzwingt die »Auslöschung« in zweifachen Sinn: als »abschenkende« Handlung und als jenen Text, in dem über Schermaier und all die gesprochen wird, »die über ihre Leiden während der nationalsozialistischen Zeit nicht sprechen, sich nur ab und zu darüber zu weinen getrauen, über die Schermaier, die das nationalsozialistische Denken und Handeln auf dem Gewissen hat, das nationalsozialistische Verbrechertum, das heute nur totgeschwiegen wird, nachdem es soviele Jahrzehnte gründlich verdrängt worden ist.« (AL 457f.) Muraus Motive mögen närrisch oder sadistisch sein, »Auslöschung« versucht die »Schulden« Österreichs zu begleichen. Die Verpflichtung zum Versuch einer »Wiedergutmachung« ist dem Autor und seiner Figur gemeinsam. Murau entspricht ihr, indem er die Besitzung Wolfsegg den Nachfolgern der Opfer, der israelitischen Kultusgemeinde, schenkt, Bernhard, indem er im Buch »Auslöschung« das Leid des Schermaier öffentlich macht.

»Auslöschung« protokolliert die Radikalisierung der Beziehung Bernhards zu Österreich. Was dem Maler Strauch in seinen letzten Wochen die Wirtin war, war seinem Schöpfer in den letzten Jahren seine Heimat. Bernhard wird dabei für sich reklamieren, nicht das Land und auch nicht seine Bevölkerung gemeint zu haben, sondern jenes ominöse Gebilde, das er »Staat« nennt und das auch im Testament die Rolle des zentralen Gegners spielt. Doch dem Vorsatz, die schwer zu trennenden Sphären von Staat – Land – Bevölkerung – Gesellschaft differenziert zu behandeln, ist Bernhard oft untreu geworden. Zudem hatte er eine besondere, erklärungsbedürftige Beziehung zum Staat: »Der Staat ist mächtig, du bist stur und schwach«. (GG 215) Thomas Bernhard war kein selbstbewußter Citoyen, sondern erlebte sich als verzweifelt-rebellischen Untertan eines übermächtigen Staates. In seinem Staatsbegriff verdichten sich frühkindliche Affekte und Vorwürfe gegen die machtgierige, aber frustrierende Mutter, er hat eine prämoderne Komponente und erlebt die Brutalität und Gedankenlosigkeit der Staatsmacht als »Natur«.

Für den Charme der »Ära Kreisky«, die unter den österreichischen Schriftstellern eine hohe Akzeptanz gefunden hat, ist Bernhard absolut unempfänglich geblieben. Der Versuch einer Redaktion, ausgerechnet Thomas Bernhard zur Rezension eines von Gerhard Roth und Peter Turrini betexteten staatskünstlerischen Jubelbuchs zum 70. Geburtstag Bruno Kreiskys zu beauftragen, zeitigte ein hohnvolles Porträt des »Höhensonnenkönigs«, Kleinbürgers und »selbstgefälligen Staatsclowns«. (Dittmar 1990, 218) Tatsächlich hatte das selbstgerechte Bild des Österreichs der Ära Kreisky, das Bild von der »Insel der Seligen«, die sich im Kontext eines unbestreitbaren Modernisierungsschubs zum internationalen Musterland ernannte und gleichzeitig außerstande war, die Gauleiter-Schermaier-Konstellation zu bereinigen, etwas Provozierendes, und Bernhard hat dieser Provokation auf seine Weise eine adäquate Antwort gegeben. Er verweigerte konsequent die Übernahme des Selbstbilds des österreichischen Sozialismus als solidarischer Erneuerungsbewegung im Gefolge der Aufklärung – was er sah, waren die kulturlosen Aufsteiger, die »neuen Barbaren«, die auf »ihren dicken Ärschen in den Tausenden und Hunderttausenden von Ämtern in allen Winkeln des Staates sitzen«. (AL 113) In seinem Österreich sind die besten Orte von sozialdemokratischen Parvenüs besetzt, wer ins noble Wiener Krapfenwaldlbad geht, sieht »die sozialistischen Minister/mit einem Schock Goldketten am Hals/ins Wasser springen«. (EL 341) Allerdings: auch dem greisen Herrenstein aus »Elisabeth II.« sind die »Sozialisten auf dem Semmering/ (...) noch tausendmal lieber/als der Nationalsozialismus/und die Nationalsozialisten in Altaussee«. (EL 355)

Bei den fast jährlich stattfindenden, quasi rituellen »Bernhard-Skandalen« agierten häufig gereizte Sozialdemokraten wie der damalige Finanzminister und spätere Bundeskanzler Vranitzky als Stichwortbringer und wurden in Bernhards Antwort in die Nähe der »infernalischen Kunst- und Kulturzensurbremse à la Metternich, Stalin und Hitler« gerückt. Als der sozialdemokratische Unterrichtsminister Herbert Moritz, ein früherer Vorgesetzter Bernhards beim Parteiblatt der Salzburger Sozialdemokratie, einer von denen, die den Nachwuchsjournalisten in einer ihm unvergeßlichen Weise mit dem Satz »Bürscherl, gehst halt« kommandierten (Dittmar 1992, 17), diesen vieldeutig »zunehmend zu einem Thema der Wissenschaft, wobei ich nicht alleine die Literaturwissenschaft meine«, erklärte, attackierte Bernhard die erschreckende »Primitivität und primitive Arroganz, mit der sich die heute hier in Österreich ungehemmt Macht ausübenden pseudosozialistischen Scharlatane und skrupellosen pseudosozialistischen Staatsgrubenschaufler zu argumentieren getrauen ...« (Dittmar 1990, 298)

Die österreichische Misere ist für Bernhard unteilbar und läßt keine eine politische Kraft bevorzugende Differenzierung zu. Ungeachtet des Machtwechsels zwischen verschiedenen Varianten von Alleinregierungen und Koalitionen hätte Österreich seit Jahrzehnten »gemeine und verkommene und stumpfsinnige Regierungen«: »Zuerst dieser gemeine und niedrige *Nationalsozialismus* und dann dieser gemeine und niedrige und verbrecherische *Pseudosozialismus* (...) Diese *nationalsozialistische* und *pseudosozialistische* Zerstörung und Vernichtung unseres österreichischen Vaterlandes in Zusammenarbeit mit dem österreichischen *Katholizismus*, von welchem für dieses Österreich immer nur Unheil ausgegangen ist.« (AL 647)

Ungeachtet der Säkularisierungsprozesse der Moderne ist das Bernhardsche Austriacum eng mit dem Katholizismus verbunden. Jeden Tag betet die Mutter, eine fromme Katholikin, in der mit drei Altären ausgestatteten Schloßkapelle, die an Größe einer mittleren Dorfkirche vergleichbar ist, und gleichzeitig wird sie uns als »fanatische Nationalsozialistin« vorgeführt. Für Murau ist mit dieser Identität, die die kirchenfeindlichen Tendenzen der nationalsozialistischen Ideologie ignoriert, nichts Erklärungswürdiges verbunden – der Katholizismus mit seinem ihm wesenseigenen selbstverständlichen Bejahen eines autoritären, die Eigenverantwortung ausschließenden Prinzips ist das aufgelöste Rätsel der österreichischen Geschichte: »Neben ihrem großen, größtenteil aber doch nur *lieben Gott* hatten sie auf einmal noch den *großen Führer*.« (AL 291) Das ist eine Feststellung, die weit über den belegten Vorwurf des Zuarbeitens und Paktierens der Kirche mit dem Nationalsozialismus hinausgeht.

Murau argumentiert aus seinen biographischen Erfahrungen und die Identität von Katholizismus und Nationalsozialismus belegt er mit der Identität katholischer und nationalsozialistischer Erziehungsstile: »So war ich, obwohl die nationalsozialistische Ära längst vorbei war, doch nationalsozialistisch erzogen worden, gleichzeitig katholisch, also mit einer sich auf den heranwachsenden Menschen grausam und entsetzlich auswirkenden österreichischen Machtmischmethode.« (AL 291) Diese Ununterscheidbarkeit von katholischer und nationalsozialistischer Pädagogik hat Bernhard ja auch in seiner Autobiographie beschrieben, am Besten gefaßt in der mit atemberaubender Schnelle vollzogenen Verwandlung des streng nationalsozialistischen Schülerheims ins katholische Joaneum, in der Austauschbarkeit von Hitlerbild und Kreuz, von »Die Fahne hoch« und »Meerstern ich Dich grüße«. (UR 94) Am Ende von Muraus Reflexionen verdichten sich ihm seine Erlebnisse zur These von der Ununterscheidbarkeit von Katholizismus, Nationalsozialismus und Pseudosozialismus: »Das ist die österreichische Wahrheit. Der österreichische Mensch ist durch und durch ein nationalsozialistisch-katholischer von Natur aus, er mag sich dagegen wehren, wie er will. (…) Der österreichische Kopf denkt immer nur nationalsozialistisch-katholisch.« (AL 292)

»Mutter« und »Kirche« sind dem sich erinnernden Murau von nun an in ihrem heillosen Einfluß auf sein Leben untrennbar: »Wir sind katholisch erzogen worden, hat geheißen, wir sind von Grund auf zerstört worden, Gambetti. Der Katholizismus ist der große Zerstörer der Kinderseele, der große Angsteinjager, der große Charaktervernichter des Kindes.« (AL 141)

Gerne beschreibt Bernhard ein »geistfeindliches« Österreich, in dem Schreiben genügt, »daß alle gegen einen sind«. (Dreissinger 69)

Das Selbstbild vom »verfolgten« und »unterdrückten« Dichter gehört zur erfolgreich kultivierten Bernhard-Legende – tatsächlich hat Bernhard als Schriftsteller eine rasche Karriere gemacht und solange er bereit war, sie anzunehmen, auch staatliche Förderung erfahren. Seine Beziehungen zu den Kritikern, die er angeblich ignorierte, war durchaus ambivalent, möglicherweise hat er seine quälende Selbstkritik der ihn angeblich mißverstehenden Kritik unterstellt. Sieht man von Einzelfällen, wie etwa dem des einflußreichen Edwin Hartl, ab, der den Autor von »Gehen« als »Mini-Schopenhauer« und »geradezu fanatischen Jammerpeppi« denunzierte (Dittmar 1990, 142), dann hat die österreichische Kritik doch eher positiv auf ihn reagiert.

Die Österreich-Beschimpfungen des Spätwerks befinden sich in einer eigenartigen Balance: Sichtbar ist die Verwandlung von »Österreich« in eine Metapher, doch gleichzeitig insistieren Bernhards Protagonisten gegen alle Evidenz auf der Behauptung von der Einzigartigkeit Österreichs im Negativen. Diese Behauptung ist die zentrale Denkvoraussetzung des österreichischen Selbsthasses, dem Bernhard wie kaum ein anderer zeitgenössischer Autor seine Stimme geliehen hat, und zwar mit Positionen, die von zahlreichen Epigonen geteilt werden. Die aus der Tradition stammende Haltung fand in der politischen Kultur der Zweiten Republik eine neue Begründung: »Ein Volk kann nicht zulassen, daß seine Geschichte kriminalisiert wird. Das muß aufhören, ein für allemal.« So Jörg Haider beim Neujahrstreffen der Freiheitlichen Partei 1991. Bernhards »übertriebene« Selbstkritik reagiert auf die hartnäckige österreichische Einsichtsverweigerung in den schuldhaften Charakter der Vergangenheit des Landes, wie sie vor allem im Gefolge der Waldheim-Affaire deutlich wurde. Das Bernhardsche Spätwerk hat geholfen, ein durch Jahrzehnte unerledigtes Problem zu fokussieren und ist ein großes, patriotisches Geschenk an Österreich, ein Beitrag zur Fixierung einer zentralen Seite der »Österreichischen Identität«. (Pfabigan 1999b) Vor allem »Auslöschung« gehört zu jener immer noch nicht abgeschlossenen österreichischen Selbstkritik, die wohl das zentrale moralische Ereignis der Zweiten Republik darstellt. Doch gleichzeitig kann die realitätswidrige Dämonisierung Österreichs auch als Kompensation des in der »Politischen Morgenandacht« beklagten Verlusts an Größe gelesen werden. Die narzißtisch kränkende Existenz als Bürger eines im europäischen Kontext »normalen« Kleinstaates verliert ihre Bedeutung, wenn dieser Staat als Zentrum des internationalen Bösen gedacht wird.

»Auslöschung« ist ein hoffnungsvolles Buch, doch die anvisierte Perspektive wird mit einer äußerst allgemeinen Begrifflichkeit umrissen: »nur eine tatsächlich grundlegende, elementare Revolution (...) kann die Rettung sein, eine solche, die zuerst einmal alles vollkommen zugrunde richtet und zerstört...« (AL 146) Zu dieser Revolution seien die Österreicher zur Zeit außerstande. Die Idee einer österreichischen Revolution, die offensichtlich über die der Jahre 1848 und 1918 hinausgeht, bleibt unausgeführt, das unterscheidet Murau von seinen »marxistischen« Vorgängern Max und Saurau. Trotz zahlreicher Spuren – etwa der beiläufigen Erwähnung Bakunins – markiert »Revolution« hier nicht mehr als einen Gestus und einen kategorialen Rahmen für Muraus Reflexionen. »Revolution« beschreibt wohl eher ein privates Selbstverbesserungsprogramm als einen kollektiven Akt. Murau weiß um die eigene, spezifisch österreichische Prägung und gleichzeitig agiert er als Oppositioneller gegen sie.

Doch im Verlauf seiner privaten »Revolution« verlieren Muraus Reflexionen den Bezug auf ein exklusives Österreich und wenden sich einem geographisch weiter gespannten Zusammenhang zu: »Mir ist inzwischen alles Österreichische genauso wie alles Deutsche unerträglich geworden.« Seine »revolutionäre« Alternative weist weg von Österreich und Deutschland in die mediterrane Welt, wo alles ganz anders ist, wo »das Leben hundertmal mehr wert (ist) als hier (...) Und was ist ein Land ohne Meer!« (AL 41f.) Der Blick auf Österreich ist um einiges schärfer als der auf die selbstgewählte Alternative und spricht Italien von seiner vielfältig belasteten Vergangenheit großzügig frei – weder vom Faschismus noch vom Katholizismus hätten sich die Italiener »auffressen« lassen.

Georg Murau – Porträt eines Mentors

Allmählich kristallisiert sich jenes Ensemble von Lösungsstrategien heraus, mit dem Murau die österreichische Misere zu überwinden trachtet: »Weggehen«, sich als »Geistesmensch« wählen, die Einheit von unglücklicher Kindheit und Geschichtskatastrophe erinnern, schriftlich fixieren und darauf handlungsmäßig reagieren. Eine der

Quellen der dafür erforderlichen Stärke und Zielstrebigkeit ist die Beziehung Muraus zu seinem Mentor, dem einige Jahre vor dem Zeitpunkt der Handlung verstorbenen Onkel Georg.

Georg, der jüngere Bruder des erbberechtigten Vaters, hat das Leben seines Neffen vorausgelebt: Auch er war das »gefürchtetste Kind« und dem kleinen Murau wird immer vorgeworfen: »*du wirst wie dein Onkel Georg*« (AL 39), ein negatives Identifikationsangebot, das er gerne angenommen hat. Auch Georg war ein »Weggeher«, der souverän über seine Rechte als »Erbe« disponierte und sich – welch eine Qual für eine grundbesitzende Familie! – nicht mit einer an den Profit von Wolfsegg gebundenen Rente begnügte, sondern sich als »Parasit« und »Verbrecher« hat »auszahlen« lassen. Seine Grabinschrift bekräftigt ein letztes Mal die Lebensweisheit des »Weggehens«: »*Der zu dem richtigen Zeitpunkt die Barbaren hinter sich gelassen hat.*« (AL 44) Die Inschrift ist der Familie gegenüber ähnlich taktlos wie Muraus Buch, das einen Vorläufer in den Aufzeichnungen des Onkels hatte, die seit seinem Tod verschwunden sind und möglicherweise von Muraus Mutter unterschlagen wurden – schon Georg hat des Neffen Erkenntnis von der Mutter als »Wolfseggs Unglück« vorweggenommen.

Die auch unserem Murau unerträglichen nationalsozialistischen Sympathien der Familie haben den letzten Anstoß zum »Weggehen« des Fünfunddreißigjährigen gegeben – wie gar nicht so wenige Österreicher kämpfte der Onkel im französischen Widerstand, als »politischer Held«, dem die Handlung zudem alle Zeichen einer glänzenden Existenz verleiht, genauso eine Gegenfigur wie das »politische Opfer« Schermaier. Mit dieser Biographie hat Bernhard seinem Österreich-Bild eine neue Facette gegeben: der Nationalsozialismus ist jetzt nicht mehr das, was *die* Österreicher verbrochen haben, sondern etwas, was *unter* den Österreichern durchaus strittig war. Georgs antifaschistisches Engagement gibt Anlaß zu einer partiellen Rehabilitierung »der Österreicher«, sein Eingriff in Muraus Erziehung thematisiert den positiven Einfluß der rückgekehrten Emigranten auf die jüngere Generation. Hier, und nicht in der Aufbau-Figur des Ingenieurs aus »Frost«, liegt die lange gesuchte positive Alternative zur Anomie der fünfziger Jahre und ihrer von der »Unfähigkeit zu trauern« geprägten Kultur.

Die Weisheit, die der Onkel den Neffen lehrt, wohl auch die Weisheit des Thomas Bernhard, ist keine, die von materiellem Besitz un-

abhängig macht. Georg hat sich ein luxuriöses Asyl an der Riviera geschaffen und seine und Muraus Lebensbilanz ist ein Triumphgesang
auf die schöpferischen Möglichkeiten, die ein klug eingesetztes Vermögen im Lebensvollzug gibt. Auch Georg mehrt unentwegt seinen
Besitz wie seine Wolfsegger Familie, als »passionierter Kunstsamm-
ler« hat er mit seinem »guten Geschmack« und seinem »ganz und gar
außergewöhnlichen Instinkt« (AL 32) sein Vermögen vervielfacht.
Die Kritik an der Wolfsegger Unbeweglichkeit, der Raffsucht, dem
primitiven Geschäftsgeist, der »Produktion von Fleisch und Fett,
Haut und Holz« ist dem Neffen und dem Onkel gemeinsam. Georg,
dem Widerstandskämpfer, gelingt allerdings, woran Murau scheitert:
in Wolfsegg die Alternative zu Wolfsegg zu leben. Bei seinen Besuchen werden alle Kostbarkeiten, die ansonsten ungenützt verstauben,
benützt, Fenster und Bibliotheken werden geöffnet, und der heimge-
kehrte »verlorene Sohn« weist dem Bruder die Wahrheit seiner Existenz: »Du (…) wirkst, als wärst du bei dir selbst *angestellt*.« (AL 41)
Schon als Kind erliegt Murau dem Charme dieser aufregenden Figur:
»Ich bewunderte den Onkel Georg. Mit ihm konnte in keinem Fall
eine wie immer geartete Langeweile aufkommen.« (AL 40) Und jetzt
geschieht eines dieser kleinen Bernhardschen Wunder, das Kind wird
»angenommen«, wie Koller von den »Billigessern«, und erhält bei den
gelegentlichen Besuchen des Onkels ein in dieser zuwendungsarmen
Kindheit besonders kostbares Geschenk: »Er hatte sich immer Zeit
genommen für mich.« (AL 44) Jetzt beginnt eine allmähliche Initiation, die sich grundlegend von denen in »Frost« und »Verstörung«
unterscheidet, eine Initiation ohne Mißbrauch und ohne »schwarze
Pädagogik«, die die von der elterlichen Erziehung verursachten Wunden heilt. »Ihm verdanke ich die Tatsache, daß ich nicht nur lesen und
schreiben, sondern auch tatsächlich denken und phantasieren gelernt
habe. Es ist sein Verdienst, daß ich Geld zwar sehr hoch, aber nicht am
allerhöchsten einschätze und daß ich die Menschheit außerhalb Wolfseggs nicht nur als ein notwendiges Übel betrachte, wie zeitlebens die
Meinigen, sondern als einen lebenslänglichen Ansporn, mich mit ihr
auseinanderzusetzen als der größten und spannendsten Ungeheuerlichkeit.« (AL 44)
   Solche Lehren sind rar in der Welt des Thomas Bernhard und verdienten eigentlich einen spationierten Druck, weil sie dem öffentlichen Bild unseres Autors opponieren. Was der Onkel dem Neffen

vermittelt, sind nicht die Lebensprinzipien des Malers Strauch und auch nicht die am Sterben und Leiden orientierte väterliche Meisterschaft des Absurden aus »Verstörung«. In dieser Pädagogik, die die Voraussetzungen des Lebensgenusses lehrt, stellt die Erlangung der Autonomie den ersten Schritt dar: »In erster Linie hast du dich von den Deinigen vollkommen freizumachen (...) zuerst innerlich, dann auch äußerlich. (...) Ihr Rat ist nichts wert, ihre Meinung ist nichts wert, (...) Du bist imstande, dich gegen sie selbstständig zu machen, unabhängig zu machen, (...) aber ich mache dich darauf aufmerksam, der Preis dafür ist der Höchstpreis.« (AL 138f.) Selbstvervollkommnung bildet den zweiten Schritt, das »Kenntnisse erweitern«, den »Charakter stärken« und die eigenen »Möglichkeiten vollkommen ausnützen bis zum Äußersten«. (AL 76f.) Dem Erfolgreichen winkt als gigantischer Lohn die Erfahrung der unendlichen Größe der Menschheit und der durch Reisen sinnlich erfahrbaren Welt: »Die ganze Menschheit ist eine unendliche mit allen Schönheiten und Möglichkeiten. (...) Nur der Stumpfsinnige glaubt, die Welt höre da auf, wo er selbst aufhört.« (AL 34)

Hier hat Schopenhauer als Referenzautor ausgedient. Wer so spricht, verzichtet auf die Projektion der eigenen Endlichkeit aufs Universum, die uns der Fanatiker von Weng vorexerziert hat. Die Lehre vom defensiven »Weggehen« wird erweitert zu einer der Suche nach dem günstigen Platz im Leben: »Am Meer mußte dieser Platz sein, in einem großen Garten, in der besten Luft, in der andererseits verkehrsgünstigsten Lage.« (AL 36) Die Lebenslehre des Onkels ist leicht und glatt, der Tod hat in ihr seinen Schrecken verloren – und siehe, der Onkel erreicht das gepriesene höchste Ziel, den »Tod ohne Sterben«, sein Leben endet durch einen Herzinfakt und nicht durch eine quälende lange Krankheit, wie bei den Patienten des Doktors in »Verstörung«.

»Anschauung«, »Künstlichkeit«, »Übertreibung«

In der bisherigen »Anschauungsdebatte« unter Bernhards Protagonisten war die grausame und anomische Natur der Erkenntnis vorausgesetzt. Sie fordert zunächst ihr Recht und läßt dann erst den Freiraum für das »geistige« Leben, das sie negativ bewertet, wie der Maler

Strauch, oder positiv unter Zuhilfenahme der Denkfigur des Absurden, wie der Vater in »Verstörung«. Muraus Lehrer Georg führt ein neues dialektisches Anschauungsprinzip ein, das von dem Versuch des jungen Saurau, Natur als einer Literatur zu begegnen, vorweggenommen wurde. Er verwirft alle »realistischen«, »naturalistischen« oder »materialistischen« Erkenntnistheorien im Namen einer ästhetischen Weltsicht. Es ist falsch, von einer unserer Erkenntnis vorausgesetzten »Natur« auszugehen, die Regeln der Naturerkenntnis bilden sich aus jener Schule der Wahrnehmung, die im Umgang mit Kunst entsteht. Der »Kunstbegriff« strukturiert die »Anschauung« von Natur, den »Naturbegriff«: »Die Menschen, die vorgeben, die Natur zu sehen, aber keinen Kunstbegriff haben, sehen die Natur nur oberflächlich und niemals ideal und das heißt, in ihrer ganzen unendlichen Großartigkeit. Der Geistesmensch hat die Chance, zuerst, über die Natur zu einem idealen Kunstbegriff zu kommen, um auf die ideale Naturanschauung zu kommen über den idealen Kunstbegriff.« (AL 34) Die Dekadenz als besondere Variante der apollinischen Naturfeindschaft ignoriert Natur. »Je mehr wir uns mit Kunst beschäftigen«, so Oscar Wilde, »desto weniger kümmert uns die Natur«, sie ist – so Des Esseintes in Huysmans »Gegen den Strich« – »überholt« und »durch die abstoßende Einförmigkeit ihrer Landschaften und ihrer Himmel (hat sie) endgültig die aufmerksame Geduld der Raffinierten ermüdet.« (Paglia 531) Der Vater in »Verstörung«, der sich an der »Natur« seiner Patienten abarbeitet und nur in der Freizeit »Geistesmensch« ist, wird diese Transformation ins Ästhetische nie schaffen, die Oscar Wilde befähigte, Japan »eine reine Erfindung« und seine Bewohner »einfach eine Stilart, einen erlesenen Kunsteinfall« zu nennen. (Paglia 629)

Der verstorbene Mentor, von dem Murau mehr zu haben meint als vom Vater, ist trotz der Blutsverwandtschaft keine »natürliche« Figur in seinem Leben, sondern eine »künstliche«, die dem Prinzip der »Wahlverwandtschaft« unterliegt. Die absolute Künstlichkeit ist Baudelaire zufolge der einzige Schutz vor der Dominanz der verbrecherischen Natur: »Alles Schöne und Edle ist das Ergebnis des Zusammenwirkens von Vernunft und Kalkül. Das Verbrechen, an dem das menschliche Tier schon im Bauch der Mutter Geschmack bekommen hat, ist im Ursprung natürlich. Die Tugend dagegen ist künstlich, über das Natürliche hinausgehend.« (Eschenburg 29) So ist die »Künstlichkeit« das dem »Geistesmenschen« angemessene Lebensprinzip, in

Übereinstimmung mit jenem berühmten Ausspruch Oscar Wildes, der auch in seinem Strafverfahren eine unheilvolle Rolle gespielt hat: »Die erste Pflicht im Leben besteht darin, so künstlich wie möglich zu sein. Worin die zweite Pflicht besteht, hat noch niemand herausgefunden.« (Ellmann 581)

Alle positiven Beziehungen in »Auslöschung« sind »künstlich«, apollinische Lebensentwürfe, in denen das Chthonische nur mehr in der absolut domestizierten Form der Rosen, die der Onkel züchtet, vorkommt. In seinen besten Momenten triumphiert Murau, der Enthusiast der Künstlichkeit, und meint die Natur in das Feld von Krankheit und Tod zurückgezwungen zu haben: »Alles ist künstlich, alles ist Kunst. Es gibt keine Natur mehr.« (AL 126) Doch Vorsicht, jener Teil des Prosawerkes, der die Lebensbedingungen der »Geistesmenschen« beschreibt, wird zeigen, wie das Naturhafte in den seltsamsten Verkleidungen wieder auftaucht und gerade durch den apollinischen Schlüsselbegriff des »Höchsten« eine quälende Renaissance erfährt. Auch schafft das Künstliche eine fundamentale Spaltung zwischen den Menschen, die das »Einsamkeitsproblem« der »Geistesmenschen« vergrößert, das Murau, aber nicht seinen Nachfolgern fremd ist: »Es kommt zur Katastrophe, dachte ich, wenn der Natürliche auf den Künstlichen trifft ...« Eine einzige Figur in »Auslöschung«, der rätselhafte Spadolini, dessen natürliche Künstlichkeit gerühmt wird, meistert die unüberbrückbare Kluft zwischen der künstlichen und der natürlichen Sphäre.

Die Dekadenz als apollinische Reaktion auf den Terror der Natur ist allerdings nicht der einzige soziale Ort, an dem die »Künstlichkeit« als Lebenshaltung propagiert wird: seit der höfischen Kultur ist sie eng mit der Aristokratie verbunden. Daß er »von Natur aus« Aristokrat ist, ist ein uneingestandenes Apriori von Muraus Existenz als »Geistesmensch«, ja in seiner Figur restituiert der Adel seine verlorene Rolle als sozialer Hegemon, jene Rolle, die seine Familie im Namen der »Wirtschaft« verraten haben, wie seinerzeit die Sozialdemokraten in der Massenstreikdebatte die ihre.

Wie viele andere Bernhard-Protagonisten verleugnet Murau seinen Dünkel und preist die »kleinen Leute«, die »einfachen Menschen« mit ihrer »beruhigenden und erträglichen« Wirkung: »Ich liebte die einfachen Leute, ihre einfache Art und Weise.« (AL 190) Er fällt damit hinter die Klarsicht von »Korrektur« zurück, wo uns die idyllischen, prämodernen Verhältnisse, in denen sich solche Harmonien ereignen, als Werk eines willensstarken »Präparators« vorgeführt werden. Doch tatsächlich entlarvt die Handlung seine Äußerungen als einen kitschigen persönlichen Mythos, mit dem er sich vor der Einsicht in seine soziale Desintegration zu schützen sucht. Murau lebt die Position, von der aus er spricht – keine »einfachen Leute« sind unter seinen Bezugspersonen, im Gegensatz zu Roithammer, der sich bei den Höllers wohlfühlt. Der biographische Ort seiner Bevorzugung der einfachen Leute sind die positiven Reminiszenzen an die Dorfleute, bei denen sich das einsame Kind auf seiner Suche nach Bezugspersonen »ausweinen« durfte und getröstet wurde. Doch die später angestrebten Verbindungen sind gescheitert und werden mit einem frustrierten Realismus bewertet: »die Unteren sind genauso verlogen auf ihre Weise, wie die Meinigen auf die ihrige«. (AL 334) Das Prinzip der »Auslöschung« erfaßt auch die »einfachen Leute« von Wolfsegg.

Wie alle Bernhardschen »Geistesmenschen« denkt auch Murau äußerst hierarchisch. Das Bewußtsein der eigenen apollinischen Wahl weist den »unten« Lebenden eine verächtliche Rolle zu: »Und der anstrengungslose Mensch ist zweifelsohne der widerwärtige, den wir, wenn wir ihn betrachten, nicht ohne die größte Abscheu betrachten können.« (AL 79) Hierarchie bedeutet nicht nur ein Überlegenheitsgefühl, sondern auch – als Variation der Strauchschen Misanthropie und Paranoia – ein spezielles Bedrohungsgefühl. Mit einem moralfreien apollinischen Konstrukt rechtfertigt Murau seinen Hochmut als Schutzmittel gegen die destruktiven Tendenzen der Dummheit als sozialer Massenerscheinung: »Denn machen wir uns nichts vor, dachte ich, die sogenannten Dummen, die sozusagen von uns geringer geschätzten, sind die Rücksichtslosesten, es kümmert sie nicht, was wir fühlen, wenn sie uns nur stören und zerstören und schließlich vernichten können. Der Hochmut ist durchaus ein geeignetes Mittel, mit der gegen uns eingestellten Umwelt fertig zu werden, diesen Hochmut fürchtet sie und respektiert sie, ist es nur auch ein vorgetäuschter wie der meinige, wie ich dachte.« (AL 436) Die Wurzel des Hochmuts liegt im Trauma, er schützt den ehedem Wehrlosen vor jener Nähe, die Angriffe ermöglicht.

In untergründiger Weise kreisen alle diese Überlegungen um den Mythos vom »Höchsten«, dessen lebensmäßige Konsequenzen in der »Apollinischen Trilogie« diskutiert werden. Murau spielt einstweilen mit einer immoralistischen Weltsicht, die achselzuckend den von Strauch beklagten schlechten Charakter der Künstler unter dem Motto »Das Werk ja, aber seinen Erzeuger, nein« als funktional akzeptiert: »Die meisten haben einen schlechten, wenn nicht geradezu abenteuerlich widerwärtigen Charakter und machen, gleich wer sie sind, in jedem Fall bei der persönlichen Begegnung, ihr Erzeugnis zunichte, löschen es aus ...« (AL 616) Noch in »Holzfällen« wird das Streben nach dem Höchsten persönliche Unzulänglichkeiten entschuldigen.

Auch Murau argumentiert mit jener »Moralität der äußersten Anstrengung«, die neuerlich auf Nietzsche verweist, dieses mit einer fast Bernhardschen Schwester geschlagene Genie, das in »Ritter, Dene, Voss« deutlich angespielt wird und ja auch entschlossen war, »nicht in Deutschland zu leben und nicht mit meinen Angehörigen zusammen« (Stern 39). Dem »Weggehen« an sich eignet eine gewisse Nietzscheanische Qualität, die Bernhardschen »Schüler« stehen unter dem Imperativ Nietzsches, sich von ihren Lehrern zu befreien und »Verstörung« spielte qualifiziert auf Nietzsches Kritik an den Bildungsanstalten an. Norbert Reichel ortet die Spuren des »Übermenschen« überall dort, wo die »Begriffe der Freiheit, der Überwindung und Umwertung, der quasi magischen Beschwörung höheren Seins und der Distinktion (bedeutend werden). Hinzu kommt der ehrliche offene Bericht vom Gelingen und Scheitern als eine der bestimmenden literarischen Formen, in der das Übermenschliche gewissermaßen auf einer Metaebene thematisiert wird.« (Reichel 3) Tatsächlich gehört der »Zarathustra« zum Kanon der Murauschen Pädagogik, doch der ironische Lehrer bekennt seinem Schüler Gambetti, er hätte sich zwar Jahrzehnte »fasziniert« mit Nietzsche »auseinandergesetzt«, doch sei er nicht »weitergekommen« und hätte nur »soviel wie gar nichts verstanden«. (AL 153) Murau ist Nietzsche in einer klassischen Bildungsreise mit allerdings negativem Effekt sogar nach Sils Maria nachgereist: »Aber ich habe geirrt, ich verstehe, nachdem ich in Sils Maria gewesen bin, von Sondrio heraufgekommen, von unten herauf also, Nietzsche noch weniger als vorher, ich behaupte, ich verstehe ihn jetzt überhaupt nicht mehr, nichts mehr von Nietzsche.« (AL 158) Daß einer versucht, ihn »von unten herauf« zu verstehen, hätte Nietzsche wohl gefallen. Bernhards Version des »gesteigerten Menschen« wird allerdings letztlich auf den dionysischen Anteil zu verzichten trachten. »Nietzsche, hatte ich zu Gambetti gesagt, ich klopfe mir an den Kopf und er ist leer, vollkommen leer.« (AL 159) Nietzsche bleibt präsent durch den Imperativ zur Selbststeigerung und als Beispiel für ein konsequentes Denken, »das so weit in das Scheitern hineingetrieben ist, bis es nurmehr noch als wahnsinnig bezeichnet werden konnte …« (AL 371)

Muraus charakteristisches Eingeständnis, einen Philosophen trotz intensiver Beschäftigung nicht zu verstehen, in der philosophischen Lektüre immer »hilfloser« zu werden, ja das Zurückweisen der Möglichkeit des Begreifens eines Philosophen als »Größenwahn«, hat wohl eine höhere »philosophische« Qualität, als die Haltung seiner aufgeregten Vorgänger, die alles zu verstehen meinten. Der Fürst, dem das Wort »Philosophie« zunehmend eine Metapher für das Unerreichbare wird, respektiert die apollinische Hierarchie und wertet Annäherungen an die »Meisterdenker« als funktionale Unverschämtheit, er tritt als Intellektueller um einiges »kleiner« auf als Roithamer, gesehen durch die Brille des bewundernden Protokollanten. Gleichzeitig verweist dieses Eingeständnis auf das zweite Werksegment. Die Welt der Bücher ist dem Geistesmenschen ein auf sich selbst bezogenes Paradies, die Idee einer rettenden, tiefen Geistesgemeinschaft, wie sie der Maler Strauch mit seiner Pascal-Ausgabe und der Vater in »Verstörung« mit den vergessenen Büchern signalisiert, ist Murau eine Schimäre. Die hierarchische Struktur der Geisteswelt läßt nur Bewunderung oder Kampf zu, Muraus Lektüremodus forciert den kämpferischen Aspekt: »Ich muß gegen Schopenhauer auftreten, wenn ich begreifen will, gegen Kant, gegen Montaigne, gegen Descartes, gegen Schleiermacher, verstehen sie.« (AL 155)

So bereitet sich in diffuser Weise in »Auslöschung«, jenem Werk, das die rettenden Auswirkungen der »Wahl« zum Geistesmenschen preisen wird, Bernhards fundamentale Relativierung der Bedeutung der apollinischen Wahl vor. Schon Murau stellt sich die Frage, ob nicht jede Philosophie bloß der Ablenkung von unglücklichen Zuständen, die sie nicht erfassen kann, dient. Am Ende ist der Philosoph der Sisyphos und das Ergebnis seiner Arbeit ist ein lustbesetztes Nichts: »Denken heißt scheitern, dachte ich. Handeln heißt scheitern.« (AL 371)

Das sind Überlegungen, die jenseits von »Wolfsegg« liegen und in denen sich jener untilgbare melancholische Rest artikuliert, der gegenüber Muraus optimistisch-lebenskünstlerischen Operationen resistent ist. Doch auch hier, gegenüber dem manifest Absurden, ist Muraus Suche nach glückbringenden Strategien erfolgreich. Er durchschneidet souverän jenen Faden, der ihn an die Alltagsvernunft bindet, und ernennt sich lustvoll selbst zum »Altersnarren«: »Es gibt nichts Besseres, als in höherem Alter zum Narren ernannt zu werden. (…) Das Narrentum ist es, das uns glücklich macht, hatte ich zu Gambetti gesagt.« (AL 129) Das war tatsächlich eine Lieblingshaltung des späten Thomas Bernhard, mit der er voll Vergnügen in den Medien brillierte. Doch sollte nicht übersehen werden, daß von der Intention her diese Haltung auch für ihren Erfinder keine alltägliche war, sondern in den Bereich der »Künstlichkeit« gehört und so nicht dazu benützt werden darf, um seine strenge »Geistesarbeit« in der Rezeption zu entwerten.

Der Anlaß zu Muraus Selbstdefinition als Altersnarr ist eine liebevoll-kritische Bemerkung des Schülers Gambetti, der seinen Mentor einen »Vormittagsphantasten« nennt. Gambetti, manchmal ein »Optimist« in Konfrontation mit einem »Nörgler«, erlebt Murau als einen »maßlosen Übertreiber«, einen »grotesken Negativisten« und einen »typisch österreichischen Schwarzmaler«. Daß dem Text dieses Wissen eignet, ist wichtig: Murau und sein Erfinder kennen ihren Platz in der österreichischen Tradition. Die Reflexion der Übertreibung stellt einen wichtigen Selbstkommentar Bernhards dar, sie relativiert die Aussagen seiner Protagonisten genauso wie Bernhards Kommentare zu Österreich.

Die Aussagen der sprachgewaltigen »Übertreibungskünstler«, die seit dem Barock die Seiten unserer Literaturgeschichte füllen, unterliegen allesamt einer widersprüchlichen Ökonomie: Vor allem die inflationär eingesetzte »Übertreibung« tendiert quasi automatisch dazu, sich selbst gleichzeitig zu entwerten und zu zementieren. Bewußte »Übertreibung« ist zunächst eine souveräne Haltung und gehört zur »Selbstschöpfung«, sie drückt eine fundamentale Desintegration gegenüber der »Alltagsvernunft« aus und ist gleichzeitig von Ambivalenz gegenüber dem Publikum nicht frei. In der Übertreibung erklärt die Kunst sich für autonom gegenüber der Vernunft und dem liberalen Postulat der wahrheitsgetreuen Abbildung. Die »Übertreibung« verhöhnt in gewisser Weise die Rezipienten, in ihr artikuliert sich das aristokratische »Herrenrecht« – wer bewußt übertreibt, ist wohl auch ein Immoralist. Doch gleichzeitig will sie von den Rezipienten »ernst« genommen werden, der Diskurs, den sie lustvoll-subversiv korrumpiert ist ihr letztlich unverzichtbar. Die scheinbar selbstkritische Einsicht in den übertreibenden Charakter der eigenen Artikulationen macht die jeweilige übertriebene Aussage auf einer neuen Ebene unangreifbar und hindert gleichzeitig die »Nörgler« nicht, sie in der letzten Zuspitzung als »Untertreibungen« zu etikettieren. Die Bernhardschen »Übertreibungen« haben in der Regel eine unleugbare kritische Dimension. Es ist kein Zufall, daß die Bereiche, in denen Murau/Bernhard »übertreiben« – kindliches Leid und die nationalsozialistische Vergangenheit Österreichs –, mit einem starken Erkenntnistabu besetzt sind: »Übertreibung« ist hier Notwehr, durchbricht die quälenden Ambivalenzzyklen und macht »Unsagbares« sagbar, ja »anschaulich«. Als Instrument einer manchmal recht intimen sozialen Kommunikation zeitigt sie allerdings neuerlich ambivalente Ergebnisse. Es eignet ihr eine merkwürdige Involvierungskraft, sie provoziert das Publikum nachhaltig und erzwingt eine Erörterung ihrer Berechtigung, die einer differenzierten Kritik in vielen Fällen verweigert wird. Doch gleichzeitig ist sie eine durchaus fatale Strategie, die den, der sich ihrer bedient, allmählich zu ihrem Sklaven und zum Gefangenen einer unendlichen Spirale von weiterer Übersteigerungen macht. Die Übertreibung zerstört die Kommunikation zwischen dem Publikum und dem Autor, Bernhard hat sich mit ihrer Hilfe für das ihm entgegengebrachte Mitgefühl unerreichbar gemacht und so – und darin liegt auch ein elitäres Element – die Einsamkeit des Anklagenden zementiert. »Gemeinschaft« stellt sich erst in den von Bernhard einfühlend beschriebenen »Bezichtigungsgemeinschaften« her.

Die Übertreibung hilft, die von zahlreichen Bernhardschen Protokollanten beklagte prinzipielle Beziehungslosigkeit, die zwischen den Objekten der Wahrnehmung und den Worten herrscht, in einem glückhaften, narzißtisch aufgeladenen Moment zu überwinden. Als Strategie der Bewältigung von Lebensleid vermittelt der »Übertreibungsfanatismus« ein ähnlich grandioses Lebensgefühl wie der Humor. Die Gefahr des Verfahrens, die Gefahr der Selbsttäuschung, »diese Übertreibung dann für die einzige folgerichtige Tatsache (zu) halten und die eigentliche Tatsache gar nicht mehr wahr(zu) nehmen, nur die maßlos in die Höhe getriebene Übertreibung« ist Murau bekannt, sie steht unter Kontrolle und wiegt gering neben den künstlerischen Möglichkeiten, die das Verfahren bietet: »Meine Übertreibungskunst habe ich soweit geschult, daß ich mich ohne weiteres den größten Übertreibungskünstler, der mir bekannt ist, nennen kann.« (AL 611) So stellt seine »Übertreibungskunst« Muraus Beitrag zur Suche nach dem Höchsten dar.

Murau als Erzieher

Gemessen an anderen Bernhard-Figuren ist der Personenkreis, in dem sich Murau im rettenden Rom bewegt recht groß. Mit Ausnahme Spadolinis verzichtet Murau auf individualisierende Porträts und konzentriert sich auf eine summarische Beschreibung des Beziehungstypus: alle »Römer« sind »Geistesmenschen« und solche verstehen sich »auf die ideale Weise«, haben ein »philosophisches Verhältnis« zueinander, ein Verhältnis »ohne geringste emotionelle Störung«. (AL 232) Darin sind die »Wahlverwandtschaften« der verknoteten Familie überlegen; das Folgewerk wird diesen Beziehungstypus allerdings unbarmherzig mit den sozialen Realitäten konfrontieren und seine gelegentliche Hilflosigkeit protokollieren.

Was dem Onkel Georg an der Riviera der »gute Jean« war, ist in Muraus römischer Existenz Gambetti, der uns als sein »Schüler« vorgeführt wird. Wieder wird eine Initiation beschrieben, diesmal aus der Perspektive des Mentors, der in verarbeiteter Weise weitergibt, was ihm sein Onkel Georg gelehrt hat. Es ist eine sanfte, undramatische Initiation, die sich über viele Jahre erstreckt. Auch diese Initiation zielt darauf, Gambetti »von seinen Eltern und ihrer Welt, also ihren Ideen, abzubringen«. (AL 208) Daß diese reaktionären Eltern den Lehrer bezahlen, ist zunächst ein ihnen gespielter Schelmenstreich; Muraus Forderungen übersteigen das Übliche um ein Vielfaches, und die Frage, ob er »sein Geld wert ist«, bleibt offen. Murau, der Feind aller Verpflichtungen, nimmt allerdings die aus dem pädagogischen Verhältnis stammenden äußerst ernst: »Gambetti darfst du dich niemals als Heuchler zu erkennen geben, hatte ich mir immer gedacht, dich von ihm in keiner Lüge ertappen lassen, in keiner Unaufrichtigkeit, denn du bist sein Lehrer und von einem Lehrer muß Wahrheit und Aufrichtigkeit erwartet werden als eine Selbstverständlichkeit.« (AL 135) Die Konstruktion, die einen wohlhabenden Aristokraten in den verachteten Stand der Hauslehrer setzt, hat auch eine absurde

Komponente, doch gibt diese Regelung Murau die Distanz, die er in diesem Verhältnis braucht: das gehört zur Künstlichkeit, die ihn der Onkel gelehrt hat. Künstlich ist auch, daß die Hierarchie zwischen »Lehrer« und »Schüler« umgekehrt wird, wie Roithamer in Cambridge »lernt« Murau vom »Italiener« Gambetti.

Es ist ein eigenartiger Unterricht, vorgeblich geht es um die Kenntnis der deutschen Sprache und der deutschen Literatur, um Bücher wie den »Siebenkäs«, den »Prozeß« von Kafka, aber auch um »Amras« von einem gewissen Thomas Bernhard. Mehrere Texte, wie etwa die Musilsche »Portugiesin«, haben einen angedeuteten Bezug zum Lehrer und seiner Familiengeschichte. Häufig geht es in dieser Pädagogik auch um eine Archäologie pathogener Familiensysteme, der eine misogyne Komponente nicht fremd ist. Auch diese Pädagogik spielt sich im Gehen ab: Murau trägt Entwürfe seiner Studie vor und läßt sich als zügelloser Zuhörer der eigenen Rede nicht unterbrechen. In »Rom« wird nicht mit einem Mädchen ein »Turm« bestiegen, sondern ein unentwegt monologisierender, selbstverliebter reifer Mann spaziert mit einem »Jüngling«, der ihm geduldig zuhört und sich dennoch nicht selbst aufgibt, durch die Straßen der »ewigen Stadt«. Doch Gambetti fungiert auch als Muraus Organ der Selbstreflexion und gibt diesem etwas, was der Famulant dem Maler Strauch verweigert hat; im Gegenzug erhält er, was Bernhard den zahlreichen Journalisten, die ihn interviewt haben, verweigert hat: Auskunft über das Innenverhältnis des Autors einer Studie zu seinen Figuren. Gambetti hat eine maieutische Funktion für Muraus Studie, er ist wichtiger als der Ich-Erzähler in »Korrektur« und verbirgt sich möglicherweise hinter dem anonymen Herausgeber des vollendeten Werkes. »Gambettis Aufmerksamkeit, ja Faszination ist die größere, wenn ich ihm sage, wie die Welt in meinem Sinne zu verändern wäre, indem wir sie ganz und radikal zuerst *zerstören*, beinahe bis auf nichts *vernichten*, um sie dann auf die mir erträglich erscheinende Weise wieder herzustellen ...« (AL 209) Georg – Murau – Gambetti bilden gewissermaßen eine Generationenkette, in der die jeweilige »Generation der Vollendung« realisiert, wovon die ältere geträumt hat.

Wieder gibt es Unklarheiten in der Chronologie dieses Verhältnisses und Gambetti, seit 15 Jahren Muraus Schüler, wird uns als »Jüngling« vorgeführt, alterslos wie Dorian Gray, doch Murau wird an dieser Figur nicht zerbrechen. Alle römischen Protagonisten stehen im Banne

Gambettis, des »ununterbrochen Bohrenden« (AL 512), dem sich Murau mit »Genauigkeit und Sorgfältigkeit hingibt«. (AL 485) In der ästhetischen Weltsicht Muraus spielt »Schönheit«, jener Begriff, der häufig apollinischen Revisionen des Chthonischen zugrunde liegt, ansonsten kaum eine Rolle. Gambetti allerdings trägt alle Zeichen eines »schönen Jünglings«, doch diese Beziehung eines älteren deutschsprachigen Schriftstellers zu einem solchen in »Italien« endet nicht letal. Murau ist Gambetti nicht derart maschinenhaft ausgeliefert wie Aschenbach dem Tadzio im »Tod in Venedig«, er ist erfolgreicher als sein Vorgänger: Energisch dringt er in die Familie Gambettis ein und baut in der verachteten Maske des Hauslehrers eine langjährige subversive Beziehung auf. Es gehört zur Architektur des Textes, das dieses Liebesobjekt Murau von Spadolini vermittelt wurde. Der Kuppler Spadolini ist der »geistige Vater« des Jünglings – inzestuöse Konstellationen sind auch der »Familie« der Geistesmenschen nicht fremd. Die Beziehung des Erzählers zu dem »jungen Umweltverzauberer«, dem geschmackvollen Menschen, »der sich alles nur auf der Via Condotti kauft«, beherrscht »von einer weit überzogenen Kultur«, ist narzißtisch hoch aufgeladen wie später die seines Nachfolgers zu Paul Wittgenstein. Es ist ein apollinisches Paar, hier der ideale Zögling, »der Inbegriff des forschenden Kopfes genauso, wie der kalt kalkulierenden Gefühle« (AL 513), der aus sich heraus jenen chthonischen Wirrwarr verhindert, in den der ehemalige Zögling in »Holzfällen« geraten ist; dort der Mentor, der nicht im Verdacht des Mißbrauchs steht – insofern kann die Konstellation als kritisches Gegenbild zu der in »Holzfällen« vorgeführten gelesen werden.

Die Dichterin Maria

Der »Erzieher« Murau ist gleichzeitig ein ewiger Zögling, der in Rom von Spadolini in der Schule des »Sehens«, von der Dichterin Maria in der des »Hörens« unterwiesen wird. Maria, die Hohepriesterin der Kunstreligion, ein gesteigerter Geistesmensch, der nicht jene Zeichen des Scheiterns trägt, die wir an Roithamer registriert haben, ist die Antipodin zu Spadolini. Die Regeln der Religion, der sie dient, sind um einiges strenger als die des »menschenvernichtenden« Katholizismus, das sollten wir festhalten, weil das Legitimationsproblem dieser zerstörerischen Strenge von Bernhard im zweiten Werksegment breit diskutiert wird. Zwischen den beiden Kirchenfürsten herrscht Haß und Verachtung: »Entweder ist Spadolini der Mittelpunkt oder Maria, habe ich zu Gambetti gesagt, aber beide können es nicht sein.« Murau wird lange »zwischen« den beiden leben, am Ende wird sich die Sichtweise Marias durchsetzen und ihn – als letzte Vorbedingung der »Auslöschung« – Spadolini als Scharlatan, Heuchler, Opportunisten und Verführer der Mutter sehen lassen.

Die Pädagogik dieser apollinischen Hierarchin ist keine sanfte: sie »zerlegt« Muraus Manuskripte und vermittelt ihm die Einsicht, daß sie »nicht der Rede wert« sind. (AL 541) Ja, die Unbestechliche wirft die unzureichenden Manuskripte des »sich an der Philosophie vergreifenden« ins Feuer und erzielt damit einen überraschenden Effekt: »Dann umarme ich sie und wir sehen beide zu, wie das Manuskript in ihrem Ofen verbrennt. Das ist mit Maria zusammen immer ein Höhepunkt, ein Glückszustand, dachte ich.« (AL 542)

Das ist eine bemerkenswerte Szene. Unzählige Schwestern, Mütter und Gattinnen stehen in der paranoiden Welt der Bernhardschen »Geistesmenschen« in dem Verdacht, »Studien« vernichten zu wollen. Das ihnen unterstellte Motiv hat chthonische Qualitäten, sie artikulieren den Widerstand der körperbezogenen weiblichen Welt gegen die Geistessphäre. Das Ergebnis, die Zerstörung männlicher Produktivität, ist allerdings das gleiche wie in der Maria-Episode. Geht die apollinische Konversionsfähigkeit wirklich so weit, solche Erlebnisse in einen »Glückszustand« umzudeuten? Die Lehren aus dem »Untergeher« werden die These vom »Beglückenden« solcher Erlebnisse relativieren und uns die Deutung von Muraus Verhalten als einer für die apollinische Sphäre charakteristischen Demutsgeste nahelegen. Trotz Muraus idyllisierender Beschreibung dieser Sphäre wird bereits in der Maria-Episode die terroristische Hierarchie der »Geisteswelt« sichtbar, die im zweiten Werksegment behandelt wird.

Maria, die Murau als »seine«, ihn durch ihre Arbeit gewissermaßen persönlich beschenkende Dichterin erlebt, schreibt die größten Gedichte der deutschen Sprache. Sie wird in der Rezeption als massive Anspielung auf Ingeborg Bachmann gelesen, die sich »für einen Moment von Bernhards solitärer Lebensform angezogen« gefühlt und sogar Anfang der siebziger Jahre den Ankauf eines Hauses in der Nähe von Obernathal erwogen hatte; die Beziehung sei nach diesem unrealisierten Näheversuch »eher episodisch« geblieben (Höller 93) – das gibt der gesamten Maria-Episode wohl den Charakter eines Wunschtraumes von weiblicher Nähe. Das Gewand, das Maria in Muraus Traum trägt, ein Pagenkostüm mit schwarzen Kniehosen und Cherubino-Wams, hat Bachmann tatsächlich getragen und zwar auch bei einem mit Bernhard gemeinsam absolvierten Besuch beim Bundespräsidenten Franz Jonas, einem »Konsumvereinvorsteher«. Es gibt aber auch recht charakteristische Abweichungen von Lebenslauf und Lebensart der Ingeborg Bachmann, die in Muraus Darstellung zu registrieren sind. Bachmanns Leben war zur Zeit der Abfassung des Textes schon lange beendet – wieder ist es eine »tote Frau«, an der etwas Exemplarisches abgehandelt wird. Bachmann hat mit Muraus Mutter den grellen Tod gemeinsam – der Text negiert dieses Faktum und nimmt sie damit vordergründig aus der Serie jener Vorwürfe gegen Frauen heraus, die den Tod der Mutter rechtfertigen. Vor allem beschreibt Murau eine Dichterin, die zwar in ihren Gedichten »hundertprozentig« ist, die aber um ihre Prosa, und das heißt im Falle Bachmanns der Zyklus »Todesarten«, verkürzt wird, ja von der gesagt wird, es sei ihr »Traum« gewesen, Prosa zu schreiben, »alle ihre Versuche in dieser Richtung aber seien gescheitert, sie hat immer gleich aufgegeben und wenn nicht, eingesehen, daß sie kein Kunstwerk erschaffen hat.« (AL 230) Als Ergebnis dieser kleinen Perfidie entsteht eine Arbeitsteilung der Geschlechter: Die von Bernhard aufgegebene Lyrik wird Bachmann zugeschrieben, die Prosa bleibt männliches Reservat.

In der Debatte über den prinzipiell misogynen Diskurs der Bernhard-Protagonisten, der verblüffende Übereinstimmungen mit den öffentlichen Artikulationen Bernhards aufweist, wird der Figur der Maria oft eine entlastende Qualität zugeschrieben. Doch über »Dichterinnen« heißt es in einem Fleischmann-Interview so: »Naja, es gibt im Grund ja eigentlich *keine Dichterinnen*, das ist alles ein bißl übertrieben. Bei Dichterinnen macht man ja immer zwei Augen fast ganz zu, damit das überhaupt als solches erscheint, weil sonst hätten's ja gar keine.« (Fleischmann 1991, 117) Wenn es auch neuerlich eine »tote Frau« ist, die hier »geliebt« wird, so partizipiert die Figur der Maria doch an jener »Versöhnung« mit dem Weiblichen, die das Spätwerk auszeichnet: die Figur einer »Weggeherin«, die ihr Österreichertum in Rom überwunden hat, erweitert den Kreis möglicher »weiblicher« Rollen. Doch diese Versöhnung bedeutet keine Rücknahme der prinzipiellen Entwertung des Weiblichen, das immer noch am Pranger steht. Das beschriebene Gewand Marias verhüllt die Zeichen dieser Weiblichkeit und enthält »männliche« Elemente; Maria wird uns als »androgyner Geistesmensch« vorgeführt, sie repräsentiert jenen jetzt zugelassenen Frauentyp, der sich aus dem alten chthonisch bestimmten System »ausgeklinkt« hat, für den aber auch das Folgende gilt: »Je mehr die moderne Frau sich in ihrem Denken apollinischer Klarheit nähert, um so mehr hat sie ironischerweise teil an der historischen Verneinung ihres eigenen Geschlechts.« (Paglia 37)

Wie in »Verstörung« und »Kalkwerk« wird uns die zentrale Wunscherfüllung in einem ambivalenten Traum vorgeführt. Die römischen Geistesmenschen Zacchi, Eisenberg, Murau und Maria, die verspätet nach einem Opernbesuch in Paris zu der Gruppe stößt, haben nicht gemeinsam einen Turm bestiegen, sondern einander im norditalienischen Hochgebirge verabredet, um Schopenhauers »Welt als Wille und Vorstellung« und Marias Gedichte einander gegenüberzustellen. »Ist es nicht Heidegger«, so Maria in deutlicher Anspielung auf die Dissertation Ingeborg Bachmanns, »ist es Schopenhauer«. (AL 217) Was geschieht, steht unter der Lizenz des Traumes und entzieht sich der Verhaltenslogik des Alltags in ähnlicher Weise wie die beiden anderen Träume. Hier ist es vornehmlich Maria, die sich »verrückt« verhält: sie trägt den beschriebenen »verrückten« Hosenanzug, geht bloßfüßig über das Eis, »in opernhafter Bewegung, ruckartig, als ob sie auf das Gasthaus zutanzte«. (AL 215) Maria wird von dem sie beobachtenden Murau mehrere Male als »grotesk« charakterisiert – dieses im Text ansonsten der Mutter gewidmete Wort ist kein Kompliment. Ab dem Eintreffen Marias beherrschen eigenartige Spiele die kleine Gruppe von »geistig ebenbürtigen«: Schuhe werden getauscht. Eisenberg »hüpft mit Marias Schuhen, diesen leichten silbrig glitzernden Ballettschuhen im Vorhaus« hin und her, Maria hingegen zieht sich Eisenbergs Stiefel über, »diese unglaublich weichen, aber doch hohen schwarzen Stiefel«. (AL 222) In der männerbündisch hierarchisierten Welt der Bernhardschen Gerichte und des im »Kulterer« beschriebenen Gefängnisses sind solche Stiefel ein Zeichen von Macht und sexueller Anziehung. Dann küßt man einander und Maria zeigt Eisenberg die »Lange Nase«. (AL 223) Männer »unter sich« enthalten sich solcher Spiele, und die Frage stellt sich, ob hier nicht in untergründiger Weise auf Bachmanns ansonsten ignorierte, in die Literaturgeschichte eingegangene Fraulichkeit angespielt und damit Kritik an ihr geübt wird.

Wieder schlägt die Wunscherfüllung des Traumes in ein angstbesetztes Ereignis um. Die intellektuelle Seite des Zusammentreffens scheitert an der bedrohlichen Figur des geistfeindlichen Wirtes, der das aufgeschlagene Schopenhauerbuch bekämpft. Wieder, wie im »Italiener«, macht die Konfrontation mit faschistischen Relikten das Philosophieren unmöglich. Ein »Außenfeind« hat die Zusammenkunft der »Geistesmenschen« gesprengt, im zweiten Werksegment werden wir Zeuge von Konstellationen werden, wo das Gespräch über Schopenhauer zwischen den Geschlechtern auf Grund einer von innen kommenden Dynamik verunmöglicht wird. Vom »Umbringen« bedroht flüchtet die Gruppe durch ein Schneegestöber, wie wir es vom Ätna kennen, doch diesmal ergibt sich keine individuelle Bevorzugung und Murau wird nicht ausgeschlossen. Bachmanns furchtbares Ende wird antizipiert in einem »fürchterlichen Knall«, einem »Donnerknall« verbunden mit einem nur einen Augenblick währenden Erdbeben, das außer Murau keiner vernimmt. Doch auch Eisenberg artikuliert, Maria nachblickend, eine Sorge: »Hoffentlich kommt unser Kind nicht um ...« (AL 223)

Es ist Eisenberg, dem offensichtlich jene Stärke eignet, die nötig ist, um sich in der Konfrontation mit Wolfsegg zu bewähren. Murau, dem der grandiose Besitz »alles in allem mehr oder weniger widerwärtig geworden« ist (AL 11), erwägt kurz das »opportunistische« Projekt einer Reform Wolfseggs, um es dann »abzuschenken« – an eine ähnlich ausgegrenze Personengruppe wie Zoiss, doch mit einer höheren historischen Legitimität, nämlich an Eisenberg und die von ihm repräsentierte Israelitische Kultusgemeinde.

ZWEITER TEIL

I. Der Geistesmensch als Mörder

Fragmentierte Geistesmenschen

Obwohl Muraus Wahl zum »Geistesmenschen« eine glückbringende war, ist noch lange nicht entschieden, ob er tatsächlich *alle* anstehenden Fragen des Bernhard-Kosmos oder bloß seine eigene drängende Problematik gelöst hat. Sind die eindringlichen Rufe des unglücklichen Malers Strauchs nicht nur oberflächlich übertönt von der trotz ihrer gelegentlichen Lächerlichkeit glänzenden Figur des Fürsten? Eine Gruppe von Texten, die vor »Auslöschung« entstanden sind, wie »Kalkwerk«, »Gehen« oder »Ja«, zeichnen uns ein ungeschöntes Bild der Lebenswelt der Geistesmenschen, dementieren Muraus Utopismus und belegen, daß es wohl ein Werbebild aus dem Versandhauskatalog der Lebensformen ist, das uns in »Auslöschung« gezeichnet wird. Diese Texte protokollieren existentielle Zusammenbrüche, wie wir sie ehedem als Folge der Problematik von Elternhaus, Erbschaft und Staat erlebt haben, und konfrontieren uns mit Einsamkeit, Wahnsinn, Selbstmord und Mord. Allmählich stellt sich heraus, daß es einen ganzen Katalog existentieller Probleme gibt, mit dem die »Geistesmenschen« konfrontiert sind – das Einsamkeitsproblem und die eng damit verbundene Frage der geschlechtlichen Partnerschaft, die Konfrontation mit der Wahnsinnsgrenze, die Frage der Arbeitsstörung, das Hierarchieproblem und schließlich die alles berührende Frage des »Apollinischen Wahns«.

Wenn wir die Architektur des Gesamttextes respektieren wollen, dann müssen wir wohl eine Differenzierung vornehmen und zwischen »Geistesmenschen« vor und nach Murau unterscheiden. Mancher teilt Muraus Wahl, doch mangelt es ihm an dessen Weisheit. All die unglücklichen Konrads, Kollers und Karrers, die wir nun kennenlernen werden, praktizieren nur Teile von Muraus Lösung – gemessen an den Standards, die der Fürst gesetzt hat, sind sie »fragmentierte Geistesmenschen«. Doch unabhängig von den in »Auslöschung« gelösten Problemen eignet der apollinischen Sphäre etwas von Murau

Übersehenes, das nicht nur jene zwanglose Produktivität in einer kreativen Gruppe verunmöglicht, die uns Murau in Rom vorgelebt hat, sondern letztlich das Leben in ihr unerträglich macht. Produktivität ohne Opfer wird in den Theaterstücken »Die Berühmten« oder »Über allen Gipfeln ist Ruh« zunächst ambivalent betrachtet, verfällt aber letztlich einer gnadenlosen Kritik als Verrat an den apollinischen Zielsetzungen.

Bernhards Auseinandersetzung mit dieser speziellen Unerträglichkeit bleibt lange Zeit punktuell, doch plötzlich verdichtet sie sich im Spätwerk in ähnlicher Weise wie seinerzeit die Auseinandersetzung rund um die »großen Schlösser«. Drei in sich eng zusammenhängende Texte, die apollinische Trilogie »Untergeher«, »Holzfällen« und »Alte Meister«, liefern uns eine systematische Diskussion der fundamentalen Gesetzmäßigkeiten und der prinzipiell illusionären Struktur, die der apollinischen Sphäre zugrunde liegen. Ähnlich wie Murau taucht im letzten Text, in den »Alten Meistern«, ein »Held« auf, der Musikwissenschafter Reger, der eine überraschende und entlastende »Umwertung der Werte« vornimmt, an deren Ende das Glücksversprechen des Turmtextes neuerlich realistisch wird.

Am Beginn der Serie von Erkundigungen der apollinischen Lebenswelt steht Konrad, der Herr des »Kalkwerks«. (1970) Isoliert gelesen, ist der Bericht über sein Scheitern ein scheinbar geschlossener Text, diktiert vom Willen des Autors, seine Figuren keine Lösung finden zu lassen; im Zusammenhang mit den anschließenden Untersuchungen betrachtet, ist er offen, verwendet Bilder, Örtlichkeiten und soziale Konstellationen, die uns vertraut sind, und im Kontext der erfahrungsgesättigten Gesamterzählung den Hinweis auf eine mögliche Lösung bieten.

Das exemplarisch abgehandelte Problem Konrads ist das Problem der unvollendeten »Studie«, des revolutionären Textes, von dem sein Urheber meint, ihn im Kopf schon lange vollendet zu haben, und der sich »bloß« gegen seine Übertragung aufs Papier sträubt –eine unendlich oft wiederholte Anspielung auf das Arbeitsleid des Großvaters mit seinem unvollendeten Mammutroman »Das Tal der sieben Höfe« und wohl auch eine auf die Arbeitsstörungen Bernhards in seinen frühen Jahren.

Ein solches Scheitern gehört nach den Regeln der Bernhard-Welt wohl zum Lebensmodell der Geistesmenschen; doch der Text wird uns Aufschluß über Konrads Anteil an seiner Niederlage geben. Auch Konrad sträubt sich gegen diese Erkenntnis und flüchtet sich in Anklagen gegen die Heimat, das Land der unvollendeten Geistesarbeit, dessen »schöne« und damit »ablenkende« Natur. Der Wiedergänger der Figur des Industriellen aus »Verstörung« hat sich zur Abfassung einer »naturwissenschaftlichen« Studie über das Gehör mit seiner Frau ins unzugängliche, gegen die Störung von »Gesellschaft« abgedichtete »Kalkwerk« zurückgezogen. Das blutige Ende dieses Projekts hat der Arzt-Vater aus »Verstörung« wohl vorausgeahnt: statt seine Studie zu vollenden, tötet Konrad am Heiligenabend seine Frau. Im Bericht des Protokollanten, eines Versicherungsvertreters, in seiner Art wohl auch ein »Realitätenvermittler«, bleibt das Motiv dieser rätselhaften Handlung – Mord, Tötung aus Mitleid oder ein Unfall beim Reinigen des Gewehres – ungeklärt. Erst im Kontext, in der Entwicklungslinie bis hin zu Reger, wird klar, wie sehr Konrads Tat mit einer bestimmten Auffassung von »Geistesexistenz« zusammenhängt.

Die biographischen Angaben über den Mörder und sein ihm ehelich verbundenes Opfer sind spärlich. Auch Konrad zeigt der Blick in seine Kindheit Einsamkeit, »Hölle« und »Unheimlichkeit«. Wie so oft hindern die Eltern den Sohn an der Realisierung des »Eigenen« und hintertreiben seinen Wunsch, Naturwissenschaft und Medizin zu studieren; ihrem Willen nach sollte er, wie die Söhne der Sauraus, Verwalter des ausgedehnten Immobilienbesitzes der Familie werden – tatsächlich wird Konrad wie Zoiss und Roithammer das immense elterliche Vermögen nach dem nahezu gleichzeitigen Tod der Eltern verschwenden und sich verschulden.

Konrads Schulden sind zum Teil auf seine Prozeßlust und auf seine zahlreichen Vorstrafen für Ehrendelikte und Körperverletzungen verschiedenen Grades zurückzuführen – der schwer bewaffnete Mann, ein Waffennarr, hat einmal einen vermeintlichen Einbrecher schwer verletzt. Das »Lebensgefühl« der Geistesmenschen zeigt hier das erste Mal eine seiner zahlreichen Schattenseiten: die gesteigerte Wahrnehmungsfähigkeit des Apollinikers zwingt ihn zu einer Existenz an der in Bernhards Überlegungen so wichtigen »Wahnsinnsgrenze« und mündet in Querulanz.

Konrads Frau fristet ihr Leben als Krüppel in einem »französischen Krankenstuhl«, an dessen Rückseite sie ein Gewehr befestigt hat. Rund um die Herkunft dieser namenlosen Frau gibt es zahlreiche Rätsel bzw. die für Bernhard charakteristischen Schlampigkeiten. Auch diese Gattin wird als »in Wahrheit Konrads Halbschwester« (KW 19), »Schwester« gar (KW 35) bezeichnet. Die Schilderung der Familienverhältnisse der beiden nimmt allerdings wie in »Ungenach« nur wenig Rücksicht auf die zwingende »Spaltung« zwischen Konrads Eltern, die die Entstehung einer »Halbschwester« bewirkt hat. Auch Konrads Vorwurf an die Gattin, daß in ihrer Herkunft alles »faul und morbid« gewesen sei, ignoriert, daß diese Herkunft zur Hälfte auch die Seine ist. Konrads Schicksal ist das eines Geistesmenschen, der sich verheiratet und protokolliert den Einfluß dieses Entschlusses auf das angestrebte und scheiternde Werk. Es gibt allerdings keine effizientere Strategie der Prolongation familiärer Abhängigkeiten als eine Heirat mit der Schwester – dieser Akt demonstriert ein manifestes Defizit an der Fähigkeit zum »Weggehen«, der Voraussetzung der Existenz eines Geistesmenschen.

Zwar haben Konrad und seine Frau in jahrzehntelangen Weltreisen das »Weggehen« versucht, doch diese weltbürgerliche Lebensweise endete letztlich im Kalkwerk: »Unser Ziel ist das Kalkwerk gewesen, unser Ziel ist der Tod gewesen durch das Kalkwerk.« (KW 225) Tatsächlich wird am Ende die Leiche der Konrad im Kalkwerk liegen und den Mörder wird das Gebäude ausscheiden: Nach zweitägiger Suche werden ihn die Gendarmen in der ausgetrockneten Jauchengrube finden.

Das Kalkwerk – »Arbeitshaus« und »Strafanstalt«

Das Kalkwerk ist eines jener als rettend gedachten, tatsächlich fluchbeladenen Bernhardschen Bauwerke; ein kalter, unfreundlicher, unheimlicher und für Außenstehende unzugänglicher Ort, dessen Konstruktion »auf Totaltäuschung angelegt« ist und den »oberflächlichen Beurteiler auf jeden Fall in die Falle« lockt. (KW 33) Das blutige Ende der Geschichte ist dem Gebäude, einem »Mordhaus«, nicht fremd. Wie Konrads Biographie steht es außerhalb der Zeitgeschichte, doch hat es zum für Österreich schicksalshaften Zeitpunkt »Anfang 1938«, einige Monate nach dem »mathematischen Rätsel« aus »Ungenach«, ein Explosionsunglück im Kalkwerk gegeben.

Konrad, auch hierin ein Epigone Strauchs, hat sich diesen schroffen, kalten und antiidyllischen Ort mit Absicht als Wohnsitz gewählt, weil für ein Geistesprodukt »nichts auf der Welt schädlicher (sei) als ein sogenannter schöner Ort, eine schöne Stadt mache den besten, den fundiertesten Plan einer Geistesarbeit zunichte, eine schöne Landschaft irritiere das Gehirn, eine sogenannte wunderbare Natur schwäche den Kopf absolut«. (KW 216) Die Wahl seines Wohnsitzes, der destruktiv ist wie »Afrika«, zeigt seine offensichtliche Konzentration auf die quälende Seite intellektueller Produktivität und opponiert der heiter-gelassenen Lebensweise als Intellektueller, die uns Murau vorgestellt hat. Das Gebäude, »Kerker – Arbeitshaus – Strafanstalt – Zuchthaus«, läßt jene intellektuelle Geselligkeit, die Murau in Rom gelebt hat, nicht zu.

Die Lehre aus »Auslöschung«, daß man sich von der eigenen Geschichte lösen muß, um nicht von ihr eingeholt zu werden, gilt auch für dieses Bauwerk. Es stammt aus Familienbesitz und ist der Ort eines kleinen Kindheitsglücks Konrads gewesen; sich dort niederzulassen verwirklicht einen kurzen Jugendtraum. Murau hat die letzte Wolfsegger »Versuchung«, das Projekt, die Kindervilla zu restaurieren, als illusionär verworfen; Konrad hingegen hat sich jahrzehntelang bemüht, den Familienbesitz, den er ansonsten verschwendet hat, wenigstens in diesem Punkt zu restituieren. Ein »Kalkwerk« ist ebenso teuer wie »Rom« und erfordert ähnliche Ressourcen wie ein »Kegel«. Betrachten wir Konrad »nach Murau«, dann verschwendet er Energie, Willenskraft und alle materiellen Ressourcen, die ihm ein angenehmes Leben sichern könnten, auf das Falsche und seine Ortswahl zeugt von seinen unaufgelösten Bindungen an Familie und Kindheit. Als Gatte der Schwester, als Konservator elterlicher Immobilien und als Verfasser einer Studie, die seinen »Herkunftskomplex« ignoriert, ist er nach Muraus Kriterien von Anfang an zum Scheitern verurteilt.

Leben im Kalkwerk

Konrad, der so wenig über die Bedingungen des eigenen Handelns weiß, ist einer der zahlreichen selbsternannten »Wahrheitsfanatiker« Bernhards, deren Botschaften im Kontext der Handlung als Projektion eigener Zustände auf die Umwelt entlarvt werden. Der querulatorische Außenseiter, der sich von allen ausgenützt fühlt, meidet die Gesellschaft des Dorfes, selbst die der »Holzfäller«. Konrad denkt äußerst hierarchisch, doch ist er außerstande, mit Hierarchien umzugehen: jener zentrale Bestandteil apollinischer Lebenskunst, den uns Reger vorführen wird, die Fähigkeit, sich selbst zum »Herren« zu setzen und »Diener« an sich zu binden, fehlt ihm völlig.

Im Urteil der Dorfbewohner hat die jahrzehntelange Geistesarbeit Konrad, einen Mann im siebenten Lebensjahrzehnt, nervlich überanstrengt. Gemeinsam mit seiner wie er von Alter und Krankheit geplagten Frau finden wir ihn in jenem Zustand, über den der Mathematiker und Philanthrop Undt in »Watten« eine mehrbändige Monographie geschrieben hat: extrem verwahrlost. Das wahre Chaos ist allerdings in ihm. Tatsächlich hat er, angetrieben durch jene unbeschreibliche apollinische Energie, der Bernhard in der Figur des Glenn Gould ein gültiges Denkmal gesetzt hat, zu einem nicht fixierbaren Zeitpunkt, der vielleicht vor der Erzählung liegt, die »Wahnsinnsgrenze« überschritten.

Dieser Wahnsinn wird, ähnlich wie der des Fürsten Saurau und der der Frau Professor Schuster, an der ihm zugeschriebenen außerordentlichen akustischen Empfindlichkeit festgemacht: er hört »vom anderen Ufer herüber« (KW 31), hört – oder bildet sich ein zu hören – Erstaunliches: »die unaufhörliche Bewegung der Luft« und die »Bewegungen in der Tiefe des Wassers«. (KW 89) Auch Johannes Freumbichler, der seinen Enkel mit der Behauptung verblüffte, bei einem gewissen Ostwind am Balkon die Glocken von Moskau zu hören, werden in der Autobiographie übersteigerte Hörfähigkeiten zugeschrieben.

Wie bei zahlreichen anderen geplanten Studien Bernhardscher Protagonisten bleiben auch bei Konrads Lebenswerk über das Gehör Inhalt, These und Forschungsziel des Projekts unklar und Objekt der jeweiligen spekulativen Assoziationen des Lesers. Ein Fortschritt zu den Studien Maxens und Sauraus liegt darin, daß die Studie über das Gehör die »eigene Geschichte« erzählt, also Konrads »Anschauung«, seinen höchstpersönlichen Zugang zur Welt, klären soll, einen Zugang, der den Keim zahlreicher Komplikationen in sich trägt, dem aber auch ein Element von Größe eignet. Jede Bernhardsche Studie produziert im Lebensvollzug ihrer Urheber paradoxe Elemente, hat ein totalitäres Element und zieht ihren Urheber von der Welt ab: »Und in immer größere Finsternis hinein allein, denn der Denkende gehe immer nur allein in immer größere Finsternis.« (KW 87) Im Falle

Konrads verstärkt das gewählte Thema diesen Effekt: Damit er über das Hören schreiben kann (oder besser könnte), müßte es völlig still sein, ein Zustand, den seine gesteigerte Hörfähigkeit nie erreicht. So dient ihm die Erforschung eines wichtigen Zugangs zur Welt als Vorwand der Weltflucht.

Wie allen Bernhardschen Apollinikern, die nicht über die Gelassenheit des Autors Murau verfügen und vor der Regerschen »Umwertung« der apollinischen Werte konzipiert wurden, bedeutet seine Studie für Konrad gleichzeitig Glück und Fluch. Das Wissen, das Konrad ausdrücken will, ist den Institutionen und der Tradition gegenüber dissident, er denkt wie Roithamer aus dem Gefühl der absoluten Überlegenheit des besessenen Autodidakten über den »Fachleutedilettantismus« seiner Vorgänger. Wie so viele »Studien« ist auch diese in der gefährlichen Sphäre des »Höchsten« plaziert; die Beschäftigung mit ihr produziert zunächst ein übersteigertes Selbstwertgefühl und einen kurzzeitig glückbringenden Rausch. Doch gerade diese rauschhafte Verwerfung der fremden Arbeit im Namen des »Höchsten« ist ein wesentlicher Bestandteil der »Falle«, in der Konrad zappelt, sie stellt die eigene Arbeit unter eine Gesetzmäßigkeit, der, so lernen wir im »Untergeher«, nur »einer von Tausend« gerecht wird.

Studie, Ehe und Geschlechterkampf

So sparsam der Bericht des Protokollanten mit inhaltlichen Angaben über die geplante Studie ist, so verschwenderisch berichtet er über den Bezug des Projekts zu Konrads Gattin und über die Schwierigkeiten, es zu Papier zu bringen. Bis hinauf zu Reger leben die meisten Bernhardschen Geistesmenschen nach den Regeln des Zölibats und für die potentiellen Autoren von »Studien« gilt wohl die zwingende Alternative »Frau« oder »Studie«. Konrad hat zwar »naturgemäß« der Studie den Vorzug vor der Gattin gegeben, mißachtet aber dennoch die Enthaltsamkeitsregel und zerstört mit seiner »opportunistischen« Synthese sich, die Frau und die Studie.

Tatsächlich ändert sich eine Bernhardsche Ehe schlagartig, wenn ein Mann »eine Studie machen« will – Konrads Frau hält den Gatten, der ehedem »alles« für sie war, von nun an für »verloren«. Das lädt ein, Konrads Projekt als einen »Ehebruch« im wahrsten Sinne des

Wortes zu bezeichnen. Das Kalkwerk als potentieller Entstehungsort einer Studie ist ein männlicher Ort und Frau Konrad hat sich gegen die Übersiedlung erfolglos gewehrt. Obwohl sie ihren Gatten »inständig respektiert«, ist sie als Frau dem »Geistesehrgeiz« ihres Mannes gegenüber »verständnislos«, widersetzt sich ihm mit ihrer »angeborenen Widerstandsfähigkeit gegen das Männliche« und fürchtet »naturgemäß« die männliche Produktivität, die den Gatten ihrem Einfluß entzieht. »Frau« und »Studie« sind Rivalen, rund um sie tobt der Geschlechterkampf. Frau Konrad untergräbt die schöpferische Arbeit ihres Mannes durch das von ihr gelebte, permanente antiapollinische Memento an das Kreatürliche – an Liebe, Nahrung und Krankheit. Wenn sie Konrad, den apollinischen »Naturhasser«, permanent mit Natur konfrontiert, dann bedient sie sich zunächst nicht der manipulatorischen Macht der Mütterlichkeit, sondern instrumentalisiert ihre fordernde erotische Ausstrahlung, der gegenüber die Gatte offensichtlich wehrlos ist. Der Bericht macht die unwiderstehlichen Reize der Konrad an Gegenständen von doppeldeutiger Benennung fest: an Socken, Fäustlingen und Dosen. Konrads Zimmer schmückt ein Gemälde von Francis Bacon und nach seinem Wertsystem ist im Zimmer seiner Gattin alles wertlos, »eine einzige Geschmacklosigkeit«, wie später die »Jugendstilhysterie« der Gattin Regers. Doch es gibt einen Gegenstand, der von dieser generellen Verwerfung ausgenommen ist: die Zuckerdose der Gattin, ein Erbstück der »mütterlichen Großmutter«. Mit ihr und ähnlichen Gegenständen verwickelt die Frau den Mann in lächerliche und dennoch dämonische Spiele: So terrorisiert sie ihn etwa mit der Forderung, ihr die Zuckerdose zu füllen (KW 74) oder ihr die Zuckerzange zu reichen, die nach mehrmaliger Nennung in eine Zuckerstange mutiert. (KW 181f.) Wenn Bernhard-Figuren Sex haben, nehmen sie uns nur selten ins Schlafzimmer mit. Im »Kalkwerk« sind wir den in einer einfachen Sexualsprache berichteten ehelichen Ritualen, die die Gelähmte in exaltierte Zustände versetzen, am nächsten: »Ich muß mich einpudern, einpudern muß ich mich, zur Gänze einpudern, und wie kein Puder mehr in der Puderdose ist, sagt sie: haben wir nicht noch irgendwo Puder? Es muß doch noch Puder da sein! Puder! Puder! Puder!« Und wenn die kleine Karikatur eines dionysischen Aktes vollendet ist, lacht die zufriedengestellte Frau, ruft: »eingepudert, zugepudert, zugepudert, eingepudert, zugepudert«. (KW 235f.)

Mit diesem Versuch, ihren Mann in die verächtliche sexuelle Sphäre zu ziehen, agiert Frau Konrad als dessen Feindin, die »ja nurmehr noch darauf ab(ziele), ihn lächerlich zu machen« (KW 197), in einen »Hausnarren« zu verwandeln. Doch das von Bernhard minutiös beschriebene Spiel der Geschlechter ist vieldeutiger, auch hier regiert Ambivalenz und macht den Gatten zum Komplizen der Frau wie sonst die Söhne. Ständig mißachtet das Paar Grenzziehungen, jeder strebt nach einer gewalttätigen Verschmelzung von Geist und Natur auf Kosten des anderen. Erst Reger wird hier eine die Hegemonie des männlichen Geistes respektierende Lösung anbieten.

In seinem einzigen Kommentar zu seiner Tat nach der Festnahme soll Konrad diese als »Tötung als Mitleid« bezeichnet haben: »Ihr ganzer Körper wie ihr ganzer Kopf seien nurmehr noch ein einziger Schmerz (gewesen) ... Diesen Zustand mit ihr habe er einfach nicht mehr aushalten können ...« (KW 101) Eine scheinbar direkt einem Bernhard-Roman entsprungene reale Figur, der französische Philosoph Louis Althusser, der in seinem »Kalkwerk«, der Pariser École Normale Súperieure, seine Gattin Hélène tötete, bietet in der vielschichtigen Darstellung seiner Tat eine ähnliche Erklärung an und beruft sich auch auf einen gelegentlichen »Auftrag« des Opfers. (Althusser 288)

Doch Frau Konrad ist nicht nur Opfer und die Phantasie von ihrer Feindschaft gegen die Studie wird dadurch bekräftigt, daß sie die Charakterisierung des Projekts als »Hirngespinst«, als furchtbare Waffe im Geschlechterkampf einsetzt. »Tödliche Augenblicke« sind das für Konrad und gerade der Umstand, daß er mit der Studie nicht vorankommt, macht dann ihn zum »Schutzlosesten«. Doch Vorsicht, der Ablauf der Handlung gibt Konrads Frau ein Recht, nach der Legitimation des Lebens im unwirtlichen Kalkwerk zu fragen, wo ihr Mann doch »die Studie nicht niederschreiben kann, warum nehmen wir dann das Opfer auf uns, im Kalkwerk zu existieren, überall sonst existieren wir angenehmer ...« (KW 212)

Die für die Frau letztlich tödliche Vorstellung von ihrer Gegnerschaft zu seiner Geistesarbeit verdichtet sich in einem Traum, den Konrad etwa ein Jahr vor der Bluttat hatte und der für die Handlung von ähnlich tragender Bedeutung ist, wie der des Fürsten Saurau und der Muraus. Wie in den beiden anderen Träumen sind die Wunscherfüllung und ein quälendes Angsterlebnis eng miteinander

verknüpft. Mitten in der Nacht, so träumt Konrad, steht er auf, erfüllt sich seinen Lebenstraum und schreibt seine Studie in einem Zug
nieder. Danach fällt er erschöpft in Ohnmacht, beobachtet sich dabei
und erlebt das größte Glück seines Lebens, den angestrebten Ideal-
zustand: er hat seinen Turm allein bestiegen. Doch jetzt, im Moment
seiner »Lähmung«, kehren sich die Machtverhältnisse auf einmal um,
die Tür öffnet sich und seine Frau tritt ein, phallisch wie eine Mutter,
gerade gewachsen, schön und von unbezwingbarer Stärke und »unge-
heuerlicher Entschlußkraft«. Wütend schlägt die Frau mit der Faust
mehrmals auf die Studie und wirft das Manuskript mit den Worten:
»das wäre ja noch schöner, hinter meinem Rücken die Studie einfach
tatsächlich niederschreiben, in einem Zug auf einmal die Studie niederschreiben!« in den Ofen. Dann triumphiert sie: »So, die Studie
ist verbrannt, die ganze Studie ist wieder verbrannt (…) jetzt kannst
du dir wieder (…) ein paar Jahrzehnte den Kopf über der Nieder-
schrift der Studie zerbrechen, die Studie ist nicht mehr da.« (KW 192)
Mehrere Bernhard-Figuren haben die Furcht geäußert, eine »Mutter« könnte ihr Geschriebenes vernichten, einzig Murau hat einem
ähnlichen Verhalten Marias Genuß abgewinnen können. Konrad ist
über diesen Traum tief erschrocken, nach dem Aufwachen ist er außerstande, sich zu bewegen, und vermag Realität und Traum nicht zu
unterscheiden: Geschockt über die geträumte Frau ignoriert er zwei
Tage das Hilfeklingeln der realen.

Die urbantschitsche Methode

Trotz seiner Pose als naturfeindlicher Apolliniker ist Konrad tatsächlich von jeder Artikulation seiner Gattin besessen wie Roithamer von
denen seiner Mutter und Strauch von denen der Wirtin. Ein zwanghaftes Kommentierungsbedürfnis dem Weiblichen gegenüber beherrscht ihn: schriebe er nicht über das Gehör, dann würde er eine
Studie über »Merkwürdige Sätze meiner Frau als Antworten auf All-
tägliches« (KW 177) verfassen – ein Parallelprojekt zu Muraus projek-
tierter Studie über die Mütter.

Diese unleugbare Abhängigkeit vom anderen Geschlecht disqualifiziert Konrad für die apollinische Sphäre wie später den Pianisten
Wertheimer im »Untergeher«. Doch wieder steckt hinter diesem Ver-

halten eine – wenn auch grausame – Variation des Turmtextes. Die Studie begleitet den gescheiterten Versuch der »Veredelung« einer Frau, des Versuchs, die Ungleichheit der Geschlechter dadurch aufzuheben, daß die Frau den männlichen Status erreicht, auf daß sich jene Ebenbürtigkeit herstelle, die in »Auslöschung« gepriesen wird und die – so »Untergeher«, so »Holzfällen« – nach den Spielregeln der apollinischen Sphäre die Voraussetzung von Beziehungen ist. Konrad, der Mann mit dem gesteigerten Hörvermögen, hat sich lange Zeit vergeblich bemüht, das Hören seiner Frau zu vervollkommnen. Das Ausdrucksmittel der vielschichtigen Rache Konrads sind die an der Gattin mit »äußerster Perfektion« vorgenommenen Versuche nach der sogenannten »urbantschitschen Methode«. Diese Experimente werden wochenlang betrieben und zwar »bis zum Zusammenbruch seiner Frau« (KW 93), deren Klagen über das tägliche Üben der akustisch so feinfühlige Konrad ebenso »überhört«, wie er die schmerzhafte Ohrenentzündung, die sich als Folge der Übungen einstellt, ignoriert. Es hat eine sadistische Qualität, wenn Konrad der an den Stuhl wie Odysseus bei den Sirenen ans Steuer gefesselten wehrlosen Frau stundenlang voll Vergnügen »Schachtelsätze« ins Ohr brüllt; das »Experiment« antizipiert den Mord: »Zum Baurat: auf der urbantschitschen Methode beruhend experimentiere ich sie (seine Frau) zu Tode.« (KW 115)

Die eheliche Liebe geht dem Gatten durch das Ohr, das mit dem weiblichen Geschlechtsorgan die Symbolisierung als Muschel gemeinsam hat; die Lüste, die er dabei erlebt, haben eine andere Qualität als die durch Zuckerdose und Zuckerstange vermittelten. Regers Gattin wird diese Penetration zulassen, Frau Konrad reagiert häufig mit Verweigerung. Damit provoziert sie Strafrituale: Essensentzug, schikanöse Lüftungsrituale des Raumes, und vor allem die Verweigerung der Vorlesung des geliebten Heinrich von Ofterdingen. Der Dorfklatsch hat wohl recht, wenn er Konrad ambivalent bewertet als »fürchterlich, gleichzeitig hilfsbereit, Sadist, gleichzeitig fürsorglich« (KW 137). Die Kombination von Pflege, Experiment und Vorlesen unterstellt den weiblichen Körper in der totalitären Beziehungswelt des »Kalkwerks« völlig der Kontrolle durch den Gatten, und Konrad geht in seiner durch die Ehe legalisierten Versklavung der Gattin um einiges weiter als die Bernhardschen Mütter. In Konrads Begründung der der Gattin zugefügten Torturen interveniert ein anderer Faktor, der Bernhard mindestens ebenso interessierte wie die immanenten Versklavungstendenzen der Ehe:»Geistesarbeit« ist per se sadistisch und verlangt ein Opfer. Konrads Rücksichtslosigkeit ist eine Erscheinungsform der »schwarzen Seite« der apollinischen Energie, die später durch die Existenz eines »Höchsten« gerechtfertigt wird und die bis zur Delegitimierung dieses »Höchsten« durch Reger funktional ist für die Erbringung einer Meisterleistung. Konrad, der Mann, der »naturgemäß« im Zustand der »höchstmöglichen Aufmerksamkeit« lebt, weiß um die destruktive Kraft der apollinischen Rücksichtslosigkeit, die zwingend den Menschen, mit dem der Apolliniker zusammenlebt, zum »Hauptopfer« macht. »Man müsse eine Ungeheuerlichkeit oder gar ein Verbrechen an der ganzen sogenannten Menschheit oder an einem einzelnen Menschen in Kauf nehmen, soll Konrad gesagt haben, um ans Ziel zu kommen.« (KW 86)

Konrad – Ein Maulheld der apollinischen Ideologie

Doch bilanzierend betrachtet ist das alles Großsprecherei, denn Konrad wird seine Studie nie vollenden. Damit fällt aber nicht nur die Legitimation für sein brutales Verhalten in sich zusammen, sondern er selbst verfällt der banalen, aber strengen Gesetzmäßigkeit der apollinischen Sphäre: Nur das vollendete zählt, alles andere ist buchstäblich »Nichts« und zeugt gegen seinen anmaßenden Urheber: »Im Kopf könne man alles haben und tatsächlich habe auch jeder alles im Kopf, aber auf dem Papier habe fast keiner etwas ...« (KW 85) Die Kriterien im apollinischen Selbstentwertungsprozeß rund um jenes »Alles oder nichts« werden sich im Verlauf der »Gesamterzählung« bis ins Wahnwitzige steigern: im »Untergeher« werden wir erfahren, daß es nicht das Vollendete ist, das zählt, sondern nur die absolute Meisterleistung. Das aber macht die apollinische Welt mit ihren hohen Maßstäben zu einer Hölle für »Versager«.

Wenn wir also jetzt die Perspektive wechseln, die störenden Interventionen seiner Gattin ignorieren und eine präzise Auflistung der sonstigen Gründe dafür vornehmen, warum Konrad seine Studie nicht vollenden kann, dann lernen wir, daß er – in der Logik des Textes – scheitert, weil genau diese von ihm gepriesene grausame, menschenfeindliche Energie in ihm zu schwach ist. Konrads Abgrenzung gegen die Mitmenschen ist gering, jede angebotene Störung seiner Arbeit greift er auf, um sie dem Störenden dann zum Vorwurf zu machen. Wie jene Bernhardschen Söhne, die trotzig auf ihre Unabhängigkeit vom Elternhaus insistieren und tatsächlich nicht imstande sind, sich von ihren Müttern zu trennen, ist der Herr des Kalkwerks nicht bereit, den »Einsamkeitspreis« zu zahlen. Jene Verschiebung des Triebziels, die Freud als Sublimierung durchaus positiv gewertet hat, zeigt in den Bernhardschen Überlegungen jener Phase ihre Schattenseite: Der Abzug der Libido hat eine durchaus angstbesetzte Seite und produziert Schuldgefühle.

Der Profit, den Konrad aus der apollinischen Wahl zieht, ist gering. Im Gegensatz zu Murau und Reger wird ihm die Lust des Publizierens versagt. Abgesehen von den kurzen Momenten des »Denkglücks«, eines narzißtischen Rausches, eines Omnipotenzgefühls, wo ihm alles möglich scheint, erlebt er nur die leidhafte Seite intellektueller Produktivität, vor allem die immerwährende Trauer um den ständigen Verlust von Einfällen, die zu realisieren er nicht imstande war: »Alle diese immer wieder und für immer verlorengegangenen Anfänge und Ideen ...« (KW 69) Konrad macht die schmerzliche Erfahrung, daß es einen gewichtigen Unterschied zwischen dem »eine Studie machen« und dem »eine Studie schreiben« gibt. Die Phantasiearbeit rund um eine geplante Studie ist lustvoll und letztlich unverbindlich, das (Nieder-)Schreiben ist eine quälende, frustrierende Tätigkeit, die hohe Disziplin erfordert und den Schreibenden ständig mit der Realität seiner eigenen Unzulänglichkeit konfrontiert. Konrad und seine Nachfolger bewerten das Schreiben, die eigene Schwäche rationalisierend, zunächst gering gegenüber dem Ansammeln der Materialien für die Studie im Kopf, einer glückhaften Variante des Tagträumens. Erst am Ende wird die berechtigte Frage gestellt, ob die beiden Prozeduren einander nicht ausschließen: »Eine Studie, die man ganz und gar im Kopf habe, könne man wahrscheinlich nicht niederschreiben ...« (KW 150) Das ist die Rache des Schreibens. Unerfahrener Autor, der er ist, ein Bernhardscher Gläubiger des erlösenden Anfangssatzes, der angeblich automatisch den nächsten gebiert und so fort, jagt Konrad ständig nach dem mythischen Punkt, wo er, wie in seinem Traum, die Studie in einem Zug niederschreiben kann. Nur wenigen ist das gegeben, im Falle Konrads ist es eine neuerliche Größenphantasie, die Phantasie von einer speziellen Art des Schreibens, die stark mit dem mehrmals erwähnten analen Produktionsmodell der Bernhard-Protagonisten zusammenhängt. Der große Text, die Meisterleistung, soll nicht im Schreiben entstehen, sondern im Denken, Verarbeiten, das dann plötzlich zu einem mythischen Zeitpunkt, auf den Konrad seit drei Jahrzehnten wartet, einen inneren Druck produziert, der die Studie aufs Papier setzt. Es paßt zu dieser Bilderwelt, daß die tödliche Erkrankung des Vorbilds der an einer Schreibstörung laborierenden Bernhard-Protagonisten, des Großvaters Johannes Freumbichler, mit einer Harnverhaltung begann. »Schreiben können« meint in »Kalkwerk« das Gegenteil seines letalen Leidens: Man müsse »von Zeit zu Zeit das Gehirn wie die Blase entleeren, austreten, mit dem Gehirn wie mit der Blase auf die Seite gehen…« (KW 88) Konrads Produktionsmythos hat eine negative, selbstentwertende Seite, die Konrads Frau anspricht, wenn sie den Inhalt seines Kopfes als »Mist, Verfaultes, Undefinierbares, Erschreckendes, völlig Wertloses« bezeichnet. (KW 186) Kann das »Höchste« so entstehen?

II. Die Wahnsinnsgrenze

Strauch auf der Klosterneuburgerstraße

Mehrere Bernhard-Figuren wurden von ihrer Umwelt mit dem diffusen Etikett des »Wahnsinns« bedacht. Sie alle wiesen eine übersteigerte Vorstellungs- und Wahrnehmungsfähigkeit auf, handelten häufig gemeinschaftsfeindlich und litten am Gefühl der Auswegslosigkeit, ja Unerträglichkeit des Lebens, das manche von ihnen in den Selbstmord trieb. »Wahnsinn« ist Leid, doch die gesteigerte Sensibilität und die rücksichtslose Bereitschaft zum sozialen Regelbruch sind die Voraussetzungen von Roithamers »Genialität«, und Kant im gleichnamigen Theaterstück ist zwingend gleichzeitig ein großer Philosoph und ein behandlungsbedürftiger Wahnsinniger, der seinen pathogenen Zustand als Preis seiner Geistesarbeit begreift.

Wenn »Genie« ohne zwanghafte Exzentrizität Betrug und Usurpation ist, dann führen gerade die Bernhardschen Geistesmenschen ein ständig bedrohtes Leben in der Nähe der »Wahnsinnsgrenze«: Was die Voraussetzung jenes »Adels« ist, den sie sich selbst zuschreiben oder von bewundernden Protokollanten zuschreiben lassen, kann sich scheinbar jederzeit mit zerstörerischer Macht gegen sie kehren. Für Murau hat die Konfrontation mit der Wahnsinnsgrenze ihren Schrecken verloren. Die Leichtigkeit, mit der er sich als »Altersnarr« und »Übertreibungskünstler« beschreibt, basiert auf einer von den Bernhard-Figuren erarbeiteten Erweiterung des Handlungsspielraums der Wahnsinnsgrenze gegenüber, in der »Gehen« (1971) und »Wittgensteins Neffe« (1982) als inhaltlich durchaus repräsentative Texte wichtige Etappen markieren.

Jene beiden Männer, deren Schicksal uns in »Gehen« von einem namenlosen und den Geschehnissen gegenüber weitgehend abstinenten Protokollanten beschrieben wird, der Chemiker Oehler, der jahrzehntelang in »Amerika« gelebt hat, und Karrer, ein »Untergeher«, das im Protokoll besprochene Opfer, sind fragmentierte Geistesmenschen, deren Unkenntnis der Murauschen Lehren ihr Scheitern vorhersehbar macht und die außerdem selbstverschuldet an der »Wahnsinns-grenze« scheitern. In der zugespitzten Erzählweise von »Gehen« liegt diese Grenze an einem benennbaren Ort und wird von Karrer in einem benennbaren Moment überschritten: im Rustenschacherschen Laden in der Klosterneuburgerstraße, einer elenden Vorstadtstraße im zwanzigsten Wiener Gemeindebezirk, wird er sozusagen endgül-tig und »amtlich beglaubigt« verrückt.

Karrers Schicksal ist in geheimnisvoller Weise auf das des zweiten Opfers, des Chemikers und Philosophen Hollensteiner, bezogen. Wie-der werden wir Zeugen des Scheiterns einer hochgespannten Studie, die einen pompösen und doch die Ratlosigkeit des Verfassers anzei-genden Titel trägt: »Die Beziehung zwischen Menschen und Charak-teren wie Hollensteiner als Chemiker zu dem sie nach und nach auf das konsequenteste zerstörenden und umbringenden Staat« (GE 43). Die apollinische Sphäre wird von einer ähnlichen Verschwendungs-ökonomie regiert, wie die fortpflanzungsbereite Natur: Karrer verfügt über wahre Wissensschätze und seinem Denken, das jedem ande-ren überlegen ist an Originalität, Tiefe und Rücksichtslosigkeit, wird Potenz zu intellektuellen Revolutionen zugeschrieben – doch dieser Reichtum an Möglichkeiten realisiert sich nur in Männergesprächen auf der Klosterneuburgerstraße und in tausenden beschriebenen No-tizzettel, die eine Bernhardsche Schwester vernichten wird. Nach den Regeln des Paktes, den die Geistesmenschen unterschrieben haben, und der sich in »Untergeher« und »Holzfällen« durchaus als Teufels-pakt erweisen wird, sind die, die ihre Begabung nicht realisieren – und gar die, die die »Wahnsinnsgrenze« endgültig überschritten haben –, nutzlose Existenzen. Auch Karrer wird am Ende durch die eigene Geschichte blamiert, und sein Anspruch auf den Status des »Geistes-menschen« und die damit verbundenen Privilegien wird fragwürdig werden.

Die geplante Studie soll wohl das Rätsel von Hollensteiners Tod lö-sen: Der Professor hat sich in seinem Institut den »Papiermachertod« durch Erhängen gegeben. Das bei Bernhardschen Studien obligate Element von Selbstbefragung bleibt allerdings bloß angedeutet und erschließt sich erst aus der Kenntnis des »Gesamttextes«. Wie immer, wenn die Bernhardschen Protagonisten ratlos sind, suchen Karrer und Oehler zunächst die Schuld an Hollensteiners existentieller Katastro-phe bei Österreich. Der Staat, so erfahren wir, hat dem Chemiker die

Forschungsgelder entzogen und ihn so in den Selbstmord getrieben; solches sei eine exemplarische österreichische Strategie: »Ist ein österreichischer Kopf außerordentlich, sagt Oehler, brauchen wir nicht darauf zu warten, sagt Oehler, daß er sich umbringt, es ist nur eine Frage der Zeit und der Staat rechnet damit.« (GE 34) Das Problem der Chancenlosigkeit der naturwissenschaftlichen Intelligenz im Nachkriegsösterreich ist uns seit den Reflexionen des Advokaten Moro in »Ungenach« vertraut. Hollensteiners Kollege Zoiss hat diese Konstellation gemeistert und einen Lehrstuhl in Stanford angenommen. Hollensteiner, dem die Welt offenstand und der »soviele Angebote« hatte, hat sich als ein dem österreichischen Staat bediensteter Forscher in eine Abhängigkeit von der Art begeben, wie sie ihm vergleichbare Bernhardsche Existenzen systematisch gemieden haben. Ähnlich Oehler, der nach einem dreißigjährigen Aufenthalt in den USA nach Österreich zurückgekehrt ist – im Kontext der Bernhard-Welt ein schwerer, aufklärungsbedürftiger Fehler, dessen Konsequenzen am Beispiel des Professor Schuster in »Heldenplatz« vorgeführt werden. Die Bindung an die österreichische Heimat wird in »Gehen« zwar als eine irrationale behandelt, doch daß Hollensteiner die rettende Berufung nach Deutschland nicht angenommen hat, wird gleichzeitig als »Kraft« und Selbstverleugnung« verbucht – nicht als unvernünftiges Defizit an Selbsterhaltung. Das von vielen Bernhard-Protagonisten so gepriesene »rettende Ausland« wird hier grundsätzlich entwertet – die beiden Protagonisten weisen ein offenkundiges Manko an der Fähigkeit zum »Weggehen« auf. Erst in seinen letzten »geistig gesunden« Tagen verdichtet sich diese im Text präsente Ahnung zu Karrers abschließender dem eigenen System gegenüber apologetischen Erkenntnis: »*Wir besitzen keinerlei Fähigkeit, aus der Klosterneuburgerstraße wegzugehen.*« (GE 97)

Destruktive Ambivalenzen resultieren bei Bernhard-Figuren häufig aus unaufgelösten familiären Bindungen. Auch Hollensteiner ist an eine Schwester gebunden, die sich nach seinem Tod, wie die Schwester Karrers, auf die Seite des Staates, des Verwalters der Wahnsinnsgrenze, stellt und die hinterlassenen Texte, die »irrsinnigen Schriften«, vernichtet. Oehlers Schwester wiederum beglückt diesen – Frau Konrad läßt grüßen! – mit selbstgestrickten Fäustlingen, während der Protokollant als Zeichen der ehelichen Gebundenheit »Schweinslederhandschuhe« trägt, die ihm die Gattin verehrte. Doch diesen »Geistesmenschen« sind die offenkundigen familiären Verstrickungen ebensowenig eine Reflexion wert wie die zeitgeschichtlichen.

Das über den peripatetischen Reflexionen in der Klosterneuburgerstraße stehende Motto, das Murau wohl akzeptieren könnte, ist eine Anmaßung: »Verstandhaben hieße doch nichts anderes, als mit der Geschichte und in erster Linie mit der eigenen persönlichen Geschichte schlußmachen.« (GE 13) Die elementaren Traumen im Leben Oehlers werden nur beiläufig angetippt und mit dem zeitlosen Charakter der Szenerie der Handlung, der Klosterneuburgerstraße, verbunden, bei deren Betrachtung »einem das Kindermachen, und alles, was mit dem Kindermachen zusammenhängt, gründlich« vergeht. (GE 22) In dieser Wiener Vorstadtstraße wurden Oehlers Eltern zusammengeschlagen, er selbst wurde als Kind in Hauseingänge gezerrt und geohrfeigt, bis er schließlich »unter den fürchterlichsten Umständen« (GE 98) das Land verlassen konnte. Dieses Exil, dessen Ursachen so diskret behandelt werden, war wohl nicht das eines vor »Familie« flüchtenden Sohnes, sondern verweist auf Spuren der österreichischen Zeitgeschichte: Die Chronologie des Textes ist wirr, doch wenn Oehler das Land 1938 verlassen hat, dann ist er 1968 zurückgekehrt – zeitgerecht, um in der 1971 publizierten Schrift seine Rolle einnehmen zu können. Oehler, Wertheimer, Reger und Schuster bilden eine Kette von »Weggehern«, deren Motiv, die Vertreibung, erst im letzten Text, dem Theaterstück »Heldenplatz«, präzise benannt wird. Ganz naiv, als hätten Vertreibung und Holocaust die Klosterneuburgerstraße verschont, sucht Oehler »aus der Kindheit und Jugend vertraute, geliebte oder gefürchtete Namen« an den Türschildern: »Wohin sind alle diese Menschen, die mit diesen Namen zusammenhängen, die mir vertraut sind und die ich an keiner dieser Türen mehr finden kann, hingekommen?« (GE 82)

Wo man sich selbst so schlecht kennt und die Chance ignoriert, Geschichtsreflexion als Sinngebung des Sinnlosen zu betreiben, dort regiert zwangsläufig die Strauch-Botschaft, daß alles »unerträglich und entsetzlich« ist, den Diskurs. Ab dem vierzigsten Lebensjahr, schreibt unser damals gerade vierzigjähriger Autor, setzt ein »bösartiger Absterbensprozeß« ein, der »Frühruin«, dem unsere Protagonisten vollkommen ausgeliefert sind. Wie bei Strauch werden die Erfahrungen dieser Lebensphase auf das Ganze projiziert: »Der ganze Lebensprozeß ist ein Verschlimmerungsprozeß, in welchem sich fortwährend, dies Gesetz ist das grausamste, alles verschlimmert.« (GE 11) So geht es unseren peripatetischen Philosophen gar nicht so sehr um das rettende Ergebnis ihrer Denkprozesse, sondern sie suchen nach dem magischen Punkt, wo »Gehen« – das klassische Antidepressivum der Bernhard-Welt – und »Denken« zu einer einzigen erträglichen Wissenschaft verschmelzen.

In der hochgespannten Welt Karrers und Oehlers ist »diese Praxis, Gehen und Denken zu der ungeheuersten Nervenanspannung zu machen, nicht längere Zeit ohne Schädigung fortzusetzen« (GE 84). Es geht den beiden darum, die Lust des Denkens systematisch zu steigern und gleichzeitig mit äußerster Anspannung das Überschreiten der Wahnsinnsgrenze zu vermeiden. Doch gerade die »immer noch zu steigernde Intensität« von »Denken« produziert das, was Bernhard später »Erregungen« nannte in einem Ausmaß, das »Gehen« nicht mehr zu sedieren vermag.

Die Denkvoraussetzung der kühnen Praktiken unserer peripatetischen Philosophen ist den Regeln der Gesellschaft gegenüber konformistisch, sie akzeptiert die »Wahnsinnsgrenze«, ein dem Denken und seiner Souveränität äußeres. Sie sind damit an eine schon von Konrad in ihrem geistfeindlichen Charakter durchschaute gesellschaftliche Gewohnheit gebunden, wie an ihre Fäustlinge schenkenden und im Ausgleich Manuskripte vernichtenden Schwestern. Wer die Wahnsinnsgrenze akzeptiert, gibt ihrem Verwalter, dem Staat, und den zur »Heilung« unfähigen Ärzten, wie dem ignoranten Psychiater Scherrer, der nicht einmal Wittgenstein kennt, Macht über sich. Die »Brutalität eines Augenblicks« kann einen nach Steinhof, in Karrers Fall ein Ort ohne Rückkehr, bringen. Die Wahnsinnsgrenze schafft den Protagonisten von »Gehen« ein ähnliches »Entweder-Oder«, wie die Grenze zwischen Leben und Tod. Von nun an konstruiert sich die apollinische Sphäre nicht mehr als das Reich der unbegrenzten Möglichkeit, sondern bloß als Verdoppelung der chthonischen Sphäre: eine bedrohte Welt, deren Regeln sich rund um ein angstbesetztes finales Ereignis organisieren.

Der Moment des Absturzes

»Verrücktheit«, so lernen wir, ist also »etwas in unglaublichster Höhe sich vollziehendes« (GE 51) und Karrer ist »plötzlich auf dem Höhepunkt (seines) Denkens und also auf dem Höhepunkt (seiner) Geistesleistungsfähigkeit verrückt« (GE 23) geworden. »Gehen« beschreibt diesen Moment eindrucksvoll und dennoch in einer Weise, die gleichzeitig die dieser Beschreibung zugrunde liegende Denkweise karikiert. »Geht man soweit, wie Karrer, sagt Oehler, ist man plötzlich entschieden und absolut verrückt und mit einem Schlag wertlos geworden.« (GE 14)

Karrers Höhepunkt, ein nicht mehr beherrschbarer manischer Rausch, hat sich in Rustenschachers Laden ereignet, in einer Szene, die ein Traum aus Freuds »Traumdeutung« sein könnte, von Kafka verfaßt und im inneren Kino mit Charlie Chaplin verfilmt. Karrer tritt dort nicht als Kunde auf, er bricht in sozial unerträglicher Weise alle Regeln und prüft in einem hochgespannten Solo die dort angebotenen vorgeblich englischen Hosen, hält sie gegen das Licht und diagnostiziert »schüttere Stellen«. Der überempfindliche Blick, jener Blick, den Reger in »Alte Meister« bis zur totalen Meisterschaft entwickeln und letztlich zur Entlastung des Lebens in der apollinischen Sphäre einsetzen wird, richtet sich hier als sadistisch eingesetzte Waffe gegen die Umwelt, personifiziert durch einen Kleiderhändler, der wohl einiges zu verbergen hat. Der Gegenstand der Betrachtung, die Hosen, die Rustenschacher verkauft, sind einer solchen Zuwendung, die in sich die Quintessenz der Karrerschen Empfindlichkeit trägt, wohl nicht wert – hier wird eine kostbare Fähigkeit verschwendet, wie weiland das Vermögen Konrads. Wenn die Welt so ist, wie die Protagonisten in »Gehen« sie beschreiben, dann schuldet sie Karrer nicht mehr, als das Geständnis ihres von ihm erkannten Defekts: »das müssen sie mir zugeben, daß es sich bei diesen Hosenstoffen um tschechoslowakische Ausschußware handelt! das müssen sie mir zugeben! das müssen sie mir zugeben!« (GE 57) Doch hier, wo es um Handelsware geht, findet die Strauch-Botschaft energischen Widerspruch. Die Welt, repräsentiert vom Händler Rustenschacher, verweigert das Geständnis ihrer Minderwertigkeit beharrlich, wie der Fuhrmann in »Watten«, und von nun an rufen die sich ständig höher drehenden Stimmen Karrers und des Rustenschacherschen Neffen einander nur mehr die Formeln von Wahnsinn und Abwehr zu: ist es »tschechoslowakische Ausschußware« oder sind es »erstklassige englische Stoffe«. Karrer irrt nicht völlig: die Hosen haben einen Makel, vielleicht wurde der Zoll betrogen oder zumindest eine falsche Deklarierung vorgenommen. Aber gleichzeitig findet eine Grenzüberschreitung statt, Karrer fängt sich im Netz der Strauch-Botschaft, verzichtet auf die Empirie und postuliert nur mehr: diese Hosen brauche man gar nicht gegen das Licht zu halten, um die schütteren Stellen zu sehen. Am Höhepunkt dieses letzten Prozesses, den ein Kritiker der Welt macht, bevor er im Wahnsinn versinkt, kann scheinbar auf Beweise verzichtet werden – das ist wohl eine der zahlreichen im Werk Bernhards verstreuten Passagen, wo der Autor mit seinen Untergangspropheten Spott treibt. Jetzt wird »veranlaßt, was zu veranlassen gewesen war«, und Karrer wird in die staatliche Heilanstalt für Irrsinnige, den Wiener »Steinhof«, gebracht, den er wohl nie mehr verlassen wird.

Tanz auf der Wahnsinnsgrenze

Wie nuanciert und in sich entwicklungsfähig die Bernhard-Welt tatsächlich ist, zeigt sich im Vergleich der Handhabung der Wahnsinnsgrenze in »Gehen« und in »Wittgensteins Neffe«. Dieser 1982 publizierte Bericht über die Beziehung zwischen dem Ich-Erzähler, hinter dem Thomas Bernhard zweifelsfrei erkennbar ist, und dem im November 1979 verstorbenen stadtbekannten Wiener Original Paul Wittgenstein, leitet jene Serie von »Büchern der Lösungen« ein, die gemeinsam mit »Auslöschung« und »Alte Meister« den Kern des Spätwerkes bilden. Die Lebenswelt der »Geistesmenschen« wird hier keineswegs als Idylle beschrieben, alle uns vertrauten Leidensquellen, Familie, Staat und Krankheit, sind präsent, ja die beiden beschriebenen Krankheiten sind extrem angstbesetzt und ereignen sich »unter den fürchterlichsten Umständen«. Doch die beiden Protagonisten beherrschen jene »apollinischen Strategien«, die schon von Roithamer praktizierte Fähigkeit der »Konversion«, die Elend nicht nur erträglich macht, sondern sogar Gewinn aus ihm zieht – allerdings nur bis zu einem gewissen Punkt. Der »soziale Tod«, der Vorbote des biologischen, der die Erinnerungen an die glänzende Zeit der Wittgensteinschen Existenz »unvorstellbar« macht, wird breit beschrieben, doch er entwertet Leben in seiner Gesamtheit nicht – das darf man wohl Weisheit nennen. Es gibt Glück und dieses Glück vergrößert sich, wenn die Grenzen, die ihm das Unglück setzt, nicht angeprangert, sondern in die Lebensstrategien konstruktiv eingebaut werden. Die charakteristische Ambivalenz im Detail, das »Ich ertrage mich selbst nicht ...« (WN 140), ändert nichts daran, daß die apollinische Wahl dem Erzähler in einer bilanzierenden Betrachtung Glück gebracht hat. Der Text ist eine wichtige Quelle zur Beschreibung des Lebensgefühls unseres Autors in seinem letzten Jahrzehnt, aller krankheitsbedingten Klage zum Trotze, und revidiert zahlreiche Vorurteile. Die Strauch-Stimmung ist nur mehr als Erinnerung präsent: In der Periode der frühen sechziger Jahre, bevor er seinen Freund kennenlernte, einer Zeit der Arbeitsstörung und »Selbstmordspekulation«, hätte er »schon jahrelang mit einer krankhaften Melancholie, wenn nicht gar Depression zu kämpfen gehabt und mich in Wahrheit damals selbst für verloren gehalten«. (WN 129) Das enthält, richtig gelesen, auch einen authentischen Kommentar zum Frühwerk und eine Artikulation der Opposition gegen die Hegemonie dieses Werksegments in der Rezeption.

Schon die ersten Zeilen belegen, daß der Ich-Erzähler wieder einmal weiter ist als seine an Arbeitsstörungen laborierenden Protagonisten und ihre elende Welt schon lange verlassen hat: Dem Schwerkranken wird das eben erschienene Buch »Verstörung« auf sein Bett in der Wiener Lungenheilanstalt auf der Baumgartner Höhe gelegt, »aber ich hatte nicht die Kraft, das Buch in die Hand zu nehmen«. (WN 7) Gesundheit und geistige Arbeitsfähigkeit stehen hier in umgekehrter Relation zu »Kalkwerk«, hier hat einer realisiert, woran der körperlich gesunde Konrad scheiterte, es ist der Körper, der zu schwach ist, die Früchte der geistigen Leistung »in die Hand zu nehmen«.

Während der Erzähler im Lungenpavillon sein von den Ärzten aufgegebenes Leben erfolgreich weiterführt, fristet der Freund das seine in kurzer Distanz in der benachbarten Irrenanstalt »Am Steinhof«. Ohne Zweifel wiederholt sich hier Karrers Schicksal, der Steinhof ist ein furchterregender Ort und die dortigen Ärzte haben seit »Gehen« nichts dazugelernt: Ihre Diagnosen sind falsch, sie sind arrogant und unwissend und stehen »immer dem Lustmörder näher als (ihrer) Wissenschaft«. (WN 14) Doch hier wird das Treiben jener »tatsächlichen Teufel unserer Zeit« (WN 15) nicht schicksalsergeben akzeptiert, sondern routinierte, lebenskluge Kranke verwenden ihre Intelligenz, um das gegnerische System zu analysieren und seine Auswirkungen auf ihr Leben zu entschärfen. Jene metaphorische Endgültigkeit, die der Steinhof für Karrer hatte, fehlt ihm hier völlig: Die Irrenanstalt hat einen Eingang und einen Ausgang. Die Wahnsinnsgrenze wird nicht mehr in Analogie zum alles entwertenden Tod gesehen – sie ist ein Produkt der Kultur und als solches elastisch und läßt einen spielerischen Umgang mit sich zu. Geisteskrankheiten werden keineswegs schöngeredet, das Leid, das sie mit sich bringen, wird nicht verschwiegen, und dennoch wird von nun an von den »*sogenannten* Geisteskrankheiten« gesprochen.

Die gefährliche Affinität zwischen der gesteigerten Wahrnehmungsweise der »Geistesmenschen« und der »Geisteskrankheit« wird von den Protagonisten von »Wittgensteins Neffe« als existentielle Spielbedingung akzeptiert und mutiert zum Bewährungsfeld von »Lebenskunst«. Es gibt eine »philosophische« Sichtweise von »Krankheit«, die dem Aufenthalt am Steinhof und in der benachbarten Lungenheilanstalt eine gewisse Sinnhaftigkeit gibt: er fungiert als Korrektiv einer »Aufsässigkeit gegen sich und seine Umwelt« (WN 33). Es ist gerade die Strauchsche Opposition gegen alles und jeden, die weisheitslose Wut so vieler Bernhard-Protagonisten, die im Irrenhaus und in der Lungenheilanstalt gezähmt wird: »Der Paul ist verrückt geworden, weil er sich auf einmal gegen alles gestellt hat und naturgemäß dadurch umgeworfen worden ist, wie ich umgeworfen worden bin eines Tages, weil ich mich wie er gegen alles gestellt habe, nur ist er *verrückt* geworden aus demselben Grund, aus dem ich *lungenkrank* geworden bin.« (WN 35)

Die Annahme einer Komplementarität der Lungen- und der Geisteskrankheit kommt aus der Tradition, wird aber von Bernhard – einem Denker der Hierarchie – um einen hierarchischen Aspekt bereichert. Der Pavillon der Lungenkranken ist der des Sterbens, der der Geisteskranken der eines übersteigerten Lebens. Beide Kranken verdanken ihr Leben in seiner jeweiligen speziellen Ausprägung dem Umstand, daß sie »eines Tages die Beherrschung verloren haben«, sich »gegen alles gestellt haben«, sich »zu Tode gerannt« haben. Beider Krankheit ist das, was ihnen »zusteht« und sie an den ihnen gemäßen Ort bringt. Hier allerdings gibt es eine quantitative Abstufung: dem Lungenkranken eignet die Fähigkeit, die Krankheit und die Verrücktheit zu beherrschen, eignet jene Disziplin, die Bernhard gerne und oft beschrieben hat, während Paul in seiner Verrücktheit »aufgegangen« ist: er ist ein »Opernkopf«, dessen Leben »naturgemäß« einen tragischen Ausgang finden muß.

Die Verrücktheit Pauls und seine ihm zugeschriebene Genialität sind der des Erzählers prinzipiell gleichwertig, der Unterschied in ihrer jeweiligen Umgangsweise mit ihrer Begabung liegt im Tempo. Paul ist einer, der das Geistesvermögen, das sich in seinem Kopf unentwegt vermehrt, ebenso unentwegt verschleudert, das Geistesvermögen wird im Kopf der Geisteskrankem »immer mehr und naturgemäß immer bedrohlicher und schließlich kommen sie mit dem Hinauswerfen ihres Geistesvermögens (aus ihrem Kopf) nicht mehr nach und der Kopf hält das sich fortwährend in ihrem Kopf vermehrende und in diesem ihrem Kopf aufgestaute Geistesvermögen nicht mehr aus und explodiert«. (WN 39) Konrad, wir erinnern uns, ist genau zu dieser Entleerung außerstande, Paul ist ihr zwanghaft ausgeliefert und nur der Erzähler meistert sie mit disziplinierter Berechnung.

Krankheit als vorgegebene Natur drängt die von ihr befallenen in eine eigene Welt, die der von den Gesunden und ihrer vom Sozialdarwinismus regierten Gesellschaft entgegengesetzt ist. Zwischen Kranken und Gesunden gibt es keine gemeinsame Sprache über deren Behinderung, der Kranke stellt höhere Ansprüche, als sie der Gesunde zu realisieren vermag und fühlt sich – allem Gerede über Fürsorge zum Trotz – »grundsätzlich immer alleingelassen« und erlebt die Hilfe als »egoistische Hilfeheuchelei«, die ihm alles nur erschwert: »Die Helfenden helfen dem Kranken meistens nicht, sondern sie belästigen ihn.« (WN 77) Doch auch diese Rolle ändert sich mit dem bewußten Eintritt in die apollinische Sphäre. Ein Geistesmensch wie der Ich-Erzähler kann die Annahme der Hilfe verweigern: Er gebraucht die berüchtigten Bernhardschen »Erregungen« als Zeichen einer den körperlichen Verfall ignorierenden Vitalität, wissend und akzeptierend, daß die »Aufsässigkeit, die Ungezogenheit, die Renitenz (...) den Organismus mit der Zeit tatsächlich tödlich« schwächt. (WN 26)

In dieser bemerkenswerten Meditation über Krankheit und Mitwelt agiert Bernhard nicht als Ideologe einer Seite, wie er meist gesehen wird, sondern als Vermittler, als Analytiker, der die Konfrontation von chronischer Krankheit und Gesundheit betrachtet und ohne Vorwurf und Übertreibung feststellt, daß die beiden einander nicht ertragen können. Ein anderer, gewissermaßen sensationeller Wandel in der Sozialwelt der Bernhard-Texte liegt darin, daß die beiden Protagonisten sich nicht nur jeder misogynen Reflexion enthalten, sondern auch beide an eine positiv beschriebene Frau gebunden sind. Die leidvollen Erfahrungen Konrads von der Unmöglichkeit einer Synthese von »Ehe« und intellektueller Produktivität werden zurückgenommen durch das schwärmerische Lob des »Lebensmenschen«, »meine Lebensfreundin, der ich nicht nur sehr viel, sondern offen gesagt, seit dem Augenblick, in welchem sie vor über dreißig Jahren an meiner Seite aufgetaucht ist, mehr oder weniger alles verdanke.« (WN 30f.)

Apollinische Freundschaften

Wie Spadolini in »Auslöschung« ist Paul Wittgenstein eine jener rettenden Figuren, die dem Erzähler einen Ausweg aus seiner Krise gewiesen hat, die Beziehung zu ihm ist »in Wahrheit die wertvollste von allen meinen Beziehungen zu Männern« und hat ihm seine »an sich ja nicht unglückliche, aber doch die meiste Zeit mühevolle Existenz so oft in hohem Maß glücklich gemacht«. (WN 59). Mit dieser Einschätzung werden im »Gesamttext« zwei Themenkomplexe angeschnitten: zum einen beginnt die Demontage des »falschen« Mentors Lampersberg, die in »Holzfällen« einen polemischen Höhepunkt erreichen wird; zum anderen stellt sich die Frage nach den Verpflichtungen, die der »Gerettete« gegenüber dem »Retter« hat – eine Frage, der schon in »Ja« und »Beton« nachgegangen wurde und die in allen drei Texten vom Erzähler mit einem sich selbst nicht schonenden Realismus beantwortet werden wird.

Wie Georg Murau personifiziert auch Paul Wittgenstein jene positive österreichischen Tradition, die über mehr Würde verfügt als das scheinbar erfolgreiche moderne Österreich, und ist gleichzeitig – vor allem im Kontext des Vergleichs mit seinem Onkel Ludwig – eine Figur jenes Niederganges, der in der »Politischen Morgenandacht« beklagt wurde. Paul, der Abkömmling der bewunderten, unermeßlich reichen, kulturgesättigten Familie Wittgenstein, ist in seinen ersten Lebensjahren in einem »sozusagen unerschöpflichen Österreich aufgewachsen«. (WN 101) Ein solcher Freund bietet dem Erzähler eine kostbare narzißtische Ergänzung: »ausgestattet mit beinahe allen

Möglichkeiten« (WN 63) ist er nicht nur der Erbe des »wie kein anderer bewunderten« (WN 131) Namens, sondern ist mit einer Welt von Schlössern und unermeßlichem Reichtum assoziiert, die dem Kind kleiner Verhältnisse fremd ist und die er sich in seiner »Antiautobiographie« »Auslöschung« als eigene phantasiert hat. In Paul, dem weltmännischen Sportler, der das »Klügste über die Beethovenschen Streichquartette« sagt und dem Erzähler die Haffner-Symphonie erst »richtig« aufschlüsselt, konkretisiert sich jenes reiche Begabungsspektrum, das Bernhard seinen Figuren so gerne zuschreibt. Das dem Freund gespendete Lob ist gleichzeitig Eigenlob: Wir sind uns, wird resümiert, »ziemlich gleich gewesen« (WN 89) – diese Gleichwertigkeit war ja schon in »Auslöschung« die Voraussetzung apollinischer Beziehungen. Ihrem Anspruch nach ist die Freundschaft frei von Hierarchie, oft holt Paul Wittgenstein den Erzähler auf Feldern ein, die dieser meint exklusiv zu besetzen: »Sehr oft habe ich gedacht, *er* ist der Philosoph, nicht ich, *er* ist der Mathematiker, nicht ich, *er* ist der Kenner, nicht ich.« (WN 94) Doch gerade hier liegt eine Schwachstelle des Berichts, eine – gemessen am »Untergeher« – offenkundige Unwahrheit. In den letzten Jahren entsteht eine Rivalität im Schreiben, und der Gelegenheitsschriftsteller Paul meint, den Erzähler »hinter sich gelassen zu haben«. Der Bericht behauptet, diese Rivalität gemeistert zu haben, doch aus den im »Untergeher« und in »Holzfällen« beschriebenen Konstellationen werden wir lernen, daß Freundschaft unter den hierarchischen Bedingungen der apollinischen Sphäre erst nach den Regerschen Modifikationen möglich ist. Dennoch ist das Bild von der Freundschaft unter Geistesmenschen realistischer als die Idylle des Maria-Traums: daß es dem Erzähler möglich war, bis zum Tode Pauls von dieser Freundschaft »durchdrungen und gelenkt« zu sein, basiert darauf, daß diese Beziehung vom ununterbrochenen Bewußtsein von ihrer Zerbrechlichkeit bestimmt ist, daß sie »aufs mühevollste« erarbeitet wird und so auf »entsprechend nützliche und gewinnbringende Weise« (WN 134) in Anspruch genommen werden kann.

Auch Paul ist ein »Weggeher«, weniger klug als der Onkel Georg hat er seinen Reichtum – Zoiss aus »Ungenach« vergleichbar – an möglicherweise Unwürdige »abgeschenkt«, »hinter sich gelassen (…) um letzten Endes eine sogenannte Geistesexistenz zu führen zur Selbsterrettung«. (WN 102) Ähnlich wie die Familie Muraus lehnt auch die

Familie Wittgenstein die beiden »peinlichen« Exzentriker, den Onkel Ludwig und den Neffen Paul, ab. Das ist einer der zahlreichen Punkte, wo der Philosoph und der Wahnsinnige innerhalb der Hierarchie des Textes als gleichwertig behandelt werden. Eine längere Reflexion des Autors stellt sonstige Unterschiede in Frage: »Der eine, Ludwig, war *vielleicht* philosophischer, der andere, Paul, *vielleicht* verrückter, aber möglicherweise glauben wir bei dem einen, philosophischen Wittgenstein nur deshalb, daß er der Philosoph sei, weil er seine Philosophie zu Papier gebracht hat und nicht seine Verrücktheit und von dem anderen, dem Paul, er sei ein Verrückter, weil der seine Philosophie unterdrückt und nicht veröffentlicht und nur seine Verrücktheit zur Schau gestellt hat.« (WN 44f.) Auf beide »aufregenden und eigenwilligen und umstürzlerischen Denker« sollte »ihre und nicht nur ihre Zeit« stolz sein. (WN 103) Auch hier ist der Text unehrlich, denn zwischen den »Veröffentlichern« und den »Nichtveröffentlichern« besteht in der apollinischen Welt ein enormer hierarchischer Unterschied, dessen Konsequenzen für das Leben uns noch beschäftigen werden.

Beide Wittgensteins zeugen durch ihre bloße Existenz für das Biotop, das sie hervorgebracht hat. Der Text ist nicht frei von Attacken gegen Österreich, doch ignoriert er die nationalsozialistische Vergangenheit des Landes. Die beiden Protagonisten sind der österreichischen Misere keineswegs ausgeliefert, sondern können mit ihr umgehen und nützen auch die Vorzüge des Landes. Die Großstadt Wien bietet ihren Bewohnern, nicht nur den an der »Kaffeehaussuchtkrankheit« leidenden, ein großartiges Ambiente. Für Paul, für den die Oper bis zu seinem Tode »sozusagen der Gipfel der Welt« war, ist die Wiener Oper die »größte von allen. *Die Met ist nichts. Coventgarden ist nichts. Die Scala ist nichts*«. (WN 49f.) Das ist die erste Erwähnung jener gefährlichen »Alles oder Nichts«-Alternative, die im »Untergeher« zentral wird.

Dem Lebenskonzept der in ihren ländlichen »Arbeitskerkern« hausenden »Geistesmenschen« wie Konrad oder Rudolf in »Beton« wird im Namen des Lebensgenusses eine deutliche Absage erteilt: Jener »richtige Ort«, nach dem die »Weggeher« des ersten Teils gesucht haben, liegt zwingend in der Großstadt, sie kann »so häßlich sein wie sie will, sie ist immer noch hundertmal besser für mich als das Land«. (WN 125) Das Land, im Besonderen das ländliche Exil in Ohlsdorf,

»das ich selbst mir vor sechzehn Jahren als Überlebenstherapie verordnet habe, ohne es jemals wirklich als eine *Heimat* auch nur in Betracht ziehen zu können« (WN 141), schont zwar die Lungenflügel des Erzählers und ist insofern »Natur« der wohlwollenden Art, markiert aber ansonsten ein schweres kulturelles Defizit. Es gibt Bernhard-Figuren, die an dem Konflikt zwischen der krankmachenden Stadt und dem verdummenden Land zerbrechen. In »Wittgensteins Neffe« ist man dieser quälenden Alternative nicht ausgeliefert, sondern gönnt sich das Privileg einer alternierenden Lebensweise.

Das, was nicht Großstadt ist, erhält in der Episode rund um die »Neue Zürcher Zeitung« seine ihm gemäße abwertende Etikettierung. Erfolglos jagt das Freundespaar auf der Suche nach einem Exemplar dieser Zeitung über 350 Kilometer durch Salzburg, Bad Reichenhall, Bad Hall und Wels – »miserable Drecksorte« allesamt. Die österreichischen Zeitungen sind allesamt »keine Zeitungen, nur tagtäglich millionenfach erscheinende unbrauchbare Klosettpapiere« (WN 138), und der »Geistesmensch«, das wird klargestellt, kann nicht an einem Ort existieren, wo er die NZZ nicht bekommt.

Diese aufwendige Jagd nach einer Tageszeitung ist wohl närrisch, doch Narretei fungiert hier als eine sublimierte Strategie, den für andere tödlichen Wahnsinn zu entschärfen und in einer Freundschaft kommunizierbar zu machen. In dieser Freundschaft wird die Paranoia, der andere Bernhard-Protagonisten wehrlos ausgeliefert sind, zum Objekt eines lustvollen gemeinsamen Spiels, der anklagende Monolog verwandelt sich in einen genüßlichen Dialog und die beiden Freunde bilden eine vergnügte »Bezichtigungsgemeinschaft«, die nichts und niemand schont.

Selbst was den Chemiker Hollensteiner in den Selbstmord trieb, die Mißachtung intellektueller Arbeit durch den österreichischen Staat, wird durch Pauls Teilnahme zu einer letztlich befreienden Episode. Paul, so lesen wir, war Teilnehmer bei jenen beiden österreichischen Preisverleihungen, die Bernhard als kränkend erlebt hat und über die er häufig in ihrem Wahrheitsgehalt umstrittene Berichte gegeben hat. (MP) Der übertreibende Charakter solcher Berichte ist im Kontext des Krieges zwischen der apollinischen Sphäre und den sie bewohnenden Geistesmenschen und dem der chthonischen Sphäre verpflichteten Staatsapparat durchaus legitim. Das »Herrenrecht« des apollinischen Hierarchen steht über der liberalen Konstruktion von Vernunft und Pflicht zur wahrheitsgetreuen Berichterstattung. Es ist eine komische Konfrontation zwischen »Geist« und »Politik« mit einer schnarchenden Ministerin (gemeint ist wohl die Sozialdemokratin Hertha Firnberg), die den »Dichterling« nicht einmal kennt oder mit einem Minister (Theodor Piffl-Percevic von der ÖVP), der aus Bernhard in seiner Laudatio einen holländischen Abenteuerroman-Autor macht, ihn als Reaktion auf die schon besprochene erste Todesrede einen »Hund« nennt, ihm »die geballte Faust ans Gesicht« schleudert und gefolgt von den Satrapen des Wiener Kulturlebens den Saal eine Glastür zerschlagend verläßt. Paul lacht in das Schnarchen der Ministerin und hilft so dem vermeintlich Geehrten, die »österreichische Perfidie« zu durchschauen und sein Vorurteil zu bestätigen: »Einen Preis entgegennehmen, heißt nichts anderes, als sich auf den Kopf machen zu lassen, weil man dafür bezahlt wird.« (WN 108)

Der Kampf zwischen den »Geistesmenschen« und den dümmlichbrutalen Trägern der Staatsmacht geht diesmal zugunsten der Apolliniker aus: Der Erzähler tritt der Macht als apollinischer Hierarch entgegen, er verfügt über die große subversive Wahrheit der Todesbotschaft, die der lebenszugewandten Dummheit des Ministers entgegengesetzt und überlegen ist. Das öffentliche Sprechen über den Tod markiert gleichzeitig das Erreichen der Unsterblichkeit: die Rede wird wohl den Minister überleben. Die kleine, in ihrer offengelegten Konstruiertheit lehrhafte Episode liegt an der Schnittstelle zahlreicher typischer Lebensprobleme der Bernhard-Protagonisten. Die Ansprache variiert inhaltlich Teile der Strauch-Botschaft, doch der, der sie hier vorträgt, ist ihr nicht ausgeliefert und unterliegt nicht dem Zwang, sie schutzlos vortragen zu müssen. Das befreiende Handeln wird allerdings als das einer Gruppe dargestellt, die der aus dem Maria-Traum überlegen ist: Paul, Bernhard und der Lebensmensch besiegen den Minister, den Wiedergänger des brutalen »Wirten«. Was die Macht als Verwalter der Wahnsinnsgrenze, als Verwalter öffentlicher Mittel, den Geistesmenschen antut, kann hier vom Ich-Erzähler als Held dieser kleinen Geschichte gerächt werden, möglicherweise an den gleichen Machtträgern, die dem Chemiker Hollensteiner die Mittel zu Fortführung seines Labors verweigert haben.

Die Körpergrenze

Am Ende erzählt allerdings auch »Wittgensteins Neffe« eine Strauch-Geschichte, in der Natur und Krankheit triumphieren und eine letzte Grenze setzen, die »Körpergrenze«, die die »Geistesfreundschaft« verunmöglicht. Wie alle Verarbeitungen persönlicher Erlebnisse ist auch der Bericht über Paul Wittgensteins letzten Lebensabschnitt, den Bernhard gibt, sich selbst gegenüber schonungslos. Ab einem bestimmten Punkt von dessen gesundheitlichen und moralischen Niedergang nach dem Tod seiner Frau, als ihm der Tod »ins Gesicht geschrieben« ist, fürchtet der Erzähler den Freund und meidet den Umgang mit ihm: »In seinen sogenannten kritischen Zuständen eilte er auf einen zu und umarmte einen so fest, daß man glaubte, unter seiner Umarmung ersticken zu müssen und heulte sich an der Brust des Umarmenden aus. (…) Ich liebte ihn, aber ich wollte mich nicht von ihm umarmen lassen und ich haßte es, wenn er mit seinen neunundfünfzig oder sechzig Jahren sich an mir ausheulte. (…) Ich mußte ihn oft zurückstoßen …« (WN 55) Die apollinische Freundschaft lebt im aktuellen, glückhaft gestaltbaren Augenblick und sonst nicht. Paul ist jetzt außerstande, dem Erzähler die gesuchte narzißtische Ergänzung zu verschaffen, und der sozialdarwinistische Kampf zwischen den »Starken« und den »Schwachen«, die Furcht, von den »Schwachen« ins eigene Elend gezogen zu werden, gehört zur apollinischen Weltsicht. Die Dankesschuld für die seinerzeitige Rettung wird ignoriert, jetzt geht es Paul, dem rettenden Menschen, wie der Perserin in »Ja«: Er wird vom Erzähler, begründet mit dem brutalen Bernhard-Wort »naturgemäß«, als einer, dem »auch nicht mehr zu helfen gewesen« ist, verlassen: »Ich hatte ihn plötzlich nicht mehr ausgehalten, fortwährend dachte ich, daß ich ja schon nicht mehr mit einem Lebendigen, sondern mit einem längst Toten zusammensitze und habe mich von ihm zurückgezogen.« (WN 127) Sachlich wendet sich der Erzähler vom leidenden Freund ab, ins Letzte geht Paul Wittgenstein genauso alleine wie der Maler Strauch in »Frost«. Die »Anschauung« ändert sich und in den letzten Lebensmonaten erhält der Freund das für Eltern und Frauen maßgeschneiderte Adjektiv »grotesk« und seine »Erbärmlichkeit und Armseligkeit« wird kühl registriert. Das Bewußtsein des eigenen Immoralismus ist dem Erzähler nicht fremd, es ist ein »niedriger Selbsterhaltungstrieb«, der ihn seinen Freund meiden läßt, den er sich nicht verzeiht, doch: »Ich ertrug lieber mein schlechtes Gewissen, als die Begegnung mit ihm.« (WN 148) Und später: »Ich bin kein guter Charakter. Ich bin ganz einfach kein guter Mensch. Ich zog mich von meinem Freund zurück wie seine anderen Freunde auch, weil ich mich wie diese vom Tod zurückziehen wollte. Ich fürchtete die Konfrontation mit dem Tod.« (WN 149) – jene Konfrontation, die in »Frost« und »Verstörung« noch als lebensnotwendige, ja bereichernde behandelt wird. Den Wunsch, an seinem Grab eine Rede zu halten, hat der Ich-Erzähler dem Freund nicht erfüllt, dieses Grab auch nie besucht. Dafür hat er ein Buch über ihn geschrieben, nennen wir es eine »Studie« – so sind Freundschaften in der apollinischen Welt.

III. Gegenseitige Hilfeleistung in der apollinischen Sphäre

Ein überflüssiger Mensch

Die Beobachtung, daß Freundschaft in der apollinischen Lebenssphäre »Bewunderung« voraussetzt und daß, wenn der Anlaß zur Bewunderung entfällt, eine Bernhard-Figur ihren ehemaligen »Retter« in dessen höchster Not kaltherzig verläßt, wird in »Ja« (1978) erneuert und spielt auch in »Beton« (1982) eine Rolle. »Ja« steht zudem in deutlicher Auseinandersetzung mit der in »Auslöschung« verkündeten Vision vom konfliktfreien Verhältnis der Geschlechter zueinander unter der Bedingung der »Gleichwertigkeit«. »Ja« erbt vieles von den harmonisierenden Phantasien Muraus und liefert gleichzeitig eine psychologisch fundierte, kritische Analyse dieser Phantasien, konfrontiert sie mit einem realistischen Wertesystem und spricht ihnen letztlich in greller Weise Hohn. Die Geschichte beschreibt mit schonungslosem Realismus eine Mann-Frau-Beziehung, in der das angeblich zerstörerische Geschlechtliche vom Anspruch her scheinbar ausgeschaltet und durch das »Geistige« ersetzt ist und die dennoch in einen Mißbrauch mündet.

Wie »Frost« protokolliert der Text die letzte Beziehung eines Menschen vor dem Selbstmord. Am Ende der kleinen, grausamen Geschichte ist die Protagonistin tot und im Protokollanten regt sich weder Mitgefühl noch Trauer – nur das uns vertraute Bedürfnis, das Erlebnis niederzuschreiben. Isoliert gelesen sind »Ja« und »Beton«-Geschichten, in denen keine Lösung sichtbar ist: das Scheitern der Protagonisten wirkt tatsächlich »naturhaft« und die beiden Erzählungen markieren einen deprimierenden Tiefpunkt im Bernhard-Kosmos.

Der Ich-Erzähler in »Ja« (und auch der in »Beton«) ist eine jener »überflüssigen Existenzen«, die Bernhard so einfühlsam beschrieben hat. Der »fragmentierte Geistesmensch«, eine Existenz »vor Murau«, ist den uns wohlvertrauten Problemen hilflos ausgeliefert: Er ist an der Ortswahl gescheitert, ist unfähig, seine »Studien« zu verfassen und laboriert an der Bedrohung durch Einsamkeit, Wahnsinn und Krankheit.

Es ist ein Naturwissenschafter, der die Untersuchungen des Fürsten aus »Verstörung« über die »Antikörper« ohne sichtbaren Erfolg weiterführt. Als Lungenkranker ist er ein Mitglied jener Bernhardschen Kolonie urbaner Charaktere, die ihr Gesundheitszustand zwingt, die Stadt zu meiden und am verhaßten, geistlosen Land zu leben, wo »die Roheit … eine viel größere ist, eine immer nur unverschämte« (JA 74) – so die Möglichkeit eines Lebens konservierend, daß an diesem Ort nicht lebenswert ist. Die Geistesarbeit, jene Studie über die »Antikörper« an der der Erzähler seit Jahren sitzt, war ihm einst »Notwendigkeit und Glück«, jetzt ist sie nur mehr »jahrelang größtes Unglück«. Der bloße Anblick seiner Schriften verursacht ihm Angst und Übelkeit, und er sperrt sie – wie Rudolf in »Beton« – in ein Zimmer unter dem Dach. Die Antriebslosigkeit der Studie gegenüber wird wieder einmal auf die ganze Geistessphäre projiziert: »Es gibt ja nur Gescheitertes.« (JA 44) Die Option des Selbstmords ist dem Erzähler lebenslang vertraut, doch die folgende Begegnung mit einer Frau wird keine Selbstmord-Dyade nach dem Muster Kleist–Henriette hervorbringen. Dieser Bernhardsche Held wird keinen »Selbstmord machen«, sondern in der Begegnung mit einem anderen Menschen eine zeitweilige Stabilität finden – möglicherweise auf Kosten dieses anderen Menschen.

Die Erzählung setzt im Moment einer dramatischen Zuspitzung des psychischen Zustandes des Erzählers ein: die »Herbstdepression«, ausgelöst vom »Niedergang der Natur bis in den Dezember«, hat sich bis an die Grenze des »Aushaltevermögens« gesteigert. Daß der Ich-Erzähler im Unterschied zu Strauch über das Außeralltägliche seiner Situation Bescheid weiß, und damit auch über eine prinzipielle Distanz zu seinem Zustand verfügt, hindert ihn allerdings nicht an mannigfaltigen Ideologisierungen seiner Lage. Es gibt etwas, was »schuld« an dieser Lage ist und außerhalb seines Lebenszusammenhanges liegt, und zwar die Gemeinheit, Bosheit und Hinterhältigkeit seiner unmittelbaren Umgebung, vor allem die entsetzlichen politischen Verhältnisse in Österreich, ja in Europa: »Die Bemühungen von Jahrzehnten waren innerhalb weniger Wochen ausgelöscht, der ja schon immer labile Staat tatsächlich innerhalb weniger Wochen zusammengebrochen ...« (JA 72) Jetzt ist »Geistesmord« angesetzt und die Massen werden »gegen die Köpfe und den Geist« mobilisiert. Die Begegnung des Paares, die bald darauf folgen wird, steht unter der Ausgangsbedingung des »Turmtextes«: es ist Krieg, der Krieg der Massen und ihrer Politiker gegen den Geist. Jene Depression, die den Erzähler an den Rand der Wahnsinnsgrenze getrieben hat, hat ihm geholfen, eine fundamentale Erkenntnis zu formulieren, die von nun an über dem Gesamttext steht und deren Konsequenzen später Reger ziehen wird: Er hat eingesehen, daß der Einsamkeitsimperativ unrealisierbar ist, »daß kein Mensch ohne einen Menschen und nur mit seiner Arbeit allein existieren kann.« (JA 19) Und später: »Wenn wir nur einen Menschen in unserer Nähe haben, mit welchem wir letztenendes *alles* besprechen können, halten wir es aus, sonst nicht.« (JA 81) So beginnt die Handlung in einem durchaus magischen Moment im Leben des Erzählers – gerade jetzt, wo die rettende Frau auftauchen wird, ist er ganz an Gemeinschaft orientiert, beseelt von der Idee, daß er ohne Geisteskontakte »nicht mehr existieren werde können«: »Ich hatte nicht mehr allein bleiben können, nicht mehr allein bleiben dürfen, wenn ich nicht umkippen, mich nicht abtöten wollte.« (JA 25)

Rettungsversuche auf dem Land

In der sozialen Wüste des Landlebens gibt es für den Erzähler eine Ausnahmeexistenz, den Realitätenvermittler Moritz, der ihm in seinem Haus Nahrung und Zuflucht bietet. Der gerissene Geschäftsmann, ein Wiedergänger des jüdischen Realitätenvermittlers Bloch aus »Verstörung«, ist wie jener ein zugereister Außenseiter, der seinen Beruf auch als Instrument einer diffus begründeten Rache an den »niederträchtigsten« Dörflern betrachtet, die »im Grunde nichts (verdienten), als die Ausnützung und den Betrug.« (JA 89) Daß die Einheimischen den zu den »Verachteten und Gehaßten« zählenden Moritz »verfluchen«, macht ihn dem Protokollanten liebenswert.

Zu dieser rettenden Figur flüchtet sich der Erzähler jetzt unangemeldet und enthüllt ihr die Folgen seiner »Geisteskrankheit der Kontaktlosigkeit«. Der Monolog, der mit unvermittelter Brutalität vom Selbstmord spricht, wird uns vorenthalten, doch es wird klargestellt, daß diese »wahnsinnige Kopfsuada«, eine Beichte mit »unver-

meidlichen Erniedrigungen und schamlosen Selbstbeschuldigungen«
(JA 10) *auch* ein agressiver Akt gegen das »lebensrettende Opfer« Moritz ist. Wenn in der Rückschau festgehalten wird, daß die Selbstbezichtigungen »Vorhaltungen und Enthüllungen, die ja nichts anders
gewe-sen waren, als gemeine Verletzungen seiner Person«, enthalten
(JA 37), dann hat sich wieder eine Bernhard-Figur ein Stück Selbst
erkenntnis erobert: mit der Etikettierung der Selbstbezichtigung des
Depressiven als (ungerechter) Anklage gegen den letzten Menschen,
der ihm noch zuhört, sind wir neuerlich an einer Stelle angelangt,
die wir als retrospektiven Kommentar zu anderen kommunikativen
Konstellationen im Prosawerk lesen können. Allmählich wird die
Architektur einer eigenartigen Verdrehung der Wirklichkeit in den
»Bezichtigungen« der Bernhard-Figuren und vielleicht auch ihres
Erfinders sichtbar: sprechen sie von der Welt und ihrem drohenden
Untergang, dann beklagen sie den eigenen Zustand; beschuldigen sie
sich selbst, dann meinen sie den Zuhörer.

Die Beichte war als Lösung der Krise konzipiert, doch die Erzählung
stellt klar, daß das Mittel der Selbstentblößung diesmal nichts geholfen hat: »Ich habe sehr oft in meinem Leben die Grenze der Verrücktheit und auch des Wahnsinns überschritten, aber an diesem Nachmit-
tag glaubte ich, nicht mehr zurückzukönnen«. (JA 26) Doch genau
in diesem einzigartigen Moment vor dem definitiven Überschreiten
der Wahnsinnsgrenze, einem dramatischen Moment chancenreicher
Selbsterkenntnis, zeigt sich Rettung: neue Menschen tauchen auf,
künftige »Nachbarn« gar, die »Schweizer«, die beim Realitätenvermittler Moritz ein Grundstück gekauft haben und dort ein Haus als
Alterssitz bauen wollen. Ein Schweizer ist allerdings nur der männliche Teil des Paares, ein international angesehener Kraftwerksbauer
von etwa siebzig Jahren; seine Lebensgefährtin ist eine Perserin von
etwa sechzig Jahren, die der Erzähler im wesentlichen ersten Eindruck
für eine Jüdin oder Armenierin hält – das sind beides historische »Op-
fervölker«. Der Beruf des Mannes macht ihn zu einem Wiedergänger
des Ingenieurs aus »Frost«, einem dort eher positiv beschriebenen Typus, dessen ursprünglich gerühmtes modern-sachliches Weltverhältnis hier eine massive moralische Abwertung erfährt. Diese Figur, über
die wir nur wenig erfahren, bildet das abwesende Kraftzentrum, das
die Handlung weitertreibt, ein böses Zentrum übrigens. Die Konstellation dieser Lebensgemeinschaft montiert vertraute Elemente neu:

Hier hat sich ein »Mann von Unten«, kein Geistesmensch, mit einem weiblichen Geistesmenschen verbunden und wird ihn zerstören. Ein »hochqualifizierter Ingenieur und weltberühmter Kraftwerkebauer« und seine persische Lebensgefährtin als neue Nachbarn! Welch eine Sensation für die Provinz! Ohne Kenntnis der involvierten Person und ohne Rücksicht auf deren Befindlichkeit steigen im Erzähler Wunschbilder von Gemeinschaft auf und verdichten sich zu einem Lebensprogramm. Die Entfernung zwischen den beiden Häusern wird für die »gerade richtige« befunden, »nicht zu weit, nicht zu nah, ich sah mich schon regelmäßig den Schweizern einen Besuch abstatten.« (JA 94) Jeder der beiden erhält eine Rolle im Leben des Erzählers zugewiesen: Mit dem Schweizer will er sich über das »Reale und Normale« unterhalten, mit der Perserin über das »Philosophische«. Die fremde Frau ist genau im richtigen Moment gekommen, um die erkannte Lücke in seinem Leben zu schließen und ihm das zu ermöglichen, wozu Moritz ungeeignet war: sich mit einem Menschen auf eine »meinen Geistesanlagen« entsprechende Weise zu unterhalten. Es ist eine ein wenig gewalttätige Unterstellung, daß auch die neue Nachbarin ohne Musik und ohne Philosophie gar nicht leben könne und daher zwangsläufig seine Zentralthemen, Schumann und Schopenhauer, mit ihm teilen würde, doch verändert sich schlagartig das Weltverhältnis des Erzählers. Der erste Schritt ist erfolgreich: die Perserin wird zum »Gehen« eingeladen und die Einladung wird angenommen. Das lebensmäßige Honorar für diese Kontaktaufnahme mit einem phantasiebesetzten Mitmenschen ist großartig: eine durchschlafene Nacht.

Nichts ist wirklich geschehen, und dennoch protokolliert der Bericht über den folgenden Tag ungewohntes, selbstzufriedenes Glück. Die magische fremde Frau rettet durch die bloße Tatsache ihrer Existenz ein fast schon verlorenes Leben. Aus »Hunderten und Aberhunderten von für mich lebensrettenden Gründen« (JA 76) konzentriert sich in ihr die Rettung ihres Bewunderers und er wird »lebenssüchtig« – so bewirkt sie, woran der schlichte Fuhrmann in »Watten« gescheitert ist. Doch Vorsicht, noch hat die Perserin kein Wort gesprochen, das diese »größte Hoffnung«, die der Erzähler in sie setzt, bestätigt. Seine schnelle Verliebtheit gilt nicht ihrer realen Person, sondern einer narzißtisch genossenen Bereicherung der eigenen. Diese »Liebe« will sich nicht vom anderen mit seinen Themen bereichern lassen, sondern sucht eine Verdoppelung der eigenen; Schopenhauer und Schumann eben.

Tatsächlich ist die Realität der Perserin von Anfang an eine andere, als ihr Bewunderer unterstellt, und der Freund Moritz eröffnet ihm ein Geheimnis rund um das ausländische Paar. Nach oberflächlichster Besichtigung, auf den ersten Blick sozusagen, hat der Schweizer ein seit Jahrzehnten unverkäufliches Grundstück, eine dunkle, unzugängliche, nasse Wiese hinter dem Friedhof, gekauft, um dort ein Betonhaus für den gemeinsamen Lebensabend zu errichten: das Paar »richtete sich da (ein), wo sich kein anderer einrichten wollte«. (JA 29) Die Perserin hat die Verhandlungen schweigsam und gleichgültig verfolgt und dabei ihren Lebensgefährten »mit Langweile und Haß in den Augen« beobachtet. Das Betonhaus, eine nach außen gewandte Abbildung der manischen Energie des Schweizers, ein »Betonpanzer für eine Maschine, die in ihm arbeitet und die weder Licht, noch Luft braucht« (JA 33), ist für Moritz das »Ungewöhnlichste, das ihm jemals ein Bauherr auseinandergesetzt hatte«. (JA 34) Doch wie der Kegel in »Korrektur« bildet das Bauwerk die Beziehung des Paares ab, dem es als Alterssitz dienen soll.

Doch das Interesse des Erzählers an der Lebenswelt der Perserin ist gering; beim schweigenden Spaziergang durchs quatschige Laub und beim folgenden Wirtshausbesuch verzichtet er auf jede Nachfrage. Unter Geistesmenschen herrscht, das wissen wir seit Murau, spontane Harmonie, und so wird auch das einander Anschweigen als idyllisch gedeutet. Obwohl wir immer noch im Feld einer phantasierten Beziehung sind, ist das Erlebnis dieses Spaziergangs so stark, daß es mit etwas zelebriert wird, was bei Bernhard in dieser Schaffensperiode nicht mehr vorkommt: mit einem Absatz. Der Erzähler signalisiert damit den Beginn eines neuen Lebens, der Zustand der Verzweiflung ist beendet und er ist wieder imstande, »Die Welt als Wille und Vorstellung« zu lesen, ein reinigendes Vergnügen »mit dem »wichtigsten aller philosophischen Bücher«, das eine »vollkommene Erfrischung meines Kopfes« bewirkt. (JA 66) Und wirklich rechtfertigt die Perserin in der Folge die in sie gesetzten großen Erwartungen und erweist sich als ein regenerierender Gesprächs- und Philosophiepartner, wie ihn der Erzähler am allerwenigsten in einer Frau vermutet hätte.

Wir, die wir uns das Heimatrecht in der Bernhard-Welt erlesen haben, teilen die Überraschung des Erzählers. Ist die Perserin – wie es die Apologetik gegen den Vorwurf eines reaktionären Frauenbildes behauptet – neben Maria die große Ausnahme im Prosawerk vor der Konzeption des weiblichen »Lebensmenschen«? Schon die Figur der Maria war gar nicht so einfach konzipiert, und auch die der Perserin erfordert eine sensible Lektüre. Sicher handelt es sich bei ihr nicht um eine der »zerstörenden« Frauen, sondern um eine »rettende Frau«, wie wir sie erstmals in »Wittgensteins Neffe« getroffen haben. Sicher enthält ihre Etikettierung als »Geistesmensch«, vor allem im Vergleich zu ihrem Lebensgefährten, eine Um-Schreibung der »gender roles«, doch der Text enthält zahlreiche Hinweise, die nahelegen, ihn nicht als Revision des konventionellen Frauenbildes zu lesen, sondern als eine Fallstudie zur Klärung der Frage nach der apollinischen Potenz der Frau. Ludwig Wittgenstein hat Elizabeth Anscombe zum »Mann ehrenhalber« ernannt (Monk 527), doch um sich einen solchen Ehrentitel zu verdienen, bedarf es wohl mehr als einiger Spaziergänge. Was bei diesem scheinbar devianten Einzelfall zählt, ist nämlich nicht die zitierte kurzzeitige Begeisterung des Erzählers, sondern seine Haltung zum bitteren Ende der Perserin, das mit ihrer schuldhaften Weiblichkeit so verknüpft ist, wie das der Mutter Muraus. Stellt die Perserin also auch nicht die Alternative dar, so bildet sie doch einen wichtigen Entwicklungsschritt auf dem Weg zu dieser Alternative, dem »Lebensmenschen«, mit dem sie drei wesentliche Merkmale teilt: sie ist gebildet, welterfahren und jenseits des Klimateriums.

Es gilt als ein Gesetz unserer Kultur, daß die Frau Subjektposition nur gewinnen kann, indem sie den weiblichen Körper verneint. (Bronfen 211) Tatsächlich verhüllt der weite, knöchellange Pelzmantel, von dem sich die Perserin nur selten trennt, die Zeichen ihres Geschlechtes. Den ersten gemeinsamen Spaziergang unternimmt sie mit einem Männerhut und Männergummmistiefeln bekleidet, das ist Mimikry und vielleicht auch Anmaßung – die Textilien sind vom Wirt ausgeborgt und die Maskerade provoziert bei ihrem Partner eine mitleidige Reaktion: »Es war rührend, wie sie sich angezogen hatte …« (JA 59) Vor allem wird ihre soziale Weiblichkeit schon bei der ersten Begegnung aus ihrem Verhalten sichtbar: sie kommt zu spät und beweist dem wartenden Erzähler so die Richtigkeit des unter Männern geltenden Satzes, »daß Frauen, gleich welche, niemals zu einer angegebenen vereinbarten Zeit fertig sind«. (JA 44) Und gerade auf der sozialen Ebene werden der Perserin im Prozeß der allmählichen Klärung ihrer Geschichte typisch weibliche Verhaltensweisen zugeschrieben, die ihren Status als »weiblicher Geistesmensch« verunmöglichen und sie letztlich zu Fall bringen werden. Ein zweiter gemeinsamer Spaziergang, während dessen die Perserin – als einzige Frau hat sie das Privileg des den Zuhörer schreckenden Monologs – »schonungslos mir und sich selbst gegenüber« über ihr Leben spricht, konfrontiert uns mit ihrer Wahrheit.

Ein Frauenleben

Die Lebensgeschichte der Perserin protokolliert eine nach den Spielregeln der Bernhard-Welt typisch weibliche Verstrickung mit letztlich letalen Folgen. Als neunzehnjährige Philosophiestudentin in Paris hat sie den um zehn Jahre älteren Schweizer kennengelernt, einen jener uns wohlvertrauten energielosen Bernhard-Männer nach Art des Vaters in »Auslöschung«. Es ist nicht die Person des Schweizers, in die sich die Perserin verliebt hat, sondern die in ihm verkörperte Möglichkeit einer Karriere. In einer eigenartigen Mischung von chthonischen und apollinischen Elementen wird diese Lebensgemeinschaft gelebt und die energiegeladene Frau zwingt den Lebensgefährten »zu einer harten und kalten Karriere«. Ähnliches mit ähnlichen Folgen übrigens geschieht ja auch in der Ehe zwischen Fritz und Joana in »Holzfällen« – diese weibliche Verhaltensweise lädt zum Mißbrauch ein und unser Erzähler wird in gewisser Weise als Nachfolger des Schweizers handeln. Ihr »weibliches« Verhalten disqualifiziert die Perserin als »Geistesmensch«: sie ist – anders als Maria – keine »Weggeherin«, hat auf den apollinischen »Selbstschöpfungsakt« verzichtet, hat statt dessen ihre unbestreitbare apollinische Energie auf die Schaffung eines Mannes verwendet, hat sich damit in dieser kinderlosen Verbindung zur lebensschaffenden Mutter gemacht und das Verbrechen der manipulatorischen Mütterlichkeit begangen. Für dieses Verbrechen muß sie zahlen, wie jeder zahlen muß, der im chthonischen Spiel mitspielt. Der Schweizer wiederum hat sich nicht selbst geschaffen, sondern sich von einer Frau, die in der Beziehung mit apollinischer Härte agierte und ihm »nichts schenkte« schaffen lassen.

»Naturgemäß« erleben die beiden einander als »die ideale Ergänzung«, der Schweizer, der sich »dem Karriereehrgeiz der Perserin auf das bereitwilligste zur Verfügung« (JA 116) gestellt hat, erreicht in seinem Beruf die Weltspitze und »sie hatte sich sagen können, daß sie die vier Kraftwerke, die er gebaut hat, *mit*gebaut hat«. (JA 129) Doch nur scheinbar steuert die Perserin die Geschehnisse, schlagartig, »in irgendeinem der Natur passenden Augenblick« bricht das System zusammen: der müde gewordene Mann verliert das Interesse an seiner Karriere und disqualifiziert sich damit als Objekt der Bemühungen seiner Lebensgefährtin. Ab diesem Zeitpunkt ändern sich in dieser hierarchischen Ehe die Machtverhältnisse.

Das Grundstück und das unbewohnbare Betonhaus, das Musterbeispiel einer sadistischen Architektur, die sich – wie Roithamers Kegel, wie Konrads Kalkwerk – gegen die Bewohnerin richtet, sind eine organisierte Rache des Schweizers an der »alt und häßlich« gewordenen Perserin, ein letztlich erfolgreicher Versuch, sich ihrer zu entledigen: »Und er hatte das Grundstück gekauft, weil es seinen Zwecken, sie für ihr lebenslängliches Experiment an ihm, der, wie er ihr gegenüber gesagt haben solle, verdienten Strafe zuzuführen, in idealer Weise entsprochen hat. (JA 134)

Die knappe Skizze des Schweizers beschreibt ihn als Schurken, der verläßt, betrügt und zerstört. Doch auch er ist ein Bernhardscher »Weggeher«, der sich von einer »mütterlichen« Frau eingeengt fühlt und sich jetzt, knapp vor seinem Lebensende, in einem autonomen Schritt den ihm angemessenen Platz sucht. Der liegt an der Seite einer Krankenschwester in »Südamerika«, wo sich bekanntlich die Bernhardschen Ehebrecher gerne in ihrem zweiten Leben niederlassen. Die Beziehungsgeschichte der Perserin dementiert ihren Status als »Geistesmensch« und zwingt sie zurück in die statische Weiblichkeit: Aus schlichtem Geldmangel bleibt sie an den Schweizer gebunden. Sie besitzt die Fähigkeit, männliche Stärke zu mobilisieren – auch der Erzähler richtet sich sofort an ihr auf. Doch keiner der beiden Männer, denen sie ihre für sich selbst ungenützte Kraft übertragen hat, wird ihre Hilfe adäquat erwidern.

Weggehen und Alleinlassen

Nach der klärenden Beichte, nachdem das »Unheimliche in einem Menschen« herausgekommen ist, ist die Perserin erleichtert und imstande, nach dem ihr unterstellten Schema der Geistesmenschen zu funktionieren. Idylle ist angesagt, das Schumann/Schopenhauer-Spiel ist ein gemeinsames geworden, scheinbar wird der Maria-Traum Wirklichkeit und das Paar besteigt im Lerchenwald seinen Turm:»… einer den anderen belebend, immer wieder aneifernd und begeisternd in unseren Köpfen und also Gedanken weit ausschreiten(d).« (JA 136) Doch der wirkliche Herr des Spiels ist die dunkle Figur im Hintergrund, der Schweizer, und nachdem er die Geldüberweisungen eingestellt hat, vegetiert die Perserin frierend und als Ausländerin ausgegrenzt unter den hostilen Einheimischen.

Unser Erzähler, dem die verschwenderische Großzügigkeit eines Paul Wittgenstein fremd ist, kann der Frau, die ihn durch ihre bloße Präsenz aus elenden Zuständen gerettet hat, nicht Gleiches mit Gleichem vergelten. Schonungslos stellt der Bericht klar, daß solches Elend außerhalb der »Lösungskapazität« einer mit Superlativen beschriebenen »Geistesfreundschaft« liegt: »Es war ihr wie mir genauso klar geworden, daß auch diese Spaziergänge in den Lerchenwald keine Lösung waren, weder für sie noch für mich.« (JA 138) Der Riß in der Beziehung zwischen den beiden Protagonisten wird weder detailliert beschrieben noch kommentiert, er ergibt sich einfach aus dem uns wohlvertrauten Umstand, daß apollinische Beziehungen dann abreißen, wenn das Chthonische einem der Partner jene Großartigkeit nimmt, derer der andere zur Ergänzung seines Ichs bedarf.

Nach dem Zusammenbruch der grandiosen Zuschreibungen wird dem Erzähler die Person der Perserin ähnlich unerträglich wie die des Paul Wittgenstein in seiner letzten krisenhaften Lebensphase. Jetzt wird ihm ihre lange versteckte, unerträgliche Weiblichkeit bemerkbar, und in der letzten Auseinandersetzung mit ihr belebt er alle traditionellen misogynen Stereotype der Bernhard-Protagonisten: »Plötzlich hatte ich auch ihre Stimme nicht mehr vertragen …« Der Kommentar zu diesem Absturz schönster Erwartungen bleibt allerdings nüchtern und unbeteiligt: »Unglaublich, wie schnell sich die beste Beziehung, wenn sie über die Kräfte in Anspruch genommen wird, abnützt, schließlich aufbraucht.« (JA 139) Aber wer ist hier das Opfer, wer hat hier was über die Kräfte wessen in Anspruch genommen? Unserem ichbezogenen Berichterstatter, der im Nehmen besser ist als im Geben, ist das keine Frage, die Frau lähmt ihn, er wehrt sich gegen den Kontakt mit ihr, und das Grundgefühl Bernhardscher Protagonisten gegenüber dem weiblichen »Antikörper«, das Gefühl in der Nähe von Frauen nicht arbeiten zu können, stellt sich ein: »Plötzlich war mir dieser Mensch fremd geworden, hatte sich in allem und jedem von meinem Geist und meinen Gefühlen entfernt gehabt. Jetzt war mir ihr Vorhandensein hinderlich, ich hatte das Gefühl, wieder arbeiten zu können, mich *mit den Antikörpern* beschäftigen zu können, wenn sie nicht da wäre.« (JA 139)

Wenn »Geistesmenschen« in solche Situationen geraten, ist »Weggehen« angesagt und der Erzähler wird zum »Schweizer«. So nützt ihm die Frau ein letztes Mal, indem sie ihm zu dem grandiosen Gefühl verhilft, das die »Weggeher« ja auch auszeichnet, und er erlebt Lustgewinn durch fremdes Leid. Der Bericht des letzten Besuchs im verwahrlosten Betonhaus der Perserin verzeichnet vorhergehend ein Urteil einer der bei Bernhard ansonsten nicht sonderlich geachteten Wirtinnen über die *»minderwertige Ausländerin«*, das *»Gesindel«*, dem der Mann *»aus guten Gründen«* davongelaufen sei (JA 140) – eine elegante, von Bernhard-Figuren gerne angewandte Strategie, ein negatives Urteil zu verbreiten, ohne die Verantwortung dafür zu übernehmen. Was der Erzähler jetzt besucht, ist kein Geistesmensch, sondern eine Kreatur, die mit allen extremen negativen Konnotationen behaftet ist, die Bernhards Protagonisten für Weiblichkeit reserviert haben. Schon rund um das unfertige Haus registriert er »üblen Geruch«, Schmutz in allen Varianten und »entsetzliche alte und feuchte Luft«. Es gibt in »Ja« (wie auch in »Wittgensteins Neffe«) einen Verhaltenskodex der Depression, der durch den Exzeß des Erzählers im Haus des Moritz nicht verletzt wurde, eine Grenzlinie im sozialen Verhalten, die von der Perserin überschritten wird.

Die Frau, deren Stärke zwei Männer »gemacht« bzw. gerettet hat, ist in ihrer Schwäche unerträglich. Es ist ein großer Moment in der Bernhard-Welt, dessen Zeuge wir hier werden, vergleichbar der Konfrontation mit der geköpften Mutter in »Auslöschung«, wenn von einer ehedem mächtigen Frau alles abfällt und sie auf ihre Schwäche reduziert wird. Alles Prächtige ist verschwunden und der Pelzmantel hat sich in den schmutzigen Schlafrock der Mutter aus »Korrektur« verwandelt. Anders als in der Ebenhöh-Episode in »Verstörung« ist es kein mitfühlender Arzt, der den letzten Besuch bei einer leidenden Frau absolviert, sondern ein »Naturwissenschafter«, der seinen kalten Blick des apollinischen Hierarchen auf ein Forschungsobjekt richtet und zu dessen Klagen schweigt. In der Hierarchie der Bernhard-Welt hat die Perserin einen Platz erreicht, der noch unter dem des Malers Strauch liegt. Die Anklage, die sie jetzt erhebt, richtet sich auch gegen ihren Besucher, den »absurden Menschen«, der sie »nur noch tiefer in die Auswegslosigkeit und in die Hoffnungslosigkeit« hineingestoßen hätte, und bringt die Wahrheit des Textes ans Licht, daß nämlich die so einseitig gelebte Rettungsphantasie eine zweiseitige war: »Von mir habe sie sich Rettung versprochen, aber auch ich hätte sie enttäuscht.« (JA 144) Die Perserin hat zweifelsohne »recht«, und dennoch artikuliert sie rückwirkend einen Anspruch, der in keiner der bisher besprochenen apollinischen Beziehungen realisiert wurde: Die Lebenssphäre der »Geistesmenschen« ist, trotz Muraus idyllischer Beschreibung, kalt und hart. Jener Anspruch auf gegenseitige Hilfeleistung, auf volle Verantwortung für den anderen, auf »Rettung«, den die Perserin artikulierte, ist in ihr nicht begründbar und gehört zu den Verhaltensformen der chthonischen Sphäre, wo er im Vollzug mit Machtprozessen verbunden ist, die den Apolliniker zum »Weggehen« nötigen.

So wird dem Erzähler aufgetragen, er möge die Leidende nicht mehr besuchen und »gegen alle Widerstände in mir« – welche Heuchelei! – hält er sich daran. Der Rest ist obligat: Wochen später, »einen Tag nach meinem Geburtstag«, liest der Erzähler in der lokalen Presse die Todesnachricht. Die Perserin hat sich unter einen Lastkraftwagen mit Zement geworfen, dem Rohstoff von »Beton«, jenem Wort, das in der nächsten behandelten Schrift zur Metapher für Bernhards Zivilisationskritik werden soll.

Solche weiblichen Selbstmorde fungieren nicht nur bei Bernhard als kommunikativer Akt »in einer kulturellen oder Familien-Situation, die ansonsten weiblicher Autorschaft abträglich ist. Er beinhaltet Selbstreflexivität, insofern der Tod von diesen Frauen selbst gewählt und inszeniert wird: in einem Akt, der sie zum Objekt wie zum Subjekt des Sterbens wie seiner Darstellung macht.« (Bronfen 209) So ist dieser Selbstmord – anders als »Kraftwerk«, »Schumann« und »Schopenhauer« – das einzige »Eigene« im Leben der Perserin. Die Reaktion des Erzählers exekutiert ein letztes Mal das grundlegende Muster der apollinischen Gleichgültigkeit: »Die Perserin ist ihren Weg gegangen. (…) Eine Existenz als menschenmöglicher Opfermechanismus.« (JA 128f.) Das klassische Surrogat für »Trauerarbeit« unter Geistesmenschen kommt auch hier zum Einsatz: eine »Studie« wird verfaßt, die wir lesen können – die einzige vollendete Studie eines Bernhard-schen »Naturwissenschafters« über einen weiblichen »Antikörper«.

Rettung durch eine Schwester und ein Opfer

»Beton« (1982) wiederholt und variiert zahlreiche Konstellationen aus »Ja«. Doch gleichzeitig gibt sich der Text durch zahlreiche Nu-ancierungen des Altvertrauten einen präzise benennbaren Platz in der Entwicklung von Strauch zu Reger: Parallel zueinander kündigen sich die Akzeptanz des Weiblichen und die fundamentale Revision der apollinischen Gesetze, der Abbau des Perfektionszwangs, an. Die Stoßrichtung der Bernhardschen Fundamentalkritik und das sie illus-trierende Milieu ändern sich: Die naturhafte von Müttern und Wir-tinnen dominierte Welt, in der alte Familien auf Schlössern residieren, wird abgelöst von einer von »geldgierigen Emporkömmlingen« (BET 149) beherrschten Moderne, die nicht nur das »proletarisierte Wien« mit seiner »proletarischen Betonhysterie« (HF 151), sondern auch das ehedem paradiesische Mallorca erobert hat. In »Beton« beginnt eine durch Bernhards Tod abgebrochene Reflexionsspirale seiner Prota-gonisten, in der schon dem bloßen Wort »modern« die Qualität des »Widerlichen« attestiert wird.

Rudolfs Bericht über die Begegnung mit zwei in gewisser Weise »rettenden« Frauen, einer Schwester und einer Selbstmörderin, gehört zur Kategorie der posthum publizierten – sein anonymer Herausge-ber gibt sich, wie in »Auslöschung«, durch ein »schreibt Rudolf« zu erkennen. Die Zeitebenen sind in raffinierter Weise verschachtelt: Im »Heute« der Erzählung reist Rudolf nach dem monologisch er-innerten Besuch seiner Schwester im ländlichen Peisach nach Palma de Mallorca, wo er sich an ein Erlebnis aus seinem letzten Aufenthalt erinnert, das dann wieder im »Heute« sein furchtbares Ende findet.

Rudolf, ein fragmentierter »Geistesmensch«, der Muraus Lektion nicht begriffen hat, ist zunächst ein konventioneller Typ des Bern-hardschen Kosmos. Der Sonderling, ein »nutzloser« und »überflüs-siger« Mensch, führt allein einen äußerst kostspieligen Lebenswandel in einem »toten« Haus. Als Interpret Mendelssohn Bartholdys, eines in der Hierarchie der Bernhard-Welt keineswegs erstrangigen Kom-ponisten, der zudem seit Jahrzehnten nichts vollendet hat, ist Rudolf eine Figur von niederem Rang. »Wissenschaftlich einwandfrei« soll das geplante Werk sein, doch seinen Verfasser plagt die uns wohlvertraute Angst vor dem ersten Satz. Genauso wie die vernichtete, doch im intellektuellen Kontext der Bernhard-Welt schon lange fällige Studie über Nietzsche, wird er auch die über Mendelssohn nicht vollenden und jene Geschichte, die wir lesen, die posthum edierte »eigene« Geschichte, die unabdingbare Voraussetzung jeder anderen Geschichte, wird das einzige publizierte Werk Rudolfs bleiben.

Das später benannte Zentralproblem der apollinischen Sphäre, die »krankhafte Sucht zur Perfektion«, wird nur kurz angespielt: Rudolf ist zerrissen zwischen seinen »höchsten und allerhöchsten Ansprüchen« und dem »Ekel« vor den eigenen Hervorbringungen. In der Lebenswelt Rudolfs, der selbst den Kontakt zu den »Holzfällern« abgebrochen hat, ist der Einsamkeitsimperativ noch gültig und seine Folgen werden breit beklagt: »Wenn ich einen Freund hätte! sagte ich mir immer wieder, aber ich habe keinen Freund und ich weiß, warum ich keinen Freund habe. Eine Freundin! rief ich aus, so daß es im Vorderhaus widerhallte. Aber ich habe keine Freundin, ganz bewußt habe ich keine Freundin, denn dann hätte ich ja meine Geistesambitionen vollkommen aufgeben müssen, man kann nicht eine Freundin haben und gleichzeitig Geistesambitionen, wenn man in einem so schlechten Allgemeinzustand ist, wie ich.« (BET 41)

Der »Geistesmensch«, so Rudolfs rigide Konzeption dieses Lebenskonzepts, hat weder Beziehungen noch Verwandtschaften, sondern nur »Geistesverwandtschaften« mit verstorbenen Denkern. »Ja« hat uns darüber belehrt, daß dieses Konzept unlebbar ist, in »Beton« geht die Selbstreflexion der Bernhardschen Protagonisten neuerlich weiter und entlarvt die Behauptung von der Notwendigkeit der Einsamkeit im Namen des Werkes als Rationalisierung einer seelischen Befindlichkeit. Rudolfs Aversion gegen menschliche Gesellschaft sitzt tatsächlich in der für Bernhards Protagonisten so wichtigen Charaktersphäre, in der das Gefühl von »Haben« und »Nehmen«, von »Gewinn« und »Verlust« angesiedelt ist: menschliche Gesellschaft »nimmt«.

Wie immer in den Monologen der Bernhardschen Protagonisten sitzt auch in denen Rudolfs Österreich auf der Anklagebank, das Land, wo der Landwirtschaftminister gleichzeitig Kulturminister ist – eine »Übertreibung«, die eineinhalb Jahrzehnte später von der Existenz eines Ministeriums für Verkehr, Wissenschaft und Kunst eingeholt wurde. Die Präzision Muraus und seine Konzentration auf die nationalsozialistische Vergangenheit ist den Rundumschlägen Rudolfs auf das von »polternden Analphabeten« und »ausbeuterischen Sozialisten« regierte Österreich der Ära Kreisky mit einem »renitenten perfiden Dummkopf als alter Kanzler, größenwahnsinnig, unberechenbar, gemeingefährlich« (BET 149), fremd. Hier werden lustvoll »Erregungen« in »politische Unkorrektheiten« umgesetzt und eine anerkannte moralische Autorität der Zweiten Republik, der Leiter der katholischen Hilfsorganisation Caritas, Monsignore Ungar, mutiert zu einem »alten Partyfuchs«, der als Schnorrer auf Kosten von Kirchenbeitragsgeldern in einer luxuriösen Wohnung lebt. (BET 60f.)

Rudolf hat jene für einen Geistesmenschen unabdingbare Befreiung aus den familiären Bindungen und vom elterlichen Besitz unterlassen. Seine längst verstorbene Mutter ist im Text nur in einer bemerkenswerten Episode, dem »Geheimnis« des Erzählers, präsent: ihr Mantel hängt in einem leeren, wohlversperrten Kasten, den er einmal wöchentlich öffnet, um seinen Duft zu schnüffeln. Ansonsten lebt er auf dem ererbten elterlichen Besitz Peiskam, den er aufwendig restauriert hat, statt ihn zu verschenken, und leidet ostentativ an der Bindung an seine Schwester. Rudolf ist neben dem Doktor in »Watten« wohl der kränkste Protagonist Bernhards, er lebt in ständiger Konfrontation mit dem Tierischen, der Gefahr »einzugehen« und macht im Unterschied zu seinen Vorgängern seinen Status auf deutliche Weise öffentlich. »Beton« nennt die Krankheit, beschreibt die Symptome und listet die Medikamente inklusive ihrer Folgen in penibler Weise auf: »Der wiederausgebrochene *morbus boeck*, die jährlich sich wiederholenden Verkühlungen, der daraus resultierende allgemeine und permanente Schwächezustand und dann immer wieder der gleiche Rhythmus des Aufgeschwemmtseins durch zuviel Prednisolon und des Abmagerns durch eine dann immer wieder notwendige Prednisoloneinschränkung, ja -absetzung. Ich war jetzt gerade abgemagert und wartete nur darauf, wieder aufgeschwemmt zu sein, denn ich hatte vor zwei Wochen wieder stark mit dem Prednisolon angefangen, ich nahm jetzt acht Stück am Tag.« (BET 132f.) Rudolf nimmt in teilweise schwindelerregenden, selbstverordnet hohen Dosen neben Prednisolon Glyzerin, Sandolanid und Aldactone saltucin. Das sind zunächst exotische Worte, doch die schwerverträglichen lebensrettenden Drogen werden uns durch die Benennung ihrer ekelerregenden Folgen näher gerückt:

Aldactone saltucin etwa, eingenommen zur herzentlastenden Entwässerung, gibt der verschwitzten Wäsche einen ekelerregenden Geruch. Hier ist es erstmals der Erzähler, der schlecht riecht, wie sonst nur eine Frau.

Wie »Ja« beschreibt »Beton« eine letale Episode aus Bernhards Biographie, deren tatsächliche Protagonistin Gabriele hieß und aus Miesbach in Bayern stammte. (Fleischmann 1991, 75) Peiskam ist zwar ein erfundener Wohnsitz, doch enthält seine Beschreibung minutiöse Elemente der Lebensform Bernhards in Ohlsdorf vom Ritual der Anwesenheit vortäuschenden Beleuchtung bis zu dem der Postzustellung. Obwohl Bernhard regelmäßig deutlich erkennbare Elemente der eigenen Lebensgeschichte in seinen Texten verarbeitet, stellen die detaillierten Beschreibungen der aktuellen Krankheitszustände eine ungewohnte Intimität mit dem Leser her. »Beton« dementiert massiv die öffentliche Verleugnung seines extremen Gesundheitszustandes, die Bernhard lange betrieben hatte, und kann auch als Botschaft an das Publikum gelesen werden. Der Autor zeigt sich hier unmittelbar und persönlich, in all seinem Leid, aber auch in seiner ihm durchaus bewußten sozialen Unerträglichkeit. Breit geschildert werden die psychischen Auswirkungen der Tabletten, vor allem die Erregungszustände, in die sie Rudolf versetzen. Irritationen – und seien es nur gedankliche – bestraft der Körper mit einem Hustenanfall, der neuerliche Medikamente in hohen Dosen und mit kalkulierbaren Folgen notwendig macht. Hier erklärt einer, der ansonsten gerne den Rüpel markiert, die Ursachen seines Verhaltens und bittet damit gleichzeitig um Schonung. Hier zeigt aber auch ein selbstbewußter Künstler in einem authentischen Kommentar, daß ihm das aus seiner gesundheitlichen Situation stammende Element seiner übersteigerten Polemiken bewußt und damit disponibel ist.

Jener Rudolf, der durchaus kraftvoll österreichische Politiker attackiert, reagiert auf den schwesterlichen Satz, er möge auf sich aufpassen, mit einem unterdrückten Weinkrampf: »Wie zerbrechlich wir sind, habe ich gedacht, wir führen alle so große Wörter im Mund und pochen tagtäglich und fortwährend auf unsere Härte und auf unseren Verstand und kippen von einem Augenblick auf den anderen um und müssen ein Weinen in uns erdrücken.« (BET 110) Der Verfasser von »Beton«, der literarischen Zelebration eines öffentlichen Sterberituals, erhebt Anspruch auf die emotionell hoch besetzte Rolle des kranken, ja sterbenden Dichters. Spätestens ab diesen Konfessionen hätte sich das öffentliche Bild des Thomas Bernhard wandeln können, doch die Botschaft des Textes ist überhört worden. Die minutiöse Aufzählung von Krankheitszuständen und krankmachenden Medikamenten hat nicht Mitleid gezeitigt, sondern bestenfalls eine grausam Parodie. (Bieler) Gegenüber der Zerbrechlichkeit des großen Rüpels hat die österreichische Gesellschaft eine tiefsitzende Apperzeptionsverweigerung entwickelt: »Mitleid« mit Thomas Bernhard, ein Mitleid, das ihn nicht infantilisiert und den Anlaß seiner Kritik nicht herunterspielt, haben weder seine begeisterten Gefolgsleute noch seine Gegner artikuliert. Der massenmediale Festschreibungsprozeß hat es vorgezogen, dem Dichter als vollverantwortlichen Staats feind eine Stärke zuzuschreiben, die ihm schon lange nicht mehr zur Verfügung gestanden hat. »Beton« ist an der österreichischen Härte abgeprallt, die Koalition der vom Dichter beleidigten, derer, die die unangenehmen Botschaften, die er in seinen Übertreibungen verkündete, verdrängten und schließlich derer, die durch die massenweise Skandalisierung des Dichters politisches oder publizistisches Kapital schlugen, war stärker als dieses eindrucksvolle Memento.

Der Wechsel von der eingebildeten Todesperspektive des Malers Strauch zur echten Rudolfs hat bemerkenswerte Konsequenzen gezeitigt. Angesichts des Todes wird nicht mehr die »Mortitudo«, der spannungslose Zustand, besungen, sondern Leben ist das erstrebenswerte: »Jeder will leben, keiner tot sein, alles andere ist Lüge.« (BET 151) Kein Wort mehr vom Urverbrechen der Zeugung, kein Wort von der befreienden und das Leben erträglich machenden Potenz des Selbstmordes. »Beton« mit seiner exakten Auflistung der medikamentösen Strategien zur Lebensverlängerung steht ganz im Zeichen des Eros. Ab einem bestimmten Zeitpunkt hat sich der Kampf des Thomas Bernhard gegen die österreichische Gesellschaft in einen persönlichen Kampf ums Überleben verwandelt, eine überflüssige und beklagenswerte Konstellation.

Eine Schwester in Nahaufnahme

Einer der Gründe, die Rudolf als »Geistesmenschen« disqualifizieren, ist jene Bernhardeske Besessenheit von einer Frau, die seine Schwester

Elisabeth, die destruktive Mitte seines Weltverhältnisses, über weite Strecken des Textes zum zentralen Objekt seiner Reflexion macht. »Geliebt und gehaßt« ist diese Schwester, die sogar das Privileg einer Benennung genießt, und die Beziehung zu ihr unterliegt zahlreichen »Korrekturen«; nach den bisherigen Standards wird ihre Lebensform ohne Zweifel verworfen, doch gleichzeitig werden neue Werte eingeführt, die sich zu einem »Paradigmenwechsel« in der Sichtweise des Weiblichen verdichten. Die »Korrekturen« schaffen ein neues Weltbild, am Ende erhält die Schwester nicht nur den individuellen Status einer »rettenden Frau«, sondern konstituiert einen neuen, in der bilanzierenden Betrachtung positiven Frauentypus. Jene totale Entgegensetzung, Maler versus Wirtin, Sohn versus Mutter, männliche Kultur versus weibliche Natur, wird allmählich abgelöst von einer Betrachtungsweise, in der die Verhaltensweisen der Geschlechter einander ergänzen und wechselseitig korrigieren.

Auch Elisabeth hat sich verheiratet, doch nicht an einen lächerlichen »Weinflaschenstöpselfabrikanten«, sondern an einen »Realitätenvermittler«, der sie nach kurzer Ehe verlassen hat und nach Südamerika geflüchtet ist, wohin bei Bernhard »die betrogenen und belogenen und zum Narren gemachten Ehemänner (…) seit Jahrhunderten« ziehen. (BET 53) Die verlassene Elisabeth hat das Gewerbe des Ex-Gatten übernommen und macht jetzt »Millionengeschäfte« mit ihren aristokratischen Bekannten. Das Bernhardsche Baukastensystem konfrontiert uns hier mit einer aparten Kombination: eine Frau als Mitglied der hochgeachteten Berufsgruppe der »Realitätenvermittler«, jener positiv beschriebenen Adepten Merkurs, die ihrer Berufsbezeichnung gerecht werden und der Realität geben, was sie verlangt. Nach herkömmlichen Standards ist Elisabeth eigentlich eine Usurpatorin einer »männlichen« Rolle, doch wird sie – im Gegensatz zur Perserin – vom Handlungsablauf nicht blamiert und schon gar nicht bestraft.

Wenn diese Schwester also Rudolf beherrscht, dann weniger in ihrer Rolle als Fortsetzerin familiärer Bindungen, sondern eher als Agentin des Lebensprinzips in der Nachfolge des Fuhrmanns aus »Watten«. Rudolf, der seinen kümmerlichen Lebensrest unter die Macht dieses Prinzips gestellt hat, ist damit automatisch der im Gegensatz zum Fuhrmann wortgewaltigen Macht der Schwester ausgeliefert. Mit dieser Konstatierung verändert sich die Bewertung des Verhältnisses der

Geschwister. Der Besuch der Schwester war kein Überfall unter Ausnützung des »Wohnrechts« – der unter seiner Einsamkeit leidende
Rudolf selbst hat sie im vollen Wissen der Begleitumstände mit einem
Hilfeschrei in sein Haus geholt. Ihre scharfe Kritik an der Lebensweise des Bruders klingt destruktiv, doch enthüllt sie – wie weiland
die Klagen von Konrads Schwester/Gattin – das Geheimnis seines
angemaßten Status als »Geistesmensch«: *»Seit einem Jahr faselst du
von Mendelssohn Bartholdy, wo ist dein Werk? (…) Du gehst nur mit
Toten um, ich mit den Lebenden, das ist der Unterschied. In meiner
Gesellschaft sind lebendige Menschen, in deiner nur Tote. Weil du vor
den Lebendigen Angst hast, (…) weil du nicht den geringsten Einsatz
zu leisten gewillt bist, den Einsatz der zu leisten ist, wenn der Mensch
mit lebendigen Menschen umgehen will.«* (BET 26) Der Onkel Georg,
der große Lehrmeister aus »Auslöschung«, könnte wohl ähnlich argumentieren und gleichzeitig bereitet sich Regers letzte Umwertung der
apollinischen Werte vor.

Daß diese Schwester einen hohen Rang in der Hierarchie der Bernhard-Welt einnimmt, zeigt sich auch darin, daß sie eine »Weggeherin« ist, die den ihr entsprechenden Ort, eine luxuriöse Wohnung in
der Wiener Innenstadt, gefunden hat. Ginge es nach ihr, der Realitä-
tenvermittlerin, dann hätte Rudolf Peiskam nicht restauriert, sondern
verschleudert, »abgeschenkt«. In der Beschreibung der geschäftlich
und gesellschaftlich erfolgreichen Elisabeth tauchen neue Begriff-
lichkeiten zur Beschreibung einer weiblichen Protagonistin auf: Sie
ist eine kluge, »sozusagen gebildete«, attraktive Frau mit »gehobenen
guten Manieren«, souverän und ausgestattet mit der Fähigkeit zur
Konversation. Elisabeth synthetisiert das Prinzip der weiblichen Stärke und das ursprünglich dem männlichen Geschlecht zugeordnete
Prinzip der Kultur im Namen Merkurs. So verkörpert sie eine neue,
unschlagbare Form von weiblicher Stärke, die Rudolf erdrückt.

»Heil und Schutz« hat Rudolf bei seiner Schwester gesucht, doch
der Bericht über ihre Anwesenheit ist auch einer über die letztlich
enttäuschende Begegnung mit einer rettenden Frau. Doch diesmal ist
es nicht der kulturelle Unterschied zwischen Mann und Frau, der diese Rettung verunmöglicht: Diese Schwester ist zu mächtig und jede
ihrer lebensbejahenden, aber aggressiven Interventionen mobilisiert
die Erinnerung an die manipulatorische Mütterlichkeit, die Grundla-
ge des männlichen Geschlechterkampfes. Dennoch hat die Schwester

Rudolf »gerettet«: Sie hat ihm, wie einst Onkel Georg, den Gedanken zum Reisen »eingepeitscht«: »Wenn wir reisen werden wir, wenn wir noch so abgestorben sind, wieder lebendig.« (BET 80) Für den am »Weggehen« gescheiterten wird Reisen jetzt die »kleine« Lösung und erfordert immer noch übermenschliche Energie. Doch die Todesgefahr, die mit der Reise verbunden ist, wird im Namen des Lebens billigend in Kauf genommen: »Ich sehe mich schon in Palma aus dem Flugzeug steigen und der warme Afrikawind weht mir ins Gesicht, sagte ich mir. Und ich hänge mir den Pelz um die Schulter und habe auf einmal wieder leichte Füße, einen klaren Verstand etcetera, nicht diese mich zersetzende Hoffnungslosigkeit im Kopf und auf meinem ganzen Körper.« (BET 134)

Anna Härdtl

Palma, der Ort eines potentiellen »Neuanfangs«, erfüllt Rudolfs Erwartungen, es ist »schöner denn je«. Doch jenseits des paradiesischen Palma der Luxushotels, die Rudolf frequentiert, gibt es auch das höllenhafte Palma der Betonsilos des Massentourismus. Dorthin führt uns die Erinnerung an Rudolfs Begegnung mit Anna Härdtl während des letzten Aufenthalts in Mallorca. Zwischen ihr, dem mit einem Namen versehenen »Opfer« ihrer Weiblichkeit, und der Schwester, der »Siegerin«, besteht eine quasi architektonische, untergründige Beziehung: Fast scheint es, als ob diese beiden Typen von Weiblichkeit einander ergänzen, wie das so viele Bernhard-Figuren tun. Anna, ein Mensch in seiner »höchsten Verzweiflung und Verwirrung«, hat Rudolf durch ein Mißverständnis auf der Straße angesprochen und ihm ihre Geschichte erzählt. Ihr bloßes Auftreten zerstört die fröhliche Stimmung Rudolfs und leitet einen »kaum zu überstehenden Alptraum« ein: »Ich war von dem Anblick der jungen Frau entsetzt gewesen. Offensichtlich trug sie Trauerkleidung und machte einen verstörten und armseligen Eindruck.« (BET 177) Die junge Frau gibt einen wirren Bericht über ihr elendes Schicksal, den Rudolf – offensichtlich kein »Geschichtenzerstörer« – für uns chronologisch ordnet.

Die damals Neunzehnjährige hat ihren Gatten dazu überredet, ein eigenes Elektrogeschäft zu eröffnen. Weniger erfolgreich als der von der Perserin angetriebene Kraftwerksbauer scheitert der für eine Existenz als selbstständiger Geschäftsmann ungeeignete Absolvent einer Ingenieurschule an Lieferanten, Spediteuren und der Abwesenheit von Kunden. Krank und erschöpft flüchtet sich das junge Paar mit einem Kleinkind ins Mallorca des Massentourismus, in eines der Beton-Hotels, eine »Senkgrube für Menschen«, die »ausschließlich aus Geldgier gebaut und betrieben werden«. (BET 199). Was sich in jener Schicksalsnacht auf dem kleinen Balkon des Härdtlschen Zimmers mit seinem fahrlässig niedrigem Gitter tatsächlich abgespielt hat – Mord, Selbstmord oder Unfall –, bleibt offen, doch am Morgen liegt der Leichnam des jungen Mannes auf dem zubetonierten Hof und wird nach Landessitte schleunigst in einem anonymen Grab, einem »überirdischen Betonschacht«, beerdigt.

Rudolf hat die junge Frau auf den Friedhof zum Grab ihres Gatten begleitet und der traurige Ausflug, die letzte Begegnung der beiden, hat eine eigenartige Folge: Auch das Opfer Anna verwandelt sich in eine rettende Frau. »Tatsächlich richten wir uns an einem noch unglücklicheren Menschen sofort auf. (BET 210) Die Begegnung mit einem Elend, das noch größer ist als das eigene, hat auf den sterbenskranken Rudolf eine belebende Wirkung, Lustgewinn aus fremdem Leid stellt sich ein, und er tut beim anschließenden Abendessen etwas, was er schon seit zwanzig Jahren nicht getan hat: er tanzt. Trotz seiner Betroffenheit ist die Reaktion Rudolfs auf das Elend der jungen Frau von einer apollinischen Nüchternheit und imitiert den Sozialdarwinismus der Schwester: »Aber einem solchen Menschen ist (…) nicht zu helfen. Es gibt tatsächlich Millionen solcher unglücklicher Naturen, die aus ihrem Unglück nicht zu retten sind.« (BET 209)

Ein Friedhofsbesuch in der Gegenwart der Erzählung wird dieses Vorurteil bestätigen: Im Betonschacht neben dem Grab des Gatten liegt das der selbstmörderischen Witwe. Das Erlebnis läßt Rudolf in »höchster Angst« zurück, imstande allerdings, jene »Studie« über die »Untergeherin« Anna zu verfassen, die wir lesen können. Diese einzige Studie, die Rudolf vollenden und nach deren Beendigung er sterben wird, wie er es vorausgesehen hat, kann unter ein Motto gesetzt werden, das die Wirtin im »Untergeher« in Frageform kleiden wird, das in seinen Voraussetzungen nicht von Schopenhauer stammt und über dem Bernhardschen Spätwerk steht: »Es müßte nur glückliche Menschen geben, alle Voraussetzungen sind da, aber es gibt nur unglückliche.« (BET 151)

Die »Studie« geht äußerst milde mit Anna um, was gar nicht selbstverständlich ist. Sie hat ja ihren Gatten »mehr oder weniger gezwungen, das Geschäft anzufangen und seinen eigentlichen Beruf, den des Elektroingenieurs, aufzugeben« (BET 184), hat damit das Verbrechen der manipulatorischen Mütterlichkeit begangen und ist – wie die Perserin oder Muraus Mutter – dem Strafgesetz der Bernhard-Welt entsprechend mit dem Tod bestraft worden. Doch Anna Härdtls Tod zeugt nicht gegen sie, sondern gegen die Gesellschaft, die auf »Beton«, dem exemplarischen Baustoff der Moderne, gebaut ist. In der Geschichte dieses Opfers bündeln sich in einer derartigen Konzentration pathologische Erscheinungen des Lebens in der Moderne, daß diese letztlich als »unlebbar« dasteht.

Schon in »Frost« war die Änderung der Stoßrichtung der Bernhardschen Kritik insofern angelegt, weil die Endlichkeit des vom »Beton« des Kraftwerksbaus bedrohten Weng vorausgesetzt war. Mallorca steht für eine »gute« Natur, die dem zerstörerischen Schrecken einer hochentwickelten Zivilisation schutzlos ausgeliefert ist. Die Künstlichkeit, die Murau so gepriesen hatte, entfaltet ihre heilsame Wirkung auf den »Geistesmenschen« nur in den ursprünglich aristokratischen oder großbürgerlichen Nobelhotels, die künstliche Betonwelt mit ihren »*Überwinterungsgutscheinen*« für abgeschobene »Senioren« hingegen birgt eine Hölle. Weng wird abgelöst von einem anderen Todesort, dem »fremdartig«, »unheimlichen«, wüstenhaften und von Verwesungsgeruch durchzogenen Friedhof von Palma: »... obwohl ich immer geglaubt habe, es ist mir gleich wo, *da* will ich nicht begraben sein.« (BET 194)

IV. Rettung im Männerbund

Ein »ausschließlicher Geistesmensch«

Die beschriebene allmähliche Annäherung an das Weibliche soll uns nicht blind machen für die auch im »Kulterer« zentral stehende »männerbundische« Lösung des Einsamkeitsproblems der Geistesmenschen. Koller, die Zentralfigur der 1980 erschienenen »Billigesser«, hat sein fragmentiertes Glück in einem Männerbund gefunden, und der Text kann in gewissen Partien geradezu als Hymnus auf eines jener unzähligen männlichen Kleinrudel gelesen werden, die sich über das Land verstreut in manchmal lebenslangen und dennoch distanzierten Billard-, Kartenspiel- oder sonstigen Runden treffen. »Die Billigesser« sind eine jener Bernhardschen »Sekundärstudien«, in denen uns ein Protokollant wie seinerzeit der Versicherungsvertreter in »Kalkwerk« über das Scheitern des Entstehens einer Studie und den damit verbundenen Untergang ihres Autors Koller berichtet. Hier allerdings ist der Protokollant nicht neutral und unbeteiligt, wie in »Kalkwerk«, sondern, wie einst der Famulant oder Roithamers Kollege, in eine intensive Beziehung zu Koller verstrickt; dieser Protokollant wird vom Objekt seiner Beschreibung nicht zerstört, sondern wir werden Zeugen einer Art Emanzipation, an deren Ende der Protokollant *seiner* Studie in einem Akt der befreienden Usurpation jenen Titel geben wird, den der bewunderte Koller für seine gescheiterte vorhergesehen hatte. So zeichnet auch dieser Bericht, der mehrmals die Perspektive wechselt, seine Wertwelt relativiert und Selbstbilder falsifiziert, die mit hoher Überzeugungskraft vorgetragen werden, ein zunächst widersprüchliches Porträt des Protagonisten. Seit Roithamer kennen wir jene grundsätzliche Widersprüchlichkeit der Bernhardschen »gesteigerten Existenzen«, die uns gleichzeitig als glänzende apollinische Hierarchen und als »arme Teufel« gegenübertreten. In dem kunstvoll gezeichneten Porträt Kollers wird diese Doppelstruktur in einer subversiven Weise zugespitzt, die sich selbst in Frage stellt und neuerlich Regers Revision vorbereitet.

In der von Superlativen gesättigten Bernhardschen Beschreibungs-
welt gibt es immer die Möglichkeit einer Steigerung, die den jeweiligen
Helden von seinen Vorgängern abhebt. Koller also ist der »ausschließliche Geistesmensch« – der Titel markiert eine hierarchische Differenz
zu seinen Vorgängern und macht seinen Träger zu einer Vorform des
Glenn Gould aus dem »Untergeher«. Der Erforscher der »Billigesser«
ist kein Maulheld der apollinischen Lebensform, der hinter großen
Worten seine familiäre Gebundenheit verbirgt: Obwohl er seine Hei-
matstadt Wien nicht verlassen hat und heute noch in seinem Geburts-
bezirk lebt, hat er mit dem Elternhaus gebrochen. Er »verachtete den
Elternbegriff, haßte alles, das mit Familie zusammenhing naturgemäß
und es ekelte ihn tatsächlich immer vor dem Wort *Herkunft*«. (BE 81)
Sein »Weggehen« verlängert den dramatischen Akt des Verlassens der
Eltern in einen lebenslangen Akt der gewollten, systematischen Desintegration, in einen Kampf auf Leben und Tod, der sich in chronolo-
gischer Reihe gegen Eltern, Lehrer und Gesellschaft richtet.

Der Einsamkeitsimperativ erhält in dieser Fixierung des antisozi-
alen Auftrags der Geistesmenschen einen neuen Stellenwert. Kollers
Denken hat das unschuldige Feld der naturwissenschaftlichen Erforschung von benennbaren »Antikörpern« verlassen: Der Geistesmensch selbst ist zum »Antikörper« geworden und sein Existenz
unterliegt der Pflicht zur permanenten, »eigensinnigen« Subversion
gegen die Gesellschaft, die er in Strauchs Nachfolge nur als »Masse«
zu fassen versteht. Verglichen mit Koller sind alle Fürsten, die Verwalter suchen, alle Österreich-Flüchtlinge, die in England unterrichten, ja selbst Murau, der insofern soziale Regeln einhält, als er an der
Hochzeit seiner Schwester teilnimmt, Verräter am existentiellen Auftrag des Geistesmenschen – »Opportunisten«. Im unentwegten Bür-
gerkrieg zwischen »Geist« und »Masse« hat jeder, der »dieser Masse
nachgibt und sei es in einem einzigen Punkt, (...) sich als Geistesmensch aufgegeben ...« (BE 84f.)

Wie praktisch alle seine Vorgänger ist auch Koller materiell unabhängig und kann sich so jeder nicht geistigen gesellschaftlichen Ver-
wertbarkeit entziehen. Der Garant dieser Unabhängigkeit ist allerdings kein elterliches Erbe, sondern das Trauma: nachdem ihm der
Hund eines vermögenden Industriellen derart ins Bein gebissen hatte,
daß dieses amputiert werden mußte, erhielt der Verstümmelte nicht
nur eine größere Summe als Schadenersatz, sondern auch eine monat-

liche Rente. Für Koller war der Tag des Bisses der im positiven Sinne wichtigste Tag seines Lebens:»*Das Ereignis* hatte ihn frei gemacht und er hatte von dem Ereignis an seinen Willen durchsetzen und mit seinen, wie er es nannte, *Geisteserfolgen* rechnen können.« (BE 45) Auf seine spezielle Art ist auch Koller ein Aristokrat, einer, der, dem Fürst Saurau vergleichbar,»niemandem verantwortlich (ist) und sich immer nur an seine eigenen, an keine anderen Gesetze zu halten (hat).« (BE 86) Koller verfügt in hohem Ausmaß über die Konversionskraft des Apollinischen und seine Leiden sind ihm die Quelle seines»Geisteskapitals« und der Garant seiner»Geistesweihe und Geisteswürde«. Mehrere Bernhardsche Kranke haben den Sozialdarwinismus und die Verachtung, denen sie ausgesetzt waren, angeprangert, Koller dreht den Spieß um und verachtet die Gesunden:»Er bedauerte die sogenannten Gesunden, weil sie nach seinen Vorstellungen niemals aus den Niederungen der absoluten Geistesdummheit herauskommen ...« (BE 55) Krankheit und Behinderung verlieren in seinem Wertsystem die ihnen so häufig zugeschriebenen lebensverhindernde Qualität, schaffen eine Erweiterung der menschlichen Existenz und begründen einen eigenen»Adel«: der Hundebiß, die Eintrittskarte in die apollinische Sphäre, ist die»außerordentliche Krönung« seines Lebens und macht ihn zum»Fürsten« der Geisteswelt mit ihrer Bejahung der Abwertung, Verunstaltung und Vernichtung jeder Körperlichkeit dem»Geist zuliebe«. Damit wird die ideologische Software begründet, die noch mehreren anderen Bernhard-Texten das Betriebssystem liefert. Produktivität und Kreativität sind transformiertes Leid, Krankheit schafft Erkenntnisgewinn.

Ein solcher Geistesmensch kommt ohne»Realitätenvermittler« zurecht, er existiert aus einem geradezu manischen Überlegenheitsgefühl heraus und erlaubt sich neben der bei Bernhard obligaten Verachtung der»Akademiker« ein extrem dünkelhaftes Verhalten gegenüber jedermann. Der bewußt rücksichtslose Koller, der»immer nur sich selbst zuliebe« handelt, ist seiner sozialen Umwelt eine unerträgliche Belastung, er setzt seine Behinderung als Machtmittel ein und schlägt Menschen, die ihm den Gehorsam verweigern, mit seinem Krückstock und bezieht aus dem»Geistesmenschentum« und aus all den glorreichen Zuschreibungen, die damit verbunden sind, die Rechtfertigung seines hochentwickelten Egoismus. Wer vorgibt, sich für die»Geisteswelt« zu interessieren, betritt eine totalitäre Sphäre, in der Hierarchen wie Koller sich die absolute Befehlsgewalt anmaßen. Mit diesen Beschreibungen, die uns vor allem deswegen frösteln machen, weil die Legitimation Kollers, die tatsächliche Leistung, genauso gering ist wie die seines Vorgängers Konrads oder des armen Rudolf aus »Beton«, setzt Bernhard seine fundamentale Kritik an den zwischenmenschlichen Beziehungen in der apollinischen Sphäre fort, die am Ende in Regers letzter Umwertung der Werte ihren Höhepunkt finden wird.

Die schon mehrfach angerissenen Analogien zwischen der Sphäre Merkurs und der Apollos werden in der Beschreibung Kollers weitergeführt: wie ein protestantischer Kaufmann (oder gar ein dämonischer Balzacscher Handelsmann) führt der »Billigesser« Koller ein vollkommen asketisches Leben, in dem alles dem »Geisteszweck« untergeordnet ist; er hat, um einer »unwillkürlichen geistigen Mittellosigkeit vorzubeugen« und »um allen sogenannten Geistesabwertungen und also Geistesnotzeiten vorzubeugen, sein Geistesvermögen an allen möglichen Punkten (seines Kopfes) angelegt« und arbeitet »immer nur auf die Vergrößerung dieses seines Geistesvermögen hin«. (BE 96f.)

So sehr der Protokollant Koller auch bewundert und in seinem Bericht dessen Dünkel respektiert, ist er doch auch soweit dem Wertsystem der »Gesunden« verpflichtet, daß er uns auch ein ungeschöntes Bild von dessen Lebenswelt zeichnet – sein Bericht führt jenen Desillusionierungsprozeß eines »Wagner« fort, der in »Korrektur« begonnen hatte. Als vom Protokollanten bewunderter Schulprimus war Koller als Kind eine strahlende Existenz, ein »schöner, in jeder Beziehung anziehender, beneidenswerter« Mensch. Doch von dem strahlenden, glücklichen Jüngling ist nichts mehr übriggeblieben – die Geistesexistenz hat die männliche Schönheit Kollers ähnlich zerstört wie die Sexualität mit der Wirtin die des jungen Gendarmen in »Frost«. Aus dem vielversprechenden jungen Mann ist ein »absolut abstoßender Krüppel und Geistesmensch« (BE 78) geworden, dessen unbeholfene und lächerliche »Körperarmseligkeit« in »erbarmungswürdigen Verhältnissen« lebt: ein einsamer Paranoiker mit verwahrlosten Kleidern, zerrissener Hose und geplatztem Rock, der »Auffallendste« der »drei, vier auffallenden Krüppel, die sich tagsüber durch den Neunten Bezirk bewegten und die ganze Aufmerksamkeit auf sich zogen« (BE 70) – und solche sind den Augen der Gesunden nicht angenehm.

Der Protokollant

Wie in »Frost« beschreibt der Protokollant sich selbst als beiläufiges Accessoire der Zentralfigur und verschweigt uns die enorme Bedeutung, die er in Kollers Leben hatte. Tatsächlich hat Koller gewissermaßen exklusiv für den Protokollanten gelebt: Dieser namenlose Bankbedienstete ist der einzige Mitmensch, der ihm – und uns – in einer Folie à deux seinen Status als »Geistesmensch« bestätigt. Die Existenz dieses sich zwar gelegentlich entziehenden, aber sonst auf Bedarf abrufbaren Gesprächspartners unterscheidet Koller von seinen Vorgängern: Er hat, wie Murau in Gambetti, einen »idealen Menschen und Zuhörer« gefunden, der »würdig« und »fähig« ist, seiner absolut ichbezogenen Pädagogik zu folgen. Im Ringen der Bernhardschen Autoren um den verfluchten ersten Satz hat dieser also eine neue Strategie entwickelt: Koller hat dem »einzigen und geeignetsten Menschen« die Präliminarien seiner Studie mündlich vorgetragen.

In dieser Beschreibung einer verrückten Beziehung wird auch auf ein Element angespielt, das Bernhard im »Untergeher« systematisch aufarbeiten wird: schon in der Schule war Koller der »Erste« und der Protokollant der »Zweite«. Zwischen beiden herrscht eine fatale »Herr-Knecht-Dialektik«, die Koller zugeschriebene Macht des »Ersten« verwandelt den Protokollanten in einen »Diener« – doch gleichzeitig ist der Vampir Koller »auf einen solchen ihm hörigen Menschen angewiesen« (BE 59); ohne den »Zweiten«, den einzigen Menschen, der seine »Größe«, wenn auch ambivalent, bewundert, ist er tatsächlich »Nichts« – ein ekelhafter Krüppel.

Der sadistische Charakter der Hierarchien in der Geisteswelt wird sich allmählich herausstellen und im »Untergeher« zunächst eine funktionale Begründung erfahren. Ganz wie in der vom Maler Strauch angeprangerten Natur geht es auch in der Geisteswelt um die Vernichtung des Schwächeren: »So war die Beziehung zu ihm auch immer die fortwährende Anstrengung gewesen, von ihm nicht unterworfen und vernichtet zu sein, denn nichts anderes fordern solche Menschen als Charaktere von einem, als daß man sich ihnen bedingungslos unterwirft und aufgibt und selbst in die eigene Vernichtung einwilligt und sich dadurch vernichtet.« (BE 59) In diesem eigenartigen Spiel profitiert Koller »in einem Höchstmaß« aus der Beziehung zum »ganz seiner Rücksichtslosigkeit« ausgelieferten Protokollanten, der sich allerdings nie vollkommen aufgibt und sich dem Tyrannen zeitweilig entzieht; in seiner Art ein fragmentierter »Weggeher«. Begegnungen zwischen den beiden können so verlaufen: mit dem Stock winkt der Krüppel den Protokollanten auf seine Straßenseite, hält ihm einen Monolog über seine Wissenschaft, die Physiognomik, und bricht abrupt und grußlos das Gespräch ab. »Er hatte es nicht einmal der Mühe wert gefunden, ein Abschiedswort zu sagen. Ich war es schon gewohnt gewesen auf diese Weise von ihm mißhandelt zu werden.« (BE 65) Abzüglich des Stockes werden solche Verhaltensformen auch von Kollers Erfinder berichtet.

Erst in den letzten acht Lebenstagen Kollers ändert sich die Kräfteverteilung in dieser Beziehung und der fanatische »Billigesser« begleitet den Protokollanten sogar ins gar nicht so billige und von ihm verachtete Restaurant »Auge Gottes«, um ihm dort seine Studie vorzutragen. Jetzt, in der höchsten Anspannung des geplanten Beginns der schriftlichen Fixierung der Studie, ist Koller schwach und der Erzähler – auch das gehört zu dem der apollinischen Sphäre wesenseigenen Sadismus – verspürt »ein momentanes Bedürfnis (…), mich an seiner entsetzlichen Lage und überhaupt an seinem erbarmungswürdigen Zustand zu weiden.« (BE 112) Kollers Tod bereitet sich im Verfall seines Selbstbildes in seinem Spiegel, in der uns wohlvertrauten Destruktion der »Ergänzungsliebe« des Protokollanten vor. Koller, der zum Töten bereite Sadist, wird sterben und der überlebende/überlegene Erzähler wird als Leichenfledderer den Titel von Kollers Studie enteignen und den selbsternannten Forscher kaltherzig und ohne Trauer zu ihrem Objekt degradieren. Wieder ist es Zeit für den schon mehrmals geäußerten quasi metereologischen Befund: vor Reger ist es in der apollinischen Sphäre »kalt« wie einst in Weng.

Kollers Studie

Rund um die »Studie«, die Koller die ihm zustehende allgemeine Anerkennung sichern soll, gibt es ausnahmsweise eine relativ präzise Chronologie. Bis zum Hundebiß versteht sich Koller wie so viele seiner Vorgänger als »Naturwissenschafter«, seit jenem traumatischen Ereignis vor sechzehn Jahren, seit dem Beginn der gemeinsamen Mittagessen mit den »Billigessern«, arbeitet er an einer Kette von zusammenhängenden, revolutionären Studien zur »Physiognomik«, der Lehre von der Ausprägung des menschlichen Wesens in der Körpergestalt, insbesondere den Gesichtszügen.

Ein Satori-Erlebnis im Wertheimsteinpark hat Koller während einer krisenhaften Phase den Zentralpunkt seiner Arbeit gewiesen: die physiognomische Erforschung der »Billigesser«, jener Männerrunde, an deren Tisch er zwar seit dem Unfall das Mittagessen einnimmt und die er dennoch »schon über Jahre vergessen« hatte. Die Welt der Bernhardschen Studien mit ihrem angemaßten Ansprüchen auf Wissenschaftlichkeit und öffentliches Interesse bleibt regelmäßig unklar, hier wird der Bezug zur Person des Autors geklärt: Auch diese Studie erzählt trotz ihrer scheinbar allgemeinen Thematik die »eigene Geschichte« des Forschers, und untersucht den letzten Rest an menschlicher Gemeinschaft, der Koller auf seinem Geistesweg geblieben ist. In einer verschlungenen Weise soll die Studie gleichzeitig Kollers persönliches Trauma, den Hundebiß, die Amputation und die dadurch gewonnene geistig-materielle Freiheit verarbeiten. Die auf die Physiognomik gestützte Denkweise dieser Studie ist offensichtlich deterministisch und behandelt zwangsläufige Entwicklungen im menschlichen Schicksal – im Vergleich zu Muraus sich auf »Wahl« zum Geistesmenschen konzentrierende Studie hat hier wieder einmal ein Paradigmenwechsel stattgefunden: Koller, den »Billigesser«, interessiert die naturgegebene, sich »mathematisch genau und folgerichtig« entwickelnde Bestimmung der Menschen zu einem Verhalten, die an der Wahl des Speiselokals sichtbar wird – es gibt »geborene und personifizierte Billigesser« und die sind an der entsprechenden Physiognomie erkennbar. Das gewählte Lokal verstärkt die Determination und prägt den Menschen weiter.

Kollers geplante Schrift soll »die ganze Natur und die ganze Wissenschaft von der Natur« enthalten (BE 116), und der Ehrgeiz ihres Urhebers, der mit »vollkommener Hingabe« in den »unendlichen Wissenschaftsabgrund« springt und dabei den »Höchstpreis« zahlt, ist es, »Geschichte zu machen«. Das ist ein destruktiver Anspruch und im weiteren Verlauf unserer Untersuchung werden wir ihn dem Feld des »apollinischen Wahns« zuordnen. Auch diese Studie existiert nur im Kopf des Verfassers und auch an ihr wird der harte Grundsatz der apollinischen Sphäre von der vollkommenen Wertlosigkeit jedes »nicht zur Schrift gewordenen Denkens (…) weil es wenn überhaupt, nur seinen Erfinder allein bewegt und nicht Geschichte gemacht hat« (BE 116f.) exemplifiziert. Am Ende des Berichts, nach Kollers Unfalltod, steht der ungerührte Kommentar des Protokollanten, die Studie sei »verloren gewesen wie so viele Geistesprodukte, von welchen uns ihre Erfinder gesprochen haben.« (BE 150) Ist die apollinische Sphäre wirklich lebenswert, wenn alles, ein ganzes Leben als Geistesmensch, derart folgenlos bleiben kann? Oder rechtfertigt das kleine Glück des Gefühls, die Studie im Kopf vollendet zu haben, ein Glück, das Konrad nicht zu schätzen wußte, ein ganzes hingebungsvolles Leben?

Die Billigesser – Ein antikulinarischer Männerbund

Die »Billigesser« also sind eine Runde von – Koller inbegriffen – fünf Männern, die sich täglich in der sogenannten WÖK (Wiener Öffentliche Küche), in der Döblinger Hauptstraße trifft, um dort gemeinsam das billigste der drei angebotenen Menüs zu verzehren. Die WÖK war ein Wiener Kommunalbetrieb, eine Kette von »preiswerten« Speisehäusern. Da im Text viel über die Qualität des Essens und darüber, wie die WÖK Koller gerettet habe, gesprochen wird, sei festgestellt: das WÖK-Essen hatte zum möglichen Zeitpunkt der Handlung keinen guten Ruf. Was die »Billigesser« an einen Ort zieht, der sich weder durch Bequemlichkeit, ein ästhetisch ansprechendes Ambiente, guten Service oder gar ein gutes Essen auszeichnet, braucht im Kontext der deterministischen Weltsicht der Kollerschen Physiognomik nicht erklärt zu werden: Sie sind allesamt »geborene« Billigesser und haben hier den ihrer »Natur« gemäßen Ort gefunden, wie Murau den seinen in Rom.

Koller hat die Erforschung der Billigesser ins Zentrum seiner physiognomischen Studien gestellt, doch sein uns überlieferter Bericht an den Protokollanten bricht nach Konstatierung der biographischen Präliminarien vor der eigentlichen »Geistesarbeit« ab. Das Geheimnis, wie er den Anspruch realisieren wird, die »Billigesser« aus einem »charakteristischen (…) stichhaltigen und beweiskräftigen Existenzmerkmal« heraus aufzuschlüsseln, wird mit ihm begraben werden. Die fragmentarischen Lebensgeschichten, die Koller über die »Billigesser« zu erzählen weiß, sind nicht uninteressant, doch stehen sie in einem grellen Mißverhältnis zu der Bedeutung, die ihnen als Präliminarien einer Epoche machenden Studie zugeschrieben wird und blamieren letztlich seine Wissenschaft: wie jämmerlich ist sie doch, wenn sie nur so weit reicht, einen bewundernden Schwachen zu beherrschen und die Menschen, mit denen man regelmäßig zu Mittag ißt, zu beschreiben.

Die »Billigesser« sind eine bunte Mischung aus dem Wiener Kleinbürgertum, der Arbeiterklasse und der Bildungselite: Weninger, der Betreiber einer Essigabfüllerei und damit vielleicht ein Geschäftsfreund der Frau Professor Schuster aus »Heldenplatz«, ist in undurchsichtige Geschäfte verwickelt; Goldschmidt, der jüdische, politisch links stehende Buchhändler, ist offensichtlich einer real existierenden Figur nachgebildet, einem Döblinger Buchhändler, der einen Namen als Autor skurriler Viennensia hatte; Grill, der Magazineur einer Eisengroßhandelsfirma, ein »korrekter Mensch und unglücklicher Charakter«, der als melancholischer Witwer »wie soviele unverschuldet ins Unglück gekommene« von der WÖK und den »Billigessern« gerettet wurde (BE 135), ein geheimer Dichter, der von einem akademischen Studium träumt und schließlich (von) Einzig, ein trunksüchtiger Universitätsprofessor mit unausgelebten homosexuellen Neigungen, der möglicherweise Lügen über seine Herkunft erzählt. Gemessen an dem ihnen zugeschriebenen Anspruch sind diese Kurzbiographien leer, vor allem entbehren sie völlig der ihnen zugeschriebenen Evidenz, ja im Gegenteil, sie lassen die bohrende Frage offen, was denn diese Menschen zu »Billigessern« prädestiniert. »Einzig hatte, so Koller, ganz einfach billig essen wollen und diesen Wunsch habe er sich nur in der WÖK erfüllen können …« (BE 145) Dieser Wunsch, seine sozialen Konsequenzen und die damit verbundene Mißachtung leiblicher Bedürfnisse ist nicht unbedingt charakteristisch für adelige Hochschulprofessoren, er ist in der Regel zu seiner Zeit ein Kind der Not gewesen, die bei keiner der geschilderten Biographien hervorgehoben wird.

Daß die WÖK, dieser Ort einer asketischen Anti-Idylle, wo man vom naturhaften »Essen« nicht abgelenkt wird, für Koller zu jenem gesuchten »eigenen« Ort avanciert, erklärt sich daraus, daß »Billig-essen« eine Chiffre ist, deren Bedeutung erst klar wird, wenn wir hören, was dieses Männerrudel für Koller bedeutet hat. An jenem für ihn furchtbaren Tag der Entlassung aus dem Spital, nach dem ersten Gang als einbeiniger Krüppel, hat sich Koller gewissermaßen in die ihm seit

Jahren vertraute WÖK gerettet. Und dort, in diesem Moment von Hunger, Schwäche und tiefster Hilflosigkeit, ereignet sich eines jener Bernhardschen Wunder des »Angenommen-Werdens«, das auch dem »Kulterer« im Gefängnis widerfährt. Die »Billigesser«, die traditionell am »beherrschenden Tisch« des Lokals residieren und den freien Platz seit langer Zeit gegen Okkupationsversuche verteidigen, laden ihn an ihren Tisch. Die ersten Menschen, mit denen Koller in seinem neuen Leben als »ausschließlicher Geistesmensch«, spricht, nehmen ihn sofort an, ja er findet einen »Dauerplatz«! Das Ereignis geht in seiner Bedeutung über die des Auftauchens der »Schweizer« in »Ja« hinaus, es kommt nicht nur zu einer rettenden menschlichen Begegnung, sondern einer findet Heimat in einem Männerbund, der ihm genau das gibt, was er im Moment braucht. Dieses Gefühl ist beiderseitig, die Gruppe von Ausgeschlossenen (der linke Jude und der Homosexuelle!) und Traumatisierten hat seit langem auf einen wie den verkrüppelten Koller gewartet, es ist ihnen abzulesen, »daß sie einen wie ihn an ihrem Tisch gebrauchen konnten, sozusagen wenigstens eine Bereicherung, und eine willkommene Abwechslung habe sich an ihren Tisch gesetzt ...« (BE 37) Das ist eine andere Form von »Ergänzung«, als sie in »Ja« und »Wittgensteins Neffe« vorgeführt wird, eine, die sich nicht an der phantasierten glänzenden Seite orientiert, sondern an der Realität des Traumas.

Daß die »Billigesser« Koller sofort den besten Platz einräumen, und zwar »auf die angenehmste und zuvorkommendste Weise, wird mit dem Bernhardschen Ur-Wort begründet: »naturgemäß«. Im Männerbund herrscht eine prästabilierte Harmonie, man ist von Natur aus sorgend und solidarisch. Schon bei seinem Eintritt in die WÖK schenkt Koller den »Billigessern« sein Vertrauen und wird nicht enttäuscht: während die anderen Gäste und das Personal intensiv, rücksichtslos und primitiv auf sein fehlendes Bein stieren, haben die neuen Tischgenossen für Koller Verständnis, doch lassen sie ihn in Ruhe: »kein Mitleid, nur Interesse (...), denn Mitleid haßte er, gegen Interesse war nichts einzuwenden gewesen.« (BE 37) Von nun an sind ihm die »Billigesser« seine »tagtägliche Zuflucht zu den Menschen (...), von welchen er sich längst getrennt hatte«. (BE 64) Die Studie ist – ungeachtet ihrer »wissenschaftlichen« Ansprüche – Kollers Ausdrucksmittel seiner tiefen Dankbarkeit.

Daß Koller dort sechzehn Jahre, bis zu seinem Tod also, seinen

»Dauerplatz« einnahm, ohne den Wunsch »wegzugehen« und ohne die Angst, »vernichtet« zu werden, hängt mit den Interaktionsformen im Männerbund zusammen, die diese kleine sozusagen binnensoziologische Studie beschreibt. Nach den strengen Kriterien der Bernhard-Welt sind die Billigesser mit Ausnahme vielleicht von Goldschmidt keine »Geistesmenschen«. Drei von ihnen sind zwar Kaufleute, und der vom Profitstreben angetriebene Kaufmann hat mit dem »Geistesmenschen« gemeinsam, daß er »immer vorwärts« strebt, »aber naturgemäß niemals zum Höchsten« (BE 121), doch bilanzierend wird ihnen »Durchschnittlichkeit … Unbedeutendheit und sogenannte geistige Wertlosigkeit« attestiert. Lange Zeit »verdinglicht« Koller sie, sie sind ihm keine »Partner«, sondern »Denk*material*, also Philosophie-*material*«. Doch das wunderbare Prinzip »kein Mitleid, nur Interesse« ist dem Männerbund und den Beziehungen der »Geistesmenschen« gemeinsam und markiert genau jene Grenze, die der kranke Paul Wittgenstein und die elende Perserin überschritten haben. Der Text entwickelt sozusagen eine Etikette dieser nicht auf Freundschaft basierenden, gemessen an den großen gesellschaftlichen Projekten relativ zweckfreien Bündnisse. Hier trifft man sich zunächst, um »gut und billig« zu essen, und das meint ja auch, daß man keine großen Ansprüche stellt und zahlreiche Illusionen des Lebens abgebaut hat. »Billig« heißt aber auch, daß man den Preis für das von einer Frau zubereitete Essen spart – trotz Weningers ehelichen und außerehelichen erotischen Lebens sind die »Billigesser« ein frauenfreier Text. Es gibt in ihm keinen misogynen Diskurs, sondern er zieht einfach die Konsequenz aus diesen vorausgesetzten Diskursen. Was den Kern der gemeinsamen Aktivität betrifft, das Billigessen, herrscht im Männerbund ein dogmatischer Konformismus, doch ansonsten herrschen Toleranz und wechselseitiger Respekt. Alle haben ihre Eigenarten, doch keiner behelligt die anderen damit und auch Koller verschont seine Genossen offensichtlich mit seiner sozialen Unerträglichkeit. Die »Hilfsbereitschaft« (BE 22) – ein seltenes Wort in der Bernhard-Welt – bleibt unverbindlich. Nicht jeder kann hier mitmachen und einsteigen, man muß sich den Platz am Tisch der »Billigesser« verdienen. Die großen Konflikte der Bernhardwelt werden offensichtlich an diesem Tisch nicht ausgetragen, Streit wird vermieden und Einzig, der Hochschulprofessor, Koller, der Verächter der Akademiker, und Grill, der von einem Studium träumt, können das billigste Menü in Harmonie genießen. Im idealen Männerbund in der WÖK respektiert man die soziale Verletzlichkeit eines Mitglieds wie Grill, das von ganz unten kommt, und feiert seinen Aufstieg zum Eisengroßhandlungsmagazineur mit »allergrößter Hochachtung« – ja, man erlaubt ihm sogar, seine eigentlich unerträglichen Gedichte vorzutragen. Wer an diesem Männerbund teilnehmen will, muß die in ihm herrschende Idee der republikanischen Gleichheit respektieren – der Text demonstriert das am Beispiel des Professors von Einzig: er, der in der gesellschaftlichen Hierarchie eigentlich am Höchsten steht, wird »zurechtgestutzt« und muß »seinen Geist aufgeben«. Den protzigen Wappenring nimmt Einzig in die WÖK nicht mit; dort hat er seine eigene Würde als Gescheiterter, als Trinker, als unterdrückter Homosexueller – und eben als Mitglied des stabilisierenden Männerbundes der »Billigesser«.

Die apollinische Gleichgültigkeit ist also offensichtlich mit dem Organisationsprinzip des Männerbundes, der interessegeladenen Abstinenz, vereinbar. Der Männerbund gleicht das Trauma der Amputation aus ohne eine besondere Empathie, ohne »Sozialhilfe« und ähnliche »weibliche« Organisationsprinzipien der Gesellschaft. Er »rettet« Koller, doch gleichzeitig illustriert dessen vielfältiges Scheitern die Defizite dieser Lebensform. Die Frage nach einer besseren Lösung des Einsamkeitsproblems, die zum Konzept des »Lebensmenschen« führen wird, bleibt einstweilen offen.

V. Die Höllenwelt der Virtuosen

Die apollinische Trilogie

Gemessen an dem Glücksimperativ des Turmtextes bleibt die apollinische Lebenssphäre für ihre Bewohner unerträglich – allen »Rettungsversuchen« zum Trotz. Ungeachtet des Lamentos vieler Bernhardscher Protagonisten über unsere existentielle Determination zum Unglück und zum Scheitern entscheidet sich der Bernhardsche Gesamttext in solchen Fällen immer für eine Fortführung der Untersuchung, für ein tieferes »Eindringen« in die Materie. Die bisherigen Texte mit ihrer Konzentration auf »fragmentierte Geistesmenschen« haben diese Unerträglichkeit häufig als Folge eines Fehlverhaltens der Protagonisten gedeutet; die Idee einer prinzipiellen Unerträglichkeit der apollinischen Lebensweise ist in den bisherigen Untersuchungen mehrmals angespielt worden, aber noch nie einer systematischen Analyse unterzogen worden. Wieder, wie in der Frage der unerträglichen Belastung von Familie, Erbschaft und Österreich, ist es eine Kette von thematisch eng zusammenhängenden, nacheinander publizierten Romanen, die »Apollinische Trilogie« »Der Untergeher« (1983), »Holzfällen« (1984) und »Alte Meister« (1985), in denen als Konsequenz einer buchstäblich jahrzehntelangen Untersuchung eine Lösung eines fundamentalen Konflikts erarbeitet wird, der aufgrund des Todes Bernhards sozusagen Endgültigkeitscharakter zukommt.

Musik, Malerei und Literatur bilden die Lebensfelder der Protagonisten der »Apollinischen Trilogie«. Sie führt uns in die Höllenwelt des apollinischen Wahns, doch gleichzeitig taucht eine neue Disziplin auf und wird systematisch praktiziert, die auf Stärke und Klugheit basierende »Lebenskunst«. Der erstpublizierte »Untergeher« gehört zur Kategorie jener »Sekundärstudien«, die eine andere, an der der Autor nach jahrzehntelanger Mühe wohl gescheitert ist, ersetzen wird. Eigentlich wollte Wertheimer, der »Untergeher«, das Objekt der Studie, unter diesem Titel ein »geisteswissenschaftliches«, wahrscheinlich aphoristisches Buch verfassen. Wie an allem, ist er auch daran gescheitert, und jene Studie eines Protokollanten, die wir lesen, die ursprünglich Glenn Gould gewidmet sein sollte, beschreibt dieses Scheitern und liefert gleichzeitig eine genaue Analyse der Psychologie der apollinischen Sphäre.

Alle drei Protagonisten der Studie, Glenn Gould, Wertheimer und der namenlose Protokollant, sind Klaviervirtuosen, Bernhardsche Geistesmenschen in höchster Steigerung. Die idealtypisch konstruierten Figuren, die wohl in ihrer Gesamtheit ein getarntes Selbstporträt des Autors darstellen, verkörpern drei notwendige Typen der apollinischen Sphäre: den Helden, das Opfer und den Berichterstatter, der sein triumphales Überleben durchs »Aufschreiben« zelebriert. Der Tod der beiden Genossen hat den Erzähler in ein Wirtshaus in der Nähe von Wertheimers Landsitz Traich geführt: Die Tasche in der Hand, wartet er auf die Wirtin und erinnert sich in einem ansonsten anlaßlosen inneren Monolog, der etwa zwei Drittel des Buches füllt, an seine toten Freunde Wertheimer und Gould.

Geistesfreundschaft

Die drei Protagonisten werden uns als »Lebensfreunde« vorgeführt, deren »Geistesfreundschaft« den längsten Zeitraum einer solchen Beziehung in der Bernhard-Welt, achtundzwanzig Jahre, abdeckt. Doch was heißt Freundschaft in der Lebenssphäre der Virtuosen? Freundschaften sind, so hören wir, »auf die Dauer nur möglich, wenn sie auf dem entsprechenden Hintergrund der Beteiligten aufgebaut sind«. (UG 103) Gemeint ist hier die Vermögenslage, doch wie geht Freundschaft mit jenem Begabungsunterschied um, der im »Turmtext« gemeistert wird? Andre Gides »Immoralist« Michel notiert einen für die Bernhardschen Geistesmenschen wohl grundlegenden Satz: »Ich verabscheue Sympathie; alle Ansteckungen verstecken sich dort; man sollte nur mit den Starken sympathisieren.« (Reichel 17) Aus »Ja« und »Wittgensteins Neffe« wissen wir, wie schnell »Freundschaften« im Falle der Bedürftigkeit eines Partners in beziehungslose Härte umschlagen – auch im »Untergeher« mobilisieren Wertheimers briefliche Hilferufe an den Erzähler keine Unterstützung, sondern nur den sachlichen posthumen Kommentar, der Freund sei »ja schon selbstmorddreif« gewesen. In der »Geistesfreundschaft« gibt es keine

Sentimentalitäten, was diese Männer verbindet, ist hart und kalt und enthält ähnlich destruktive Elemente, wie eine geschlechtliche Verbindung in der chthonischen Sphäre.

Unsere drei Protagonisten stammen aus reichen, doch wie für das Spätwerk Bernhards typisch, nicht aristokratischen, sondern bürgerlichen Familien – Wertheimer ist, wie Oehler und später Reger und die Brüder Schuster, jüdischer Abstammung, was aber keinerlei Einfluß auf die Handlung hat. Der Ursprung ihres Reichtums ist allen dreien in gewisser Weise gleichgültig, und die Frage nach einer damit verbundenen historischen Schuld wird auch vom Protokollanten nicht gestellt. Alle drei sind lungenkrank, doch die Krankheit affiziert ihr Leben nur mehr wenig. Den ererbten Reichtum nützen sie für ihre Geisteszwecke, ansonsten werden sie uns als wassertrinkende Asketen vorgeführt, denen Muraus bewußt luxuriöse Lebensführung fremd ist. Die uns so vertraute Klage über das frühkindliche Lebensleid spielt – hier beginnt die Differenzierung in diesem Freundesbund – nur für den »Untergeher« Wertheimer eine Rolle.

Den Konventionen der Bernhard-Welt gehorcht der Erzähler allerdings, wenn er sich über den »bankrotten« österreichischen Staat und dessen korrupte sozialistische Regierung ausläßt: »... der Kanzler (sei) ein gemeiner, durchtriebener, gefinkelter Mann, der den Sozialismus nur als ein Vehikel für seine perversen Machtgelüste mißbraucht habe ...« (UG 173) Doch Vorsicht, wie so oft relativiert der kommunikative Kontext diese Äußerungen: So spricht einer, den das Auftreten der Wirtin und die Konfrontation mit ihrer sexuellen Anziehungskraft aus seinem inneren Trauermonolog gerissen hat und der sich in einer bewußt schrulligen, leicht sadistischen Weise dem von ihr gewünschten Bericht über Wertheimers Begräbnis zunächst verweigert. Tatsächlich ist die Österreich-Problematik weitgehend erledigt: Der apollinischen Sphäre eignet ja die Kraft der Konversion unerfreulicher Zustände in fördernde. Der Text praktiziert eine klare, sachliche Ablehnung im Namen einer Alternative: Wien ist stumpfsinnig, Österreich ist stumpfsinnig, »Leben« kann man nur in Madrid und das gepriesene »Höchste« realisiert sich in der »einzigen Stadt der Welt, in welcher ein Geistesmensch ungehindert aufatmet, sobald er sie betritt« (UG 27) – in New York, der von Bernhard besuchten Metropole jener »Weltkunst«, die auch in »Holzfällen« den Maßstab zur Verwerfung der Wiener Lokalgrößen liefern wird.

Die drei Virtuosen sind in gewisser Weise »Weggeher«, »negative Identitäten«, die sich »mit der größten Rücksichtslosigkeit« gegen die entsetzte Familie als Künstler gewählt haben und die Energie des »Weggehens« in die Fähigkeit, sich durchzusetzen, transformiert haben. Das Klavier wird ihnen lange Zeit zum Symbol der Unabhängigkeit von ihrer Familie, doch auch hier gibt es eine Differenzierung zwischen den dreien und nach der Krise wird sich zeigen, daß der »Untergeher« letztlich seine familiären Bindungen (und die an Immobilien) nicht überwunden hat und damit als »Weggeher« gescheitert ist.

Getreu den Prinzipien Muraus ist die von den dreien getroffene Wahl eine im Namen der »Künstlichkeit« als Anschauungsprinzip. Glenn Gould artikuliert das ihnen gemeinsame Credo: »Im Grunde hasse ich die Natur. (…) *Die Natur ist gegen mich …* Wir sind ja keine Menschen, *wir sind Kunstprodukte …*« (UG 117f.) Doch offensichtlich gibt es verschiedene Arten von Künstlichkeit – die verspielte Künstlichkeit der Bildersammler und Gelegenheitshändler, der wohlhabenden, kleinen, das Musikleben kommentierenden Autoren, die Murau und sein Onkel Georg praktizieren, und die harte Künstlichkeit der Welt von an Leistung und Konkurrenz orientierten Virtuosen. Die bisherigen Protagonisten Bernhards haben offensichtlich die Forderung der klassischen Ästhetik, daß aus dem »klaren« und »durchsichtigen« Bereich der Kunst alle dunklen Mächte zu verbannen seien, für die Wirklichkeit genommen. Im »Untergeher« wird ein Desillusionierungsprozeß beschrieben, an dessen Ende wohl die Erkenntnis steht, daß Kunst zwar im Vergleich zur chaotischen Natur »Ordnung« ist, daß aber »Ordnung« nicht zwingend gerecht, gut oder schön sein muß, sondern auch willkürlich, hart und grausam sein kann.

Die Frage, wie man lebt, wenn man sich als Virtuose gewählt hat und den Gesetzen dieser Wahl gehorsam ist, hat in den Bernhardschen Theaterstücken häufig eine parodistische Antwort erhalten. Der Bassist in den »Berühmten« nennt die unabdingbaren Voraussetzungen dieser Lebensweise: Talent – Ausdauer – Unnachgiebigkeit – Energie. (BER 147) Das Theaterstück »Die Macht der Gewohnheit« gibt eine gute Beschreibung der quälenden und sozial rücksichtslosen Bemühungen des »Untergehers« Caribaldi, wenigstens einmal im Leben das Schubertsche Forellenquintett »perfekt« zu spielen. Hier geht es nicht mehr um die vielberufene »Liebe zur Musik«: »Die Wahrheit ist/ich liebe das Cello nicht/Mir ist es eine Qual/ aber es muß gespielt werden/(...) Wir wollen das Leben nicht/ aber es muß gelebt werden/Wir hassen das Forellenquintett/ aber es muß gespielt werden.« (MG 278f.) Bernhards erfolgreiche Künstler hingegen leiden unter der permanenten Angst, durch die Nachlässigkeit eines Augenblicks ihre Meisterschaft endgültig zu verlieren. Im »Untergeher« werden nicht die Segnungen der Fähigkeit des Sublimierens, der Konversion von unmittelbaren Triebimpulsen in künstlerische gefeiert, sondern es wird der durchaus zwanghafte Charakter jeder konsequenten künstlerischen Produktion beschrieben. Mit ihrer Wahl sind die Virtuosen in ein System ohne Ausgang eingetreten, wo man zwanghaft dem »ununterbrochenen künstlerischen Betätigungszwang« unterliegt und mit Schlaflosigkeit und permanenten Rückenschmerzen für den »Klavierradikalismus« bezahlt.

Unsere Protagonisten haben ihr Leben unter die Herrschaft eines Wertes gestellt, der Murau, dem Autor kleiner Skizzen über Musik, die im internationalen Feuilleton publiziert wurden, unbekannt war: dem »Höchsten«. Wir kennen das Wort seit Bernhards »Politischer Morgenandacht«, es klingt zunächst leicht und unverbindlich und der narzißtische Bonus, den der, der sich darauf beruft, daraus gewinnt, ist unübersehbar. Doch dieser Bonus hat seine Grenzen und »Untergeher« und »Holzfällen« werden zeigen, daß diese mit dem »Höchsten« verbundene »Antireligion« mit ihren gnadenlosen Prinzipien die ganze Existenz erfaßt. Was bisher fast phrasenhaften Charakter hatte, bekommt jetzt einen konkreten Inhalt: Das Lieblingswort des Glenn Gould ist »*Selbstdisziplin*«.

Doch was geschieht mit jenen, denen sich das »Höchste«, das nur einer oder zwei von tausend Studenten der Musikakademie erreichen, entzieht? Wie ehedem der Gedanke an den Tod das Leben, so entwertet die Orientierung am unerreichbaren Ideal vom »Höchsten« jede andere Leistung. »Aut Caesar, aut nihil«: das gilt auch unter den Virtuosen und die Standards, die hier gewählt werden, sind bewußt so gesetzt, daß sie das lesende und hörende Publikum verblüffen werden. Manche, so räsoniert der Erzähler, werden berühmt und haben doch nichts begriffen, »werden Gulda oder Brendel und sind doch nichts.« (UG 21) Gulda und Brendel als »Nichts« – diese Etikettierung rechtfertigt wohl den Begriff »apollinischer Wahn«. Der Platz, wo man das »Höchste« erreicht, ist unzugänglich, wie einst in der

Geschwisterrivalität der Platz des von den Eltern Geliebten. Wenn es einen »Glenn Gould« gibt, dann verwandelt sich ein »Gulda« in eine nutzlose Existenz. Welcher Kraft zum Absurden bedarf es doch, um wie Caribaldi zu sprechen: »Ach was Vollkommenheit/besser werden/verstehen Sie/sonst nichts.« (MG 275) »Meine Philosophie ist auf Rangordnung gerichtet«, heißt es in Nietzsches Nachlaß. (Nietzsche 1959, 203) Thomas Bernhard hat auch in einer unverstellten persönlichen Äußerung nachdrücklich auf die Bedeutung von Hierarchien und dem damit verbundenen permanenten Vergleich der Leistungen hingewiesen: »Meistens kommt man sich lächerlich vor gegen diese Leute, dann darf man nicht arbeiten … Aber nach und nach bekommt man Gewalt, auch über ganz Große … und man kann sie niederdrücken … Man kann sich über Virginia Woolf oder über Forster erheben, *und dann muß ich schreiben. Und das Vergleichen ist überhaupt die Kunst, die man zu beherrschen versuchen muß. Es ist die einzige Schule, die einen Sinn hat und die einen weiter- und vorwärtsbringt.*« (I 158) Im »Untergeher« werden unzählige Hierarchien aufgebaut, solche der Flügel vom Ehrbar über den Bösendorfer bis zum Steinway, solche der Komponisten und ihrer Interpreten und alle diese Hierarchien haben Auswirkungen auf den zwischenmenschlichen Bereich.

An der Spitze dieses kompetitiven Systems steht Glenn Gould, der mit dem real existierenden Virtuosen so viel und so wenig zu tun hat wie der Komponist Auersberg(er) in »Holzfällen« mit jenem Komponisten Lampersberg, der sich von dem Roman betroffen fühlte. Trotz der zahlreichen Zeichen, die auf den realen Gould verweisen, interessiert er hier vorwiegend als eine Figur zur Komplettierung des Bernhardschen System, als das lange vermiedene und hier glaubhaft beschriebene »größte Talent, das es in diesem Jahrhundert jemals gegeben hat« (UG 131), und somit als der apollinische Hierarch par excellence. Obwohl Glenn vorgeworfen wird, daß er in letzter Konsequenz der apollinischen Wahl seine Persönlichkeit vernichtet hätte, um Genie zu sein, ist in seinem Fall die Doppelstruktur »Apollinischer Hierarch – Armer Teufel«, die wir seit Roithamer kennen, aufgehoben. Gould ist sicherlich die überragendste aller Bernhard-Figuren, er ist jener »Eine unter Tausend«, der das System rechtfertigt – doch gleichzeitig ist er die Figur, die grundsätzliche Zweifel an der Legitimität dieses Systems transportiert: Neben seinen nicht verschwiegenen angenehmen Eigenschaften ist er kalt, sadistisch und mitleidlos.

Gould und Wertheimer, Gould und der Erzähler, der Erzähler und Wertheimer – wieder sind wir mit der komplizierten Situation zwischen dem »Ersten« und dem »Zweiten« konfrontiert. Ein grandioses Erlebnis in Salzburg, während eines Kurses bei Horowitz, macht das zwischen den Männern bestehende hierarchische Gefälle sichtbar. Eine sekundenlange dramatische Begegnung zerstört Wertheimer und verändert das Leben des Protokollanten grundlegend: Die beiden hören Glenn einige Takte seiner legendären Version der Goldberg-Variationen spielen und haben ihr »Ende« als Virtuosen erreicht: »Wir studieren ein Jahrzehnt lang auf einem Instrument, das wir uns ausgesucht haben und hören dann, nach diesem mühseligen, mehr oder minder deprimierenden Jahrzehnt ein paar Takte eines Genies und sind erledigt …« (UG 122)

Wertheimer und der Erzähler werden in dieser Episode mit dem konfrontiert, was Bernhard all den Kollers, Karrers und Konrads erspart hat: der Begegnung mit dem authentischen Genie, das das lebt, was sie zu sein vorgeben. Doch die Verarbeitung dieser Begegnung ist erklärungsbedürftig. »Wenn wir dem Ersten begegnen, müssen wir aufgeben …« (UG 15), resümiert der Erzähler, der sich selbst das Potential zu einem »der besten Klaviervirtuosen der Welt« zuschreibt, und weiter: »Ich hätte besser spielen müssen als Glenn, das war aber nicht möglich, war ausgeschlossen, also verzichtete ich auf das Klavierspiel.« (UG 14) Die Musikwelt oder gar das Publikum, das auch ein »Nichts« wie Gulda verehrt, kann für diesen Entschluß nicht verantwortlich gemacht werden. Die bloße Existenz eines Glenn Gould, das Wissen, zwar besser zu spielen als alle anderen, *wenn auch nicht so gut wie Glenn«* (UG 151), stellt für die Adepten des Ideals vom »Höchsten« eine derartige narzißtische Kränkung dar, daß sie außerstande sind, ihre Laufbahn fortzuführen. Doch gleichzeitig reagiert dieses Verhalten auf einen apollinischen Imperativ, demgegenüber die »Gulda und Brendel« ähnlich ungehorsam waren, wie später die Wiener »Staatskünstler« in »Holzfällen«.

Jene Salzburger Episode, deren Konsequenzen ja zunächst von den Beteiligten nicht wahrgenommen werden, stellt im Bericht des Protokollanten das zentrale Ereignis dar. In mehreren Anläufen wird versucht, zu definieren, was an jenem Schicksalstag in Salzburg wirklich geschehen ist. Für uns sind diese Überlegungen wichtig, weil sie uns auf eine Leerstelle verweisen, auf das, was uns die bisherigen Studien möglicherweise verschwiegen haben. War das Salzburger Ereignis tatsächlich zwingend, oder ist Wertheimer einfach für Glenn »zu schwach« gewesen und so in seine andernorts determinierte »*Lebensfalle*« geraten? War es einfach ein archaisches Ritual, ein »Balzakt«, der die Rivalen, die Glenn »niedergespielt« hat, auf ewig aus dem Revier verscheucht? Oder hat Glenn die beiden Freunde einfach mißbraucht, »wenn auch unbewußt«: »Wir, Wertheimer und ich, hatten aufgeben müssen, um den Weg freizumachen für Glenn.« (UG 82) Sichtbar ist, daß der »Triumphator« Glenn trotz der Entfernung zwischen Kanada und Oberösterreich, durch die Zusendung magischer Gegenstände, »vernichtender« Schallplatten, eine lebenslange unermeßliche Macht über seine Untertanen ausübt, von der sich der Protokollant ansatzweise durch den Versuch, eine Studie über seinen Meister zu verfassen, emanzipiert.

So beschreibt der Text auch einen vielschichtigen, geheimnisvollen Zusammenhang zwischen dem »natürlichen« Tod Glenns und dem Selbstmord Wertheimers. Der prinzipiell neidische Wertheimer, so lesen wir einmal, hätte Glenns Tod imitiert, aber auch, er hätte »den Tod Glenns nicht ertragen. Er schämte sich nach Glenns Tod, noch am Leben zu sein, sozusagen das Genie überlebt zu haben, das peinigte ihn das ganze letzte Jahr …« (UG 33) Doch Glenn hat zu diesem Tod auch seinen Teil beigetragen: er, der Hierarch, ein Anhänger der deterministischen Denkweise der Bernhardschen »Physiognomiker«, hat mit all seiner Macht Wertheimer die lebensbestimmende Benennung »Untergeher« gegeben. Mit dieser Benennung, die Wertheimer »tödlich getroffen« hat und die er dennoch konsequent lebt, hat er ihm gewissermaßen die »seidene Schnur« gesandt. Das möge man für »Holzfällen« im Gedächnis behalten. Glenn hat getötet, zuerst durch seine bloße Präsenz, dann durch seine Benennung. »Es war Mord.«

Wer vom »Mißbrauch« Wertheimers durch Glenn spricht, darf allerdings nicht vergessen, daß in der apollinischen Sphäre andere Regeln gelten als in der Alltagswelt. Glenn *muß* sich gegen Wertheimer wehren wie andere Bernhard-Protagonisten gegen »Frauen«. Die grausame Benennung und die damit verbundene Abgrenzung des erfolgreichen Virtuosen von dem »Versager« ist funktional – es gibt tatsächlich einen Krieg zwischen den »Schwachen« und den »Starken«. Vom Standpunkt Glenns (und von dem des Protokollanten) aus betrachtet sind solche »Sackgassenmenschen« wie Wertheimer bedrohliche Figuren für einen leistungsorientierten Apolliniker: »So schwach sie sind und gerade weil sie so schwach konstruiert und gemacht sind, haben sie die Kraft, auf ihre Umwelt eine verheerende Wirkung auszuüben, dachte ich. Sie gehen rücksichtsloser gegen ihre Umwelt und gegen ihre Mitmenschen vor (...) sie ziehen einen, wo sie nur können, mit aller Gewalt hinunter ...« (UG 210f.) Glenn Gould mag ein amoralischer Held sein, doch daß er dem von Nietzsche perhorreszierten »Dämon des Guten« genausowenig verfällt wie etwa der Erzähler in »Ja«, macht gerade seine Stärke als Künstler aus: Auf ihre Weise sind die konsequenten »Geistesmenschen« Bernhards vor Reger »Un-Menschen«.

Glenn Gould

In der Hierarchie zwischen den drei Männern nimmt Wertheimer eindeutig den untersten Rang ein; der Protokollant agiert in jener »Mitte«, aus der bei Bernhard in seinen letzten Werken die Lösung kommt; Glenn Gould, neben Paul Wittgenstein einige der wenigen Figuren in Bernhards Prosa, der die Ehre einer vollständigen Namensnennung erwiesen wird, nimmt den Spitzenplatz ein. Er, die definitive Verkörperung der nicht nur von Nietzsche und Weininger konzipierten »höheren Daseinsform«, ist tatsächlich unbeschreibbar, und die oft vernichtete oder »Korrekturen« unterzogene Studie des Protokollanten wird wohl nie vollendet werden. Nur Stichworte werden uns überliefert: »Musik/Besessenheit/Ruhmsucht/Glenn« (UG 59). Am Ende der Arbeit an ihr steht ja wiederum die Erkenntnis, daß Glenn nur umwegig erfaßbar ist: durch eine Studie über den »Untergeher« Wertheimer, die gleichzeitig autobiographischen Charakter hat. Dennoch erfahren wir viel über Glenn Gould, einen Nachfolger Roithamers aus der »Korrektur«.

Wie dieser gestattet sich der »rücksichtsloseste Mensch gegen sich selbst« keine Ungenauigkeit und »verabscheute Menschen, die nicht zuende Gedachtes redeten, also verabscheute er beinahe die ganze Menschheit.« (UG 35) In der dem »Ordnungsfanatiker« entsprechenden »totalen Ordnung« lebt er in seinem zum Tonstudio umfunktionierten Haus, das – wie das des Industriellen in »Verstörung« – Wärter vor Störungen durch die Umwelt abschirmen. Glenn verfügt im höchsten Ausmaß über die Konversionsfähigkeit der Apolliniker: Jene Einsamkeit, jenes wochenlange Schweigen, unter dem der Erzähler in »Ja« so gelitten hat, ist ihm tatsächlich ein Quell der Inspiration, und seine unbeschreibliche Stärke hilft ihm, selbst seine Schlaflosigkeit zu instrumentalisieren und die »freien« Nächte zum Üben zu benützen.

Glenn, den der Protokollant – auch er ein Physiognomiker – schon bei der ersten Begegnung als »außerordentlichsten Menschen« erkennt, ist alles andere als ein unglücklicher Held, er fühlt sich als der »*glücklichste, der geglückteste*« (UG 59), und sein »unbändiges Gelächter« wird registriert. Wie Bernhards »Minetti« hat er »Mit den Menschen gebrochen/.../mit der Materie gebrochen« (MI 216) und spielt »gegen das Publikum und gegen die Menschenrechte«. (MI 239) Gould lebt jene vollendete soziale Autonomie, die seine Vorgänger simulierten – der »hochintelligente Wissenschaftsmensch« ist derart von sich selbst überzeugt, daß er sich – im Gegensatz zu Wertheimer, der das dauernd tut – niemals entschuldigt.

Eine Episode aus der gemeinsamen Studienzeit in Salzburg illustriert die Stärke Glenns: Als er sich von einer vor dem Fenster stehenden Esche, im deutschen Kulturkreis der mythologische Baum par excellence, beim Klavierspielen behindert fühlt und die Möglichkeit, die Rolladen zu schließen, übersieht, sägt er (»tatsächlich ein athletischer Typus«) den Baum, dessen Durchmesser immerhin einen halben Meter beträgt, eigenhändig um, zerkleinert die Äste und schichtet sie als Brennholz an der Hausmauer auf: »Hindert uns etwas, müssen wir es wegschaffen (...) und ist es nur eine Esche«. (UG 114f.) Glenn Gould, das sei hier beiläufig festgehalten, ist also auch ein »Holzfäller«, Bernhard hatte hier offensichtlich eine Ahnung, die durch neuere Publikationen bestätigt wird, aber ohne weitere Auswirkungen im Text bleibt.

All diese Glenn zugeschriebenen Eigenschaften markieren eine deutliche Grenze der »Wahl«: Glenn, dem »schon als Kind (...) die Meisterschaft nicht genügte« (UG 223), wollte »unter allen Umständen« (UG 83) »Glenn Gould« werden, doch als einziger aus der Dreiergruppe verfügt er über die notwendigen Voraussetzungen, die aus der gehaßten, wieder einmal triumphierenden »Natur« kommen.

Glenn, der sich gewählt hat, kann daher gleichzeitig sagen:»Wir sind, wir haben keine andere Wahl …«(UG 61) Glenn ist ein unbeeinflußbares Naturereignis, rund um ihn gibt es keinen Austausch, kein »Lernen«, und auch sein Bezug zur heiligen Bücherwelt ist schwach: Er, der»Geistesmensch«, liest beispielsweise»beinahe gar nichts, er verabscheute Literatur« und tut nur, was seinem»eigentlichen Zweck dient«. (UG 60) Doch sein»Klavierradikalismus«ist lebensgefährlich, der Gehirnschlag *mußte* ihn am Gipfel seiner Kunst treffen und er stirbt letztlich an der Ausweglosigkeit,»in welche er sich in beinahe vierzig Jahren *hineingespielt* hat«(UG 10), in der»Verzweiflungsmaschine«seines Tonstudios. Dieser Tod am Klavier hat aber gleichzeitig auch einen Belohnungscharakter – es ist der von vielen Bernhard-Protagonisten ersehnte»Tod ohne Sterben«.

Selbstporträt eines Überlebenden

Der Protokollant hat beide Beziehungen überlebt, die zu dem Vampir Glenn Gould,»der so großartig ist, daß seine Großartigkeit uns vernichtet«(UG 119), und die zu dem rücksichtslos die Macht der Schwachen praktizierenden Wertheimer. Er beschreibt sich als einen, der»verführt«von seinem Talent, das wohl für eine Existenz als»Gulda oder Brendel«gereicht hätte und aus Opposition gegen sein Elternhaus lustvoll am apollinischen Wahn partizipierte, dem aber jene letzte, unbeschreibbare Qualität fehlte, die Glenn Gould auszeichnet. »Natur«hat den Protokollanten, der nicht»zum Klavierspieler geboren«war, gehindert, die Rolle des Glenn Gould einzunehmen; der apollinische Wahn verunmöglichte ihm, die an sich durchaus komfortable Rolle des»Zweiten«zu spielen. Aus dieser Zwickmühle, die Wertheimer töten wird, rettet den Erzähler neuerlich die apollinische Konversionsgabe: Er verwandelt sich durch die kränkende Niederlage des»an der Größe Scheiterns«in einen»Weltanschauungskünstler«, und das gibt ihm und seinem Bericht jene Größe, die seinem bedauernswerten Genossen fehlt. Gleichzeitig bereitet sich in der Analyse des»Untergehers«jene»Umwertung«, die Reger vornehmen wird, situativ vor. Der Erzähler wird sich nicht von den Werten der apollinischen Sphäre trennen, doch für ihn wird sich»Kunst«immer mehr in eine von»Philosophie«gestützte Lebenskunst verwandeln: In der

Bilanz seines Fluchtmodells reklamiert er, daß sein Leben »möglicherweise doch ein Künstlerleben genannt zu werden verdient«. (UG 132) Angewandte Lebenskunst aber, die Summe alles dessen, »das uns glücklich macht, wenn wir hellsichtig sind« (UG 149), opponiert letztlich dem alles entwertenden apollinischen Wahn und den ihm innewohnenden Konformismus, wo »alle« Glenn Gould sein wollen. Jeder Mensch, auch ein »Nichts« wie »Gulda«, »ist ein einmaliger, sage ich selbst mir immer wieder und bin gerettet.« (UG 133f.)

Wieder sind wir gehalten, die Quellen dieser Stärke zu hinterfragen. Die Strategien des Protokollanten verdanken Murau vieles: Weggehen, Abschenken und Aufschreiben sind Bestandteile seines Repertoires. Wie seinerzeit der Onkel Georg ist er »im richtigen Augenblick weggegangen«, hat sein ererbtes Haus »einfach stehen lassen« und hat »seinen Platz« in Madrid gefunden. Nach der zerstörenden Begegnung mit Glenn Gould hat er – hier ist die Chronologie des präzisen Zeitpunktes widersprüchlich – das Klavierspiel von einem Tag auf den anderen aufgegeben, wir können ihn einen »Aufhörer« nennen, und seinen ihm verhaßten-geliebten Steinway-Flügel einem destruktiven weiblichen Wesen übereignet, einer angeblich begabten Lehrerstochter, der die Aufgabe zugekommen ist, den Flügel »in der kürzesten Zeit zugrundezurichten« – wie es wohl Aufgabe der Beschenkten in »Ungenach« ist, die riesige Liegenschaft zu zerstören. Als Autor ist er insofern erfolgreich, als er in jahrzehntelanger Arbeit jene Studie verfaßt hat, die zwar am gewählten Objekt Glenn Gould scheitert, aber gleichzeitig die Bedingungen der eigenen Existenz vor der Folie der Psychologie der Geistesmenschen verbindlich untersucht.

Das Opfer Wertheimer

Wertheimer hat die gleiche Ausgangslage wie der Protokollant, sein »Klavierspiel war tatsächlich besser, als das aller andern am Mozarteum, das zu sagen ist wichtig, aber nachdem er Glenn gehört hatte, genügte ihm diese Tatsache nicht mehr. Wie Wertheimer spielen konnte, gelingt allen, die sich vorgenommen haben, berühmt zu werden …« (UG 136) Doch dem »als Untergeher geborenen« fehlt die Kraft zur Konversion völlig, er ist ein »schwacher Charakter« und solche werden »schwache Künstler«. So scheitert er in gewisser Weise zweimal: in der Konkurrenz mit Glenn Gould als Virtuose und in der mit dem Protokollanten in der Verarbeitung des zerstörenden Erlebnisses von Goulds Goldberg-Variationen. Ein Zeichen seiner Schwäche sind die vertrauten Klagen gegen die Erzeuger, die »Zugrunderichter und Vernichter«. Es mag einmal so ausgesehen haben, als ob die Bernhardsche Kunstwelt ein Refugium verletzter Menschen wäre, doch hier ist es genau jene uns so wohlvertraute »Wehleidigkeit« der Bernhard-Protagonisten, die Wertheimer auch als Apolliniker disqualifiziert: »*Unser Untergeher ist ein fanatischer Mensch*, hat Glenn einmal gesagt, *er stirbt beinahe ununterbrochen an Selbstmitleid* ...« (UG 45) In der letzten Zuspitzung hat der »Untergeher« »alles getan, um unglücklich zu sein«. (UG 146) – Bernhards Bericht ist zeitgleich mit Paul Watzlawicks erfolgreicher »Anleitung zum Unglücklichsein« erschienen. Von Ehrgeiz besessen, wollte Wertheimer »immer mehr, ohne die Voraussetzungen dazu zu haben« (UG 135), und dieses Defizit münzt er in einen permanenten Vorwurf gegen seine Umgebung um. Wie so viele Bernhard-Figuren benützt auch der Untergeher eine paranoide Weltsicht als Alibi für sein sozial unerträgliches Verhalten, mißbraucht den narzißtischen Bonus des apollinischen Wahns, um andere herunterzumachen, und ist im übrigen ziemlich berechnend, eine jener Bernhardschen Figuren, die »immer alles gefordert, aber nichts gegeben hat« (UG 144).

Wie die meisten Schwächlinge der Bernhard-Welt ist auch Wertheimer in vielfältiger Weise an Personen, Immobilien und Gegenstände gebunden. Zu jener radikalen Trennung von seinem Flügel, die der Protokollant vorgenommen hat, ist er außerstande. Es fehlt Wertheimer auch an der Kraft zum »Weggehen«: er bewohnt seine »Kindervilla«, ein Landhaus der Eltern in Traich und ist – fast lebenslänglich – an seine Schwester gebunden. Diese Schwester, das jahrzehntelange Opfer des Opfers, die Frau, der gegenüber der Schwächling Stärke zeigt, unterliegt seiner totalen Herrschaft wie die Schwester/Frau des Industriellen in »Verstörung«. Auch sie wird eingesperrt, nicht in einen Kegel, sondern in eine dreistöckige Luxuswohnung am Wiener Kohlmarkt. Doch diese Schwester, eine »Weggeherin«, beendet das sadomasochistische Verhältnis und heiratet einen Schweizer Industriellen, was sie zu einer Landsmännin des Kraftwerksbauers aus »Ja« macht. Alle »Weggeher« Bernhards fürchten die Rache der Verlassenen, hier wird sie exekutiert. Wertheimer gerät in eine finale Krise, die ihn letztendlich in die Schweiz führen wird, wo er sich mit unbeschreiblicher Brutalität sich selbst und der Schwester gegenüber im Morgengrauen an einem Baum ihrem Haus gegenüber erhängen wird. Der oft in der Bernhard-Welt geäußerte Gedanke von der »Schuld« der sozialen Umgebung an einem Selbstmord wird hier umgedreht – dieser Selbstmord ist ein sadistischer Akt, gedacht als »Höchststrafe« für die »Weggeherin«. Kein Wort auch darüber, daß sich in diesem Selbstmord Wertheimers »Freiheit« realisiert, es ist ein »Papiermachertod«, wie der Roithamers, unpassend für einen apollinischen Hierarchen, ein »peinlicher« und »niedriger« Akt, der auf einer Betrachtungsebene die Wahrheit der Existenz Wertheimers enthüllt. Betrachtet aus der Warte der wahnhaften apollinischen Weltsicht, enthält dieser Tod allerdings auch ein Element von Gehorsam gegenüber dem Gesetz, unter dem Wertheimer angetreten ist – das sollten wir uns für »Holzfällen« merken, wo wir es mit ungehorsamen, ja korrupten Apollinikern zu tun haben werden, denen die Einsicht in die eigene »Minderwertigkeit« fehlt, die der »Untergeher« durch seinen Tod ausdrückt.

Die letzte Wirtin

Die Hierarchie zwischen den drei Virtuosen zeigt sich auch in ihrer Beziehung zum Sex. Gould und der Erzähler scheinen jene »kühle Sexualablehnung« zu praktizieren, die Freud Leonardo da Vinci attestiert und die, aller Versöhnung mit dem Weiblichen zum Trotz, bis zum Ende ein Kennzeichen der authentischen Bernhardschen Apolliniker bleiben wird. Wertheimer ist in vielfacher Form von den Frauen abhängig und sucht nicht nur bei seiner Schwester Rettung und Zuflucht. Der »Prater mit seinen Unzüchtigkeiten« (UG 78) ist ihm nicht fremd – auch hier ist eine lokalhistorische Bemerkung angezeigt: Der Prater ist nicht nur ein Vergnügungspark, sondern auch Wiens größter Freiluftstrich. Auch spielt im Leben dieses Virtuosen die Personifikation eines extremen Frauentyps aus dem Bernhardschen Baukasten eine nicht unbedeutende Rolle: Eine Wirtin wird ihm zur »rettenden Frau«. Zu ihr flüchtet er während seiner Landaufenthalte und findet Zuflucht in ihrem Bett. Welch eine Disqualifikation! »Zuerst hatte ich laut auflachen müssen, dann ekelte es mich.« (UG 58)

Es ist das Gasthaus dieser Wirtin, daß der Erzähler auf seiner Suche nach Spuren des toten Freundes aufsuchen wird und die Unterhaltung mit ihr wird das Bild Wertheimers abrunden und gleichzeitig dem Gesamttext eine neue Richtung weisen. Wir kennen die Bernhardschen Wirtinnen und wissen, was uns erwartet. Der Bericht beginnt recht konventionell und protokolliert den Ekel des Erzählers vor dem »überall« unappetitlichen Gasthaus, einem »Mordhaus« übrigens. Die Geräuschkulisse verrät, daß die Wirtin unterdessen die Schweine füttert und wir denken neuerlich an Kirke. Dann tritt die Frau auf, mit einer Lüge, und zeigt ihre Brüste, ihre »widerwärtige, abstoßende, gleichzeitig anziehende Natur, die ihre Bluse bis zum Bauch herunter offen hatte.« (UG 164) Doch auf einmal wird an dem mit gewohnter Strenge gegenüber dem Weiblichen gezeichneten Bild der Wirtin eine Mutation vorgenommen. Alles ist auf einmal ein wenig anders, daß der Onkel der Wirtin wegen Mordes verurteilt wurde, war wohl einer der in Thomas Bernhards Österreich so häufigen Justizirrtümer. Jetzt sind wir mit einer arbeitsamen Frau konfrontiert, einer Lungenkranken, die mit ihrer »Lebenswillenskraft« die Krankheit überwunden hat, einer »alleinerziehenden Mutter« gar, Witwe eines in der Papiermaschine zerstückelten Papiermachers, der in ihrer ausweglosen Lage keiner hilft. Es war nicht die notorische wirtinnenhafte Geilheit, derentwegen sie sich Wertheimer hingegeben hat, sondern praktiziertes Mitleid.

In der Konfrontation mit der Wirtin, bei seinem Ausflug in die chthonische Sphäre, kann Wertheimer nicht mehr die Entschuldigung des Glenn-Gould-Erlebnisses für sich reklamieren. Jetzt, beim Bericht über dieses um einiges persönlichere Erlebnis, erleidet sein Image einen definitiven schweren Schaden. Der Millionär hat sich bei der armen Frau ausgeweint, hat »genommen«, ohne zu danken, und hat nichts »gegeben«: Den Kredit für den betriebsnotwendigen Eiskasten hat er verweigert und die Goldkette, die ihr zu vermachen er versprochen hat, wird sie wohl nie bekommen. Wir sind es gewohnt, daß rettende Frauen wie die Perserin schlecht behandelt werden, doch diese Geschichte vom verweigerten Liebeslohn ist um einiges schmutziger.

Die Wirtin berichtet auch über die letzten Wochen Wertheimers. In sein Landhaus hat er »Künstler« eingeladen, verkommene Existenzen, für deren Anwesenheit er wohl auch bezahlt hat. Mit Absicht wurde ein völlig verstimmtes Klavier besorgt und der Hausherr hat seine Gäste mit der Musik der Lieblingskomponisten des Glenn Gould – Bach und Händel – gequält und bis zur Bewußtlosigkeit gespielt, ein irrer Musikant, wie der Knabe in der Schuhkammer in der autobiographischen »Ursache«. Die Gäste zerstören willentlich das Landgut Traich, dessen »Abschenkung« Wertheimer unterlassen hat. Dieses Fest war wohl Wertheimers letzte Blamage im Apollinischen – die Karikatur einer dionysischen Orgie in Traich, die gleichzeitig in die Erlebniswelt von »Holzfällen« hineinführt. Von Wertheimer bleibt nichts, außer einem geöffneten Plattenspieler mit dem Beweis der Einzigartigkeit des Glenn Gould, einer Aufnahme der »Goldberg-Variationen«.

VI. Liebe unter den Bedingungen des Apollinischen Wahns

Die demolirte Avantgarde

»Holzfällen« erweitert und verdeutlicht die Erlebniswelt des »Unter-gehers« und stellt eine unleugbare Beziehung zwischen ihr und Fi-guren und Vorkommnissen aus der Biographie Bernhards her. Doch diesmal handelte es sich um lebende, prominente und juristisch arti-kulationsfähige Personen. Die Konstellation »Romanfigur klagt gegen Autor« war für Bernhard ja nichts Neues: So hatte sich beispielswei-se 1976 der in der autobiographischen »Ursache« als »Onkel Franz« porträtierte Salzburger Stadtpfarrer Franz Wesenauer verunglimpft gefühlt und eine »Korrektur« der gedruckten Fassung erzwungen. Diesmal brachte der Komponist Gerhard Lampersberg(er), der sich in der Figur des Komponisten Auersberg(er) wiedererkannte, gegen Bernhard einen Strafantrag wegen übler Nachrede und Ehrenbelei-digung ein. Selbst in der an Skandalen nicht armen Werkgeschichte des Thomas Bernhard war es wohl ein einmaliges Ereignis, als auf Be-schluß des Wiener Landesgerichts für Strafsachen am 29. August 1984 in allen österreichischen Buchhandlungen die soeben ausgelieferten Exemplare von Bernhards im Untertitel als »Erregung« bezeichnetem »Holzfällen« polizeilich beschlagnahmt wurden. Neuerlich sah sich der Autor als Mittelpunkt eines »jener lächerlichen und langjährigen Prozesse (...), die dieser Staat zu verantworten hat« (Dittmar 1990, 272), und reagierte mit einem Auslieferungsverbot seiner Bücher in Österreich »auf die Dauer des gesetzlichen Urheberrechts« – einer nach der außergerichtlichen Einigung mit Lampersberg zurückgezo-genen Vorform der nach dem »Heldenplatz«-Skandal verfaßten testa-mentarischen Verfügung.

Vieles an der Debatte um das Verhältnis von »Realität« und »Litera-tur« in »Holzfällen« erinnert an den endlosen Konflikt rund um den »Mephisto« von Klaus Mann, der vom Oberlandesgericht Hamburg

1966 als »Schmähschrift in Romanform« klassifiziert wurde (Pfabigan 2003). Obwohl eine summarische Betrachtung des Textes und Bernhards Verhalten in der Affaire die Annahme nahelegt, daß »Holzfällen« bewußt in Hinblick auf eine öffentliche Auseinandersetzung geschrieben ist, daß der Text verletzen will und insgesamt durchaus lustvoll zelebrierte sadistische Anteile hat, reklamierte Bernhard wie meist in seinen Skandalen für sich erfolgreich die Position des ahnungslos Unschuldigen. Er verfügte 1984 bereits über große Erfahrung im Umgang mit den Medien und präsentierte in seinen öffentlichen Auftritten eine durchaus gespaltene Identität: In der Attacke spielte er den grausamen Glenn Gould, der ungerührt »todbringende« oder zumindest lächerlichmachende Benennungen aussprach, als Attackierter war er der kranke, verwirrte und Mitleid erregende Rudolf aus »Beton«. Die Medien standen diesmal mehrheitlich auf Bernhards Seite, und so haben der Versuch des Gerhard Lampersberg, seine Ehre gerichtlich zu schützen, und sein nicht immer glückliches öffentliches Auftreten letztlich das Gegenteil bewirkt.

Obwohl die Medien Listen zur Entschlüsselung des Textes kolportierten, beharrte Bernhard auf der Unmöglichkeit, Figuren zu identifizieren. Schon der Anwalt Lampersbergs hatte auf die Haltlosigkeit dieser Schutzbehauptung hingewiesen und gezeigt, daß »die vom Autor gewählten Abänderungen und Verfremdungen so bescheiden und primitiv sind, daß jemandem, der meinen Mandanten kennt, die Identität zwingend in die Augen springen muß« (Dittmar 1991, 143) – ähnlich könnten die anderen Betroffenen, Jeannie Ebner, Elfriede Mayröcker, Ernst Jandl und der (allerdings nur marginal erwähnte) Phantastische Realist Anton Lehmden, argumentieren. In seinen öffentlichen Äußerungen zur Affaire hat Bernhard geschickt nicht nur jede Richtigstellung verweigert, sondern nach dem Motto, daß die Betroffenen viel »grausiger« seien, als man sie beschreiben könne, gleichzeitig die Aussagen des Buches verstärkt: »Dieses Ehepaar Auersberger hat mit dem Kläger Lampersberg nichts zu tun. Herr Lampersberg, der früher Lampersberger geheißen hat und in den letzten Jahrzehnten immer wieder, wie ich weiß, jedenfalls teilentmündigt gewesen ist, sieht in meinem Buch Ähnlichkeiten mit sich selbst. Das ist seine Sache.« (Dittmar 1991, 141) Bernhards wahrscheinlich zutreffendes Kalkül ging dahin, daß seine Auslassungen juristisch überhaupt nicht greifbar seien (Dreissinger 1992, 117) und zudem unter die verfassungsmäßig abgesicherte Freiheit der Kunst fallen. Diese durchaus bürgerliche Bestimmung erweist ja im Fall von Ehrendelikten dem apollinischen Wahn insofern Reverenz, als sie in gewisser Weise eine beabsichtigte, aber »künstlerisch« durchgeführte Beleidigung, wie die des Komponisten Lampersberg, straffrei stellt.

Angesichts des massiven Diskurses über die Entsprechungen zwischen »Leben« und »Text« in »Holzfällen« sei zunächst einmal darauf hingewiesen, daß es auch zahlreiche Dissonanzen gibt: unstimmige Chronologien, eine nicht korrekte zeitliche Plazierung der Begebenheiten, erfundene Konstellationen, Ereignisse und Personen. Wie »Ja« verarbeitet »Holzfällen« persönliche Erlebnisse Bernhards derart, daß sie sich scheinbar widerspruchsfrei in die Entwicklungslinie des Bernhardschen Gesamttextes einfügen. Während der erste Teil der relativ schnell hintereinander entstandenen »Apollinischen Trilogie« die »Tragödie« um den Pianisten Wertheimer erzählt und der Schlußteil in den weitgehend handlungslosen Reflexionen des Musikwissenschafters Reger eine Lösung des Problems des apollinischen Wahns findet, ist der Mittelteil – das Satyrstück rund um den Komponisten Auersberg(er) – diesem Wahn voll verfallen. »Holzfällen« greift deutlich Konstellationen des »Untergehers« auf: von Wertheimers Landgut Traich, dem Schauplatz der finalen Orgie, ist es nicht allzu weit zur Lebenswelt von »Maria Zaal«, dem Landsitz der Auersberg(ers); wieder sind wir mit einem »irren«, in diesem Fall trunksüchtigen und »teilentmündigten« Musikanten konfrontiert und der Selbstmord eines Adepten der apollinischen Sphäre wird reflektiert. Die im »Untergeher« aufgebaute Ordnung besteht die Bewährungsprobe von »Holzfällen« allerdings nicht. Dort hatte das erzählende Ich sich selbst, Glenn Gould und Wertheimer einen Platz zugewiesen. Doch die dabei geschaffene Konstellation setzte den Gehorsam der Protagonisten gegenüber den apollinischen Gesetzen voraus. Hier ist ein anderer Ich-Erzähler, ein apollinischer Hierarch, genötigt, sich mit der destruktiven Rolle eines »Untergehers« in seinem Leben auseinanderzusetzen, mit einem Wertheimer, der seine Schande überlebte. Möglicherweise wird auch hier von einer Figur in der Nachfolge Glenn Goulds ein Tötungsbefehl ausgesprochen, der allerdings nicht befolgt wird – »Holzfällen« beschreibt die Lebensverhältnisse »ungehorsamer« Apolliniker.

Die Einbindung von »Holzfällen« in den Gesamttext bedeutet zunächst einmal, daß die Figuren, die sich rund um die Zentralfigur des Erzählers gruppieren, trotz ihrer Realexistenz im Wiener Kulturleben »ideale Monstren« sind, wie Glenn Gould, aber auch wie das »Gemälde Wagners«, das Nietzsche überlieferte. Doch das Verhältnis zwischen »Realität« und »Text« ist noch um einiges komplizierter: »Holzfällen« liegt offensichtlich an einer Schnittstelle von »Werk«, »Denken« und »Leben«. In der sozialen Performance rund um den Skandal, deren Zeugen wir wurden, hat der Autor scheinbar kurzzeitig jene Distanz zu den von ihm geschaffenen Figuren, die er zu Recht moniert hat, verloren und im Leben wie sein im Text recht kritisch gezeichneter Erzähler agiert. Doch dieser Kontrollverlust steht in engem Zusammenhang mit der Tendenz des Buches. Ähnlich wie das Monster in Mary Shelleys »Frankenstein« oder der »Golem« Gustav Meyrinks bricht der apollinische Wahn im Holzfällen-Skandal aus dem ihm zugewiesenen Raum aus; ja er verläßt die rein textuelle Ebene und involviert mit tatkräftiger Hilfe der Medien seinen Erfinder und letztendlich das ganze Land. Im Skandal hat sich das Buch gewissermaßen nach außen gefaltet und seine wahnwitzige Wertwelt zu einer allgemeinen gemacht.

Auch »Holzfällen« steht im Kontext jener durch den Tod Bernhards unvollendeten Auseinandersetzung mit der Moderne. Obwohl in der Entstehung zeitlich von »Auslöschung« gar nicht so weit entfernt, interessiert diesen Text der Einfluß des Nationalsozialismus auf die Gesellschaft der Zweiten Republik überhaupt nicht, sondern Bernhard verfolgt hier in seiner permanenten Erforschung der dunklen Seiten seiner Heimat eine neue Spur: irgendwann, zwischen den fünfziger und sechziger Jahren, hat es einen »Verrat der Intellektuellen« gegeben, ein am Beispiel der Protagonisten von »Holzfällen« demonstriertes Einschwenken der Avantgarde auf die bisher bekämpften Positionen, das mitverantwortlich ist für die Sterilität des österreichischen Kulturlebens in den »gefährlichen und hilflosen und stumpfsinnigen Achtzigerjahren«. (HF 320) Unheilvolle Koalitionen zwischen dem damals sozialdemokratisch regierten Staat und den Intellektuellen, ein tatsächliches Kennzeichen der »Ära Kreisky«, das Bernhard mehrfach anprangerte, werden hier einer übersteigerten Kritik auf der Basis der Orientierung am »Höchsten« unterzogen.

Das Gastmahl des Auersberger

»Der alternde Wüstling Auersberger, ein Komponist, und seine ver-
blühte Gattin, eine Sängerin, geben aus Anlaß des Freitodes einer
Künstlerfreundin in ihrer luxuriösen Wohnung ein Gastmahl. Unter
den Gästen, einer Gruppe von Künstler/innen, die sich teilweise seit
Jahrzehnten kennen, befindet sich auch der Erzähler, ein mittlerwei-
le berühmt gewordener Schriftsteller, der dem Auersberger in seiner
Jugend als Lustknabe diente. Er macht den stillen Beobachter und
protokolliert in seinem Bericht die Schande der Festgäste – und seine
eigene. Der unermüdlichen Taktlosigkeiten der inferioren Gastgeber
und eines weiblichen Gastes müde, produziert ein Schauspieler einen
Eklat und entlarvt die Hohlheit der Gesellschaft.«

Der Romanführer, der den Inhalt von »Holzfällen« derart zusam-
menfaßt, gibt dem Text seinen Platz in der Weltliteratur, verfehlt
aber dessen Eigenes. Es ist eine Ansammlung von Standardfiguren
der Bernhardschen Welt der »Geistesmenschen«, die sich in der mit
kostbaren Antiquitäten angefüllten Wohnung des avantgardistischen
Komponisten (»in der Webern-Nachfolge«) Auersberger zum Nachtmahl sammelt. Trotz des traurigen Anlasses könnte die Veranstaltung
eine Fortführung des Zusammenseins mit Maria und den römischen
Freunden in »Auslöschung« sein. Doch unter den Bedingungen der
apollinischen Konstellation sind menschliche Beziehungen äußerst
fragil und schlagen leicht ins Gegenteil um. Gerade die Kontinuität
und Stabilität der Gruppe, die sich bei dem Festmahl der Auersbergers
sammelt, gibt ihr einen familiaren Charakter, der scheinbar längst er-
ledigte Konflikte wiederbelebt. Zwischen dem Erzähler, den Gastgebern und den übrigen Gästen, die einander biblische zwanzig Jahre
gemieden haben, bestehen elementare Spannungen: Die Unterschied-
lichkeit der Entwicklungen läßt Bewunderung in Haß umschlagen. So
entwickelt sich allmählich aus dem Gemenge von Eitelkeit, Alkohol
und offenen Rechnungen eine kleine Hölle, die der Erzähler mit bö-
sem Blick registriert.

Nach den Erfahrungen in der Lebenswelt des »Untergehers« ist
die unabdingbare Voraussetzung der Vorstellung eines »Geistesmenschen« wohl die Klärung der Frage seines Ranges. Der Bericht
über die Virtuosen hat uns drei hierarchische Distinktionen genannt,
die Untergeher, die absoluten Personifikationen des apollinischen

Prinzips wie Glenn Gould und schließlich den erzählenden »Weltanschauungskünstler«, der eine apollinische Nischenexistenz führt. Der Erzähler in »Holzfällen« ist sicher kein »Untergeher«, sondern der selbstbewußte Schöpfer eines international anerkannten Werkes; auch ist ihm die vielfache Gebrochenheit des »Lebenskünstlers« ebenso fremd wie dessen den apollinischen Wahn zeitweilig relativierende Weisheit. Dennoch ist diese Figur aus dem Bernhardschen Baukasten kein Widergänger des Glenn Gould: Es eignet ihm nicht jene Stärke, die Gould zugeschrieben wird, und rund um ihn ist nicht jene Aura von Einmaligkeit, von totaler Konzentration auf das Werk, die diesen auszeichnet. Obwohl er ein »Weggeher« ist, regiert sein Denken Ambivalenz Wien gegenüber. Daß er seine Isolation, die Geistesgemeinschaft mit Pascal, Dostojewskij, Tschechow und Gogol, dem Verfasser des »Revisors«, unterbrochen hat und wie »ein charakterloser Dummkopf« die Einladung zu einem künstlerischen Abendessen angenommen hat, ist eine Folge dieser Schwäche, deren tiefere Ursache darin liegt, daß sein apollinischer Panzer einen Sprung hat: er hat sich »*von hinten ansprechen*« (HF 13) lassen, bei der Begegnung am Graben ist ein Funke der alten Anziehung übergesprungen und das Ehepaar Auersberger hat diese Schwäche wieder einmal ausgenützt.

Die »Erregung«, die daraus resultiert, ist nicht, wie die des armen Rudolf in »Beton«, auf Medikamente zurückzuführen, sie hat starke sexuelle Implikationen, die mit dem alten Murauschen Rezept des »Aufschreibens« apollinisch transformiert werden. An einer der wenigen Stellen seiner Selbstkommentare, wo Bernhard die ansonsten durchgängig anale Bilderwelt rund ums Schreiben verlassen hat, hat er ja Krista Fleischmann anvertraut, daß das Schreiben *dieses* Buches »ja auch eine Art Geschlechtsverkehr« gewesen sei. (Fleischmann 1991, 169) Nur gelegentlich löst eine »Beruhigung« den Erregungszustand des Erzählers ab, und er gelangt in den »sehr schönen Zustand der Gleichgültigkeit«. (HF 270) Doch ansonsten ist dem Erzähler die Kunst, in der apollinischen Sphäre glücklich zu sein, fremd – trotz seines Erfolgs bietet er uns eine neuerliche Fallstudie eines unglücklichen Apollinikers, der weiß, daß er sein Leben mit den »einmal glücklichen Zuständen« in eine »einzige Depression« verwandelt« hat und uns zu Zeugen eines Remakes der Strauch-Botschaft macht: »Die Welt, alles ist *die* Ungerechtigkeit ...« (HF 163)

Konfrontiert mit solchem Elend waren wir bisher gehalten, die

Lebens-, vor allem die Kindheitsgeschichte unserer Protagonisten zu rekonstruieren, doch hier ist sie unerheblich geworden. Zum einen deckt sie sich offenkundig mit der, die Bernhard in seinen autobiographischen Texten berichtet hat, zum anderen unterliegt sie jener Konversionskraft, die Bernhard in eben diesen Schriften ausführlich beschrieben hat. Frühes Leid ist in apollinische Energie transformiert und das auf dem Ohrenstuhl der Auersbergers sitzende Ergebnis ist eines jener Monstren, die mehrere Theaterstücke Bernhards so bühnenwirksam porträtieren. Wir haben es auch nicht mit einem »fragmentierten Geistesmenschen« zu tun, der die Murauschen Regeln ignoriert hat und trotz seines Anspruches noch im Chthonischen steckt: Das Elend, mit dem wir hier konfrontiert sind, entstammt voll und ganz den Regeln der apollinischen Sphäre und seine Beschreibung bereitet Regers Revision vor. Das in »Auslöschung« so gepriesene Prinzip der »Künstlichkeit« gerät in »Holzfällen« allmählich ins Zwielicht und wird auf einmal und in der Linie des »Gesamttextes« durchaus überraschend dem des »wirklichen Lebens« gegenüber gestellt: »Ich habe allen alles immer nur *vor*gespielt, ich habe mein *ganzes* Leben nur gespielt und vorgespielt, (…) ich lebe kein tatsächliches, kein wirkliches, ich lebe und existiere nur *ein vorgespieltes*, ich habe *immer nur ein vorgespieltes Leben gehabt*, niemals ein tatsächliches, wirkliches …« (HF 105f.)

Diese Selbstkritik hindert den Erzähler nicht daran, am Glanz und an der Macht der »Geistessphäre« zu partizipieren. In stolzer, selbstgewählter Einsamkeit belegt er voll Verachtung gegenüber dem niederen Volk, das ihn umgibt, den Ohrenstuhl der Auersbergers: »Ich habe die Gabe, so agieren zu können, daß es mir vergönnt ist, allein zu bleiben, wann ich will …« (HF 43) Die Haltung des Beobachters, der selbst an den Ereignissen nicht teilnimmt, verschafft ihm einen bösen Genuß mit einer Beimischung von Angst und Verfolgungsgefühlen: »… alle fühlen, daß ich sie verabscheue, daß ich sie hasse. (…) Umgekehrt hatte ich den Eindruck, daß alle diese Leute gegen mich sind, in allem, das ich an ihnen sah und in allem, das ich von ihnen hörte, war Abneigung gegen mich, sicher sogar Haß.« (HF 82) Die altersbedingten »Sehschwächenerscheinungen« haben den Erzähler bisher verschont, sein »böser Blick« ist »besser denn je, schärfer denn je, rücksichtsloser denn je; also mit Londoner Augen …« (HF 46) – dieser furchtbare Gast sieht alles, hört alles und nichts entgeht ihm. Nichts

»paßt« bei dieser Einladung, zwar wird kein Hundefleisch serviert, doch selbst das aufwendig zubereitete Festmahl wird zu spät aufgetragen, und der Champagner ist nicht der »allererste«. Die Begründung, die der Erzähler uns für sein Verhalten gibt, ist in der Bernhard-Welt konventionell, doch dissident gegenüber den Lehren des Onkel Georg und läßt der Phantasie des »Turmtextes« keinen Raum: »Die meisten Menschen interessieren einen wirklich nicht, habe ich die ganze Zeit gedacht, fast alle, denen wir begegnen, interessieren uns nicht, sie haben uns nichts zu bieten, als ihre Massenarmseligkeit und ihre Massendummheit und langweilen uns dadurch immer und überall und wir haben naturgemäß für sie nicht das geringste übrig.« (HF 236)

Der Erzähler übt die Macht der Beobachtung aus und spricht letztlich das vernichtende Urteil über die ungehorsamen Adepten der apollinischen Sphäre wie Glenn Gould über den »Untergeher«. Doch sein »böser Blick« richtet sich genauso gegen die eigene Person. Wenn er also die anderen Gäste »skrupellos« auseinandernimmt, dann kann er einen Milderungsgrund reklamieren: »ich nahm mich selbst noch viel mehr auseinander«. (HF 83) Das Nachtmahl bringt ihm eine Wiederholung seiner Jugend: Als armer junger Mann aus der Provinz hatte er sich dem wohlhabenden und kulturbewußten Ehepaar Auersberger und ihren Gästen voll Bewunderung genähert. »Holzfällen« ist ein Buch der Rache, in dem einer, der einmal »schwach« war und heute »stark« ist, Revanche übt für echte und vermeintliche Kränkungen, die ihm einmal angetan wurden. Die Auersbergers hatten ihn aufgenommen und gemeinsam mit der Dichterin und Philosophennichte Jeannie Billroth Mentorenstellung bei ihm eingenommen. Dann allerdings hat der Erzähler sich getreu dem apollinischen Imperativ »weiterentwickelt«, ist ein »Weggeher« geworden, der Wien und die Freunde verlassen und »seinen« Ort in London gefunden hat – eine Ortswahl, die nicht für ihn spricht. Der Erzähler verschweigt uns seinen Anteil an den Ereignissen vor zwanzig Jahren, wo er sich den Auersbergers »mehr oder weniger auf die niederträchtigste Weise verkauft« hat, sich hat »aushalten« lassen, keineswegs. (HF 21) Neuerlich wird von innen heraus reflektiert, wie sehr das Prinzip des Sichentwickelns und »Weggehens« immer mit »Tod« verbunden ist, mit dem eigenen sozialen Tod, aber auch mit dem ehemals vertrauter, ja geliebter Menschen: allmählich stellt sich heraus, daß »Weggehen« nicht nur eine notwendige einmalige Reaktion dem Elternhaus gegenüber ist, sondern ein lebenslang gültiges Prinzip. So pflastern Leichen den Entwicklungsweg des Erzählers und er hat seine zahlreichen Retter ähnlich »verraten« wie seine Vorgänger die Perserin oder Paul Wittgenstein. Am Ende einer von quälender Ambivalenz getragenen Selbstbefragung wird er sich freisprechen – allerdings gestützt auf die Krücke des »Höchsten«.

Apollinische Frauen

Beim »künstlerischen Abendessen« der Auersbergers treten mehrere Frauen auf und zwar keineswegs als Accessoires ihrer Künstler-Gatten, sondern als gleichberechtigte weibliche Geistesmenschen. Auch »Holzfällen« gehört zu der Reihe der den Geschlechterkampf praktizierenden Schriften Bernhards, doch die These von der Untauglichkeit der Frauen als Frauen zum Geistesmenschentum wird nicht mehr wiederholt – insofern gehört auch diese Schrift zu jener Kurve der Annäherung Bernhards an das Weibliche, die das Spätwerk auszeichnet. Die Auseinandersetzung mit dem Weiblichen ist hier differenzierter: die weiblichen Geistesmenschen werden am apollinischen Maßstab gemessen und genauso verworfen, wie ihre männlichen Begleiter. Doch Frau bleibt Frau, auch in der Sphäre des apollinischen Wahns, und neben diesem allgemeinen Maßstab existiert auch ein zweiter, der sie speziell an ihrer Weiblichkeit trifft. Zwei Frauen stehen im Zentrum der Reflexion des Erzählers, ein »Opfer« und eine freche Usurpatorin; beide haben in seiner Geschichte als »rettende Frauen« agiert, doch die Beziehung zu ihnen ist keineswegs von Dankbarkeit bestimmt.

Schon die erste optische Kenntnisnahme der »Philosophennichte« Jeannie Billroth, der Herausgeberin der offiziellen Literaturzeitschrift der Republik, protokolliert den Triumph des apollinischen Mannes über die Zerstörungen, die Zeit an vormaliger weiblicher Schönheit angerichtet hat. Einst hatte sich der Erzähler von der »mehr oder weniger nackt« auf ihrem Bett sitzenden Billroth derart angezogen gefühlt, daß die Jahrzehnte später stattfinden Reflexion die Angst, verschlungen zu werden, protokolliert. Jetzt ist die ehedem Begehrenswerte »feist und fett und häßlich« (HF 54) geworden, ihr mit Schminke dick beschmiertes Gesicht ist vom Alkohol aufgequollen und ihre

Stimme ist rauh vom Kettenrauchen. Auch an der Gastgeberin sind die Zeichen des Alters dominierend: ihre Stimme, die dem Erzähler ehedem anziehend war, nimmt er jetzt als »alt und brüchig ... ausgesungen und verbraucht« wahr; sie selbst wird »nurmehr noch als vulgär und widerwärtig« erlebt. (HF 23) Ein anderer weiblicher Gast, die Schrecker, der Reputation nach die »österreichische Gertrude Stein«, für den Erzähler eine »größenwahnsinnige Wiener Lokalschriftstellerin«, ekelt ihn mit ihrer »abstoßenden, zischenden Aussprache« und hat sich »von der schreibenden epigonalen Jungfrau zur schreibenden epigonalen Matrone« (HF 252) verwandelt.

In der von Murau vorgestellten Dualität von energiegeladenen »Müttern« und energielosen »Schwestern« findet auch die Billroth ihren Platz. Sie, die einst den Erzähler zu den höchsten Ansprüchen erzogen hat, stagniert seit Jahrzehnten in ihrer Entwicklung, hat den Imperativ der ständigen Perfektionierung mißachtet, ist selbstzufrieden in Wien geblieben und hat dort in der Ehe mit dem künstlerisch desinteressierten Chemiker Ernstl eine materielle Versorgung gefunden, die mit zunehmenden Ruhm durch staatliche Subventionen verbessert wird. In ihrer Einbildung ist sie die »*größte Schriftstellerin, ja Dichterin Österreichs*«, eine, die »*einen Schritt weiter gegangen sei*« als Virginia Woolf; vorgeführt wird sie uns als »Kleinbürgerin«, die »es doch höchstens bis zu einer sentimentalen geschraubten Schwätzerin und ganz üblen Kitschproduzentin auf dem Papier gebracht hat in ihren Romanen und Erzählungen«. (HF 55) Im sozialen Umgang hat die Billroth die aggressive Unverträglichkeit der Apolliniker; wir erleben sie als Angeberin, die sich gar ihres Studiums bei Professor Kindermann rühmt, dessen Reputation unter Kennern wegen seiner NS-Vergangenheit nicht die beste ist.

Als weiblicher Mentor hat die Billroth an dem Erzähler zudem das Verbrechen der manipulatorischen Mütterlichkeit vollbracht: Sie wünschte sich ihren Schützling als Schauspieler, Regisseur oder Dramaturg und er wird letztlich »gegen ihren Willen, schließlich doch Schriftsteller (...) also ein Konkurrent«. (HF 234) Aller Ambivalenz zum Trotz bleibt letztlich gegenüber dieser apollinischen Frau, die zerstörerisch ist, wie eine »Wirtin«, »Schwester« oder »Mutter«, nur die Strategie des mit apollinischer Sachlichkeit kommentierten Weggehens: »Bevor sie mich umbringt, (...) entziehe ich mich ihr ... Ich war aber nicht, wie es den Anschein haben könnte, schäbig gewesen, ich hatte aus Notwehr gehandelt, aus Überlebensangst, dachte ich jetzt und gab mir auch gleich eine Entschuldigung, die ich von niemandem anderem als von mir selbst erwarten konnte, auch nicht forderte.« (HF 220)

Das Opfer, dessen stinkender Leichnam am Morgen des künstlerischen Abendessens beerdigt wurde, ein weiblicher »Untergeher«, hat sich den Papiermachertod gegeben. Elfriede Slukal, die sich den Namen Joana anmaßte, wie der Auersberg(er) sich den seinen, ist eine von jenen 999, die am Weg zur Meisterschaft eines Glenn Gould abstürzen, übrigens in einem Beruf, an dem auch die Mutter des Autors der Familienmythologie zufolge scheiterte. Der Tod der Ballerina, Schauspielerin und Bewegungslehrerin wird aus verschiedenen Blickwinkeln betrachtet, dazu gehört auch die obligate kühle Sachlichkeit, der Erzähler ist »*neugierig, aber nicht erschüttert*«. Schon nach seinem letzten Besuch, Jahre vor der tödlichen Tat, konstatierte er, daß die Jugendfreundin »am Ende sei«. Es war ein – spationiert gedruckter – Turm, in dem er sie besuchte: so kann der »Turmtext« auch enden. Aus dem begabten Mädchen des »Turmtextes« ist eine Fünfzigjährige mit »aufgedunsenem Gesicht« und einer »versoffenen Stimme« geworden, die wie die Wenger Wirtin an »krankhaften Wasserbeinen« leidet. (HF 71) Ihre schmutzige und stinkende Wohnung erinnert an die Domizile der Perserin in »Ja« und der sterbenden Ebenhöh in »Verstörung«: »Aber sie hat noch viele Jahre gelebt, das verblüffte mich jetzt am meisten.« (HF 73) Ihr Ende wird jetzt mit einem quasi physiognomischen Determinismus betrachtet – »Leute wie die Joana hängen sich auf (…) *Ballerinen, Schauspielerinnen*« (HF 15).

Joana hatte genau jene in vielen Texten sehnsuchtsvoll herbeiphantasierte glückliche Kindheit, die sich jetzt als Fluch erweist: Dem »verzogenen Landkind, dem die Eltern jeden Wunsch sozusagen von den Lippen abgelesen und nach Möglichkeit auch erfüllt haben«, fehlte von Anfang an jener Druck zur Konversion von Defiziterlebnissen ins »Geistige«, der die Apolliniker antreibt. Auch das von ihr gezeichnete Porträt partizipiert an der Versöhnung mit dem Weiblichen, Schönheit und Begabung werden ihr ebenso attestiert wie die im Spätwerk gepriesenen weiblichen Qualitäten der Eleganz und gesellschaftlichen Gewandtheit. Als eine an Roithamers Schwester erinnernde »Märchenfigur«, deren eigentlicher Lebensinhalt Träume und Märchen waren, hat sie Glück in das Leben des Erzählers gebracht, sie verfügte »wie kein zweiter Mensch« über die rare Gabe, »immerfort auch das Schöne zu sehen, neben der lebenslänglichen grausamen, zerstörenden und vernichtenden Häßlichkeit«. Wie alle Personen in »Holzfällen« hatte sie »alle Möglichkeiten gehabt (…) glücklich zu sein und (ist) am Ende doch nichts als unglücklich gewesen.« (HF 271) Was sie zerstört hat, wird »Wien« genannt, doch es ist nicht das in »Gehen« angeprangerte Wien der prinzipiellen Geistfeindlichkeit, sondern das in »Wittgensteins Neffe« gepriesene Wien der anspruchsvollen ästhetischen Raffinesse, die kalte, harte Großstadt, die »niemanden, wie gesagt wird, unter die Arme greift«. (HF 61) Damit wird eine neue Seite des den Bernhard-Figuren zur Lösung aufgetragenen Stadt-Land Konflikts angerissen: das »Weggehen« vom Land in die »menschenfressende Großstadt« kann auch tödlich sein. Joanas »schwesterliche« Energielosigkeit war ein tödlicher Faktor, doch was sie definitiv umgebracht hat, hängt ebenso eng mit ihrer Weiblichkeit zusammen und wiederholt die Geschichte der Perserin.

Der »Kraftwerksbauer« der Joana heißt Fritz und ist ihr malender Gatte, den sie sozusagen in einen Teppichkünstler verwandelt hat. Das patriarchalische Prinzip solcher Ehen verkündet der Großschriftsteller Meister in »Über allen Gipfeln ist Ruh« mit satter Behaglichkeit: »Nur einer von beiden kann sich der hohen Kunst widmen haben wir uns gesagt/Die Wahl ist auf mich gefallen.« (ÜBER 213) Joana managt den Fritz mit ihrem »phänomenalen Gesellschaftstalent« und mit »totaler Besessenheit«, bis sie die »Geburt« eines »Großkünstlers« vollzogen und den Gatten tatsächlich an die »Weltspitze« gebracht hat. Wie die Perserin hat sie, der »unbändige, unstillbare Ruhmsucht« attestiert wird, sich selbst aufgegeben und, unfähig ihr »Eigenes« zu realisieren, in der »Schöpfung« eines Mannes das Verbrechen der manipulatorischen Mütterlichkeit vollbracht: »Sie hat den Fritz in die Höhe gezwungen, weil sie sich selbst nicht hat in die Höhe zwingen können, *der Fritz* war also tatsächlich für die Weltberühmtheit geeignet gewesen, nicht sie.« (HF 136)

Doch die »Ersatzrealisierung« läßt den fundamentalen Ehrgeiz der Joana letztlich unbefriedigt, »naturgemäß« ist sie am Höhepunkt von Fritzens Karriere die Niedergeschlagenste: Der weibliche Pygmalion verliebt sich nicht in sein Werk, sondern haßt es. »Die Joana ist schließlich von der Wucht des gewaltigen Kunstwerkes Fritz, das sie selbst geschaffen und mehr oder weniger vollendet und auf dem Gewissen hatte und damit auch, genau betrachtet, ihren innigst geliebten Fritz erdrückt worden …«(HF 137f.) Fritz »tötet« durch seine Größe Joana auf der apollinischen Ebene genauso, wie Glenn Gould Wertheimer »tötet«. Auf der chthonischen Ebene geschieht ihr das gleiche wie der Perserin: Fritz entwickelt sich zum »Weggeher«, vollzieht die »Abschenkung« der verblühenden, finanziell ungesicherten Frau und zieht ins Eldorado der Bernhardschen Ehebrecher, nach Südamerika, Joana, »die Betrogene, die Verlassene, die Verhöhnte, die tödlich Verletzte« zurücklassend. (HF 15)

So verdeutlicht auch diese weibliche Leiche in der Gesamterzählung Gesetze des Lebens. Doch dem traurigen Ende der Joana wird vom Erzähler angesichts der Nichtswürdigkeit der überlebenden Gäste der Abendgesellschaft Ungerechtigkeit attestiert: »Menschen wie die Joana bringen sich um (…) und Parasiten und Gesellschafts-Kopisten wie die Auersbergerischen leben und leben und leben und langweilen sich im Grunde durch und durch ihr ganzes Leben und werden älter und älter und älter und sind nichts als nutzlos.« (HF 153f.) Ein Teil der aggressiven Spannung, die über »Holzfällen« liegt, kommt aus diesem Wissen um die Ungerechtigkeit des Todes der Joana. Der Text und seine skandalöse Verlängerung in die Realität werden versuchen, diese Ungerechtigkeit auszugleichen und den Auftrag zur Selbsttötung an die »würdigere« Person adressieren.

Auersberger – der Mentor als »alter Holzfäller«

Die Besitzung der Auersbergers in »Maria Zaal«, in der Wirklichkeit »Tonhof« benannt, hat ihre Entsprechung in Richard Wagners Landhaus Tribschen bei Luzern – wenn Nietzsche diese Freundschaft, in der es ja auch neben den beiden Männern eine Frau gab, als »Material für einen Roman« (Ross, 253) ansah, dann hat »Holzfällen« dieses Projekt ansatzweise realisiert. Auch Nietzsches Bewunderung für Wagner war zunächst ohne Grenzen und seine spätere Abrechnung mit dem Musiker steht in einem ähnlichen Spannungsverhältnis, wie die unseres Erzählers: Enttäuschung über den »Verrat« des ehedem Bewunderten an seiner künstlerischen Mission koexistiert mit der Erinnerung an erlittene Verletzungen. »Verwundet hat mich, der mich erweckte« (Ross 254) – Ähnliches hat Bernhard in seinen den Skandal begleitenden Interviews von sich gegeben. In »Holzfällen« geht es allerdings nicht um ein Genie, daß sich selbst verrät, sondern um einen, der seine Potentialität zum Genie nicht realisiert hat, der nicht einmal ein »Wagner« wurde und dennoch einst auf den Erzähler einen ähnlichen Zauber ausübte.

Wie in den Auseinandersetzungen früherer Bernhard-Figuren mit einer »Mutter« wird um den Ausgleich in der Bewertung des Ehepaares Auersberger sichtbar gerungen; die Artikulationen der Schuldgefühle des »Weggehers« wechseln sich ab mit paranoiden Anschuldigungen der Gastgeber, denen gelegentlich sogar ein gewisser österreichischer Charme attestiert wird. Am Ende siegen die vertrauten Vorwürfe Bernhardscher Protagonisten gegen ihre Erzeuger: »Die Eheleute Auersberger haben deine Existenz, ja dein Leben zerstört, sie haben dich in diesen entsetzlichen Geistes- und Körperzustand Anfang der Fünfzigerjahre hineingetrieben, in deine Existenzkatastrophe, in die äußerste Ausweglosigkeit, die dich letzten Endes damals sogar nach Steinhof gebracht hat …« (HF 20)

Was sich vor Jahrzehnten zwischen dem Erzähler und den Gastgebern abspielte, war nicht zwingend zum Scheitern verurteilt. Ein wohlhabendes Künstlerpaar lernt einen begabten, aber ungelenken jungen Mann aus der Provinz kennen, der nach Beendigung seiner Ausbildung am Salzburger Mozarteum eigentlich der Kunst abgeschworen hat. Das Paar gibt ihm in seiner Besitzung »Maria Zaal« Wohnsitz, hilft ihm, seine gesellschaftlichen Defekte zu überwinden und seinen »Kunstenthusiasmus« zu entwickeln, so daß er am Ende das wird, als was wir ihn kennenlernen: ein angesehener Schriftsteller, der zwischen London und Wien pendelt. Wer den Text auf die biographische Ebene zurückbezieht und das Jugendwerk des Journalisten und die Heimat besingenden Thomas Bernhard mit den späteren Arbeiten vergleicht, muß zugeben: die literaturgeschichtlichen Verdienste der Menschen, die ihm geholfen haben, die Moderne zu entdecken und persönlichen Geschmack zu entwickeln, sind beträchtlich. Die ursprüngliche Widmung von »In Hora Mortis« an Gerhard Lampersberg war wohl gerecht: »Meinem einzigen und wirklichen Freund G. L., dem ich im richtigen Augenblick begegnet bin.« (Dittmar 1990, 27)

»Wenn ich nur ein paar Tage länger in ihrem Haus in Maria Zaal geblieben wäre, dachte ich auf dem Ohrensessel, es hätte meinen sicheren Tod bedeutet. Sie hätten dich ausgequetscht, dachte ich auf dem Ohrensessel, und weggeworfen.« (HF 20) Daß die Rückerinnerung die gemeinsame Zeit als Hölle bilanziert, ist weniger die Folge höchstpersönlicher, zufälliger Faktoren, sondern die von Gesetzmäßigkeiten und fundamentalen Widersprüchen in der apollinischen Lebenswelt. Die Passagen über den Onkel Georg in »Auslöschung« können als eine Glorifizierung des Mentorenverhältnisses gelesen werden. »Holzfällen« hingegen konzentriert sich auf die kränkenden, einengenden und letztlich mißbrauchenden Seiten der Neuschöpfung durch den Mentor. Die Initiation kollidiert mit dem Pathos der Selbstschöpfung durch Wahl. Die Abhängigkeit des »Zöglings« von seinen »Mentoren« hat kindlichen Charakter: »Wir sind nichts und sie machen etwas aus uns und wir hassen sie dafür.« (HF 163) Auch Mentoren beleben sozusagen auf einer höheren Ebene ein schon erledigtes existentielles Abhängigkeitsverhältnis neu und geraten in die Nähe des Tatbildes der manipulatorischen Mütterlichkeit – die »Zweite Geburt« reproduziert die Probleme der ersten. Ganz gegen die Erlebniswelt von »Holzfällen« feiert die Autobiographie die Selbstschöpfung des Thomas Bernhard als Künstler und läßt als Mentor nur den verstorbenen Großvater zu.

Einst, als der Erzähler den Komponisten Auersberger als »Novalis der Töne« feierte, scheint er jene »Strahlengestalt« gewesen zu sein, die Mentoren in der Regel darstellen – der Erzähler hat ihn »geliebt« und war ihm »vollkommen verfallen«. Der Auersberger der Abendgesellschaft wird uns als zerstörte Begabung und als sozial unerträglicher Mensch beschrieben, kein Apolliniker, sondern eine dionysische Existenz: ein alkoholsüchtiger Pansexualist, Satyr und Sadist. Wenn er seinen Gästen am Klavier etwas vorspielt, dann regt sich die Erinnerung an Wertheimers letzte Lebenswochen, wenn er die Strauch-Botschaft verkündet, an die Bernhardschen Selbsttöter. Wie Wertheimer ist auch dieser »Untergeher« in vielfacher Weise von Frauen abhängig. Vor Jahren hat ihn der Erzähler beobachtet, wie er mit einer »tatsächlich verkommenen, ja ganz offensichtlich verwahrlosten Frau mit langen Haaren und abgetretenen Lederstiefeln (…) in einem alten abbruchreifen Haus verschwunden ist.« (HF 24) Das also ist die Situation des »Turmtextes« unter »verkommenen« Menschen: »Die Scheußlichkeit seiner Beine habe ich die ganze Zeit beobachtet, die in grobgestrickten grauen Trachtenstutzen steckten, seinen von nichts als Perversität rhythmisierten Gang, seinen haarlosen Hinterkopf. Er paßte sehr gut zu seiner total verkommenen Begleiterin, einer Künstlerin wahrscheinlich ...« (HF 25) Auch hat Auersberger das immer noch nicht aufgehobene Eheverbot für Apolliniker mißachtet. Künstlerehen sind in der Bernhard-Welt immer lächerlich, diese ist von zerstörerischer Aggressivität durchzogen und evoziert den Vergleich mit dem Strindbergschen »Totentanz«. Sie steht zunächst im Zeichen der Kastration: Um seiner landadeligen Frau ebenbürtig zu sein, hat der Emporkömmling »den Schwanz und also die letzte Silbe seines Familiennamens einfach abgehackt (...) um wenigstens in den Geruch eines jahrhundertealten österreichischen Fürstengeschlechts zu kommen.« (HF 147) Wir haben viel über die textilen Accessoires der Männlichkeit in der Bernhard-Welt gehört, über englische und italienische Anzüge etwa: Ein »Geistesmensch«, der sich parvenühaft an die Bekleidungsregeln des Landadels anpaßt und sich in eine »steiermärkische Leinenjoppe« hüllt, ist uns undenkbar. Auersberger, der Abkömmling eines Fleischergehilfen, mimt zwar noch den avantgardistischen Gestus des »Ausbrechens«, zieht aber tatsächlich »am Gesellschaftsstrang«: »Im Grunde haben sie beide nichts im Kopf, als die Gesellschaft, ohne die sie nicht existieren können, immer die sogenannte bessere Gesellschaft, weil es zur besten nie reichte ...« (HF 49) Das Ehepaar simuliert Zugehörigkeit zur Aristokratie, die sie »hart und brutal« zurückweist – der Verrat am »Höchsten« wird sich nicht lohnen. Auch das Vermögen seiner Gattin hat »kastrierende« Auswirkungen: es fungiert nicht als Hilfe der künstlerischen Produktivität des Mannes, sondern unterstützt seinen Hang, es sich leicht zu machen, raubt ihm apollinische Antriebskräfte und macht ihn letztlich »stumpfsinnig«. Gier nach Erfolg und Geld hat in der Bernhard-Welt nicht unbedingt eine schlechte Reputation; leistungslos zugefallenes Vermögen domestiziert.

Rund um den Auersberger herrscht eine ekelgeladene Atmosphäre, doch das soll uns nicht davon ablenken, daß der chthonische Faktor in dieser Initiation massiv intervenierte: »Holzfällen« protokolliert auch eine hochgespannte Liebesgeschichte und ihr Scheitern; es ist das einzige Mal, daß das berichtende Ich sich in den von uns behandelten Texten verführen läßt, und damit ein Beitrag zur Behandlung der Frage nach dem Status der Liebe unter den Bedingungen des apollinischen Wahns. Am Ende dieser Liebesgeschichte steht eine Abrechnung, die sich auf mehreren literarisch-öffentlichen Ebenen abspielt und auf jeder Ebene am Tod des ehemaligen Liebesobjekt orientiert ist. »Der Suizid ist Männersache«, sagt die Billroth durchaus programmatisch (HF 196).

Die Liebe zu seinem Mentor stellt sich dem Erzähler rückblickend zunächst als eine zu dessen sozialer und kultureller Welt dar, eine Variation der narzißtischen Besetzung einer prestigeträchtigen Person, wie wir sie am Beispiel des Paul Wittgenstein beobachten konnten. »Damals vor dreißig Jahren, dachte ich, habe ich dieses Musikzimmer geliebt, es für mich immer als das schönste josefinische Zimmer, das ich jemals gesehen habe, bezeichnet.« (HF 241) Es ist nicht zufällig, daß das Bernhardsche Haus in Ohlsdorf häufig der Imitation des Landsitzes der Familie Lampersberg geziehen wird. Die »Liebe« zwischen dem »Künstler« und dem »jungen Mann aus der Provinz« stand von Anfang an unter den Vorzeichen der Hierarchie, war immer eine zwischen einem »Ersten« und einem »Zweiten«, wenn auch die Positionierung sich im Lauf der Jahrzehnte umgedreht hat. Auch im »Turmtext« war der weibliche Teil des Paares dem männlichen überlegen, was den Vollzug der Liebe nicht hinderte. Der »Turmtext« beschreibt allerdings nur den Anfang einer Liebe – hier haben wir es mit einer lebenslangen »Beziehung« zu tun, und einer der Beteiligten hat dieses Leben unter das apollinische Gesetz der ständigen Weiterentwicklung in Richtung auf das »Höchste« gestellt, der andere hat diesem Gesetz den Gehorsam verweigert.

Immer noch gelten die mörderischen Kriterien des »Untergehers«: So kann einer wie der Auersberger ein anerkannter, »aufgeführter« Komponist sein – und dennoch »nichts«. Daß einer »verkommen« ist, daß er »alles in ihm, selbst das Musikalische, das ihm einmal das Höchste gewesen war, mit den Jahren seiner krankhaften Trunksucht verludern (hat) lassen.« (HF 38) würde auch eine normale Liebe belasten. Doch einem liebenden Apolliniker ist es unerträglich, daß der Partner »schon in der Mitte der Fünfzigerjahre in der Webernnachfolge steckengeblieben« und »kein Genie« ist, sondern – eine neuerliche Parallele zu Wertheimer – »aphoristische Musik« schreibt. Der narzißtische Mechanismus der »Ergänzungsliebe« hält eine solche Entwertung des Liebesobjekts nicht aus und transponiert sie in »Selbstscham«. Der unleugbare Verfall des ehedem wegen seiner apollinischen Potenz idealisierten Auersberger fügt dem Erregungsgemisch, aus dem heraus der Erzähler berichtet, paranoide und sadistische Anteile hinzu, der Blick auf den Freund wird peinlich, wie der auf die Perserin in »Ja«. Die Liebe und das Apollinische blamieren sich aneinander, die hierarchische Struktur der apollinischen Sphäre verunmöglicht zwingende Ingredienzen von Liebe, wie etwa Empathie und Toleranz, und entwertet Personen grundsätzlich.

Sobald diese Entwertung vollzogen ist, interveniert ein weiterer aus dem »Untergeher« bekannter Faktor: die »Gescheiterten« sind den Starken gefährlich. Glenn Gould und der Erzähler hatten guten Grund, sich gegen Wertheimer und die in ihm personifizierte korrumpierende Kraft der Schwachen zu wehren. Gould hat sich dabei des tödlichen Etiketts bedient – »Holzfällen«, als öffentliche Intervention verstanden, wiederholt diese Geste: außerhalb des Textes agiert Thomas Bernhard als Glenn Gould und schickt »seinem« Wertheimer die seidene Schnur in Form eines Buches, das sein »Untergehertum« öffentlich macht. Gerhard Lampersberg hat das Tödliche des Textes sehr wohl erkannt und darauf in einer öffentlichen Reaktion mit dem bemerkenswerten Satz reagiert: »Ich lasse mich nicht von einem Proleten so – krrr abmurksen.« (Schindlecker 38)

In einer verdeckten und dennoch eindeutigen Weise wird in dem »erregten« Rückblick vom sexuellen Vollzug dieser Liebe berichtet. Auch hier hat eine Entwertung eingesetzt, der Erzähler erlebt es heute als Schande, daß er »von hinten ansprechbar« war und denkt voll Ekel an die »widerlichen Bilder, die ich selbst vor dreißig Jahren ungeniert mitgemacht habe.« (HF 24) Diese jahrzehntelangen von Ekel getragenen Erinnerungen sind vorformuliert in den »phantastischen Bildern«, die den Maler Strauch nächtlings brutal von hinten überfallen, wenn er versucht auf dem Bauch zu liegen um das Kakteenmuster an der Wand nicht zu sehen. (F 76) Rückblickend fühlt sich der Erzähler mißbraucht, als Retter aus einer »Ehehölle« instrumentalisiert, und wirft seinem Mentor vor, das Apollinische als Vorwand für billigen Sex eingesetzt zu haben: »Von ihren gutausgestatteten Küchen und ihren vollen Kellern und von ihren zehntausenbändigen Bibliotheken reden sie, und wir lassen uns beeindrucken und gehen in ihre Falle. Ihre Fischwässer erwähnen sie und ihre Mühlen und Sägewerke, nicht aber ihre Betten, und wir sind von ihnen beeindruckt und gehen in ihre Falle und in ihre Betten …« (HF 158) Von Seiten des Auersbergers war diese Beziehung keine einmalige, sondern Bestandteil einer regelmäßigen, auf Verführung zielenden Lebensstrategie: »Der

Auersberger hat immer junge Schriftsteller um sich und in seinem Bett gehabt, ich bin einer der ersten gewesen, die er nach Maria Zaal eingeladen hat, dachte ich jetzt. Einer der ersten, die ihm in die Falle gegangen sind ...« (HF 268) Immer sind es junge Schriftsteller, die der Auersberger einlädt um sie »gleich am ersten Tag aufzufressen, (...) *der geile Schriftstellerverschlinger*«. (HF 269)

Was Bernhard hier seiner Art entsprechend schlampig und zweideutig formuliert, kann man dennoch ein »Outing« nennen. Es ist allerdings ein Outing besonderer Art, das in der Rezeption auch weitgehend ignoriert wurde: Es ist frei von Dramatik und Exhibitionismus und partizipiert nicht am rauschhaften Pathos von öffentlich verkündeter »Wahrheit«. Doch wie jedes Outing bedeutet auch dieses einen Identitätszuwachs, Selbstbild und öffentliches Bild gewinnen in einem sich selbst gegenüber rücksichtslosen Akt an Kongruenz. Erinnert wird an einen Tabubruch und an ein zu seiner Zeit noch strafbares Verhalten. Auch dieses Outing befreit, doch sein Urheber wird keineswegs von nun an ein selbstbewußtes homosexuelles Leben führen, wie es das Ziel der meisten öffentlichen Outings der letzten Zeit ist. Seit »Amras« ist das Thema der Homosexualität untergründig im Gesamttext präsent. Seiner Anziehungskraft wird Reverenz erwiesen; sie ist auch präsent in der ästhetisch begründeten Ablehnung der weiblichen Körperlichkeit. Gleichzeitig steht die Homosexualität von Anfang an in einem erschreckenden Kontext und wird mit Gewalt und Mißbrauch der Autorität durch Ältere, in »Korrektur« und »Verstörung« durch Lehrer, assoziiert. Das zögerliche Outing in »Holzfällen« ist daher keines im Namen von Dionysos, sondern eines im Namen Apollos. Es ist die Erinnerung an eine drückende Scham, an einen quälenden Riß im apollinischen Panzer. Auch dieses Outing erleichtert: Der Gedanke, wie Auersberger junge Schriftsteller schon am ersten Tag »aufzufressen« pflegte, der »jahrzehntelang peinigend abstoßend« war, »war es auf einmal nicht mehr«. (HF 269) Die Porträts der ekelerregenden Wirtinnen hatten dem – so Gerhard Lampersberg – »asexuellen Erotomanen« (Huguet 378) Bernhard geholfen, die Anziehungskraft des Weiblichen abzuwehren; das Porträt Auersbergers hilft, den zweiten Anziehungstypus zu egalisieren und zementiert die dem Apolliniker angemessene Haltung der sexuellen Indifferenz. Der Zuwachs an Stärke, den Bernhard aus diesem verhüllten Geständnis gewonnen hat, ist unleugbar – die entspannte

Haltung des Spätwerks gegenüber dem Weiblichen ist wohl eine Folge davon.

Der dem Verführer gegenüber aggressive Charakter von »Holzfällen« steht durchaus in einer kulturhistorischen Traditionslinie. Die griechische Institution der initiatorischen Knabenliebe läßt die Homosexualität zu, doch nicht als etwas zügellos Ungeregeltes. Für beide Seiten gilt die zwingende Unterscheidung zwischen einem Mann, der sich zu mäßigen weiß, und einem, der sich seinen Lüsten hingibt. Im Idealfall geht die frühe erotische Liebe des kulturell reiferen Mannes, als der hier Auersberger fungiert, zum »Knaben« in die gesellschaftlich wertvolle Verbindung der philía über. (Foucault 285) Die Rede des Pausanias in Platos »Symposion« zieht – so Foucault – die wichtige Grenzlinie zwischen der »›Liebe, die die Männer von niederer Art empfinden‹ – sie richtet sich auf die Frauen ebenso wie auf die Knaben, zielt nur auf den Akt selbst (…) und vollzieht sich aufs Geratewohl – und der älteren, vornehmen und verständigeren Liebe, die sich dem hingibt, was am meisten Kraft und Intelligenz zu haben vermag: und da kann es sich natürlich nur um das männliche Geschlecht handeln.« (Foucault 239) Beherrschung regiert diese Liebe auch im sexuellen Vollzug – gegenüber der passiven Sodomie und der Fellatio, dem »von hinten ansprechen« und »auffressen« herrscht – so K. J. Dover – »Zurückhaltung«. (Foucault 2, 268) In Foucaults luziden Überlegungen zur Homosexualität im Kontext der Ethik der männlichen Überlegenheit wird auch darauf hingewiesen, daß sich in ihrem Vollzug eine Hierarchie herstellt, daß die »aktive« Rolle höher und positiver bewertet wird (Foucault 279) – das bedeutet aber gleichzeitig für den Mentor eine Verpflichtung, der Auersberger nicht nachgekommen ist. (Pfabigan 1995, 2000, 2003)

Was der Erzähler dem Auersberger im Kontext der initiatorischen Knabenliebe vorwirft, ist also nicht der Umstand der homosexuellen Verführung, sondern des Mißachtens von Regeln, die dabei gelten. Bernhard selbst hat sich in der Frage der sexuellen Orientierung indifferent geäußert: »Ob das Frau oder Mann ist, letzten Endes ist das auch wurscht. Es wäre viel segensreicher, wenn's mehr Männer täten, wahrscheinlich gäb's die Überbevölkerung nicht so.« (Hofmann 69f.) Das Buch allerdings heißt »Holzfällen« und das vom Schauspieler in die Unterhaltung eingebrachte Motiv des Holzfällens ist von einer erlesenen Beiläufigkeit und rechtfertigt den Titel nicht. Wir wissen aus

»Amras«, wo die Schrecken des Lebens für den überlebenden Bruder in den Holzfällern symbolisiert werden, daß es unter den diesen ein homosexuelles Paar gibt und daß der alte Holzfäller den jungen »beim Eintritt in sein Gehirn« verletzt hat; das Aufbrechen dieser Wunde hat Bernhard als einen der Anlässe des Buches benannt (Fleischmann 1991, 169). Endlich wird eine sich durch mehrere Texte hindurchziehende Vokabel aus der Geheimsprache Bernhards übersetzt: der Komponist Auersberger ist ein »alter Holzfäller«.

Es ist die manifeste Verkommenheit des »heutigen« Auersbergers, die die Vergangenheit umwertet: jetzt fühlt sich der Erzähler rückblickend erniedrigt, in eine Falle gelockt, auf gemeine Weise mißbraucht, und gleichzeitig als einer, der sich verkauft hat – durchaus selbstkritisch verwendet er das Vokabular der Prostitution und stellt sich als einen Parasiten dar, der weiß, daß er sich von reichen Leuten materiell aushalten ließ. Für einen »Glenn Gould« ist es eine unerträgliche Erinnerung, daß ihn einst ein »Wertheimer« verführt hat. Der Erzähler verleugnet den Genuß, den ihm seine »Ausplünderung« verschafft hat, doch Genuß verschafft einem auch eine Wirtin, und mit einem derart ekligen Mentor ist es wie mit einer Wirtin.

Im Kontext der Regeln einer der Kontrolle der Polis unterliegenden, erziehenden gleichgeschlechtlichen Liebe gelesen, erhält »Holzfällen« einen eigenen Status, die sozusagen private narzißtische Komponente hat hier öffentlichen Charakter. Beide Partner bewegen sich in einem heiklen Bereich, der von Schande bedroht ist. Foucault beschreibt ein subtiles System zum Schutz der Ehre der beiden Männer, in dem die Verantwortung des Älteren die größere ist. Da die Ehre den Status in der Polis bestimmt, stellt ihre Erhaltung eine durchaus öffentliche Frage dar. Der Lebensweg und die moralisch-künstlerische Entwicklung des »Mentors« Auersbergers war also geeignet, dem »Zögling« Schande zu machen. »Holzfällen« wendet sich sozusagen mit einer den Erzähler nicht schonenden Abrechnung an die Öffentlichkeit und stellt gerade durch die mit dem Buch verbundenen Strategien, die über das Buch hinausgehen, aber im thematischen Kontext bleiben, die durch das Verhalten des Mentors beschädigte Ehre des Erzählers wieder her.

Die Wildente

Ein später Gast bereichert die Abendgesellschaft, ein Schauspieler des Burgtheaters aus der Arä vor Claus Peymann, einer »theatralischen Dichtervernichtungs- und Schreianstalt der absoluten Gehirnlosigkeit«. (HF 28) »Schauspieler habe ich insgeheim immer gehaßt« (HF 29), beteuert der Erzähler, doch die Sympathien seines Schöpfers für den Schauspielerberuf bzw. für einige Exponenten sind in Stücken wie »Minetti« und »Ritter, Dene, Voss« dokumentiert. Der namenlose neue Gast, der einen recht banalen Diskurs führt, wird zunächst heruntergemacht, doch die Figur hat ein hohes Entwicklungspotential und wandelt sich im Verlauf der nächtlichen Unterhaltung mehrmals. In ähnlicher Weise wie der Dichter Meister spricht er tatsächlich in vielen Bereichen durchaus Bernhardeskes aus der Lebens- und Arbeitsperspektive des Künstlers an. Ein halbes Jahr zieht sich der Schauspieler auf eine Tiroler Berghütte zurück, um sich auf eine Rolle vorzubereiten – ein asketischer Künstler oder eine Karikatur? In einer auf die heimische Presse konzentrierten Österreichbeschimpfung fungiert er eindeutig als Sprachrohr seines Erfinders und einmal spricht er einen Satz der uns aufhorchen läßt, der aber im nächsten Augenblick als »Satz aus irgendeinem Stück«, vielleicht von Thomas Bernhard fügen wir hinzu, denunziert wird: »Wir wollen immer das Höchste, erreichen es aber dadurch, daß wir es wollen, nicht ...« (HF 204) Was ihm die Authentizität raubt, ist einfach sein Beruf – genau wie dem »Präparator« Höller in »Korrektur«. Als einem »von diesen auf dem Burgtheater engagierten und agierenden Dummköpfe« (HF 250) wird ihm am Ende immerhin der Status eines »Augenblicksphilosophen« attestiert.

Tatsächlich haben sich am Ende dieses Abends alle blamiert, nur der Schauspieler ist mit Würde abgegangen, ja er hat in jenem Moment Größe gezeigt, wo er seine Rolle – die ihm zugewiesene Rolle in der Auersbergerschen Eßgesellschaft und auch die in jenem Stück, in dem er gerade »Triumphe« feiert – sprengt. Kurze Zeit ist der Schauspieler dem Erzähler überlegen, der sich in der Situation abstinent verhält und seine »Erregung« konserviert, ja der sogar beim Abschied noch Zustimmung heuchelt. Der Erzähler muß sein Buch schreiben, als Buße, weil dieser Abend von ihm mit einer Lüge begonnen wurde und mit einer Heuchelei beendet wurde. Der Schauspieler hingegen wehrt sich unmittelbar gegen die soziale Anmaßung der Jeannie Billroth und den heruntermachenden Stil der Unterhaltung: *»was für eine Gemeinheit überhaupt, mich mit Ihrer Dummheit zu konfrontieren«.* (HF 294) Plötzlich prasseln Wörter wie *»niederträchtig, gemein, unbotmäßig, verlogen, infam, größenwahnsinnig, dumm«* (HF 295f.) auf die Eßgesellschaft nieder. War es in Andersens Märchen ein Kind, daß das Selbstverständliche aussprach, ist es hier ein Schauspieler, nach dessen Intervention alle Wiener Mandarine nackt dastehen. Wenn die Abendgesellschaft der Auersbergers hier stellvertretend für die Lebenswelt prominenter österreichischer Kulturschaffender steht, dann ist es dem Schauspieler vorbehalten, jene Unerträglichkeit der apollinischen Sphäre zu thematisieren, die das Zentralthema der Trilogie bildet. Seiner Lösung wird vergleichsweise viel Raum eingeräumt: ein »Anderer« will er sein, *»Aber dazu hätte ich nicht von meinen, sondern von ganz anderen Eltern geboren werden und ich hätte in ganz anderen Verhältnissen aufwachsen müssen, in der freien Natur, wie ich immer gewünscht habe, nicht in der eingesperrten, überhaupt in der Natur, nicht in der Künstlichkeit. Denn wir alle sind in der Künstlichkeit aufgewachsen, in dem heillosen Wahnsinn der Künstlichkeit, nicht nur ich, der ich zeitlebens darunter gelitten habe (…) Wald, Hochwald, Holzfällen, das ist es immer gewesen.«* (HF 301f.) Der Lehre der Gesamterzählung gegenüber ist das ein Rückfall. Gegenüber angemaßten Apollinikern allerdings wird sogar ein zweitklassiger Rousseauaner zur sympathischen Figur. Von all den kulturell-politischen Problemen, die der Abend angerissen hat, ist in diesem Text nichts erledigt worden: Die Lösung ist auf das vertagt worden, was zu Hause geschieht – aufs Schreiben, »bevor es zu spät ist«.

»Holzfällen« verdoppelt in gewisser Weise Konstellationen aus jenem Theaterstück, in dem der Schauspieler »den Höhepunkt der Karriere« erreicht hat. Es handelt sich dabei um Ibsens »Wildente«, die übrigens 1884, genau hundert Jahre vor dem Erscheinen von »Holzfällen« entstanden ist. Der alte Ekdal, den der Schauspieler spielt, ist für einen solchen Höhepunkt nicht wirklich die geeignetste Rolle – die zentralen Figuren des Stückes sind wohl der junge Hjalmar Ekdal und Gregers Werle, der ambivalent porträtierte Zerstörer von dessen »Lebenslüge«, der übrigens aus Protest gegen die betrügerischen Machenschaften seines Vaters jahrelang bei den Holzfällern im väterlichen Hochwald gelebt hat. Nach den hierarchischen Regeln der

Bernhard-Welt ist einer, der seit Jahrzehnten von der kaum ausbau-
fähigen Nebenrolle des alten Ekdal geträumt hat, ebenso zweitrangig
wie eine Inszenierung, in der diese Figur das von den Medien gefeierte Ereignis darstellt. Doch was der Schauspieler im Leben verfehlt
hat, die Rolle des Gregers Werle, spielt er jetzt in der Realität – mit
reineren Motiven als sein Pendant auf der Bühne und dem anderen
Wahrheitsfanatiker, dem im unmittelbaren Umgang gehemmten Erzähler, überlegen.

Wie in der Familie Ekdal ist bei den Auersbergers und ihren Gästen
alles auf einer chronifizierten Lüge aufgebaut, leben die Beteiligten
in einer ähnlichen Phantasiewelt wie der alte Ekdal und Hedvig am
Dachboden mit der »Wildente«. Wieder stellt sich die Frage, ob man
die »Lebenslüge« zerstören dürfe, das potentielle Opfer ist allerdings
kein Kind. In Bernhards persönlicher Version des »Wildente«-The-
mas, dem Theaterstück »Jagdgesellschaft«, stellt der Schriftsteller
fest, daß das Verschweigen einer Todeskrankheit eine Ungerechtigkeit darstelle und eröffnet dem General, daß er und sein Wald zum
Untergang verurteilt sind. Am Ende der »Jagdgesellschaft« steht ein
Selbstmord und das quasi industriell betriebene »Holzfällen« des vom
Borkenkäfer befallenen Waldes. Auch in »Holzfällen« zielt vieles auf
den Tod, Joana ist Hedvig, das unschuldige Opfer, der »Untergeher«
Auersberger der, der eigentlich den Tod verdient. »Holzfällen« als öffentliche Botschaft ist die Tat des zweiten Widergängers des Gregers
Werle, eines Fanatikers des apollinischen Wahns, dem der Text eine
geringere Legitimität attestiert als dem ansonsten ein wenig verächtlichen Schauspieler.

VII. Umwertung der Werte

Lebenskunst statt apollinischen Wahns

In einer Kette zusammenhängender Untersuchungen ist ein Gegenbild zu Muraus idyllisierender Darstellung der Lebenswelt der Geistesmenschen entstanden. Zwar wurden lebenskünstlerische Techniken entwickelt, doch gleichzeitig hat uns die Handlungsspirale in die vom apollinischen Wahn dominierte Sphäre der »Jäger nach dem Höchsten« geführt. Wie schon im ersten Werkblock, in der Darstellung des Problembereichs von Natur, Familie und Erbschaft, beendet das Auftreten eines »Helden«, des letzten »Helden« der Bernhard-Welt, in den letztverfaßten »Alten Meistern« (1985), die breit entwickelte Unerträglichkeit durch ähnlich kühne Operationen, wie sie seinerzeit Murau vorgenommen hat. Die Untertitelung als »Komödie« sollte uns nicht dazu verführen, die intellektuelle Leistung Regers geringzuachten. Reger zertrümmert das Wertsystem des apollinischen Wahns. Er führt neue Techniken im Umgang mit Leidensquellen ein und setzt an die Stelle des an das psychoanalytische Verfahren erinnernde Rekonstruieren der eigenen Geschichte »Techniken« der Selbstentlastung von übertriebenen Ansprüchen an die eigene Leistung und von ebenso übertriebenen Erwartungen an das eigene Leben. In den Äußerungen dieses »Musikwissenschafters« zu den als Einheit behandelten apollinischen Künsten der Malerei, Literatur, Musik und Philosophie, wird eine letzte, überraschende Lösung angeboten, die das Leben eines Geistesmenschen – ungeachtet von Alter, Krankheit und der Einsamkeit eines Witwers – letztlich lebenswert macht. Diese Lösung korrespondiert durchaus mit dem Zeitgeist der achtziger Jahre, dem zumindest Reger eine gewisse befreiende Potenz zugeschrieben hat.

Der zweiundachtzigjährige Reger ist neben dem siebenundachtzigjährigen Rudolf Herrenstein in »Elisabeth II.« der älteste der Bernhard-Protagonisten, und seine Lebensbilanz ist ambivalent. »Ja ja, sagte er, die logische Folge wäre immer die totale Verzweiflung *über alles.*« Dennoch gibt es eine Antriebskraft, die bewirkt, daß er sich gegen die Strauch-Botschaft, gegen diese »totale Verzweiflung *über alles* ... mit Händen und Füßen« wehrt (AM 224), und seine Bilanz verzeichnet auch ein »seit über dreißig Jahren« währendes Glück, dessen lebenskünstlerischen Bedingungen hier nachgegangen werden soll. Daß Reger an einem »tödlichen Verfolgungswahn« laboriert, ist seinem Schöpfer durchaus bewußt, doch auch hier ist die Bilanz insofern positiv, als festgehalten wird, daß ihm dieser »naturgemäß immer nützlich gewesen ist, ohne ihm und anderen wirklich gefährlich zu werden.« (AM 173)

»Alte Meister« ist ein handlungsarmer Text, der auf den ersten Blick äußerst konventionell wirkt. Wieder gibt es einen Herausgeber, der wie in »Beton« und »Auslöschung« seinen Eingriff nur kurz kenntlich macht und uns zur Annahme einlädt, daß der Bericht Atzbachers über seine vormittäglichen Beobachtungen des von ihm verehrten Reger posthum publiziert wurde. Es ist eine »Sekundärstudie«, die einer verfaßt und vollendet, der an einer anderen als »geborener Nichtveröffentlicher« scheitert, doch protokolliert sie weder das Entsetzen über eine involvierende, aber sozial unerträgliche Figur, noch dient sie der eigenen Befreiung, wie der Bericht des Protokollanten aus den »Billigessern«, sondern ist *nach* einer solchen Befreiung verfaßt.

Wieder sind wir mit einem Männerbund konfrontiert, der seit Jahrzehnten besteht und aus einem »Meister«, seinem bewundernden Schüler und dem »Diener«, dem Aufseher Jenö Irrsigler, besteht. Die Beziehungen zwischen diesen drei Figuren sind im Gegensatz zu denen der »Billigesser« keineswegs hierarchiefrei, doch fehlt ihnen jenes Element latenter Feindseligkeit, das den Dreibund Gould – Wertheimer – Erzähler auszeichnet. Die drei Männer wahren Distanz, doch ihre Beziehung wird von Anfang an von einem Wertsystem geleitet, das die apollinischen Qualitäten einer Figur nicht absolut setzt, sondern sie nur im Zusammenhang mit allgemein-menschlichen Vorzügen gelten läßt – Reger, der Mann, der Pünktlichkeit und Verläßlichkeit preist, wird uns als großzügiger Verstandes- und Gefühlsmensch vorgeführt. Auch in diesem Text wird scharf beobachtet, doch es sind liebevolle Beobachtungen, die Atzbacher an dem ein Gemälde studierenden Reger vornimmt. Die Biographie aller drei Protagonisten weist Parallelen zu der ihres Erfinders auf: Die Krankengeschichte der Mutter Irrsiglers erinnert an die der Hertha Fabjan, Atzbacher und Reger sind lungenkrank. Atzbacher leidet »seit Jahrzehnten unter Atemnot« und glaubt »jeden Tag ohnehin mehrere Male (...), *ersticken zu müssen*«. (AM 131) Der Bericht über Regers letzte »entsetzliche Nacht« schließt an die Mitteilungen Rudolfs über Bernhards Gesundheitszustand in »Beton« an: »immer wieder aufgestanden mit fürchterlichen Krämpfen von den Zehen über die Waden herauf bis in den Brustkorb hinein wegen der herzbedingten Entwässerungspillen, die ich einnehmen muß. Ich befinde mich in einem Teufelskreis ...« (AM 179f.)

Auch Regers Klagen über die »einzige Verzweiflungszeit« der Kindheit und das an ihm begangene »Urverbrechen« zuerst der Zeugung und dann der Unterdrückung fügen dem Stereotyp Bernhardscher Kindheiten nur sprachliche Nuancen hinzu: »*Die Hölle kommt nicht, die Hölle war* (...), *denn die Hölle ist die Kindheit*.« (AM 106) Diesem »Kind« hat kein Mentor geholfen: »Die Kindheit ist das finstere Loch, in das man von den Eltern hinuntergestoßen worden ist und aus dem man ohne jede Hilfe wieder herauskommen muß.« (AM 108) Die Ablösung, eine Aufgabe der Pubertät, hat »übermenschliche [sic!] Anstrengungen« in einem unendlich langen Zeitraum erfordert: 35 Jahre haben die Eltern Reger unterdrückt und erst ihr Tod schuf die Voraussetzungen seiner Befreiung. Der verbliebene »elternfreie« Lebensabschnitt währte allerdings ein vielfaches von dem, den Murau genießen konnte.

Als Abkömmling einer reichen Industriellenfamilie ist Reger materiell unabhängig. Daß er Anzüge aus Harris-Tweed trägt und für die Londoner »Times« kleine Musikkritiken verfaßt, macht ihn – neben den Gebrüdern Schuster – zum vollendetsten Exemplar der »englischen Richtung« der Bernhard-Helden. Wie Wertheimer ist er ein möglicherweise unfreiwilliger »Weggeher«, der ein zeitweiliges Exil in London gefunden hat – auch das verweist auf die, wie das Thema Homosexualität lange Zeit latente und erst in »Heldenplatz« ausgeführte, Problematik der Vertreibung jüdischer Menschen 1938. Wie die Gebrüder Schuster ist Reger nach Wien zurückgekehrt, doch im Gegensatz zu diesen an der Wiener Universität Gescheiterten hat er in einem anderen Prachtbau der Wiener Ringstraße den ihm gemäßen Ort gefunden, den Bordone-Saal des fiktionalen Wiener Kunsthistorischen Museums. Die letzte magische Denkhöhle Bernhards, deren Wahl Regers »Denkgeheimnis« ausmacht, ist, anders als Höllers Dachkammer, ein explizit weiblicher Ort: Im Gegensatz zu seinem Pendant in der Wirklichkeit untersteht dieser Kunsttempel einer Direktorin. Den zahlreichen Exzentrizitäten der Bernhard-Protagonisten hat Reger eine neue Variante hinzugefügt: Seit Jahrzehnten verbringt er jeden zweiten Vormittag im Bordone-Saal, wo es neben der idealen Temperatur und den idealen Lichtverhältnissen eine vom Diener Irrsigler exklusiv für ihn reservierte Sitzbank gibt. Dort liest er und studiert die Werke der »Alten Meister« – vornehmlich sein »Lebensbild«, den »Weißhaarigen Mann« Tintorettos. Die Lehre vom »richtigen Ort« erfährt hier eine Zuspitzung und im Vergleich zu Roithamers Dachkammer, der WÖK Kollers und Muraus römischer Luxuswohnung eignet dem von Reger gewählten eine skurrile Grandiosität.

Wie sein Antipode Murau, ist auch Reger ein Liebhaber des Künstlichen. Doch der Affekt gegen die »unheimliche« Natur geht weiter als bei seinen lungenkranken Vorgängern und erstreckt sich auch auf die »sanfte« mediterrane Natur Italiens oder Spaniens: »*ich hasse die Sonne, Sie wissen, ich hasse die Sonne wie nichts sonst auf der Welt.*« (AM 101) Die Naturfeindschaft ist konventionell, doch wird in »Alte Meister« die regelmäßig behauptete Höherrangigkeit des apollinischen Lebensmodells als kompensatorische Rationalisierung entlarvt. Irrsigler, der »Staatstote, der seit 35 Jahren im Kunsthistorischen Museum Dienst macht«, wollte ursprünglich Polizist werden, ein kräftiger, begehrenswerter Gefangenenaufseher wie aus dem »Kulterer« oder aus »In der Höhe« wohl, ist aber wegen physischer Schwäche abgewiesen worden und hat jetzt als der »vom Staat eingestellte Hüter von Kunstwerken«, den »unterbezahltesten aber sichersten« Posten im Museum. Der Dienst an der Kunst ist verantwortungsvoll, aber gleichzeitig leichter als der »tagtäglich lebensgefährliche« Polizeidienst. In Regers Begründung seiner apollinischen Wahl wird ein anderer Mythos belebt als der rund um den »Kraftmenschen« Glenn Gould, und es erweist sich diese Rennaissancegestalt als eine »ideologische« Figur: »Ich bin in die Kunst hineingeschlüpft, um dem Leben zu entkommen ...« (AM 190) So laborieren die Protagonisten an einer präzise benannten Schwäche, die sie für das Leben in der naturhaften Sphäre untauglich macht, sie sind »Flüchtlinge« ins Apollinische und nicht stolze »Weggeher«.

Auch die obligaten Österreich-Beschimpfungen Regers setzen neue Akzente. Die nationalsozialistische Vergangenheit des Landes wird, trotz Regers wohl erzwungener Emigration nach London, kaum erwähnt. Im Faktum des Skandals offenbart sich die Wahrheit des Landes, seines »durch und durch verkommenen und *dämonischen Staates*« (AM 217), seiner Bevölkerung, der »geborenen opportunistischen Duckmäuser« (AM 237) und »gefährlichsten Menschen überhaupt« (AM 245), seiner Politiker, einer »Horde von Schweinehunden« (AM 239), und der sie ergänzenden Regierung – »verlogen und verheuchelt und gemein und niedrig«. (AM 213)

»Und überall dieses ekelerregende Demokratiegefasel!« (AM 214) Vertraut ist uns auch jener für den räsonierenden Bernhard und seine Figuren so charakteristische reaktionäre Demokratismus, die Gleichzeitigkeit von »demokratischer« und »antiliberaler« Argumentation, die Verbindung von Populismus und Obskurantismus, von Artikulationen der Sympathie für die »kleinen« Leute und der gleichzeitigen Denunziation der »unteren Klassen« und ihrer »proletarischen Perversität« als genauso »gemein und niederträchtig und genauso verlogen, wie die oberen« (AM 297).

Die an das »Höchste« gebundene Perspektive der »Politischen Morgenandacht« vom »Niedergang«, der in die bald zu erwartende »tatsächliche Kulturlosigkeit« münden wird, gilt immer noch: »Wien ist ein Kulturbegriff, (...) auch wenn in Wien schon lange fast keine Kultur mehr ist, und eines Tages wird in Wien wirklich keinerlei Kultur mehr sein, und es wird dann immer noch ein Kulturbegriff sein.« (AM 183) Bald wird das »Banausentum« regieren, doch in dieser Fortführung der Kritik an der Moderne aus »Beton« ist es nicht mehr das kulturlose »Land«, das die Katastrophe verursacht, sondern sie hat in der »schmutzigen« Großstadt Wien ihr Zentrum. Als Musikwissenschafter faßt Reger die zerstörende Tendenz stellvertretend in einer bisher nicht genannten Kraft: der Musikindustrie und dem von ihr produzierten »Musikkonsumatismus«. Das Musikhören sei *»zu einer banalen Alltäglichkeit geworden durch die Technik«*, zwangweise sei *»dieses Zeitalter total von Musik untermalt«* – kein »Beton« ohne massenweise Musikberieselung. So richte die Musikindustrie, der »eigentliche Massenmörder der Menschheit«, »die Gehörgänge der Menschen zugrunde« (AM 277–279) – wieder, wie in der Frage von Regers mehrjährigem Aufenthalt in London, wird damit ein Thema angerissen, daß in »Heldenplatz« alternativ aufgegriffen werden wird.

Der Staat

Regers folgenschwere Revision des apollinischen Wertsystems korrespondiert mit einer Akzentverschiebung in der Bewertung des Staates. Mit Ausnahme des »Präsidenten« waren wohl alle Bernhard-Protagonisten »Staatsfeinde«, und Bakunin und Kropotkin zählten zu ihren Lieblingsautoren. »Auslöschung«, jener Text, der unter anderem die »Künstlichkeit« als Lösung preist, hatte den Staat – vornehmlich dem österreichischen – in gewisser Weise als etwas der »naturhaften« Sphäre Zugehöriges behandelt: ungeregelt, unberechenbar, ungerecht, am Gesetz der Stärke orientiert, überliefert wie eine Besitzung. Die Konzentration auf die österreichische Vergangenheit erleichterte die Bestimmung dessen, was »Staat« genannt wurde, und vor allem die Schermaier-Episode begründete eine moralisierende Staatskritik. Der Staatsbegriff von »Alte Meister« bleibt in einem Feld der semantischen Diffusion, er ist unpräzise, umgangssprachlich und artikuliert jenen wurzellosen Radikalismus, der uns bei den Bernhard-Figuren so wohlvertraut ist. Es ist kein unmittelbar politischer Begriff von Staat im Sinne der klassischen Staatslehre, der hier entfaltet wird: zentrale Staatsfunktionen wie die Organisation von Herrschaft, die Verwaltung sozialer Hierarchien, das Recht, Krieg zu beginnen sind ebensowenig angespielt wie die organisierenden Interventionen des Staates in der Sphäre von »Natur«, der Bau von Kraftwerken etwa, die den »Frost« bannen sollen.

Die einander ergänzenden Reflexionen Regers und Atzbachers arbeiten mit einer ästhetisierenden Begrifflichkeit und beschreiben das Wirken des Staates in der ästhetischen Sphäre. »Staat« ist ihnen der Exponent einer falschen, aber totalitären Künstlichkeit, die ansonsten die gleiche Qualität hat wie ihr von Murau beschriebenes chthonisches Pendant. »Staat« ist ein universelles Prinzip, »Beton« vergleichbar, eine gigantische Maschine zur Herstellung einer konformistischen Expansion, die jeden Eigensinn, der jetzt mit dem überraschenden Wort »Natur« bezeichnet wird, vernichtet: »Die Menschheit ist ein gigantischer Staat, vor welchem uns, wenn wir ehrlich sind, wenn wir aufwachen, jedesmal übel wird.« (AM 60) Das Urverbrechen der Zeugung und der Unterdrückung wird jetzt dem Staat zugeschrieben: »*Der Staat* gebiert in Wahrheit die Kinder, *nur Staatskinder werden geboren,* das ist die Wahrheit. Es gibt kein freies Kind, es gibt nur das Staatskind, mit dem der Staat machen kann, was er will, der Staat bringt die Kinder auf die Welt, den Müttern wird nur eingeredet, daß sie die Kinder auf die Welt bringen, *es ist der Staatsbauch aus dem die Kinder kommen*, das ist die Wahrheit.« (AM 56) Der Staat handelt vornehmlich durch die »ideologischen Staatsapparaten«, wie Schule, Museum, Wissenschaft, und durch die »repressiven« wie Irrenhaus, Spital und Gefängnis. In ihrem Zusammenspiel – und auch darin kommt wie im Monolog des Schauspielers in »Holzfällen« ein eigenartiger, dem Gesamttext gegenüber inkonsequenter Rousseauismus zum Ausdruck – wird der »natürliche Mensch« zerstört: »Den natürlichen Menschen gibt es nicht mehr, es gibt nur noch den Staatsmenschen und wo es noch den natürlichen Menschen gibt, wird er verfolgt und zu Tode gehetzt und/oder zum Staatsmenschen gemacht.« (AM 57)

Wie das geschieht, wird von Atzbacher in einer Passage vorgeführt, die inhaltliche Anklänge an die Konstellation des autobiographischen »Kind« mit seiner Beschreibung der zerstörerischen Folgen der Schule und des nationalsozialistischen Erziehungsheimes aufweist: Bei den Großeltern sei er der »natürliche Mensch« gewesen, den die »grauenhaften, engstirnigen, verluderten« Lehrer mit ihrer »ganz und gar niedrigen Auffassung von den Menschen« (AM 54) zerstört haben und den der Mentor Reger später rettete. Wie so vieles in Bernhards Spätwerk markiert auch diese Passage den Übergang von der Familien- zur Zivilisationskritik, sie entlastet, wenn auch vielleicht satirisch, die Familie, vor allem die Mütter, von jener ungeheuren Verantwortung, die ihnen »Auslöschung« aufgebürdet hat. Es ist der Staat, der die Menschen vernichtet, der sie in »Staatsmenschen« und damit »Staatsdiener« verwandelt, die ihr Leben lang der »Unnatur« dienen. Staatsmenschen sind reglementiert, registriert, trainiert, absolviert, pervertiert und deprimiert – wir sind möglicherweise mit Bernhards höchstpersönlichem Beitrag zu »1984« konfrontiert. Für Atzbacher hat die ganze Menschheit »seit es den Staat gibt ihre Identität verloren«, international gesehen gibt es nur mehr eine »*Un*menschheit, die der Staat ist«. Damit ist die Bevorzugung der leichten, »schlampigen« italienischen Staatskultur aus »Auslöschung« hinfällig geworden, und auch Österreich wird in gewisser Weise entlastet. Auf den ersten Blick gelesen eignet dieser Staatskritik, bezogen auf ihre Vorgänger, etwas Unvermitteltes und ein wenig Paradoxes, das gilt auch für gewisse kunsttheoretische Passagen von »Alte Meister«. Wir sind allerdings als erfahrene Bernhard-Leser gewohnt, daß unser Autor häufig eine Begründung nachreicht, daß also in einem späteren Werk eine scheinbare Zuspitzung ihre Plausibilität durch eine uns bisher vorenthaltene Information erhält. Dieses »spätere Werk« ist nicht mehr verfaßt worden, und die Überlegungen von Regers Schüler Atzbacher zum Staat bleiben notgedrungen das, was Reger selbst preist: Fragment.

Regers böser Blick

Reger, der letzte sitzende Betrachter mit dem erbarmungslosen Blick, ist gleichzeitig der letzte Wahnsinnige in der apollinischen Trilogie. Doch dieser scheinbare Fanatiker treibt den apollinischen Wahnsinn und das mit ihm verbundene destruktive Ideal derart auf die Spitze, daß es seine Destruktivität weitgehend verliert und – wieder einmal – »Mitte« entsteht. Das macht ihn zum großen Revisionisten der apollinischen Sphäre, zu jenem, der die Umwertung der um das »Höchste« gruppierten apollinischen Werte vornimmt und als letzter Agent des »Turmtextes« die Bernhard-Welt ein wenig lebenswerter macht.

Der Imperativ zum »Höchsten« ist der autobiographischen Pentalogie zufolge dem »Kind« Bernhard, das damals noch die Eisenbahnbrücke über die Traun für das Höchste hielt (KI 23), vom Großvater übermittelt worden: »Das Höchste im Auge haben! Ich hatte von da an immer das Höchste vor Augen. Aber ich wußte nicht, was das Höchste war. Wußte er es?« (KI 82) Statt der Studie über Glenn Gould, jener Bernhard-Figur, die diesem Lebensziel des gesteigerten Menschen, dessen Realisierung die Existenz des Kollektivs legitimiert, am nächsten ist, haben wir eine über den »Untergeher« Wertheimer gelesen, die sich auf die sozialen Regeln rund um das »Höchste« und die damit verbundenen psychologischen Konstellationen konzentrierte.

Auch Reger wird das von der Intervention des Großvaters aufgeworfene Problem nicht definitorisch lösen, er wird keine systematische Theorie des »Höchsten« entwickeln, sondern mit einer Reihe von zusammenhängenden, aber nicht systematisierbaren Lehren die »Kunstreligion« seiner Vorgänger aufheben. Eine Neubewertung wird den bisher eindeutigen Begriff des »Höchsten« in den Bereich der Ambivalenz rücken: »Die Kunst ist das Höchste und das Widerwärtigste gleichzeitig ...« (AM 79)

Diese Neubewertung mit dem Effekt der Entlastung der apollinischen Sphäre zieht die Konsequenz aus Regers »Lebensleistung«, der kritischen Arbeit in der Kunstsammlung. Bilanzierend formuliert Reger ein Pauschalurteil über die hier gesammelte Kunst, über die Werke eines Rembrandt, Velazquez, Lotto, Giotto und anderer »Alter Meister«: »Denn die an diesen Wänden hängende Kunst ist ja nichts anderes als eine Staatskunst ...« (AM 61) Staatskunst wurde uns in »Holzfällen« als etwas Verachtenswertes vorgeführt. Sind wir neuerlich an dem Punkt des apollinischen Wahns angelangt, wo einer »ein Rembrandt oder ein Giotto« sein kann, und dennoch »nichts«? Oder denunziert hier der Ort der Aufbewahrung die Kunst? Regers Argumentation ist komplexer und vor allem fehlt ihr jene Vergleichsfigur eines »Glenn Gould«, die das Urteil über »Gulda und Brendel« legitimiert hat. Sicher wird das Museum mit jener Ambivalenz bedacht, die uns vertraut ist, wo es um Österreichisches geht: Es ist ein rettender Geistesort, aber gleichzeitig die Manifestation des dubiosen Kunstgeschmacks der Habsburger, eine Kollektion ohne El Greco und Goya. Durch den Aufbewahrungsort werden die »Alten Meister« auf ewig mit der sich im Mäzenatentum artikulierenden »Gefallsucht ihrer Auftraggeber« assoziiert, er macht sichtbar, daß alle große Kunst den Charakter von »Staatsauftragskunst« hat: »Die sogenannten Alten Meister haben immer nur dem Staate gedient oder der Kirche gedient (...) So wie der sogenannte freie Mensch eine Utopie ist, ist der sogenannte freie Künstler immer eine Utopie gewesen, ein Wahnsinn ...« (AM 62)

Die Schilderungen des Malers Strauch von der ekelerregenden Atmosphäre der Wiener Avantgarde-Ateliers, die in »Holzfällen« eine erste Begründung erfahren haben, werden jetzt verallgemeinert: Die Künstler, vor allem »die sogenannten großen Künstler«, sind korrupt, skrupellos, gierig und konformistisch. »Kunst« ist dort, wo Macht und Kirche sind, ist per se »Staatskunst«: »Religionsverlogene Dekorationsgehilfen der europäischen katholischen Herrschaften, nichts anderes sind diese Alten Meister ...« (AM 65f.) Als Exponent dieses ja auch seine fröhliche Seite habenden Desillusionierungsprozesses erweist sich der greise Reger als ein Vertreter des Zeitgeistes der achtziger Jahre: Zerstörung des Geniemythos, Verdrängung der »Aura« und bewußte Hervorhebung des kommerziellen Aspekts jeder Kunst. Frank Zappas fröhliches Selbstverständnis regiert jetzt die ganze Kunstwelt: We are only in it for the money.

So betreibt Reger zunächst eine »negative Ästhetik«, die vom Künstler ausgeht: was ihn »menschlich« macht, verhindert die Entstehung jenes das Menschliche transzendierenden »Höchsten«. Doch das ist nur der erste Schritt seiner Delegitimierung der Kunstreligion – im Zweiten wird Ästhetik auch vom Werk her betrieben. Reger beruft sich dabei auf jenen apollinischen Blick, den wir von dem im Ohrensessel sitzenden Erzähler in »Holzfällen« kennen, jenen messenden, prüfenden und sadistischen Blick, der sich auf den Fehler konzentriert und in seiner Zuspitzung ein letztlich paradoxes Ergebnis zeitigt. Reger, der Kunstbesessene, dem die Kunst Rettung war, ist auch ein Kunsttöter. Der unendliche Male variierte Schlüsselsatz seiner Arbeit an den »Alten Meistern« lautet: *»Alle diese Gemälde sind großartig, aber kein einziges ist vollkommen ...«* (AM 13) Das gilt für das Kunsthistorische Museum – das Urteil über die Sammlung des Prado ist um einiges rigider: sie enthalte »letzten Endes nur Lächerliches und Dilettantisches«. (AM 71f.)

Das Schwierige an der Rekonstruktion des Regerschen Blickes liegt darin, daß er in sich verschiedene Prozeduren vereint, zu unterschiedlichen Wertungen kommt und vom Blickenden selbst unterschiedlich bewertet wird. Das klingt nach Widersprüchen, doch Reger folgt der Linie des Onkel Georg aus »Auslöschung« von der Kunstbetrachtung als Voraussetzung jeder anderen, sein Blick zielt aufs Leben in seiner Gesamtheit und so werden sich die vermeintlichen Widersprüche tatsächlich in der Lebenspraxis versöhnen. Vielleicht ist es hilfreich, am Anfang einer solchen Rekonstruktion des zerstörerisch-befreienden Blickes Regers zu berichten, wie dieser, der ja im Museum unzählige Bücher studiert hat, liest. In einer schönen Bernhardschen Zuspitzung wird dem taktilen Erlebnis des Umblätterns, der wohl »oberflächlichsten« Form der Konfrontation mit Literatur, der Vorzug vor dem Lesen gegeben und das »fragmentierende« Lesen gepriesen: »Ich bin mehr Umblätterer als Leser, müssen sie wissen, und ich liebe das Umblättern genauso, wie das Lesen, ich habe in meinem Leben millionenmal mehr umgeblättert, als gelesen, aber am Umblättern immer wenigstens soviel Freude und tatsächliche Geisteslust gehabt, wie am Lesen. Es ist doch besser, wir lesen alles in allem nur drei Seiten eines Vierhundertseitenbuches, tausendmal gründlicher als der normale Leser, der alles, aber nicht eine einzige Seite gründlich liest ...« Dem »normalen Leser« wird vorgeworfen, daß seine Lektüre ihm nicht einmal die Konturen erschließe. Aber gibt es nicht eine sorgfältige Lektüre, die das Ganze erfaßt? Nein, sagt Reger und postuliert eine auf »Mut und Geisteskraft« gestützte Lektüre, die die Illusion vom »Ganzen« überwindet und mit »Glück« vom Detail zum Ganzen kommt: »Wer alles liest, hat nichts begriffen, sagte er. Es ist nicht notwendig, den ganzen Goethe zu lesen, den ganzen Kant, auch nicht notwendig, den ganzen Schopenhauer; ein paar Seiten Werther, ein paar Seiten Wahlverwandtschaften und wir wissen am Ende mehr über die beiden Bücher, als wenn wir sie von Anfang zum Ende gelesen hätten, was uns in jedem Fall um das reinste Vergnügen bringt.« (AM 39f.) An dieser Stelle wird wohl das erste Mal verständlich, was Bernhard 1975 meinte, als er behauptete, als Zwölfjähriger »heimlich und freiwillig« Schopenhauers »Welt als Wille und Vorstellung« »gelesen *und* studiert« zu haben. (Dittmar 1990, 164)

Das Exzentrische an Regers vielschichtigem Statement über seinen Lektüremodus liegt zunächst darin, daß er sich ohne jedes Schuldgefühl dazu bekennt – es ist wohl ein schmutziges kleines Geheimnis vieler professioneller Leser, jener Rezensenten, die den Alptraum der Autoren darstellen, daß sie so und nicht anders lesen. Oberflächlich berührt sich Regers Position mit jenen Tendenzen des Geisteslebens der achtziger Jahre, die dem Versuch, das »Ganze«, die »Totalität« des Kunstwerkes zu erfassen, die Realisierbarkeit absprachen. Reger hingegen akzentuiert die Souveränität des interpretierenden Lesers gegenüber dem Autor: Lektüre vergewaltigt, die vom Autor gewollte Ordnung des Textes wird in ihr für unerheblich erklärt, sie ist den Intentionen des Autors gegenüber ehrfurchtslos.

Doch es ist nicht nur die geradezu »antiautoritäre« Insistenz auf das »Eigene«, die Reger als Begründung seines Lektüre-modus anführt, er »muß« sozusagen flüchtig lesen, weil jeder intensive Blick, wenn er nicht in der Unverbindlichkeit der Kunsthistoriker und Journalisten stehenbleibt, ein enormes destruktives Potential mobilisiert: »Lesen sie, was sie lieben, aber dringen sie nicht total ein, hören sie, was sie lieben, aber hören sie es nicht total, schauen sie, was sie lieben, aber schauen sie es nicht total an. Weil ich immer alles total angeschaut habe, immer alles total gehört habe, immer alles total gelesen habe (…) habe ich mir schließlich und endlich alles total vergraust, ich habe mir dadurch die ganze Bildende Kunst und die ganze Musik und die ganze Literatur vergraust …« (AM 68) Jedes Kunstwerk steht in einer widersprüchlichen Konstellation: will der Rezipient es adäquat erfassen, muß er jene am »Höchsten« orientierte Energie mobilisieren, der das Betrachtete, Gelesene oder Gehörte letztlich nicht gerecht werden kann. Gerade die »große Kunst« produziert durch ihre Involvierungskraft eine Nähe zu genialen Interpreten wie Reger, die sie dann zerstören. Kunst, so lernen wir, richtet sich nicht an den kompetenten Kenner. Eine neue Hierarchie wird begründet: »Diese Kunst ist für den armseligen Teil der Menschheit gemacht, für den alltäglichen, für den normalen, ja ich muß sagen, für keinen anderen als für den gutgläubigen.« (AM 70) Die Kunstliebe Regers gilt jetzt nicht mehr dem Vollendeten, sondern beinhaltet eine warmherzige Fürsorge, wahre »Sympathie«, für die »lebenslängliche suchende und nicht findende Hilflosigkeit« der Meister.

So unterliegt Reger dem gelegentlich als leidvoll erlebten, aber auch Lustgewinne bescherenden Zwang, das betrachtete »Ganze« in ein Fragment zu verwandeln und den Fehler zu suchen. Auch damit befindet er sich in gewisser Weise durchaus auf der Höhe seiner Zeit: die Postmoderne hatte das Ende der geschlossenen Ensembles proklamiert. Man wird auch eingeladen, an die allererste abgeschlossene größere Arbeit Bernhards, »In der Höhe. Rettungsversuch. Unsinn« zu denken, die ja stark einer »geschichtenzertrümmernden« Fragmentierungstechnik verpflichtet ist. Weil alle im Museum gesammelten Bilder Reger letztlich unerträglich sind, spürt er in jahrzehntelanger Suche in ihnen den »gravierenden Fehler« auf, der sie in ein Fragment verwandelt. Diese Fähigkeit, Fehler zu entdecken – in jedem »Tupfen« die Lüge zu sehen –, und damit Meisterwerke durch genaues Studium zu entwerten, der »Zerlegungs-und Zersetzungsmechanismus« ist es, die seine ihm zugeschriebene Genialität ausmacht, sie ist aber auch ein existentieller Fluch, dessen Folgen er auf sich genommen und in eine sozial nützliche Technik verwandelt hat. Was Reger sagt, der mit Recht höchstes Kunstverständnis für sich reklamieren darf, darf daher innerhalb der immer noch existierenden hierarchischen Struktur der Bernhard-Welt *nur* Reger sagen. Das muß festgehalten werden, weil gerade Ideen wie die von der Zwangsläufigkeit jedes Strebens, oder der des Scheiterns zur Grundausstattung jenes so verabscheuenswürdigen Bernhard-Konformismus gehören. Reger hingegen spricht nach einer mit höchstem Einsatz durchgeführten »präzisen« und »radikalen« Analyse. Erst die Fragmentierungstechnik gibt dem

Gefühl der »höchsten Lust« ein neues Lebensrecht: »Die höchste Lust haben wir ja an den Fragmenten, wie wir am Leben ja auch dann die höchste Lust empfinden, wenn wir es als Fragment betrachten, und wie grauenhaft ist uns das Ganze und ist uns im Grunde das fertige Vollkommene. (...) Unser Zeitalter ist als Ganzes ja schon lange Zeit nicht mehr auszuhalten, sagte er, nur da, wo wir das Fragment sehen, ist es uns erträglich. Das Ganze und das Vollkommene ist uns unerträglich.« (AM 41) Regers jahrzehntelange faustische Praxis der Suche nach den gravierenden Fehlern in den »sogenannten Meisterwerken«, also nach dem Punkt des Scheiterns seines Schöpfers gegenüber dem Anspruch auf »Vollkommenheit«, koaliert im Grunde mit jenem selbstkritischen Anspruch des großen Künstlers, der mit dem Werk nie zufrieden ist, und weist das narzißtische Triumphgefühl über die Meisterleistung, wie es Roithamer angesichts seines Kegels erlebte, als selbstgerecht und letztlich selbstdestruktiv zurück.

An der hier rekonstruierten Kette von kühnen Überlegungen ist einiges noch wirr, doch viele Überlegungen Regers können als ein Selbstkommentar des Schriftstellers (und Polemikers) Thomas Bernhard gelesen werden. In der Kunst kann »alles lächerlich gemacht werden, jeder Mensch kann lächerlich und zur Karikatur gemacht werden« (AM 118) – im »Holzfällen«-Skandal wäre das eine entlastende Bemerkung gewesen. Die Unerträglichkeit der Größe gilt auch gegenüber Menschen – »einen großen Menschen, eine sogenannte bedeutende Persönlichkeit« ertragen wir nur, wenn wir sie zur Karikatur gemacht haben. In diesem Sinn können die diesen in eine Karikatur verwandelnden Invektiven gegen den »Pensionierten Salonsozialisten« Bruno Kreisky auch als Kompliment gelesen werden – und die »unterlassene Karikatur« anderer Politiker als Abwertung. Die Karikatur ist beides: ein Zeichen verborgener Hochachtung und gleichzeitig ein Beweis der »Höchstkraft des Geistes«: »Nur was wir am Ende lächerlich finden, beherrschen wir auch ...« (AM 122). Offen bleibt allerdings, ob Reger seinen letzten Gegner beherrschen wird: den »Weißbärtigen Mann« von Tintoretto, das einzige Gemälde aus der Sammlung des Kunsthistorischen Museums, das »über dreißig Jahre (seinem) Verstand und (seinem) Gefühl standgehalten hat« (AM 303), das allerdings im Verdacht steht, eine Fälschung zu sein, oder vom Künstler mehrmals verkauft worden zu sein. Die Beziehung Regers zu diesem seinen »Lebensbild« ist die große, offene Stelle der kunsttheoretischen Reflexionen in den »Alten Meistern«: wieso gerade dieses Bild jahrzehntelang resistent gegenüber Regers Blick ist, bleibt unerklärt. Was er diesem Gemälde gegenüber empfindet, darf nicht »Bewunderung« genannt werden, der Zustand der Bewunderung ist letztlich unerträglich, er macht blind und stumpfsinnig: »Es gibt nichts zu bewundern, (…) nichts, gar nichts.« (AM 123)

Wenn Reger die Kunstreligion mit den Mitteln jener Kennerschaft, die sie für sich reklamiert, delegitimiert, argumentiert er im Namen des »Weiterlebens«. Jene in den bisherigen Teilen der Trilogie gezeichnete kalte und harte apollinische Sphäre ist als Gegenwelt zur chthonischen tatsächlich nicht imstande, ein »Weiterleben« sicherzustellen. Ab dem Zeitpunkt des Regerschen Beweises von der Nicht-Existenz des »Vollkommenen« ist der Weg frei für einen neuen Begriff von »Glück« – wie nach der erfolgreichen »Abschenkung« Muraus. Wieder hat sich ein Bernhardscher »Held« stellvertretend für alle anderen Figuren von einer weitverbreiteten Illusion befreit, vielleicht von einer, die schwieriger zu besiegen war als die von der Möglichkeit, als »Fürst« in einer kleinbürgerlich dominierten Massengesellschaft auf den ererbten, schuldbeladenen Schlössern zu leben. Rückblickend sehen wir jetzt, daß es im Inneren des apollinischen Werkblockes, in der Spannung, die zwischen den Figuren besteht, einen ähnlichen Aufbau wie im ersten Werkblock gibt. Die Extremisten des ersten Blocks, Roithamer in »Korrektur« und Karl in »Ungenach«, sind denen des zweiten, Glenn Gould und dem Erzähler in »Holzfällen«, vergleichbar, Irrende allesamt, während Reger und Murau einander in der Eigenschaft als Löser ähneln. Gemeinsam ist diesen beiden auch, daß sie es lernen, mit einer quälenden Ambivalenz umzugehen – Murau mit der zur Familie, speziell zur Mutter, Reger mit der zur Kunst. Nach Art gewisser Gottesbeweise, die zwar die Existenz Gottes für unbeweisbar halten, im Namen der Weltordnung aber die Notwendigkeit des Glaubens an ihn postulieren, verlangt Reger allerdings, daß wir »geradezu selbstsicher an die hohe und höchste Kunst glauben müssen«: »Wir wissen, was sie ist, eine stümperhafte, gescheiterte, aber wir dürfen dieses Wissen nicht immer wahrhaben, weil wir dann zugrundegehen unweigerlich …« (AM 79) Es gibt rund um die Kunst also ähnliche »Schweigegebote« wie um das Unzureichende der Mütter, und Regers kritisches Bemühen in der Destruktion der Kunstillusionen hat Parallelen zu Muraus geplanter Studie über die Mütter.

Doch damit stellt Reger seinen den apollinischen Wahn propagierenden Vorgängern einige Fragen. Wenn keiner vollkommen ist, dann sind die »Gulda und Brendel« gerechtfertigt, und was gegen die Staatskünstler in »Holzfällen« spricht, ist vom Standpunkt der urheberbezogenen Ästhetik Regers ihr unerträglicher Charakter, nicht aber die Aufgabe der Jagd nach dem als Schimäre entlarvten »Höchsten«. Auch Reger leidet unter dem Auersberger-Effekt der narzißtischen Kränkung nach näherer Vertrautheit mit dem geliebten Gegenstand: Wenn wir merken, daß die den Großen zugeschriebene Größe nur eine eingebildete ist, »fühlen wir den rücksichtslosen Schmerz des Betrogenen«. (AM 82) Doch wenn das rettende Reich der Kunst nicht vom apollinischen Wahn erfüllt ist, wenn die ruhelose Antriebskraft, die nie ihr Ziel erreicht und gleichzeitig alles vergiftet, vom spielerischen Umgang mit dem Wissen von ihrem zwangsläufigen Scheitern erfüllt ist, dann kann es tatsächlich jene Geborgenheit spenden, um derentwegen die Apolliniker aus Weng geflüchtet sind. Hätte Strauch seine Bilder verbrennen müssen, wenn er über Regers Weisheit verfügt hätte? Hätte sich Wertheimer töten müssen? Kann man die Lebensweise der »Staatskünstler« nicht auch als erfolgreiche Rebellion gegen die drückende Illusion vom »Höchsten« deuten? Offen bleibt auch, wie wir von nun an Glenn Gould bewerten sollen. Klavierspieler gelten dem Musikwissenschafter Reger generell als lächerlich, und Gould wird tatsächlich erwähnt, nicht wegen der Goldberg-Variationen, sondern mit einem hohnvollen Lob als einer, der die *»plumpe Sturmsonate«* … *»wirklich gut gespielt und erträglich gemacht«* hat. (AM 194)

In diesem Reich der Ambivalenz, durch das Reger – und wir mit ihm – hindurch muß, gibt es eine Eindeutigkeit: Reger ist ein Mann des früher so verachteten kommentierenden Diskurses, er genießt seine Rolle und ist wie Murau stolz auf seine kleinen Veröffentlichungen in der Londoner »Times«. Der Diskurs der Interpreten gibt diesen das gleiche Lebensgefühl, wie den schaffenden Künstlern; die ehedem so streng geachteten Hierarchien sind außer Kraft gesetzt und der Vorwurf des Parasitismus wird gegen die Interpreten nicht erhoben. Man kann auch ein »Genie« sein, wenn man kein »großes Werk« vorlegt, sondern nur »kleine Kunststücke« in der »Times« veröffentlicht. Regeln gelten allerdings auch in der Welt der Kommentatoren: es gibt mindestens zwei Arten der Kunstbetrachtung, jene geheimnisvolle

Einheit, in der sich bildende Kunst und Musik ergänzen, die das »menschliche Genie« Reger praktiziert, und den Diskurs der staatlichen Organe, der Lehrer, Museumsführer und Kunsthistoriker, der »kunsthistorischen Redeschweine«: »Das Geschäft der Kunsthistoriker ist das übelste Geschäft, das es gibt und ein schwätzender Kunsthistoriker, und es gibt ja nur schwätzende Kunsthistoriker, gehört mit der Peitsche verjagt, aus der Kunstwelt hinausgejagt (…) denn die Kunsthistoriker sind die eigentlichen Kunstvernichter und wir sollten uns die Kunst nicht von den Kunsthistorikern als Kunstvernichter vernichten lassen.« (AM 34)

Daß er, der Mann des Diskurses, »*Maler und Musiker und Schriftsteller in einem*« ist, gibt Reger jenes »höchste Glück«, das wir von Roithamer kennen. (AM 107) Einmal im Monat muß der »geborene Veröffentlicher« in den »Genuß einer Veröffentlichung« kommen. Selten wird bei Bernhard so viel über die Lust des Publizierens gesprochen. Regers Geständnis gibt allen Bemerkungen des Thomas Bernhard über seine Indifferenz gegenüber öffentlichen Reaktionen auf seine Arbeit einen fragwürdigen Status: »Ich will wissen, was die Leute zu dem, was ich geschrieben habe, sagen, sagte er, jederzeit und von allen will ich es wissen, während ich doch immerzu sage, es interessiert mich nicht, es läßt mich kalt, brenne ich doch die ganze Zeit darauf und erwarte nichts mit einer größeren Angespanntheit …« (AM 177f.) Der Schreibende steht unter dem Imperativ, zur Kenntnis zu nehmen, was die »öffentliche Kompetenz«, deren Existenz gleichzeitig bestritten wird, über seine Arbeit denkt: »die Welt kennt, seit sie besteht, keinen Verlogeneren als den Schreibenden, keinen Eitleren …« (AM 179)

Angewandte Zersetzungen und Zerlegungen

Wenn Reger mit seinen blasphemischen Kommentaren zu den Heiligen der Kunstreligion anhebt, bleibt buchstäblich keiner verschont. Zahlreiche ehedem hochgerühmte Geistesheroen bestehen die Nagelprobe der auf »Intensität« und »Unverschämtheit« gestützten Kunstbetrachtung Regers nicht und werden in Karikaturen verwandelt. Velázquez, Rembrandt, Giorgone, Händel, Pascal, Voltaire – »lauter solche aufgeblasene Ungeheuerlichkeiten« (AM 72); auch Goethe hält einer solchen Lektüre nicht stand, Beethoven avanciert in diesem befreienden Rundumschlag zum »totalen Staatskomponisten« und an Mozart ist nur der »Unterröckchen- und Höschenkitsch« bemerkenswert. Die Hierarchie, die im »Untergeher« explizit angesprochen wird und den anderen Romanen unterliegt, löst sich total auf. Bach, doch immerhin der Schöpfer der Goldberg-Variationen, wird zum »*dicken, stinkenden*« Bach. (AM 127) Nur in einem Fall wird in dieser Tour de Force durch Musik- und Literaturgeschichte eine positive Revision vorgenommen: Anton von Webern, der ja in »Holzfällen« recht schlecht wegkommt, avanciert im Vergleich zu Gustav Mahler, dem »überschätztesten Komponisten des Jahrhunderts«, in den Status eines »Genies«. Doch sonst löst sich unter Regers Blick alles auf, »zerbröckelt und (läßt) nur einen faden, ja meistens einen ganz üblen Geschmack in unserem Kopf zurück.« Was bleibt ist ein »riesiger Klumpen Gemeinheit und Lüge im Kopf« (AM 67f.) – und Karikatur. Das Prinzip des Kitsches, so erfahren wir, regiert alles Menschliche – also »auch die hohe und höchste Kunst«. Ein Gegenbild zur verschwommenen Fehlerhaftigkeit der großen Kunst wird ganz kurz erwähnt: es ist der Mathematiker und Astronom Johannes Kepler, »ein toller Bursche«. Anschauungen werden geäußert, die weit hinter die bisher geführte »Anschauungsdebatte« zurückreichen – etwa die bewußt naive Frage, warum die Maler eigentlich malen, wo es doch die Natur gibt: »Selbst das außerordentlichste Kunstwerk ist doch nur eine armselige völlig sinn- und zwecklose Mühe, die Natur nachzumachen, ja nachzuäffen (…) Was ist Rembrandts gemaltes Gesicht seiner Mutter, gegen das tatsächliche Gesicht meiner eigenen? …« (AM 63)

An Hand von drei »Meistern«, Stifter, Bruckner und Heidegger, wird die angewandte Zersetzungskunst Regers vorgeführt. Allen dreien gemeinsam ist ein ursprünglich »rurales« Element, das in der Rezeption in eine besondere »Aura« transzendiert wurde. Was über sie gesagt wird, ist ohne Zweifel komisch und entbehrt gleichzeitig nicht der Konfusion und des Widerspruchs. Reger spricht über die »Meister« wie sein Erfinder über Politiker – es ist der Argumentationsstil des ländlichen Stammtisches, der sich hier im kunsttheoretischen Gebiet lustvoll austobt. Doch diese unleugbare Komik soll nicht davon ablenken, daß auch in dieser Reflexion apollinische Prinzipien bekräftigt werden und daß sie den Triumphgesang eines »Weggehers« enthalten: die Vermeidung der Mängel, die den »Meistern«

im Lebensvollzug und in der Kunstpraxis vorgeworfen werden, gehört wohl zu Bernhards positiver Lebensbilanz. Doch genauso enthalten alle diese Reflexionen eine massive Selbstkritik des Schriftstellers Thomas Bernhard, der zumindest zu zwei »Meistern« ein Näheverhältnis, eine Geistesverwandtschaft, pflegte, die in Anspielungen im Werk sichtbar wird – »wenn wir alt sind, haben wir ja schon sehr viele mörderische Moden mitgemacht, alle diese mörderischen Kunstmoden und Philosophiemoden und Gebrauchsartikelmoden.« (AM 89) Reger bekennt sich dadurch zu dieser Nähe, als er alle drei »Meister« zu »Verwandten« ernennt, was ihm »eine kostbare Ugeheuerlichkeit« bedeutet. (AM 95)

Stifter, den Reger »Jahrzehnte verehrt« hat, avanciert nach einer präzisen und radikalen Beschäftigung zu einem »verkrampft schreibenden muffigen Kleinbürger als Schulmann, der nicht einmal den geringsten Anforderungen an die Sprache entsprochen hat«, zum »unerträglichen Schwätzer« mit dem »stümperhaften (…) schlampigen Stil«, dem »langweiligsten und verlogensten Autor, den es in der deutschen Sprache gibt«. (AM 74f.) All das macht ihn zu einem Analogiefall zu Bruckner, dem »maßlos überschätzten« oberösterreichischen Regionalkünstler: »Prosaverwischer (…) der Eine, Musikverwischer der Andere«. (AM 78) Beide tödliche Langweiler, die in Mode sind, weil Sentimentalität und Kitsch gerade seit der Mitte der siebziger Jahre »höchste Mode« sind: »Alles, das mit Natur zusammenhängt, ist jetzt höchste Mode … Der Wald ist jetzt höchste Mode, die Gebirgsbäche sind jetzt höchste Mode, also ist Stifter jetzt höchste Mode …« (AM 84) »Es ist gar nicht so unverständlich, daß jetzt, wo das Wort *Wald* und das Wort *Waldsterben* so in Mode gekommen und überhaupt der *Begriff Wald* der am meisten gebrauchte und *miß*brauchte ist, der *Hochwald* von Stifter soviel gekauft wird, wie noch nie.« (AM 86) So verkündet der Musikwissenschafter Reger den Triumph des Schriftstellers Thomas Bernhard, dessen Werk dieser Form von Langeweile, Naturfreundschaft und Kitsch immer opponiert hat. Die »Jagdgesellschaft« und ihr Protagonist, der Schriftsteller, praktiziert ja tatsächlich eine recht sachliche Form im Umgang mit dem »Waldsterben«. Jene tatsächliche Hölle, die der Kindheit, die Bernhard beschrieben hat, hat Stifter übersehen, und das gibt letztlich sogar seinem Selbstmord kitschige Qualität.

Ein »Kitschkopf« ist auch Heidegger, der »Pantoffel- und Schlafhaubenphilosoph der Deutschen«. Man erinnert sich:»Lichtung« war das ein rätselhaftes Zeichen setzende Schlußwort von »Korrektur«. Heidegger, an dem selbst seine zeitweilige nationalsozialistische Parteilichkeit die Aura der Besonderheit hat, wird als »philosophischer Marktschreier, der nur Gestohlenes auf den Markt getragen hat«, als »Prototyp des *Nach*denkers, dem zum Selbstdenken alles, aber auch wirklich alles gefehlt hat« vorgeführt. Am Ende verwandelt sich dieser »außeralltäglichste« Philosoph in eine »unablässig trächtige Philosophiekuh«, »die auf der deutschen Philosophie geweidet hat und darauf jahrzehntelang ihre koketten Fladen fallen gelassen hat im Schwarzwald«. (AM 88f.)

Was die drei Meister verächtlich macht, ist unter anderen ihre vielfältige Assoziation mit dem weiblichen Geschlecht. Heidegger, der »philosophische Heiratsschwindler«, ist nicht nur ein »Frauenphilosoph«, sondern hat, wovor der »Kulterer« vielleicht sogar in den Tod geflüchtet ist, gelebt: eine kleinbürgerliche Ehe mit einer ihn »total« beherrschenden, »Bettzeug webenden« Frau, die ihm in ihrem »perversen Strickenthusiasmus ununterbrochen Winterstrümpfe strickt« – jenes Bekleidungsstück, mit dem Gattinnen die »Geistesmenschen« zu terrorisieren pflegen. Die »Kriegs- und Nachkriegsgenerationen« seien ihm nachgelaufen und hätten ihn mit »widerwärtigen und stupiden Doktorarbeiten« überhäuft; auch das Vorbild der Maria, »eine meiner besten Freundinnen«, so Reger, hat ja über den »Scharlatan« Heidegger dissertiert. Weiblich sei auch das Stiftersche Publikum: »Beamtenweiber und -witwen«, »Krankenschwestern in ihrer Freizeit und die Nonnen in ihren Klöstern. Ein tatsächlich denkender Mensch kann Stifter nicht lesen.« (AM 78) So gibt es auch in diesem Buch, das zu einem Kompromiß mit dem Weiblichen finden wird, einen massiven Rest der alten misogynen Argumentation.

Lebenskunst und Lebensmensch

Wie jede Karikatur hat auch diese entlastenden Charakter: wer auch immer unter dem Schuldgefühl litt, Heidegger nicht so wirklich verstanden zu haben, kann sich nach diesem humoristischen Nachweis, daß es nichts zu bewundern gibt, in dem beruhigten Gefühl zurücklehnen, nichts versäumt zu haben. Reger »gibt« den Geistesmenschen etwas, doch gleichzeitig »nimmt« er auch, weil eine so gesehene Kunst wohl nicht mehr Anlaß einer rauschhaften Rezeption sein kann. Vor allem wird hier, in Fortführung von »Beton«, von jener scheinbar lebensrettenden Illusion der Bernhard-Figuren definitiv Abschied genommen. Wie oft hatten diese doch den tröstenden Effekt der Lektüre in Lebenskrisen gepriesen, den rettenden Griff zu Montaigne etwa, wie sehr hatten sie geklagt, wenn der Mechanismus nicht funktioniert hatte. Jetzt wird grundsätzlich klargestellt: Lektüre füllt die existentielle Lehre nicht, die Meister helfen uns nicht. Nach umfangreichen Untersuchungen erweist sich das Kunstreich als ähnlich frustrierend wie das der Mütter: es enttäuscht uns im Moment unserer Bedürftigkeit und manipuliert uns durch das Ideal des »Höchsten«. »Wir glauben immer, wir können uns auf diese sogenannten Bedeutenden und Großen, wie immer, im entscheidenden Augenblick, also im lebensentscheidenden Augenblick, verlassen, aber das ist ein Irrtum, genau im lebensentscheidenden Augenblick sind wir von allen diesen Bedeutenden und Großen und, wie gesagt wird, *Unsterblichen*, alleingelassen, sie geben uns nichts mehr in einem solchen lebensentscheidenden Augenblick, als die Tatsache, daß wir auch *mitten unter ihnen allein* sind, uns selbst ausgeliefert sind in einem ganz und gar fürchterlichen Sinn ...« (AM 286f.)

Doch in Regers Revision des geistesmenschlichen Lebenskonzepts wird die Lücke, die dadurch entsteht, daß das Unzureichende der »höchsten« und »allerhöchsten« Kunst erkannt wird, durch den überraschenden Rückgriff auf das Konzept vom »einzigen geliebten Menschen« geschlossen. Sobald das Phantasma vom »Höchsten« als solches erkannt ist, fällt der Einsamkeitsimperativ, der den bisherigen Bernhard-Figuren das Leben so sehr erschwert hatte. Von nun an ist die Abhängigkeit eines »Geistesmenschen« vom Weiblichen kein Makel mehr: »Und sie erkennen, nicht diese großen Geister und nicht diese Alten Meister sind es, die sie seit Jahrzehnten am Leben erhalten haben, sondern daß es nur dieser eine, einzige Mensch, den sie wie keinen zweiten geliebt haben, gewesen ist.« (AM 289) Das ist der Mensch, nach dem Rudolf im Vorhaus schrie, der Mensch, den der Erzähler in »Ja« gesucht hat, die Frau, vor der er wie alle bisherigen Bernhard-Protagonisten geflüchtet ist, die Frau, die in »Wittgensteins Neffe« und im Asta-Scheib-Interview von 1986 zum »Lebensmenschen« hochstilisiert wird. Dieser Mensch, Regers verstorbene Frau, hätte, so heißt es, »alle nur denkbaren Vorzüge eines intelligenten *und* weiblichen Menschen« (AM 250) gehabt – die Selbstverständlichkeit dieses kursiv gedruckten »und« sprengt alle bisher geltenden Regeln der Bewertung des Weiblichen. »Jedes intelligentere Mädchen stößt mich ab, hat mich immer abgestoßen« – so der Protagonist des 1959 verfaßten »In der Höhe. Rettungsversuch. Unsinn.« (IDH 65f.) Und noch in den in den achtziger Jahren geführten Gesprächen mit Kurt Hofmann hatte es unter der persönlichen Signatur des Thomas Bernhard geheißen: »Meistens sind die Frauen dumm, aber annehmbar und unter Umständen angenehm, auch gescheit, aber selten.« (Hofmann 103) Es ist ein Wechsel der Maske, vom Misogyn zum Frauenlob, den Bernhard hier vornehmen wird, und auch dieser Wechsel folgt inhaltlich den von der Ästhetik der Übertreibung diktierten Regeln.

Frau Reger, mit der wir nicht so intim werden, daß uns ihr Vorname genannt wird, ist im biblischen Alter von 87 Jahren gestorben. Trotz ihres höheren Alters verkörperte sie getreu den Regeln der Bernhardschen Anthropologie immer noch das Prinzip der chthonischen Kraft: »Sie war die Gesunde, sie war die Zukunft, ich war immer der Kranke, ich war die Vergangenheit …« (AM 27) Wie in »Verstörung« ist es ein trauernder Mann, der hier das Hohelied der ehelichen Liebe singt; ein Mann, den das obligate Schuldgefühl der Überlebenden plagt und so fehlt auch das vielfältige Eingeständnis der Ambivalenz nicht: »… wie haben wir diesen Menschen gepeinigt und haben ihn doch wie keinen zweiten geliebt …« (AM 285) Wie jeder Tod bei Bernhard hat auch dieser eine befreiende Potenz: Reger wollte seiner Frau »nachsterben«, hat den Selbstmord aber aus »menschenunwürdiger Schwäche« nicht realisiert; nach einer halbjährigen Krise lebt er heute »mit einer noch größeren Intensität als vor ihrem Tod« (AM 27) und weiß, daß der »Tod des geliebten Menschen ja auch die ungeheure Befreiung unseres ganzen Systems« ist. (AM 300f.)

»Ohne Menschen haben wir nicht die geringste Überlebenschance« (AM 291), und Frau Reger war mehr, als nur »ein Mensch«, sie wurde mit einer »hemmungslosen Liebe« geliebt. Solches ist – lassen wir den »Turmtext« einmal beiseite – in der Bernhard-Welt ansonsten sündhaft. Eine Liebe von Reger – wie läuft das? Die denkbare erotische Biographie Regers im mehr als ein Jahrzehnt währenden Zeitraum zwischen der Befreiung vom Elternhaus und der Begegnung mit seiner Gattin wird uns verschwiegen. Kennengelernt hat man sich auf jener berühmten Sitzbank im Bordone-Saal und der Diener Irrsigler hat den Kuppler gespielt und der erschöpften Frau den verbotenen Platz neben Reger eingeräumt. Diese Frau ist keine »Wirtin« und die Initiative zu dem, was folgen wird, geht vom Mann aus. Nachdem die Frau Tintorettos »Weißbärtigen Mann« eine Stunde betrachtet hat, fragt Reger, ob ihr das Bild gefalle und erntet von der prinzipiell als »störrisch« beschriebenen Frau ein »mich tatsächlich faszinierendes *Nein, ein solches Nein hatte ich bis zu diesem Nein noch nicht gehört«.* (AM 197) So kommt man zusammen und heiratet schnell: »*Eine intelligente vermögende Kosmopolitin hatte ich auf einmal zur Frau,* (...) die mich mit ihrer Intelligenz und mit ihrem Vermögen gerettet hat, denn meine Frau hat mich gerettet, ich war, wie gesagt wird, *am Boden zerstört,* wie ich meine Frau kennengelernt habe ...« (AM 198) Die Qualitäten, die der rettenden Frau Reger zugeschrieben werden, sind in »Beton« in der Figur der Schwester und in »Wittgensteins Neffe« vorformuliert; es sind in der Regel ältere, lebenskluge, elegante und sozial gewandte Frauen, die hier gepriesen werden.

Im Interview mit Asta Scheib wird klargestellt, daß die Ehe Regers auf die etwa 35 Jahre während Beziehung zu Hede Stavianicek anspielt. Der neunzehnjährige Bernhard hatte die um 35 Jahre ältere Frau 1950 in der Lungenheilstätte Grafenhof kennengelernt und mit der sogenannten »Tante«, der Konstruktion des Namens nach einer »älteren Schwester« der Mutter, bis zu ihrem Tod eine Beziehung unterhalten, in der die Frau wohl auch die Rolle eines – im autobiographischen Werk verschwiegenen – Mentors eingenommen hat. Im Scheib-Interview wird sie – wie die Perserin in »Ja« – lange Zeit um ihr Geschlecht gebracht und als »der Mensch« vorgestellt: »Das war der Mensch, auf den alles, was mich betrifft, bezogen war, von dem ich alles gelernt habe. (...) Wenn ich, gleich wo, allein war, habe ich immer gewußt, dieser Mensch schützt mich, stützt mich, beherrscht mich. (...) Das war zuerst eine Freundschaft und eine ganz starke Bindung an einen viel älteren Menschen. Wo ich auch immer war in der Welt, war das der zentrale Punkt, aus dem ich eigentlich alles genommen habe. Ich wußte immer, dieser Mensch ist vollkommen für mich da, wenn es schwierig wird. (...) Sie war für mich das Zurückhaltende, das Disziplinierende. Andererseits das Weltaufmachende. (...) Ideal fand ich, daß wir gemeinsam in einem Hotel wohnten, meine Freundin ist stundenlang spazieren gegangen, und ich habe arbeiten können. Man hat sich oft nur zu den Mahlzeiten getroffen. Sie war glücklich, wenn sie gemerkt hat, daß ich arbeiten kann.« (Dreissinger 1992, 137–150) Vieles an diesem Interview liest sich unglaubwürdig und widerspricht anderen autobiographischen Äußerungen – etwa die Behauptung, seit einem Vierteljahrhundert überhaupt nur weiblichen Umgang gehabt zu haben:»Ich vertrage Männer nicht. Männergespräche halte ich nicht aus. Die machen mich narrisch. (…) Da sind mir schwätzende Frauen noch lieber. Ein nützlicher Umgang war für mich nur der Umgang mit Frauen. (…) Heil und Schutz habe ich immer bei Frauen gesucht, die mir auch in vielem überlegen sind. (…) In der Nähe von Frauen kann ich arbeiten. Ich könnte nie in der Nähe von Männern etwas produzieren.« (Dreissinger 1992, 148) Es sollte auch nicht übersehen werden, daß Hede gelegentlich der Anlaß von bösen Spott war: In einer autobiographischen Notiz aus 1954 spricht Bernhard davon, daß er »eine häßliche siebzigjährige Irrsinnige in Währing bis zu ihrem Tode (gepflegt habe), wofür ich zu essen bekam«. (Dittmar 1990 14) Bernhards Freund/Opfer Gerhard Lampersberg meint, dieser hätte Frauen gegenüber »nur so getan als ob. Und er hat sich ältere Frauen ausgesucht, die nicht ›auf die Idee‹ gekommen wären …« (Fialik 61) Von älteren, reizlosen Frauen hat sich schon der Maler Strauch angezogen gefühlt – ein Typus der Objektwahl, den Freud im Kontext der »Allgemeinen Erniedrigung des Liebeslebens« und der Sexualobjekte behandelt. Freuds Schüler Ernest Jones wiederum hat die »Gerontophilie«, die »Anziehungskraft älterer Frauen für die Männer«, als typische Folge einer einen »Großvater-Komplex« hervorrufenden Dominanz des Großvaters in der Erziehung eines Heranwachsenden behandelt. (Jones 47)

Die positive Darstellung von Regers Frau und die Bemerkungen über den »Lebensmenschen«, die Feststellung, daß das Glück, emanzipiert vom »Höchsten«, an der Mann–Frau-Beziehung hängt, koexistieren allerdings mit alltäglichen Artikulationen gegen weibliche Charakteristika. Die empfindlichen Ohren Atzbachers halten »vor allem häßliche Frauenstimmen in dieser bestimmten Schneidetonhöhe kaum aus« (AM 171), Reger wiederum ist die »kreischende Stimme«, ja die »hysterische Tierstimme« und der »hennenhafte Gang« der Gattin des Irrsigler unerträglich. (AM 234) Der etwa gleichzeitig erschienene »Theatermacher« stellt klar, daß »das Weib den Mann aus der schönsten Gegend in das scheußlichste Loch« lockt, (TM 34) und den Frauen wird, ganz konventionell den Regeln der Bernhard-Welt entsprechend, attestiert: »Die Frauen haben keinen Kunstbegriff/den Frauen fehlt/gänzlich alles Philosophische/das ist es/(...) Man sagt die Frauen seien/heute im Vormarsch/ja in die Katastrophe hinein.« (TM 83)

Ist Reger also das gelungen, was Freud in der Therapie des »Wolfs-mannes« so feiert, der »Durchbruch zum Weibe«? Auch Regers Gattin ist älter und vermögend, wie Hede Stavianicek, die Akzente in der Beschreibung der Ehe werden allerdings ein wenig anders gesetzt. Wir sind – abzüglich des sadistischen Aspekts – gar nicht so weit entfernt von der Ehe Konrads mit seiner »Schwester«: Frau Reger zählt zunächst als Objekt der Pädagogik ihres Gatten. Anfänglich hat sie sich intensiv gegen die Museumsbesuche ihres Mannes gewehrt, doch dann fügt sie sich, und wir finden die beiden gemeinsam jeden zweiten Tag auf der Sitzbank im Bordone-Saal – das ist die letzte Variante des »Turmtextes«: ein altes Paar, das sich »zusammengerauft« hat und jetzt, eine Marotte des Mannes zelebrierend, seine Vormittage auf einer Sitzbank eines Museums verbringt.

Die Beschreibung der ehelichen Pädagogik im Hause Reger hat durchaus satirische Züge. Reger, ein erfolgreicher Nachfolger Konrads, »baut« in gewisser Weise seine Frau »um«, und ist – obwohl Frau Reger eine ähnliche Vorliebe für geschmacklose Dinge hat wie Frau Konrad – erfolgreicher als sein Vorgänger: »Alles, das meine Frau geliebt hat, bevor ich sie kennenlernte, hat sie nachdem ich sie aufgeklärt habe, nicht mehr geliebt, außer in dieser Jugendstilhysterie diesen sogenannten Jugendstil, diesen abstoßenden Kunstkitsch, diese ekelhafte Jugendstil-Geschmacksverirrung; da hatte ich keine Chance.« (AM 259) Gibt es einen Diskurs über das Weibliche, der auf die Gebärmutter verzichten kann? Auch in diesem ehelichen Erziehungssystem werden einer Frau ständig die Ohren mit allerdings geordneten und sinnhaften Texten penetriert. Reger mußte in der Pädagogik seiner Frau trotz ihrer vorgegebenen hohen Bildung »ganz von vorn anfangen«. Was über die Anlage des Weiblichen zur Geistigkeit gesagt wurde, wird nicht zurückgenommen – auch Reger denkt die Differenz zwischen den Geschlechtern, auch ihm ist die weibliche »Haushaltsbetulichkeit« lästig, aber er hat für sich einen Weg gefunden, sie lebbar zu machen. Die spezielle Resistenz des Weiblichen dem Geistigen gegenüber, die prinzipielle Widerspenstigkeit des weiblichen Kopfes, macht die Schulung in den ersten Jahren zu einer schwierigen, doch Frau Reger eignet eine den pädagogischen Prozeß fördernde Eigenschaft: sie ordnet sich dem Gatten/Erzieher unter – »naturgemäß«. So ist dieser Erziehungsprozeß erfolgreich und schon nach einem Jahr ist die Frau eine Wielandexpertin und darf ihrem Gatten nächtlings philosophische Texte vorlesen – so weit hat es Frau Konrad nie gebracht. Diese Ehe steht nicht, wie so viele Bernhard-Ehen, unter dem Zeichen der Kastration des Mannes: jene Endsilbe »er«, den »Schwanz«, den Auersberger seiner Gattin zuliebe ablegen mußte, trägt Reger weiter in seinem Namen. Trotz dialogischer Elemente der Beziehung, die etwa darin zum Ausdruck kommen, daß die Gattin Reger Schleiermacher ausreden kann, bleibt der hierarchische Abstand gewahrt.

Jetzt wissen wir, worin der Sinn des »eine Frau Nehmens« liegt: darin, daß »wir sie mit dem eigentlichen Wert des Lebens bekannt machen wollen, sie darüber aufklären wollen, was das Leben sein kann, *wenn es geistig geführt wird.*« (AM 259) Mehrere Theaterstücke zeigen ähnliche eheliche Konstellationen und stellen den tyrannischen Charakter des männlichen Verhaltens, des geschlechtsspezifischen Pendants zur manipulatorischen Mütterlichkeit, klar: »Du hast ihr alles Wesentliche/ beigebracht/sie war gelehrig/aber du wolltest noch mehr aus ihr machen/das ist deine Art/jeden in die Höhe zu zwingen/ koste es was es wolle/Perfektionszwang auf allen Gebieten/ Unmenschlichkeit vielleicht.« (SCH 426) Doch dieses »in die Höhe zwingen« stellt auch eine Suche nach Intimität dar: Mann und Frau werden eins, die Grenze zwischen dem eigenem und dem fremden Körper verschwindet – zumindest was den Kopf betrifft.

Die Weiningersche Dualität des Weiblichen in »Mutter« und »Hure«, (Weininger 281) die ja zahlreichen Bernhard-Texten unterliegt, ist in Regers Bericht über seine Ehe aufgehoben. Es gibt in dieser Ehe eine Arbeitsteilung, die die »natürliche« Disposition respektiert, den geistigen Primat des Mannes wahrt und der intelligent-kosmopolitische Inhaberin einer mit Kunstgegenständen geschmückten Wohnung in der Wiener Innenstadt das Feld der Lebensform zuweist – wie einst in der Ehe des Präparators Höller. Die Bindung, die daraus resultiert, ist eine enge. Wo »Alte Meister« über die Gründe von Regers Trauer spricht, ist der Text weniger offenherzig, als Bernhard selbst im Asta-Scheib-Interview: Speziell hervorgehoben wird der narzißtisch aufgeladene Verlust eines Objekts der Pädagogik, an dem Reger

»noch jahrelang, wenn nicht jahrzehntelang« hätte »arbeiten können«
(AM 258) – so hat auch Konrad über seine Gattin gesprochen. Das
traumatische Element dieses Todes liegt nicht nur im Alleingelassen-
Werden, sondern auch darin, daß er die Vergänglichkeit des Apollinischen ebenso demonstriert: was Reger so »außerordentlich bedrückt«, ist der Umstand, daß dieser »aufnahmefähige Mensch (…)
mit dem ganzen ungeheuerlichen Wissen, das ich ihm vermittelt habe,
gestorben ist, also dieses ungeheuerliche Wissen mit in den Tod genommen hat«. (AM 29)

Diese Verbindung unter Geistesmenschen ist wohl nicht die lega-
lisierte Rechtfertigung des chthonischen Prinzips und macht Reger
nicht zum »Weinflaschenstöpselfabrikanten«. »Lebenskunst« nützt
die naturgegebenen Dispositionen: die Frau »rettet« den Mann, der
ihr seinerseits hilft, die Stigmata ihrer Weiblichkeit zu überwinden.
Wird hier Otto Weinigers Forderung, das Weib als solches müsse
»untergehen«, sich vom Weib »emanzipieren«, was auch bedeutet,
daß es dem Koitus entsagen müsse, realisiert? (Weininger 455) Der
Chronologie des Textes nach ist Regers weit ältere Gattin zum Zeitpunkt der ersten Begegnung auch schon über das gefährliche Alter
der Fortpflanzung hinaus; das Prinzip der Fortpflanzung, das, was
Hemingway einmal die »biologische Falle« genannt hat, wird im Text
weiterhin lächerlich gemacht angesichts der Unerträglichkeit der Irr-
siglerschen Kinder. Es sind die Diener, die hier die Kinder machen.
Was das eheliche Verhältnis unter Geistesmenschen betrifft, hatte Johannes Freumbichler 1928 seiner Gattin den Vorschlag gemacht, wie
Bruder und Schwester zu leben. Daß »ohne Erotik (…) nichts lebt«,
hat Bernhard selbst zwar in den Hofmann-Gesprächen eingeräumt,
sich aber gleichzeitig von den »primitiven Vorstellungen« abgegrenzt:
»Das ist nicht drin, weil ich halt immer schau', daß ich das Primitive
auch überwinde. Ich brauche weder eine Schwester noch brauche ich
eine Liebhaberin. Das hat man alles in sich selbst, manchmal kann
man's ja benutzen, wenn man Lust hat.« (Hofmann 62f.) Weininger
spricht von der unsinnlichen Liebe des genialen Menschen (Weininger 331), und vieles an den Artikulationen Bernhards über das
Verhältnis der »Geistesmenschen« zum Sex läßt an einen Begriff des
französischen Psychoanalytikers David denken: »Neutraquisme«, den
selbstgenügsamen Wunsch, keinem sexuell definierten Geschlecht
anzugehören. Bernhard selbst hat hier widersprüchliche Äußerungen

gemacht: im Fleischmann-Interview heißt es, zwischen zwanzig und dreißig sei »alles normal« gewesen, im Scheib-Interview heißt es, das Körperliche hätte nichts hergegeben: »Das war leer.« (Dreissinger 1992, 140) Bei Reger läuft es in kodierter Weise auf Ähnliches hinaus: immer wieder warnt er in seinen kunsttheoretischen Reflexionen vor dem »Eindringen«: »Hüten sie sich vor dem Eindringen in Kunstwerke (…) Lesen Sie, was sie lieben, aber dringen Sie nicht total ein …« (AM 68) Was für Kunstwerke gilt, gilt auch für Menschen: »Wir dürfen in einen Menschen, zu welchem wir ein ideales Verhältnis haben, nicht mehr eindringen, als wir schon eingedrungen sind, sonst zerstören wir dieses ideale Verhältnis …« (AM 206) Es ist eine eheliche Erotik auf Distanz, die hier gelehrt wird. Diese Frau terrorisiert ihren Mann nicht mit ihrer »Puderdose«, den »Socken« und der Forderung nach der »Zuckerstange« – Reger hat einen Weg gefunden, mit einer Frau zusammen zu sein, ohne sich der Natur, dieser Domäne der Frauen, zu unterwerfen. Das Ideal vom Höchsten galt uns bisher als eine apollinische Revision des Chthonischen – Reger hat diese absolute Position relativiert und damit Raum für das naturhaft Weibliche geschaffen, das aber gleichzeitig seiner energischen Kontrolle unterliegt. Mag sein, daß damit eine Phantasie von »Männlichkeit« verbunden ist, die er in Tintorettos Gemälde verkörpert sieht.

Der Glücksimperativ des »Turmtextes« realisierte sich in der geschlechtlichen Begegnung zweier junger Menschen. Auf der langen Reise vom Frühwerk zum Spätwerk hat Bernhard mit seinen Figuren unzählige Versuche unternommen, ihm gerecht zu werden, und sie dabei seinem Ursprungsprojekt getreu ebenso vielen Lernprozessen unterzogen. Allmählich hat sich das Personal des Glücksprojekts erweitert – am Ende steht ein hierarchischer rettender Männerbund, ein Meister mit seinem Schüler und seinem Diener, Zuhörer und Sprachrohr, drei Männer, denen das außergewöhnliche ihrer Existenz bewußt ist, die um ihre Verletztlichkeit wissen und pfleglich miteinander umgehen und eine Frau, die die störenden Seiten ihrer geschlechtlichen Identität überwindet. Man läßt einander reden, trotz der unzähligen Widerholungen, und akzeptiert das prinzipiell monologische der Bernhardschen Existenzen, denn jeder weiß: »Solange ich noch Lust habe (…) zu sprechen, (…) solange gebe ich ja nicht auf …« (AM 243) Alle drei sind Außenseiter, aber wie den »Billigessern« fehlt ihnen die soziale Unerträglichkeit ihrer Vorgänger. Über Jahrzehnte leben sie in einem »*idealen Gleichgewicht*« und das meint ein »*durch und durch ideales Distanzverhältnis*«. (AM 205) Jetzt wird glaubhaft, was wir schon so oft gehört haben: »Ich hasse die Menschen, aber sie sind gleichzeitig mein einziger Lebenszweck.« (AM 102) Jetzt kann man es sogar ertragen, ins wegen seines Niederganges vielgescholtene Burgtheater zu gehen – »Die Vorstellung war entsetzlich.« (AM 311) Die Kunst hat ihren Status als das »Höchste« relativiert und wird zur »Überlebenskunst«. So ähnelt die Bilanz Regers der des Descartes. Dieser, der »bescheidenste, der erholsamste und tröstlichste« Gegner des Selbstmordes, hatte Hamlets Frage nach dem »Sein oder Nicht-Sein« in einer – so Georges Minois – »Krämerrechnung« mit dem Bild einer Waage beantwortet: »das Gesamtgewicht der irdischen Freuden, die uns die richtig angewandte Vernunft bieten kann, ist höher als die Gesamtheit der Kümmernisse.« (Minois 240)

VIII. Komödie auf dem Sterbebett

Die letzte Erregung

Jenes »Quasi-System«, das Bernhard mit seinen Figuren entwickelt hatte, war mit der hintereinander folgenden Publikation von »Alte Meister« und »Auslöschung« abgeschlossen. Die im Band »Der deutsche Mittagstisch« gesammelten »Dramolette« (1988, entstanden zwischen 1978 und 1987) zeigen, daß Bernhard nach der hochgespannten Aufarbeitung der österreichischen Vergangenheit und ihren Nachwirkungen in »Auslöschung« mit diesem Thema und seiner bundesrepublikanischen Entsprechung auch spielerisch umgehen konnte. Das Dramolett »A Doda« behandelt das Phänomen der rechtsradikalen Agitation in einer bayerischen Kleinstadt als alltägliche Erscheinung mit humoristischen Implikationen: »lauta Hakenkreuzplakade«. In der der Kindheitsstadt Traunstein gewidmeten »Maiandacht«, einem »Volksstück als wahre Begebenheit«, mündet der so oft angeprangerte ländliche Stumpfsinn konsequent in Rassismus und Fremdenfeindlichkeit: »Kinder macha kennans/aba arbatn tans nix/ob dös Türken san oder Jugoslawn/aso a Gsindl/vagast ghörns/alle vagast«. (MIT 50) Zwei Dramolette nehmen der im Kontext der Bernhard-Welt konventionellen Kritik allerdings die Spitze. In »Alles oder Nichts« wird eine totale Übersteigerung vorgeführt, in deren Verlauf der deutsche Bundespräsident, der Außenminister und der Bundeskanzler (also Carstens, Genscher und Schmidt) sich in einer Fernsehshow wie aus der Pistole geschossen als überzeugte Nationalsozialisten bekennen. Im »Deutschen Mittagstisch« sehen wir 98 Bernhards vom Patriarchen bis zum Ururenkel an der Nazi-Suppe würgen: »Die Deutschen sind alle Nazis.« Die Köchin, die bedauernswerte Frau Bernhard, entschuldigt sich damit, daß man in Deutschland »keine Nudeln mehr (bekommt) /nur noch Nazis«. Doch die Erkenntnis, durch die mütterliche Suppe allesamt »den Nationalsozialismus mit dem Löffel gegessen« zu haben, ist der Sippe derart unerträglich, daß sie die Ahnfrau gemeinschaftlich erwürgt. (MIT 114) »Gesellschaftskritik«, für Murau allen Übertreibungen zum Trotz ein ernsthaftes Unternehmen, dem ein moralischer Imperativ unterliegt, zeigt in dieser in »siebzehn Minuten« verfaßten Gelegenheitsarbeit ihre komischen Seiten. Schon der »Theatermacher« (1984) hatte die Perspektive des Kritikers in Frage gestellt. Wie so oft läßt Bernhard hier eine umfassende Österreich-Beschimpfung von einer Figur vortragen, die alle Zeichen der Lächerlichkeit trägt. So konnte er durch die bloße Zeichnung der Figur jene »Unschuld« für sich reklamieren, die ihm so wesentlich war. Wieder fanden sich genügend den Bernhardschen Invektiven gegenüber dünnhäutige Personen des öffentlichen Lebens, die Bernhards Distanzierungen von seinem Protagonisten ignorierten und das Stück skandalisierten: Derartige Ausfälle gegen Österreich, so der damalige sozialdemokratische Finanzminister und spätere Bundeskanzler Vranitzky, ein »eitler Geck, der (…) die Stallburggasse mit einem Laufsteg und sein Ministerium für Finanzen mit der Behörde für Zensur und Verbot von Kunst und Kultur verwechselt«, würden in Zukunft nicht mehr geduldet werden. (Dittmar 1990, 297)

Mit diesen künstlerisch-sozialen Erfahrungen ist das Gerüst gegeben, in dem Bernhards letzte Arbeit, das Theaterstück »Heldenplatz«, eingepaßt ist. Das von Claus Peymann aus Anlaß des hundertsten Jahrestags des Burgtheaters in Auftrag gegebene Werk steht in einem vielfältigen zeitgeschichtlichen Kontext: es erlebte seine Uraufführung im »Bedenkjahr« zum fünfzigsten Jahrestag des »Anschlusses« 1938; der »Heldenplatz«, wo sich die Großwohnung der Familie des Professor Schuster befindet, war am 15. März 1938 der Schauplatz einer Großkundgebung, auf der die enthusiastischen Wiener ihren »Führer«, der sie »Heim ins Reich« führte, feierten; am äußersten Rand dieses Platzes befinden sich die Amtsräume des amtierenden Bundespräsidenten, der damals Kurt Waldheim hieß (»ein verschlagener verlogener Banause«, HP 102) und dessen Wahlkampf jenen tiefen Riß in der österreichischen Gesellschaft sichtbar machte, den Bernhards Figuren seit Jahrzehnten angesprochen hatten. Die innerösterreichische Debatte um Waldheim hatte eine gewaltige, oft übertriebene österreichische Selbstkritik ausgelöst. Vor allem die Nachkriegsgeneration hatte das »Große Tabu« der Vergangenheit aufgehoben, indem sie es zornig benannte. Die Zeit der suchenden Andeutungen, des zögerlichen Geredes am Wenger Wirtshaustisch, war endgültig vorbei: Murau war gewissermaßen zu einer exemplarischen Figur der österreichischen Intelligenz zumindest einer Generation geworden, die sich bemühte, in einem manchmal zwangsläufig skurrilen Nachziehverfahren die Versäumnisse jener Jahre wettzumachen, in denen die moralische Chance der »Entnazifizierung« nicht genützt wurde.

So hat sich Bernhard mit »Heldenplatz« in den Mittelpunkt einer intensiven, die ganze österreichische Gesellschaft erfassenden Auseinandersetzung gestellt. Daß das Stück den größten Theater- oder besser: Medien-Theater-Skandal in der Geschichte der Zweiten Republik auslösen würde, war in gewisser Weise vorprogrammiert. Wieder, wie im beschriebenen Fall von »Holzfällen«, benützte Bernhard das Medium des Skandals für eine »Verlängerung« des Stückes in die »Realität«: die Reaktion des Betroffenen in »Holzfällen« und der empörte Aufschrei eines Teils der politischen und publizistischen Elite des Landes zu »Heldenplatz« sind Teil des Stückes und verstärken die Aussage seiner Figuren, Rezeption und Rezeptionsvorlage verschmelzen zu einem untrennbaren Ganzen, einer totalen Komödie, an der sich ganz Österreich beteiligt hat.

Es sei also davor gewarnt, sich allzusehr auf die skandalträchtigen Österreich-Beschimpfungen zu konzentrieren. Eine solche Haltung gibt dem Stück eine Eindeutigkeit, die es nicht hatte, reduziert es auf eine Abfolge von quasi kabarettistischen Anklagen und wird der »Geistesarbeit« des Autors nicht gerecht, die sich erst durch einen Blick auf die Ordnung des Gesamttextes und die Stellung von »Heldenplatz« in ihr erschließt. Die Inszenierung von Claus Peymann wird den grotesken Konstellationen und Details des Stückes und den wortgewaltigen, den Zuschauer mit ihren Provokationen gleichzeitig involvierenden und provozierenden Österreichbeschimpfungen durchaus gerecht. Die leise, aber beharrliche Frage des Zuschauers, was sich »wirklich« auf der Bühne ereignet, wird aber gerade von der Inszenierungsweise Peymanns an den Rand gedrängt. Peymann inszeniert Bernhard im Kontext von »Waldheim« und »Anschluß« und erfaßt damit wesentliche Intentionen des Stücks. Doch dieser Kontext affiziert ohne Zweifel das Lebensgefühl der Figuren von »Heldenplatz«, doch determiniert er es nicht. Wer über die vielleicht einzigartige Kooperation zwischen Bernhard und Peymann nachdenkt, sollte nicht vergessen, daß nicht nur Claus Peymann unser Bild von Bernhard nachhaltig geprägt hat, sondern daß er selbst in gewisser Weise eine von Thomas

Bernhard geschaffene Figur ist und daß diese Schöpfung vielleicht über die drei Dramolette, die seinen Namen tragen, hinausgeht. Wer Peymanns öffentliche Äußerungen verfolgt, gewinnt den Eindruck, daß die Strategie, alle Lebensschwierigkeiten auf ein fiktives, aber dämonisches Konstrukt namens Österreich zu schieben, ihm und gewissen Bernhard-Figuren gemeinsam ist. Mit dieser Neigung steht Peymann keineswegs alleine da, sondern ist eine konformistische Figur im Zeitgeist der Entstehungsperiode des Stückes, in der die Intelligenz des Landes guten Grund hatte, sich als Bernhardsche »Bezichtigungsgemeinschaft« zu konstituieren. Doch »Heldenplatz« bezieht zwar sein Spielmaterial aus einem erfreulichen österreichischen Konformismus, ist aber kein konformistisches Stück, in seiner Gesamtheit geht es über das, was Peymann auf der Bühne erlebbar machte, hinaus und kann – in Fortführung des »Theatermachers« – nicht nur als Stück »gegen« Österreich, sondern auch als eines gegen dessen Kritiker gelesen werden.

Die Österreich-Kritik, die von den Figuren in »Heldenplatz« vorgetragen wird, ist uns wohlvertraut und kreist um zwei Themen: wie in der »Politischen Morgenandacht« wird das heutige Österreich, ein mediokrer Kleinstaat, an der kulturellen und politischen Größe der Donaumonarchie gemessen und wird der Verlust an Größe in einen Vorwurf gewendet: »Jetzt hat alles den Tiefpunkt erreicht/nicht nur politisch gesehen alles/ die Menschen die Kultur alles/in ein paar Jahrzehnten ist alles verspielt worden/das ist in Jahrzehnten nicht mehr gutzumachen/wenn man bedenkt was dieses Österreich/einmal gewesen ist/«. (HP 96) Am Ende der Entwicklung steht eine traurige Bilanz: »die Österreicher insgesamt als Masse/sind heute ein brutales und dummes Volk«. (HP 88) Schuldige werden genannt: die Regierenden, die Architekten und die Intellektuellen hätten in den letzten 50 Jahren alles zerstört, vor allem aber wird wieder einmal der »größenwahnsinnige Republikanismus«, der »größenwahnsinnige Sozialismus« angeprangert, eine Provokation für Bernhards »fortschrittliche« Gefolgsleute, die aber keine Reaktion zeitigte: »aber die Sozialisten sind ja keine Sozialisten mehr/die Sozialisten heute sind im Grunde nichts anderes/als katholische Nationalsozialisten«. (HP 97) Wieder hat diese Auseinandersetzung mit der verlorenen Größe bei Bernhard (und seinen Epigonen) einen interessanten Nebeneffekt: in ihrer übersteigerten Kritik an Österreich als dem Land, wo »alles am schlimmsten« ist, restituieren sie diese Größe, wenn auch als eine negative.

Der zweite Vorwurf ist die Erinnerung an den österreichischen Schuldanteil und die im Kontext der Waldheim-Affaire höchste Aktualität habende Kontinuität von NS-Haltungen in der Zweiten Republik. Bernhards überzogene Kommentare sind Bestandteil jener intensiven Selbstkritik Österreichs in den achtziger Jahren, die ein zentrales moralisches Ereignis in der Geschichte der Zweiten Republik darstellt. Noch einmal sei daran erinnert, daß seine Strategie in der Auseinandersetzung mit der österreichischen Zeitgeschichte in gewisser Weise einzigartig war. Wenn wir den Bernhard der achtziger Jahre betrachten, dann sehen wir einen manchmal fast plump agierenden Ankläger und Aufdecker, der auf den kurzen Stationen einer Autofahrt von Bratislava nach Salzburg vier bekennende Nationalsozialisten trifft. (Dittmar 1990, 236f.) Dieses Muster können wir auch bei den Figuren von »Heldenplatz« registrieren: es gäbe »jetzt mehr Nazis in Wien/als achtunddreißig«, und die würden »auf das Signal um ganz offen gegen uns vorgehen zu können« (HP 63) warten, »der Judenhaß (sei) die reinste die absolut unverfälschte Natur/des Österreichers« (HP 114), »in jedem Wiener steckt ein Massenmörder« (HP 118), und da »ein Großteil der Österreicher will/daß der Nationalsozialismus herrscht«, sei dieser »unter der Oberfläche (…) schon längst wieder an der Macht.« (HP 135)

Doch noch einmal und für das Verständnis von »Heldenplatz« unverzichtbar sei festgehalten, daß Anklagen und Aufdecken keineswegs die zentralen, von uns rekonstruierten, Anliegen Bernhards waren. Von »Frost« ausgehend, findet eine allmähliche Annäherung der Figuren an das Wissen um die österreichische Zeitgeschichte statt, die in »Auslöschung« Höhepunkt und Lösung findet. Bernhards Thema ist dabei weniger der Fakt der österreichischen Vergangenheit, als die Art seiner Figuren, mit ihr umzugehen – das gilt in besonderer Weise für »Heldenplatz«, wo dieser Umgangsweise eine neue, überraschende Facette hinzugefügt wird.

Der Umgang mit der Vergangenheit gehört zum Weltverhältnis der Bernhard-Figuren und dieses Verhältnis entwickelt sich vom Elend des Malers Strauch in »Frost« zu den bei allem von Alter und Krankheit verursachten Leid gelungenen Lebensentwürfen im Spätwerk, namentlich in »Auslöschung« und »Alte Meister«. Die Protagonisten

Bernhards verfügen allmählich über ein Instrumentarium zur Meisterung ihrer speziellen, auch österreichischen existentiellen Probleme: Ihr Elend aus der Einheit von Kindheit und Geschichtskatastrophe wird ihnen bewußt, sie verlassen ihre Familien und finden ihren eigenen Ort, schreiben das Elend auf und erleben dabei »Höchstes Glück«, schenken das belastende Erbe ab, »wählen« sich selbst als »Geistesmenschen« und meistern letztendlich sogar den apollinischen Wahn. Die Bernhard-Welt ist eine hierarchische und der Rang einer Figur bemißt sich nach dem Grad, in dem sie dieses Instrumentarium einsetzt. Diese Welt ist nach einer Art Baukastenprinzip zusammengestellt: Bekannte Typen und soziale Konstellationen werden immer wieder neu montiert. Das gilt auch für »Heldenplatz«: obwohl uns die Gesamtkonstellation neu ist, sind uns alle Figuren und ihre Probleme prinzipiell bekannt.

Eine kluge Lektüre von »Heldenplatz« ignoriert daher fürs erste die spektakulären Anschuldigungen der Figuren gegen ihre Heimat und wendet sich ihrer zentralen Befindlichkeit zu: Das Stück konfrontiert uns mit einem jener für Bernhard so typischen pathogenen Familienverhältnisse, in denen ein vielfältiger Haß die beherrschende innerfamiliäre Emotion ist, nur abgelöst durch gelegentliche Beziehungslosigkeit. Wie in »Amras« sind die innerfamiliären Aggressionen allerdings hinter »sanften« Umgangsformen versteckt. Professor Josef Schuster, ein Tyrann, der Familie und Personal schikanierte wie ansonsten nur die Bernhardschen »Mütter«, hat sich selbst getötet. Schuster ist einer jener Bernhardschen Geistesmenschen, die »ganz allein« durch sein Leben gehen und es billigend in Kauf nehmen, daß »alle erfrieren an seiner Seite«. (HP 57)

Wenn Bernhard solche Familienverhältnisse beschreibt, bilden sie häufig den Hintergrund vor dem mehr oder minder erfolgreichen Befreiungsversuch eines Familienmitglieds. Doch wie in »Amras« ist Befreiung in der Familie Schuster kein Thema: Hier klammert man sich an alles, an Besitztümer und an Menschen, also aneinander. Die Beziehungen sind von einer zwanghaften Enge und einer heillosen Dauerhaftigkeit: Die Eheleute Schuster haben einander mit fünf Jahren kennengelernt und sind mit über siebzig immer noch zusammen. Der Professor hat seine Frau nie gut behandelt, bilanzierend schleudert er ihr die klassische Bernhardsche innerfamiliäre Haßformel entgegen, die auch Hertha Fabjan ihrem Sohn Thomas gegenüber verwendete:

»sie hätte nie geboren werden dürfen«. (HP 15) Die Mutter allerdings hat sich gewehrt, getreu der Bernhardschen Regel: »Eheleute bringen sich immer (gegenseitig) um.« (HP 68)

Stillstand regiert in der Familie Schuster, nichts wird hergegeben, nicht einmal der uralte, zerrissene und blutbefleckte Anzug des Selbstmörders; ererbte Immobilien werden als Ort eines vorgeblichen Kindheitsglücks behalten und die Ökonomie der »Geistesmenschen« basiert auf lächerlichen ererbten Unternehmungen wie einer Essigfabrik und einer Fezfabrik. Doch alle agieren so, als ob es keine Wahl gäbe: »Großbürgererbe/das belastete uns zeitlebens«. (HP 92) Diese kurze Beschreibung zeigt schon, daß die Mitglieder der Familie Schuster nicht zu den »Helden« der Bernhard-Welt gehören, ja daß sie eher als potentielle Objekte der Satire konzipiert sind.

»Weggehen« ist bekanntlich in Bernhards Werk ein heroischer Akt und die Voraussetzung jeder Selbstfindung. Doch die Gebrüder Schuster sind keine »Weggeher«, sondern »Vertriebene«. Jene eigenartige, nicht ausgeführte Konstellation, die wir bei Wertheimer und Reger konstatieren konnten, das selbstverständlich genommene »Exil« in England, wird jetzt erstmals benannt: Die Schusters sind jüdische Opfer jener zeitgeschichtlichen Vorgänge, auf die der Titel des Stückes verweist. Zwischen einem »Weggeher« und einem »Vertriebenen« liegt innerhalb der Hierarchie der Bernhard-Welt ein gewaltiger Unterschied: Als »Vertriebene« haben die Schusters das unerträgliche Österreich nicht aus eigenem Willen, aus Souveränität verlassen, sondern gezwungen – damit waren sie in gewisser Weise im subversiven Akt des »Weggehens« den Regeln des verhaßten Ausgangsmilieus gehorsam. So haben die Schusters im Regelsystem der Bernhard-Welt ihren hohen Rang in England ohne eigenes Verdienst erreicht; das macht sie zu Parvenues in der Welt der Bernhardschen Geistesmenschen, gibt ihrem Auftreten etwas Komisches und verhöhnt sie gleichzeitig für etwas, woran sie keine Schuld tragen.

Schuld tragen die Schusters allerdings an ihrem zweiten Fehler, der den des unterlassenen Weggehens verstärkt: Sie sind in gewisser Weise bei der ersten sich bietenden Gelegenheit zurückgekommen, aus Sentimentalität, gebunden an ihre Besitztümer, törichterweise verführt von Versprechungen der Wiener Universität. Das Bewußtsein dieses Fehlers ist vorhanden, doch es provoziert keine »Korrektur«, sondern nur die Frage, wer »schuld« ist an der Rückkehr. Die Familienmitglieder schieben einander ständig die Verantwortung für diesen Fehler zu, keiner will die Verantwortung für das eigene Leben übernehmen – jeder denkt aus einem illusionären, aber verpflichtenden familiären Ganzen. Jetzt will man zurück nach Oxford, halbherzig, wieder ist es nicht der souveräne Akt des Weggehens und neuerlich werden in der innerfamiliären Mythologie Schuldige gesucht: Ich bin nämlich Jude, sagt der Verstorbene zum Konditor mit dem schönen Namen Handlos, aber dann: »meiner Frau zuliebe muß ich nach Oxford zurück«. (HP 22)

»Familie« und »Österreich« dienen dem Professor abwechselnd als Vorwände für ein zwanghaftes Agieren zwischen Abreise oder Bleiben. In Wirklichkeit hat der Selbstmord des Professors eine für Bernhard-Figuren charakteristische lähmende Ambivalenz beendet. Im hohen Alter weiß dieser Mann noch immer nicht, welcher Ort ihm guttut:»er wollte ganz einfach nicht mehr nach Oxford zurück/in Wien hat er es nicht mehr ausgehalten«. (HP 39) Wenn wir versuchen, die Wohnung am Heldenplatz in der Kette magischer Räume von Roithamers Dachkammer übers Kalkwerk bis zu Muraus römischer Luxuswohnung zu plazieren, dann gehört sie sicherlich zu den destruktiven Orten. Durch ihre geographische Lage am geschichtsträchtigen Heldenplatz, hier verstanden als Ort eines vulkanhaften Ausbruchs österreichischer Natur, erinnert sie an Höllers Haus an der bedrohlichen Engstelle der Aurach. Scheinbar »bannt« die Anwesenheit jüdischer Bewohner den bösen Geist des Ortes und besiegt Hitler, doch tatsächlich fehlen dem Professor Schuster die positiven Eigenschaften des Präparators Höller. In der Regel verweist eine solche lähmende Ambivalenz in der Frage des eigenen Ortes bei Bernhard-Figuren auf einen unaufgearbeiteten Rest in der Kindheitsgeschichte. Doch unsere Figuren sind sich ihres Kindheitstraumas, das Bernhard sonst zentriert hat, noch immer nicht bewußt – das heißt aber, daß sie noch immer nicht über ihr eigenes Leben disponieren können.

Das Stück setzt in einem Moment ein, den Bernhard gerne beschreibt, dem Moment nach dem Tod des Familientyrannen, der ja auch der Moment der Befreiung sein könnte. Doch hier wird die Befreiung nur in unbedeutenden Details zelebriert: Man kann jetzt Blumen aufstellen und Kümmel in die Suppe geben. Vieles verstört die Überlebenden, Trauer, Unsicherheit über die Zukunft, die Belastung durch die Erbschaft und die obligaten Schuldgefühle der Überlebenden. Um diese Verstörungen handhabbar zu machen, bedient sich die Familie des Mediums der Österreich-Beschimpfungen – das ist wohl der zentrale Punkt von »Heldenplatz«. Für die Überlebenden hat die Anklage gegen Österreich zahlreiche Funktionen: Die Familie verständigt sich nur über die Chiffre Österreich, sie ist das einzige, was dem toten innerfamiliären Klima die Möglichkeit zu Anteilnahme, ja Dramatik gibt. »Österreich«, das ist das, was sie zusammenhält, es ist eine gemeinsame Lösung, die sie gefunden haben um den aggressiven Triebüberschuß, der sich zwingend angesammelt hat, zu bewältigen. (Pfabigan 2004) Bernhard hat diesen Beziehungstypus gerne beschrieben und in »Wittgensteins Neffe« einen Namen dafür gefunden: »Bezichtigungsgemeinschaft«.

»Jeder Tote läßt nur lauter schlechtes Gewissen zurück.« (HP 133) Die Überlebenden eines Selbstmörders sind wie die Schwester Wertheimers jene Menschen, an die die Tat adressiert war und die in vielfacher Weise in sie verwickelt sind. Die Schusters hingegen überdecken ihr obligates Schuldgefühl mit ihren Anklagen gegen Österreich. Das Stück weiß: Diese Menschen sind von unzähligen Unerträglichkeiten geplagt, doch mit ihren Anklagen gegen ihre Heimat sprechen sie einander von der Schuld an ihrem Elend frei und projizieren den eigenen Zustand auf das Ganze. In dieser Familie ist man ständig mit Haß konfrontiert, aber die Existenz eines »Außenfeindes« ermöglicht ihren Mitgliedern einen höflich abstinenten Umgang miteinander; der Haß, so erklären sie uns, liegt außerhalb und meint ihr Jüdischsein. Bernhard, den wir als Protagonisten der großen österreichischen Selbstkritik vorgeführt haben, relativiert hier ansatzweise ihren moralischen Wert, indem er eine durchaus mißbräuchliche Verwendung vorführt.

Die Österreich-Beschimpfungen sind ja auch die Formel der großen Abwehr, die Formel, die der tote Professor Schuster vorgibt: »Ich bin ja nur genau ... aber nicht verrückt.« »Ich bin nicht krank ich bin nicht krank schrie er.« (HP 27) Das stimmt ja nicht, wir wissen, daß alle Familienangehörigen Insassen eines der klassischen Orte der Bernhard-Welt, der Irrenanstalt »Am Steinhof«, waren, doch der eigene Wahnsinn stellt wohl das »Große Tabu« der Schusters dar. So wehren sich die Figuren von »Heldenplatz« mit ihren Anklagen gegen das, was der Verehrer Montaignes seinen Gestalten in der Regel aufträgt: gegen Selbsterkenntnis. Tatsächlich haben diese Verteidiger einer »Lebenslüge« den Kontakt zur Realität verloren und haschen nach Fragmenten; das Geheimis des Selbstmordes des Josef Schuster bleibt bis zum Ende des Stückes ungeklärt. Diese Figuren sind »derealisiert« wie die Deutschen und die Österreicher der Nachkriegsjahre in der Analyse der Mitscherlichs. Es ist ein blutiger Spaß, daß hier die Opfer das Wissen um die österreichische Schuld mißbrauchen. Eine pathogene Familie einigt sich darauf, daß sie gesund ist und daß es »Österreich« ist, woran sie leiden. »Daß ich Österreicher bin/ist mein größtes Unglück«. (HP 25) Kinder ersparen sich die Auseinandersetzung mit dem Umstand, daß ihr Vater »schon jahrzehntelang/ein unglücklicher Mensch (war)/das wäre er auch in England geblieben«. (HP 108f.) Wir, das Publikum, wissen aus den Gesprächen der Dienstboten, daß diese Figuren an etwas anderem leiden als an Österreich, und so ergibt sich der Effekt eines Kasperltheaters, wo das böse Krokodil für das kindliche Publikum sichtbar auf der Bühne sitzt, während Kasperl und Petzi mit hoher Ernsthaftigkeit über eine eingebildete Gefahr sprechen. Darin liegt wohl der zentrale komische Effekt von »Heldenplatz« und gleichzeitig einer der Punkte, wo das Stück seine Einbindung ins Gesamtwerk und das Interesse des Autors an der Art, wie man in Österreich mit der Vergangenheit umgeht, findet: Die Ignoranz der Schusters gegenüber ihrer eigenen Lage kann mit der – ja auch komischen – Ratlosigkeit der Einwohner von Weng in der Frage der Schuld an offenkundigen Kriegsverbrechen verglichen werden.

Die große Angst, die diese Familie regiert, ist die vor dem unberechenbaren und gewalttätigen Tyrannen, »ein Mensch hat dem Professor nie etwas bedeutet/der Professor hat alle kujoniert« (HP 43), die sich nach seinem Tod nicht auflöst. Auch die Ängste des Verstorbenen werden besprochen, er hat sie auf alles ausgedehnt und seinen Kindern sogar das »Schlittenfahren« verboten. Doch diese Angst darf nur kodiert ausgesprochen werden, als Angst vor dem Nationalsozialismus, davor, daß es »jetzt (…) hier in Wien ja schlimmer (ist) als vor fünfzig Jahren«. (HP 43) Das ist, wie gesagt werden muß, ein schlimmer Satz, weil er das furchtbare Jahr 1938 verharmlost. Aber vielleicht ist es in dieser Familie, deren Herrscher die anderen »Untermenschen« nennt (HP 50), wirklich alles schlimmer als 1938. 1938 erfährt ja eine Wiederholung: Damals hat sich der jüngste neunzehnjährige Bruder des Professors aus dem Fenster in Neuhaus gestürzt. So spielt »Heldenplatz« mit einem heute populären Topos der österreichischen Literatur: daß sich Geschichte bruchlos wiederholen könnte. Die Geschichte wiederholt sich ja tatsächlich, wenn eine von Juden bewohnte Großwohnung in der Innenstadt bis 19. März geräumt werden muß – doch diesmal geht es nicht um eine »Arisierung«, die Räumung hat private Ursachen, es war ein Verkauf und der neue Bewohner, der auf den Auszug drängt, ist kein Nazi, sondern ein persischer Teppichhändler. Das als Erklärung für die Angst der Schusters angebotene Ereignis, daß Anna *als Jüdin* angespuckt wurde, wird von den Protagonisten des Stückes ja auch bestritten, bleibt letztendlich unaufgeklärt und hat sich, wenn ich unserer in diesen Dingen äußerst wachsamen Presse trauen darf, auch in der Realität nicht ereignet. Hier findet eine durchaus private Paranoia in einer ähnlichen Weise ihre politische Legitimation, wie die Behauptung des ehemaligen SS-Mannes Höller, er sei ausgerechnet an Himmlers Geburtstag von Juden mit Absicht angerempelt worden (VDR).

Politisch kodiert wird auch die Krankheit der Frau Professor Schuster: Sie gilt als »geisteskrank«, doch ihr zentrales Symptom sind Geräusche im Ohr, die außer ihr niemand hört – ihre Krankengeschichte schließt an die des Fürsten Saurau in »Verstörung« an. Das Geräusch, das sie hört und das am Ende des Stückes, im Moment der siegreichen Paranoia, auch wir hören, ist das Geschrei der Massen vom Heldenplatz, die Adolf Hitler zujubeln – so erinnert das im »Bedenkjahr« 1988 aufgeführte Stück an die tiefe Schande Österreichs. Das ist ein großartiger, bühnenwirksamer Einfall, der der Krankheit der Frau Schuster eine politische Auflösung gibt, die die Weltsicht der Figuren bestätigt, und der gleichzeitig hilft, die Lücke in der Biographie des Fürsten zu schließen. Wir Amateurmediziner wissen allerdings, woran die Frau Professor Schuster tatsächlich leidet: Es ist eine organische Erkrankung, eine Durchblutungsstörung im Ohr, Tinnitus genannt. Die Krankheit dient hier ohne Zweifel als Metapher, die Figuren agieren allerdings so, als ob die metaphorische Bedeutung die reale wäre. So avanciert die Wohnung zum magischen, krankmachenden Ort: »solange sie die Wohnung nicht aufgeben/wird keine Heilung sein/wenn sie die Wohnung aufgeben/wird sich die Krankheit zurückziehen.« (HP 30) Der Tinnitus allerdings ist von Ortsveränderung unabhängig, das mußte schon der notorische Wohnungswechsler Beethoven erfahren, und die Idee, daß es in Oxford keinen Heldenplatz gibt, und daher keinen Tinnitus, ist illusionär. Das Stück gibt ja der Krankheit der Mutter auch andere Deutungen, etwa als ihr innerfamiliäres Machtmittel, mit dem sie den Vater »zwei Jahrzehnte in der Hand« hatte: »die Krankheiten dieser Art/sind wirkliche Krankheiten und doch Theater«. (HP 68)

Wie so oft bei Bernhard ist das Ende des Stückes offen: ob der Zusammenbruch der Frau Professor Schuster ein tödlicher ist, ob auf der »sichtbaren« Ebene der Handlung das Geschrei am »Heldenplatz« also noch nach fünfzig Jahren ein weiteres jüdisches Opfer gefunden hat, liegt außerhalb des Stückes. Die Bernhardsche Lieblingsfrage, »Ist es eine Kommödie? Ist es eine Tragödie?«, stellt sich auch hier. Das von einem Sterbenden verfaßte Stück beinhaltet alle Accessoires einer Tragödie: Selbstmord, schwere Krankheiten, innerfamiliäres Elend, soziopathische Akteure. Das Publikum allerdings lacht, die Beschimpfungen, die auf der Bühne ausgestoßen werden, haben offensichtlich einen befreienden Charakter und die Verschränkung von »Privatem« und von »Politischem« ist komisch. Also ist es eine – wenn auch bittere – Komödie und bestätigt durch ihre Existenz die positive Lebensbilanz unseres Autors, der 1968 in der Erzählung »Ungenach« offensichtlich programmatisch geschrieben hat: wem es gelingt auf dem Totenbett eine Komödie zu schreiben, dem ist alles gelungen. (U 44)

Staatliche Annäherungen und Einmischungen

»Auf den schwarzen Truhen der Bauernerde/steht geschrieben, daß ich sterben muß im Winter …« (GG 16) In ihrer Rede haben die Protagonisten der Bernhard-Welt unzählige Male die unmittelbare Präsenz des Todes beschworen, doch abgesehen von Selbstmorden, wie etwa im Falle Roithamers und Wertheimers, hat sich ihr Tod »außerhalb« des Textes ereignet. Wie sind Rudolf und Atzbacher gestorben, deren Krankheitsbild dem ihres Erfinders ähnelte, wie ist vor allem Murau, der große Held der Konfrontation mit der naturhaften Sphäre von Familie, Erbschaft und Staat, gestorben? Bewährt sich jenes Instrumentarium aus Weggehen, Aufschreiben und Abschenken auch gegenüber dem Letzten, können Künstlichkeit und Übertreibung auch hier ihre helfende Wirkung entfalten?

Der »Kunstbegriff«, so die Lehre des Onkel Georg aus »Auslöschung«, ist die Voraussetzung des »Naturbegriffs«. Die Nachrichtensperre rund um den Tod des Professor Schuster, das heimliche Begräbnis, die Unterlassung des Partezettels – all das verweist in »Heldenplatz« auf den nahenden Tod des Autors. Dennoch hatte Bernhard »Hoffnung (...) gehabt bis zu den letzten Stunden, aber er hat eigentlich doch dann allmählich gesehen, daß er sich dieses Mal nicht mehr erholt ... Das war einfach ein vollkommenes Sich-Erschöpfen des Herzens und ein vollkommenes Sich-Verbrauchen und zuletzt Auslöschen.« (Fleischmann 1992, 164)

Der Tod des seit Jahren sterbenskranken Thomas Bernhard in den Morgenstunden des 12. Februar 1989 war ohne Zweifel »Natur«, und dennoch sind die »literarischen« Elemente dieses Ereignisses, die Analogien in der Inszenierung die auf das Ende von Hochgobernitz und Wolfsegg anspielen, unübersehbar. Daß Bernhard sich in seiner letzten »Erregung«, im Skandal rund um »Heldenplatz«, weit über die Grenzen seiner Belastbarkeit exponiert hatte, gibt diesem Tod, seinem von »Natur« erzwungenen Charakter zum Trotz, ein selbstgewähltes Element und rückt ihn in ein mythologisches Feld: Es ist der Tod eines Helden, der sich im Kampf gegen einen übermächtigen Gegner opfert. Bernhard sei, so wird immer wieder behauptet, an »Heldenplatz« gestorben – eine angesichts des Gesundheitszustandes des Autors überzogene Feststellung, die aber in gewisser Weise hilft, diesen Tod in die Selbstmythologisierung der Bernhardschen Biographie einzupassen. Es eignet dieser selbstgesuchten Überforderung auch ein Element von »Selbsttötung«, ein würdiger Tod in einem guten Kampf. Sokrates, so Nietzsche, *wollte* sterben: Er zwang Athen zum Giftbecher.

Im Feld des Privatmythos liegt auch, daß der Zeitpunkt des Todes ein letztes Mal die phantasierte existentielle Verklammerung mit dem Großvater bekräftigt: »Schau, das ist jetzt eigentlich der Todestag vom Großvater«, soll Bernhard am Abend des 11. Februar, des vierzigsten Todestags von Johannes Freumbichler, zu seinem Bruder Peter Fabjan bemerkt haben. Am Vortag war unter »Maximaleinsatz von Medikamenten« bei einem Besuch beim Notar in Salzburg das endgültige Testament erstellt worden.

Berühmt geworden ist jener Teil des Testaments, der die Verwertung des literarischen Erbes regelt:

»Weder aus meinem von mir selbst bei Lebzeiten veröffentlichten, noch aus dem nach meinem Tod gleich wo immer noch vorhandenen

Nachlaß darf auf die Dauer des gesetzlichen Urheberrechtes innerhalb der Grenzen des österreichischen Staates, wie immer dieser Staat sich kennzeichnet, etwas in welcher Form immer von mir verfaßtes Geschriebenes aufgeführt, gedruckt oder auch nur vorgetragen werden. Ausdrücklich betone ich, daß ich mit dem österreichischen Staat nichts zu tun haben will und ich verwahre mich nicht nur gegen jede Einmischung, sondern auch gegen jede Annäherung dieses österreichischen Staates meine Person und meine Arbeit betreffend in aller Zukunft. Nach meinem Tod darf aus meinem eventuell gleich wo noch vorhandenen literarischen Nachlaß, worunter auch Briefe und Zettel zu verstehen sind, kein Wort mehr veröffentlicht werden.« (Höller 7)

Die drei Sätze klingen eindeutig, verbergen aber eine charakteristische Ambivalenz. Vor allem der erste stellt eine Fortführung jenes Auslieferungsverbotes dar, das Bernhard während des »Holzfällen-Skandals« über Österreich verhängt und bald wieder zurückgezogen hatte. In beiden Fällen besteht die »Strafe«, die über das unbotmäßige Land verhängt wird, im Entzug des »Höchsten«, des eigenen Produkts. Das Ich, das hier spricht, negiert sein bevorstehendes Ende und verwahrt sich gegen jede »Annäherung« seine »Person« betreffend.

Doch gleichzeitig verzichtet der Text für den vorhersehbaren Fall einer Mißachtung durch die Erben auf jede Sanktion und gibt letztlich den Erben freie Hand. Es ist der auf Veröffentlichungen süchtige Reger, der diese Auslassung zu verantworten hat. Das Aufführungs- und Druckverbot, das ja in bestehende Verträge mit dem Wiener Burgtheater und dem Salzburger Residenz-Verlag eingreift, wurde daher von Anfang an von den Erben gegen die sichtbare Intention des Textes mißachtet. Das Testament, das als posthume »literarische« Emigration gedeutet wurde, hat vor der Folie der Norm zum »Weggehen« einen eigenartigen Status. »Bernhard«, als literarische Figur des eigenen Werkes gedacht, ist kein definitiver »Weggeher« wie Murau, sondern nur ein »Reisender« wie Rudolf. Als Autor seines Testaments erinnert er an den Fürsten Saurau, der davon träumt, daß sein Erbe nach seinem Selbstmord die Besitzung verkommen lassen wird. Doch gleichzeitig hat sich hier auch ein durchaus geschäftstüchtiger »Realitätenvermittler« des eigenen Nachruhms artikuliert, der es verstanden hat, die Öffentlichkeit noch ein Jahrzehnt nach seinem Tod zu beschäftigen. Das Ergebnis dieser Debatte, die Errichtung einer »Thomas-Bernhard-Stiftung« mit persönlicher Beteiligung von Politikern, Verlegern und Professoren und musealer Nutzung des Hauses in Ohlsdorf, löst die Ambivalenz des Testaments auf und gibt seinem Verfasser den Status eines von Staat und Gesellschaft umhegten Moritz Meister. »Einmischung« und »Annäherung« des Staates »meine Person und meine Arbeit betreffend«, sind in dieser »Verstaatlichung« des Thomas Bernhard vollzogen. »Denn er war unser.«

Bibliographie

Abgekürzt zitierte Werke Bernhards

A: *Amras.* Frankfurt a. M. 1965 (EA: Frankfurt a.m. 1964)
AL: *Auslöschung. Ein Zerfall,* Frankfurt a. M. 1986
AM: *Alte Meister,* Frankfurt a. M. 1985
AZ: *Am Ziel,* in: ST 3
BE: *Die Billigesser,* Frankfurt a. M. 1980
BER: *Die Berühmten,* in: ST 2
BET: *Beton,* Frankfurt a. M. 1982
EL: *Elisabeth II.,* in: ST 4
ER: *Ereignisse,* Frankfurt 1991 (EA: Berlin 1969)
F: *Frost,* Frankfurt a. M. 1972 (EA: Frankfurt 1963)
GE: *Gehen,* Frankfurt a. M. 1971
GG: *Gesammelte Gedichte,* Frankfurt a. M. 1991
HF: *Holzfällen. Eine Erregung,* Frankfurt a. M. 1982
HP: *Heldenplatz,* Frankfurt a. M. 1988
IDH: *In der Höhe. Rettungsversuch. Unsinn,* Salzburg 1989
I: *Der Italiener,* Salzburg 1971
IG: *Der Ignorant und der Wahnsinnige,* in: ST 1
JA: *Ja,* Frankfurt a. M. 1978
JG: *Die Jagdgesellschaft,* in: ST 1
K: *Korrektur,* Frankfurt a. M. 1975
KA: *Immanuel Kant,* in: ST 2
KÄ: *Die Kälte,* Salzburg 1981
KE: *Der Keller,* Salzburg 1976
KI: *Ein Kind,* Salzburg 1982
KW: *Das Kalkwerk,* Frankfurt a. M. 1970
LA: *Die Landschaft der Mutter.* Handschrift der Stifterbibliothek 1954
MA: »Die verrückte Magdalena«, in: *Demokratisches Volksblatt* 17. Jänner 1953, 9
MP: *Meine Preise,* Frankfurt a. M. 2009
MG: *Die Macht der Gewohnheit,* in: ST 1
MI: *Minetti,* in: ST 2
MIT: *Der deutsche Mittagstisch,* Frankfurt a. M. 1988

PR:	*Der Präsident*, in: ST 2
PM:	*Politische Morgenandacht*, in: *Wort in der Zeit* 1966, H 1, 11–13
RDV:	*Ritter, Dene, Voss*, in: ST 4
SCH:	*Der Schein trügt*, in: ST 3
ST:	*Stücke 1–4*, Frankfurt a. M. 1988
TM:	*Der Theatermacher*, in: ST 4
ÜBER:	*Über allen Gipfeln ist Ruh*, in: ST 3
UG:	*Der Untergeher*, Frankfurt a. M. 1983
U:	*Ungenach*, Frankfurt a. M. 1968
UST:	»Unsterblichkeit ist unmöglich. Landschaft der Kindheit«, in: *Neues Forum* 169/170, Jänner/Feber 1968
UR:	*Die Ursache*, Salzburg 1975
V:	*Verstörung*, Frankfurt a. M. 1967
VDR:	*Vor dem Ruhestand*, in: ST 3
VER:	»Das Vermächtnis«, in: *Demokratisches Volksblatt* 21. 2. 1953
W:	*Watten*, Frankfurt a. M. 1969
WAR:	»Der Wahrheit und dem Tod auf der Spur. Zwei Reden«, in: *Neues Forum* 1968, 347–349
WN:	*Wittgensteins Neffe. Eine Freundschaft*, Frankfurt a. M. 1982

Zitierte Literatur

Althusser, Louis: *Die Zukunft hat Zeit. Die Tatsachen*. Zwei autobiographische Texte, Frankfurt a. M. 1993

Artmann, H. C.: »Mein Freund Thomas Bernhard«, in: *Basta*, März 1989, S. 169–174

Badinter, Elisabeth: *Ich bin Du*, München, Zürich 1991

dies.: *XY – die Identität des Mannes*, München, Zürich 1993

Beauvoir, Simone de: *Das andere Geschlecht. Sitte und Sexus der Frau*, Hamburg 1953

Bieler, Manfred: »Beton. Nach Thomas Bernhard«, in: Jens Dittmar (Hg.) *Der Bernhardiner ist ein wilder Hund. Tomaten, Satiren und Parodien über Thomas Bernhard*, Wien 1990, S. 47ff.

Bronfen, Elisabeth: *Nur über ihre Leiche. Tod, Weiblichkeit und Ästhetik*, München 1994

Caruso, Igor A.: *Die Trennng der Liebenden. Eine Phänomenologie des Todes*, München o. J. (1974)

Conrad, Joseph: *Herz der Finsternis*, Frankfurt a. M. 1992

Cooper, David: *Der Tod der Familie*, Reinbek 1972

Dittmar, Jens: *Thomas Bernhard. Werkgeschichte*, Frankfurt a. M. ²1990

ders. (Hg.): *Aus dem Gerichtssaal. Thomas Bernhards Salzburg in den 50er Jahren*, Wien 1992

ders.: *Sehr geschätzte Redaktion. Leserbriefe von und über Thomas Bernhard*, Wien 1991

Dreissinger, Sepp (Hg.): *Von einer Katastrophe in die andere. 13 Gespräche mit Thomas Bernhard*, Weitra 1992

Ellmann, Richard: *Oscar Wilde*, München 1991

Eschenburg, Barbara: *Der Kampf der Geschlechter. Der neue Mythos in der Kunst 1850–1930*, Köln 1995

Ferenczi, Sandor: *Bausteine zur Psychoanalyse, Bd. III., Arbeiten aus den Jahren 1908–1933*, Frankfurt a. M., Berlin, Wien 1984

Fialik, Maria: *Der Charismatiker. Thomas Bernhard und die Freunde von einst*, Wien 1992

Fleischmann, Krista: *Thomas Bernhard – Eine Begegnung. Gespräche mit Krista Fleischmann*, Wien 1991

diess.: *Thomas Bernhard – Eine Erinnerung*, Wien 1992

Foucault, Michel: *Sexualität und Wahrheit. 2. Band. Der Gebrauch der Lüste*, Frankfurt a. M. 1986

Freud, Sigmund (1917): Trauer und Melancholie, in: Studienausgabe Bd. III., Psychologie des Unbewußten, 193–213

ders. 1923: Das Ich und das Es, Studienausgabe Bd. III, Psychologie des Unbewußten, 273 330

Greffrath, Matthias: *Montaigne. Ein Panorama*, Frankfurt a. M. 1992

Greiner, Ulrich: *Der Tod des Nachsommers. Aufsätze, Porträts und Kritiken zur österreichischen Gegenwartsliteratur*, München 1979

Groddeck, Georg: *Das Buch vom Es. Pschoanalytische Briefe an eine Freundin*, Wiesbaden, München 1978

Grond, Walter (Hg.): *Provinz sozusagen*, Graz 1995

Grunenberg, Antonia (Hg.): *Die Massenstreikdebatte*, Frankfurt a. M. 1970

Harsch, Wolfgang: *Die psychoanalytische Geldtheorie*, Frankfurt a. M. 1975

Hofmann, Kurt: *Aus Gesprächen mit Thomas Bernhard*, Wien 1988

Höller, Hans: *Thomas Bernhard*, Reinbek 1993

Höller, Hans/Heidelberger-Leonard, Irene (Hg.): *Antiautobiographie. Zu Thomas Bernhards »Auslöschung«*, Frankfurt a. M. 1995

Huguet, Louis: *Chronologie. Johannes Freumbichler. Thomas Bernhard*, Weitra 1996

Jones, Ernest: *Die Theorie der Symbolik und andere Aufsätze*, Frankfurt a. M., Berlin, Wien 1978

Kohlhage, Monika: *Das Phänomen der Krankheit im Werk Thomas Bernhards*, Herzogenrath 1987

Kubie, Lawrence S.: *Neurotic Distortion and the Creative Process*, Univ. of Kansas Press 1958

Laemmle, Peter: Karriere eines Außenseiters. Vorläufige Anmerkungen zu Thomas Bernhards fünfteiliger Autobiographie, in: Arnold, Heinz Ludwig (Hg.): *Thomas Bernhard, Text und Kritik*, 2. Auflage, 1–17

Loraux, Nicole: *Tragische Weisen, eine Frau zu töten*, Frankfurt a. M., New York 1993

Maleta, Gerda: *Seteais. Tage mit Thomas Bernhard*, Weitra 1992

Minois, Georges: *Geschichte des Selbstmordes*, Düsseldorf, Zürich 1996

Monk, Ray: *Wittgenstein. Das Handwerk des Genies*, Stuttgart 1992

Nerdinger, Winfried/Philipp, Klaus Jan/Schwarz, Hans Peter (Hg.): *Revolutionsarchitektur. Ein Aspekt der europäischen Architektur um 1800*, München 1990

Nietzsche, Friedrich: *Der Wille zur Macht. Versuch einer Umwertung aller Werte*, Stuttgart 1959

Paglia, Camille: *Die Masken der Sexualität*, Berlin 1992

[Pfabigan 1995] Pfabigan, Alfred: Der Platz von »Holzfällen« innerhalb der Ordnung des Gesamtwerkes von Thomas Bernhard, in: Etudes Germaniques, Nr. 2/1995, 161–173

[Pfabigan 1999a] ders.: »Einzeltext« und »Gesamttext«, oder: Der »Bernhard-Konformismus«, in: Alexander Honold/Markus Joch: *Die Zurichtung des Menschen*, Würzburg 1999

[Pfabigan 1999b] ders.: »Auslöschung« als patriotisches Geschenk. Anmerkungen zum Heimatdichter Thomas Bernhard, in: Pia Janke/Ilja Dürhamer (Hg.): *Der »Heimatdichter« Thomas Bernhard*, Wien 1999

[Pfabigan 2000] ders.: »Holzfällen«. Männliche Homosexualität als Thema der Bernhardschen Prosa, in: Otto Kolleritsch (Hg.): *Die Musik, das Leben und der Irrtum. Thomas Bernhard und die Musik*, Studien zur Wertungsforschung Bd. 37, Graz 2000, 169–189

[Pfabigan 2001a] ders.: »Frost« als zeitgeschichtliche Quelle: Versuch einer Parallellektüre des Bernhardschen Erstlings und der »Unfähigkeit zu trauern« von Alexander und Margarete Mitscherlich, in: Jeanne Benay / Pierre Behár (Hg.): *Österreich und andere Katastrophen. Thomas Bernhard in memoriam*, Röhrig Universitätsverlag, St. Ingberg 2001, 75–91

[Pfabigan 2001b] ders: Thomas Bernhard – ein »Geschichtenzerstörer« als Dramatiker, in: *Austriaca*, Nr. 53, 17–32

[Pfabigan 2002] ders.: »Modern Times« in der Prosa des Thomas Bernhard, in: Martin Huber/Wendelin Schmidt-Dengler (Hg.): *Wissenschaft als Finsternis*, Wien 2002

[Pfabigan 2003] ders.: Romane um Privatpersonen. Vergleichende Anmerkungen zu »Holzfällen« von Thomas Bernhard und »Mephisto« von Klaus

Mann, in: Armin Eidher/Manfred Mittermayer (Hg.): *Thomas Bernhard in der Türkei*, Istanbul 2003, 65–83

[Pfabigan 2004] ders.: Thomas Bernhards Heldenplatz: Artists and Societies beyond the scandal, in: Michael Cherlin/Halina Filipowicz/Richard L. Rudolph (Hg): *The Great Tradition and its Legacy. The Evolution of Dramatic and Musical Theatre in Austria and Central Europe*, New York 2004

Praz, Mario: *Liebe, Tod und Teufel. Die schwarze Romantik*, München 1988

Reich-Ranicki, Marcel: *Thomas Bernhard. Aufsätze und Reden*, Zürich 1990

Reichel, Norbert: *Der Traum vom höheren Leben. Nietzsches Übermensch und die Conditio humana europäischer Intellektueller von 1890 bis 1945*, Darmstadt 1994

Ross, Werner: *Der ängstliche Adler. Friedrich Nietzsches Leben*, Stuttgart 1980

Schaefer, Camillo: *Wittgensteins Größenwahn. Begegnungen mit Paul Wittgenstein*, Wien 1986

ders. (Hg.): *Hommage Paul Wittgenstein*, Wien 1980

Schindlecker, Eva: »›Holzfällen – Eine Erregung‹, Dokumentation eines österreichischen Literaturskandals«, in: Schmidt-Dengler, Huber 1987, 13–39

Schmidt-Dengler, Wendelin/Huber, Martin (Hg.): *Statt Bernhard. Über Misanthropie im Werk Thomas Bernhards*, Wien 1987

Sedlmayr, Hans: *Verlust der Mitte, Die bildende Kunst des 19. und 20. Jahrhunderts als Symptom und Symbol der Zeit*, Salzburg 1948

Sontag, Susan: *Krankheit als Metapher*, München 1978

Stern, J. P.: *Nietzsche. Die Moralität der äußersten Anstrengung*, Köln, Lövenich 1982

Weininger, Otto: *Geschlecht und Charakter. Eine prinzipielle Untersuchung*, München 1980

Weinzierl, Ulrich: »Bernhard als Erzieher. Thomas Bernhards ›Auslöschung‹«, in: Lützeler, Paul Michael (Hg.): *Spätmoderne und Postmoderne. Beiträge zur deutschsprachigen Gegenwartsliteratur*, Frankfurt a. M. 1991, 186–196

White, Edmund: *Jean Genet. Biographie*, München 1993